Somos así LISTOS

Second Edition

James F. Funston
Alejandro Vargas Bonilla
Daphne Helms Sherman

Contributing Writer
Rolando Castellanos

CONSULTANTS

Lourdes C. Adams
Niceville High School
Niceville, Florida

Sandra Martin Arnold
Palisades Charter High School
Palisades, California

Washington B. Collado
Broward County Public Schools
Ft. Lauderdale, Florida

Nancy S. Hernández
Simsbury High School
Simsbury, Connecticut

Paul J. Hoff
University of Wisconsin—Eau Claire
Eau Claire, Wisconsin

Emily S. Peel
Wethersfield High School
Wethersfield, Connecticut

Jane S. Stevens
Niceville High School
Niceville, Florida

EMC/Paradigm Publishing, Saint Paul, Minnesota

Credits

Assistant Editor
Yuri M. Guerra Guerra

Editorial Consultants
Judy Cohen
Amy Dorn-Fernández
Guilherme P. Kiang-Samaniego
Sharon O'Donnell
Eliana Silva Premoli
David Thorstad

Editorial Assistance
Glenndell Larry

Illustrators
Tune and Khet Insisiengmay

Photo Research
Jennifer Anderson

Design and Production
Leslie Anderson
Julie Hansen
Joan D'Onofrio
Jennifer Wreisner

EMC/Paradigm World Language Consultants
Dana Cunningham
Robert Headrick
Sarah Vaillancourt

We have attempted to locate owners of copyright materials used in this book. If an error or omission has occurred, EMC/Paradigm Publishing will acknowledge the contribution in subsequent printings.

ISBN 0-8219-1913-X

Published by EMC/Paradigm Publishing
875 Montreal Way
St. Paul, Minnesota 55102
800-328-1452
www.emcp.com
E-mail: educate@emcp.com

Printed in the United States of America
2 3 4 5 6 7 8 9 10 X X X 05 04 03 02 01 00

About the Cover

Do you know what dance the couple on the cover of *Somos así LISTOS* is doing? It's the tango, a romantic dance associated with Buenos Aires, Argentina, the city often called the "Paris of South America." Buenos Aires, as its nickname suggests, has always imitated European culture, transforming it into something unique. The tango became the embodiment of Buenos Aires, what gave the city its cosmopolitan character. The music originated in the nineteenth century when European immigrants joined immigrants from *las pampas* in search of work in the bustling metropolis. But these lonely men often found solace in the arms of lonely women as they danced the tango, "a sad thought that can be danced." This dance is a deep, beautiful and tragic depiction of the mystery and misery of urban life.

In her original acrylic, *The Tango,* Kelly Stribling Sutherland captures the elegance, romance and intrigue of Buenos Aires in the 1940s. To set her painting in this period, the artist has created a background of collaged photographs of the city. We see a sophisticated scene of skyscrapers and scurrying businessmen. Against this backdrop she places a couple, intensely focused as they face us head-on. The woman holds a red rose between her lips, a stereotypical image of a tango dancer. The roses on the front cover contribute to the swirling, romantic atmosphere Ms. Sutherland has painted, a musical mirror of the urban soul. Two solitary people become one as they dance the tango.

Table of Contents

CAPÍTULO 2 **Todos los días** 41

Lección 3 42

Lección 4 62

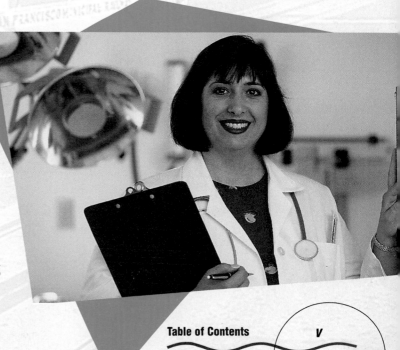

CAPÍTULO 9 Hablando del futuro 373

Groenlandia (Din.)

NORUEGA

ISLANDIA

REINO UNIDO

DINAMARCA

ALEMAN

IRLANDA

Alaska (EE.UU.)

CANADÁ

FRANCIA

ANDORRA

Andorra la Vella

PORTUGAL

ESPAÑA

ESTADOS

Denver

Chicago

Nueva York

OCÉANO

ATLÁNTICO

MARRUECOS

TUNICI

UNIDOS

Los Ángeles
San Diego

San Antonio

I. Canarias

ARGELIA

Sahara
Occidental

Miami

BAHAMAS

Trópico de Cáncer

MÉXICO

La Habana

CUBA

MAURITANIA

MALI

NÍGE

C. de México

REPÚBLICA
DOMINICANA

Puerto Rico (EE. UU.)

CABO VERDE

SENEGAL

BURKINA
FASO

BÉLIZE

HAITÍ

Santo
Domingo

GAMBIA

NIGERIA

Belmopán

JAMAICA

GUINEA-BISSAU

GUINEA

COSTA
DE
MARFIL

GHANA

TOGO

BENIN

GUATEMALA

HONDURAS

Guatemala

Tegucigalpa

SIERRA LEONA

EL SALVADOR

NICARAGUA

LIBERIA

San Salvador

Managua

TRINIDAD Y TOBAGO

Malabo

CAME

COSTA RICA

PANAMÁ

Caracas

Puerto España

GUINEA ECUAT.

San José

Panamá

VENEZUELA

GUYANA

SANTO TOMÉ
Y PRÍNCIPE

GABÓN

CO

OCÉANO

Santa Fe
de Bogotá

COLOMBIA

SURINAM

Guayana Francesa (Fr.)

Quito

Ecuador

ECUADOR

Is. Galápagos
(Arch. de Colón)
(Ec.)

160°

Is. Hawai
(EE. UU.)

20°

PERÚ

BRASIL

OCÉANO

Lima

PACÍFICO

La Paz

BOLIVIA

ATLÁNTICO

Sucre

PARAGUAY

A

N

Asunción

ARGENTINA

Santiago

URUGUAY

Montevideo

Buenos Aires

I. Malvinas

MAP

La lengua esp

OCÉANO G

Oeste de Greenwich   0°   Este de

©edigol ediciones, s.a.

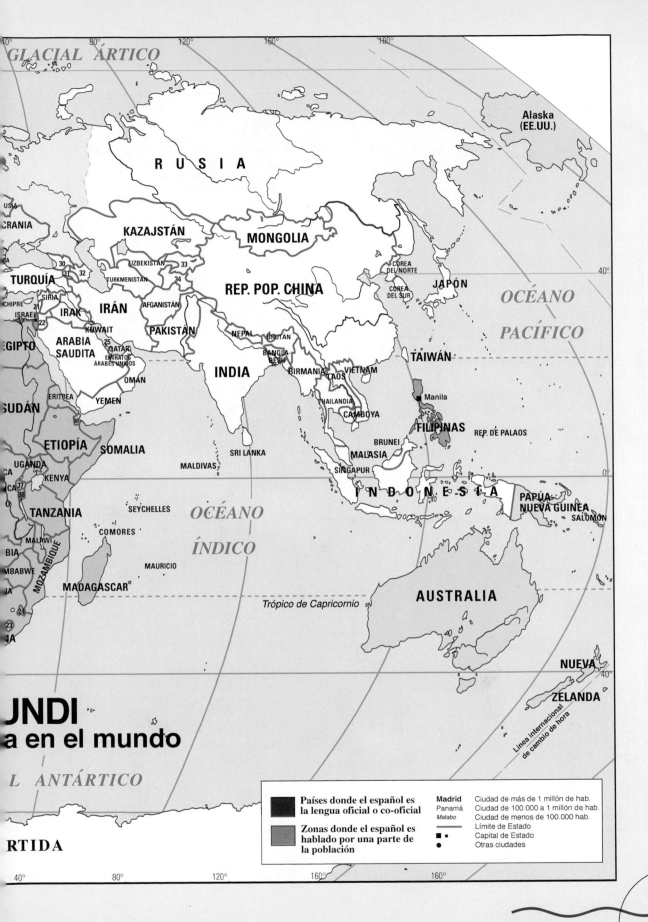

OCÉANO GLACIAL ÁRTICO

Alaska (EE.UU.)

RUSIA

USIA

CRANIA

KAZAJSTÁN

MONGOLIA

UZBEKISTÁN

30
31 32 33

TURQUÍA

TURKMENISTÁN 34

SIRIA

IRÁN

AFGANISTÁN

COREA DEL NORTE

JAPÓN

OCÉANO

CHIPRE

IRAK

KUWAIT

PAKISTÁN

REP. POP. CHINA

COREA DEL SUR

PACÍFICO

ISRAEL

22

25

NEPAL

BUTÁN

40°

EGIPTO

ARABIA SAUDITA

QATAR

EMIRATOS ÁRABES UNIDOS

BANGLA-DESH

TAIWÁN

OMÁN

INDIA

BIRMANIA

VIETNAM

LAOS

SUDÁN

ERITREA

YEMEN

THAILANDIA

Manila

36

CAMBOYA

FILIPINAS

REP. DE PALAOS

ETIOPÍA

SOMALIA

SRI LANKA

CA

UGANDA

MALDIVAS

BRUNEI

MALASIA

37
38

KENYA

SINGAPUR

CA

INDONESIA

SEYCHELLES

OCÉANO

PAPÚA NUEVA GUINEA

TANZANIA

SALOMÓN

MALAWI

COMORES

BIA

ÍNDICO

MAURICIO

MBABWE

MOZAMBIQUE

JA

MADAGASCAR

AUSTRALIA

Trópico de Capricornio

24

23

JA

NUEVA

40°

ZELANDA

JNDI

a en el mundo

Línea internacional de cambio de hora

L ANTÁRTICO

RTIDA

	Países donde el español es la lengua oficial o co-oficial	**Madrid**	Ciudad de más de 1 millón de hab.
		Panamá	Ciudad de 100.000 a 1 millón de hab.
	Zonas donde el español es hablado por una parte de la población	*Malabo*	Ciudad de menos de 100.000 hab.
			Límite de Estado
		■ ·	Capital de Estado
		●	Otras ciudades

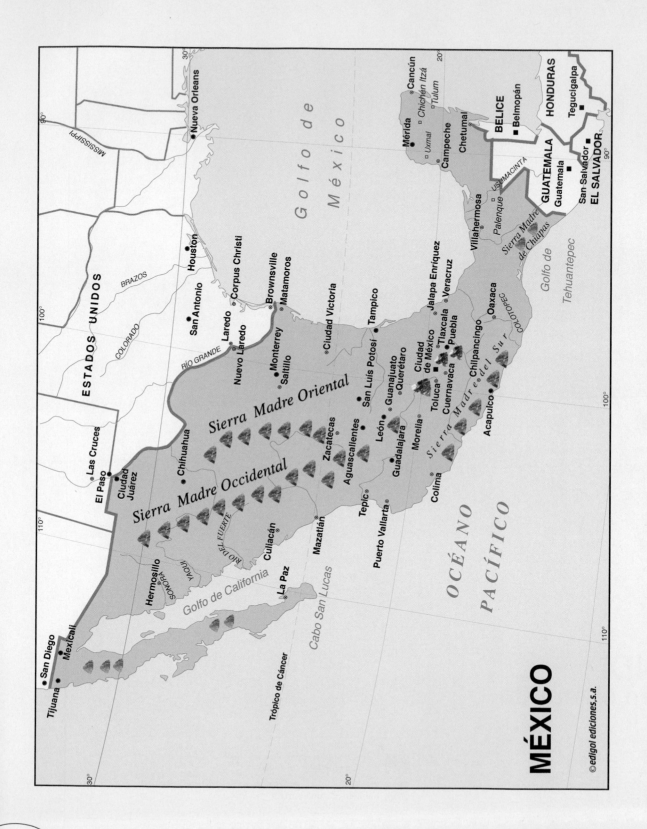

MÉXICO

© edigol ediciones, s.a.

ESTADOS UNIDOS

Golfo de México

OCÉANO PACÍFICO

Sierra Madre Oriental

Sierra Madre Occidental

Sierra Madre del Sur

Sierra Madre de Chiapas

Golfo de California

Golfo de Tehuantepec

Cabo San Lucas

Trópico de Cáncer

BELICE

GUATEMALA

HONDURAS

EL SALVADOR

MISSISSIPPI

BRAZOS

COLORADO

RÍO GRANDE

RÍO DEL FUERTE

YAQUI

SONORA

USUMACINTA

COLOTEPEC

Nueva Orleans

Houston

San Antonio

Corpus Christi

Brownsville

Matamoros

Laredo

Nuevo Laredo

Monterrey

Saltillo

Ciudad Victoria

Tampico

San Luis Potosí

Chihuahua

Las Cruces

El Paso

Ciudad Juárez

Zacatecas

Aguascalientes

León

Guanajuato

Querétaro

Guadalajara

Morelia

Colima

Tepic

Puerto Vallarta

Mazatlán

Culiacán

Hermosillo

La Paz

San Diego

Mexicali

Tijuana

Ciudad de México

Toluca

Tlaxcala

Puebla

Cuernavaca

Chilpancingo

Acapulco

Oaxaca

Jalapa Enríquez

Veracruz

Villahermosa

Palenque

Mérida

Uxmal

Campeche

Chetumal

Cancún

Chichén Itzá

Tulum

Belmopán

Tegucigalpa

Guatemala

San Salvador

30°

90°

100°

110°

20°

100°

110°

90°

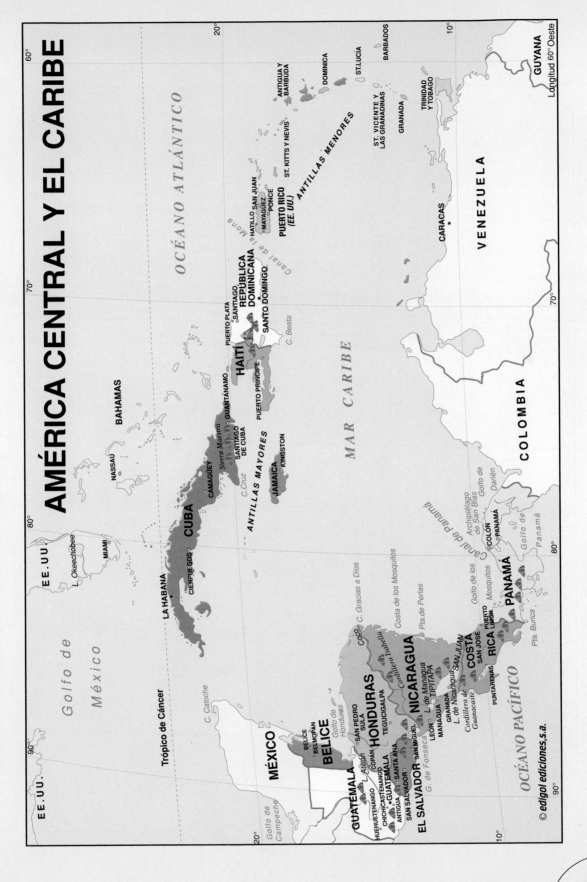

AMÉRICA CENTRAL Y EL CARIBE

EE.UU.

60°

OCÉANO ATLÁNTICO

BAHAMAS

NASSAU

Golfo de México

70°

Trópico de Cáncer

EE.UU.

MIAMI

L. Okeechobee

80°

C. Catoche

LA HABANA

CIENFUEGOS

CUBA

CAMAGÜEY

Sierra Maestra

SANTIAGO DE CUBA

GUANTÁNAMO

C. Cruz

PUERTO PLATA

SANTIAGO

HAITÍ

PUERTO PRÍNCIPE

REPÚBLICA DOMINICANA

SANTO DOMINGO

Canal de la Mona

C. Beata

ANTILLAS MAYORES

JAMAICA

KINGSTON

20°

HATILLO SAN JUAN

MAYAGÜEZ PONCE

PUERTO RICO
(EE.UU.)

ANTIGUA Y BARBUDA

DOMINICA

ST.LUCÍA

BARBADOS

ST. VICENTE Y
LAS GRANADINAS

GRANADA

TRINIDAD
Y TOBAGO

ANTILLAS MENORES

ST. KITTS Y NEVIS

10°

GUYANA

Longitud 60° Oeste

VENEZUELA

CARACAS

MAR CARIBE

COLOMBIA

70°

Golfo de Darién

Archipiélago de San Blas

Golfo de PANAMÁ

Golfo de Panamá

Costa de los Mosquitos

Pta. de Perlas

Golfo de los Mosquitos

C. Gracias a Dios

COCO

Cordillera Isabella

L. de Managua

L. de Nicaragua

TIPITAPA

MANAGUA

GRANADA

LEÓN

Cordillera de Guanacaste

PANAMÁ

COLÓN

PANAMÁ

PUERTO LIMÓN

SAN JUAN

COSTA RICA

SAN JOSÉ

PUNTARENAS

80°

NICARAGUA

HONDURAS

TEGUCIGALPA

SAN PEDRO SULA

COPÁN

Golfo de Honduras

BELICE

BELMOPÁN

BELICE

MÉXICO

GUATEMALA

HUEHUETENANGO

CHICHICASTENANGO

L. Atitlán

ANTIGUA

GUATEMALA

SANTA ANA

SAN MIGUEL

SAN SALVADOR

EL SALVADOR

G. de Fonseca

90°

Golfo de Campeche

20°

10°

90°

OCÉANO PACÍFICO

Pta. Burica

© edigol ediciones, s.a.

xix

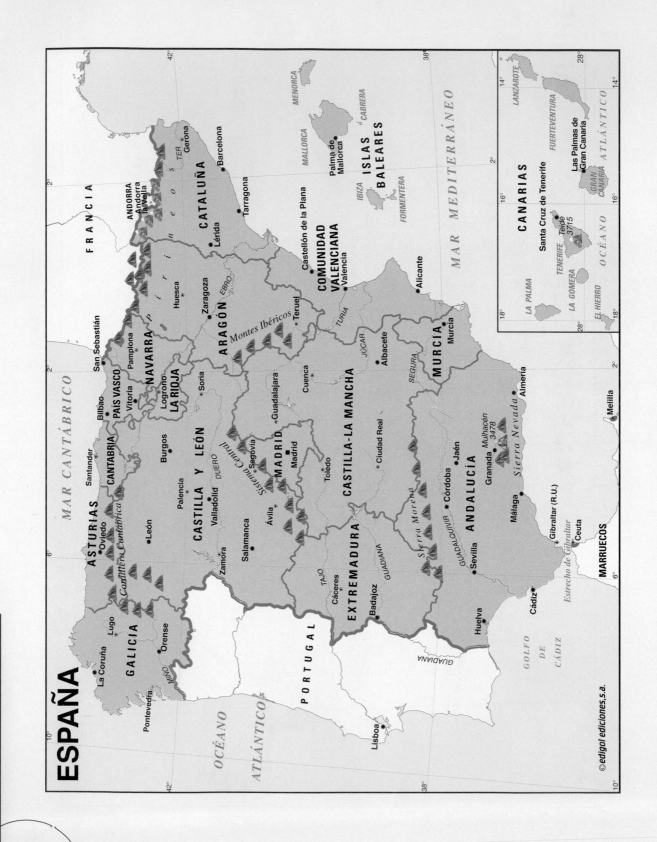

ESPAÑA

OCÉANO ATLÁNTICO

MAR CANTÁBRICO

FRANCIA

GALICIA

La Coruña
Lugo
Pontevedra
Orense
MIÑO

ASTURIAS
Oviedo
Cordillera Cantábrica

Santander
CANTABRIA

PAÍS VASCO
Bilbao
Vitoria
San Sebastián

NAVARRA
Pamplona

LA RIOJA
Logroño

CASTILLA Y LEÓN
León
Palencia
Burgos
Valladolid
Zamora
Salamanca
Ávila
Segovia
Soria
DUERO
Sistema Central

ARAGÓN
Huesca
Zaragoza
Teruel
EBRO
Montes Ibéricos
Pirineos

ANDORRA
Andorra la Vella

CATALUÑA
Gerona
Barcelona
Lérida
Tarragona
TER

MENORCA

MALLORCA
Palma de Mallorca

ISLAS BALEARES
IBIZA
d'CABRERA
FORMENTERA

MAR MEDITERRÁNEO

MADRID
Madrid
Guadalajara

CASTILLA-LA MANCHA
Toledo
Cuenca
Ciudad Real
Albacete
JÚCAR

COMUNIDAD VALENCIANA
Castellón de la Plana
Valencia
Alicante
TURIA

MURCIA
Murcia
SEGURA

Almería

EXTREMADURA
Cáceres
Badajoz
TAJO
GUADIANA

Sierra Morena

ANDALUCÍA
Córdoba
Jaén
Granada
Mulhacén 3478
Sierra Nevada
Sevilla
Huelva
Málaga
GUADALQUIVIR

Cádiz
Gibraltar (R.U.)
Ceuta
Estrecho de Gibraltar

GOLFO DE CÁDIZ
GUADIANA

PORTUGAL
Lisboa

MARRUECOS

Melilla

PORTUGAL

CANARIAS

LANZAROTE
FUERTEVENTURA
LA PALMA
LA GOMERA
TENERIFE
Santa Cruz de Tenerife
Teide 3715
GRAN CANARIA
Las Palmas de Gran Canaria
EL HIERRO
OCÉANO ATLÁNTICO

AMÉRICA DEL SUR

MAR CARIBE
BARRANQUILLA
CARTAGENA
G. de Venezuela
MARACAIBO   CARACAS
L. de
Maracaibo
MÉRIDA
VENEZUELA
Delta del
Orinoco
BUCARAMANGA
ARAUCA
ORINOCO
GEORGETOWN
PARAMARIBO
GUYANA
CAYENA
MEDELLÍN
SANTA FE
DE BOGOTÁ
MAGDALENA
VILLAVICENCIO
SURINAM
GUAYANA
FRANCESA
(Fra.)
CALI
PASTO
COLOMBIA
QUITO
ECUADOR
Estuario del
Amazonas
Ecuador
0°
Cotopaxi
5896
Chimborazo
6267
CAQUETÁ
AMAZONAS
GUAYAQUIL
Golfo de
Guayaquil
CUENCA
IQUITOS
AMAZONAS
0°
FORTALEZA
PERÚ
Pta. Negra
B R A S I L
CHICLAYO
Los Andes
TRUJILLO
RECIFE
SAN FRANCISCO
CALLAO
LIMA
Machu Picchu
ICA
CUZCO
L. Titicaca
JULIACA
LA PAZ
BOLIVIA
COCHABAMBA
BRASILIA
SALVADOR
ARICA
L. de Poopó
SUCRE
POTOSÍ
PARAGUAY
BELO HORIZONTE
OCÉANO
Trópico de Capricornio
ANTOFAGASTA
20°
C
H
I
L
E
Gran Chaco
PARAGUAY
CONCEPCIÓN
PILCOMAYO
PARANÁ
SÃO PAULO
RÍO DE JANEIRO
20°
PACÍFICO
Los Andes
SAN MIGUEL
DE TUCUMÁN
Itaipú
Cataratas
del Iguazú
ASUNCIÓN
PARAGUAY
RESISTENCIA
CORRIENTES
URUGUAY
ARGENTINA
Aconcagua
6959
CÓRDOBA
SAN JUAN
MENDOZA
PARANÁ
PARANÁ
URUGUAY
SALTO
IS. JUAN FERNÁNDEZ
(Chile)
VIÑA DEL MAR
VALPARAÍSO
SANTIAGO
DE CHILE
ROSARIO
BUENOS
AIRES
URUGUAY
MONTEVIDEO
SALADO
Pampas
LA PLATA
RÍO DE LA PLATA
OCÉANO
TALCA
CONCEPCIÓN
COLORADO
BAHÍA BLANCA
Pta. Norte
MAR DEL PLATA
ATLÁNTICO
NEUQUÉN
NEGRO
VALDIVIA
Los Andes
PUERTO
MONTT
SAN CARLOS DE
BARILOCHE
Patagonia
40°
Golfo de Penas
C. Tres Puntas
40°
Bahía
Grande
Estr. de Magallanes
ISLAS MALVINAS (R.U.)
PUERTO STANLEY
PUNTA ARENAS
TIERRA DEL
FUEGO
GEORGIA DEL SUR (R.U.)
USHUAIA
Cabo de Hornos
Estr. de Drake

OCÉANO
ATLÁNTICO

Un nuevo año

CAPÍTULO 1

In this chapter you will be able to:
- talk about technology
- seek and provide personal information
- describe the weather
- state what is happening right now
- talk about everyday activities
- discuss ecological problems
- talk about the future
- discuss schedules
- compare quantity, quality, age and size
- talk about the past
- refer to what just happened

1

Lección 1

Conectados con el mundo

Enrique González, Nueva York, Estados Unidos

Sigue haciendo frío.

No puedo conseguir la dirección de correo electrónico de Mario.

Carlos E. Segura, San José, Costa Rica

Con la **tecnología** de hoy estamos **conectados°** con cualquier parte del **mundo°** en forma muy rápida. En los países de habla hispana los chicos también usan la tecnología para estar conectados.

Navego en la Internet. Hay mucha información de todo el mundo aquí.

Rosario Edelman, Buenos Aires, Argentina

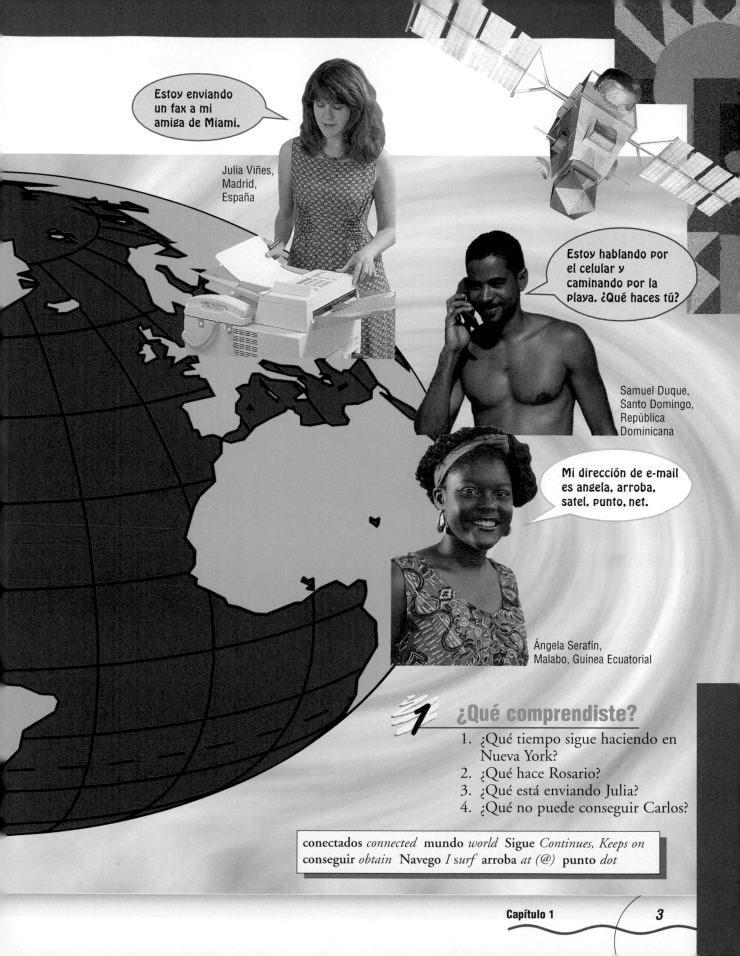

Algo más

Expresiones adicionales

bajar un programa	*download a (software) program*
la comunicación	*communication*
el cuarto de charla	*chatroom*
el motor de búsqueda	*search engine*
la red	*net*
la Red Mundial de Información	*World Wide Web*
surfear	*to surf*
la Web	*Web*

2 Charlando

1. ¿Cómo estás conectado/a la con el mundo?
2. ¿Qué tipo de información te gusta buscar en la Internet?
3. ¿Consigues toda la información que te gusta en la Internet?
4. ¿Bajas programas de la Internet? ¿De qué tipo?
5. ¿Usas los cuartos de charla? Explica.

Conexión cultural

El mundo y la tecnología

El mundo de habla hispana es tan grande que a veces nos parece difícil tener comunicación e información inmediata de lo que pasa en muchos de sus lugares. Sin embargo, hoy, gracias a la tecnología tenemos formas de comunicación que nos permiten estar en contacto con personas y obtener información de otros países en

EL PACTO ANDINO PREFIERE A PORTA.

La Cumbre de Presidentes Andinos ha confiado su comunicación a la avanzada tecnología de **PORTA** y **Nortel.**

cualquier momento y en forma muy rápida. El teléfono celular, por ejemplo, nos permite llamar a otra persona desde cualquier lugar. Por el correo electrónico o e-mail podemos escribir cartas en la computadora y enviarlas a cualquier país del mundo en forma inmediata y por Internet podemos conseguir información del mundo y hacer compras sin salir de la casa. ¿Cómo piensas tú que la tecnología va a cambiar tu estilo de vida?

CONEXIONES 3 Cruzando fronteras

¿Cómo funciona el aparato tecnológico que más te gusta? Consigue la información en tu clase de ciencias, en la biblioteca o en la Internet. Luego, comparte la información con la clase.

Repaso *rápido*

Vamos a la escuela.

El presente del indicativo I

Verbos regulares

hablar: habl**o**, habl**as**, habl**a**, habl**amos**, habl**áis**, habl**an**
comer: com**o**, com**es**, com**e**, com**emos**, com**éis**, com**en**
vivir: viv**o**, viv**es**, viv**e**, viv**imos**, viv**ís**, viv**en**

Algunos verbos irregulares

estar: **estoy**, **estás**, **está**, estamos, estáis, **están**
hacer: **hago**, haces, hace, hacemos, hacéis, hacen
ir: **voy**, **vas**, **va**, **vamos**, **vais**, **van**
ser: **soy**, **eres**, **es**, **somos**, **sois**, **son**
tener: **tengo**, tienes, tiene, tenemos, tenéis, tienen

En los Apéndices
The Appendices at the end of *Somos así LISTOS* provide a comprehensive verb reference. Use the section any time you would like to review the formation of a regular or irregular verb.

4 Una entrevista

Completa la siguiente entrevista con la forma apropiada del verbo indicado.

ENTREVISTADOR: ¿*1. (Tener)* correo electrónico?
LUZ CONSUELO: Sí. Yo *2. (tener)* e-mail.
ENTREVISTADOR: ¿Cuál *3. (ser)* la dirección de tu correo electrónico?
LUZ CONSUELO: Mi dirección *4. (ser)* consuelo, arroba, yahoo, punto, com.
ENTREVISTADOR: ¿*5. (Navegar)* en la Internet?
LUZ CONSUELO: Sí, mi hermana y yo *6. (navegar)* mucho en la Internet.
ENTREVISTADOR: ¿*7. (Saber)* Uds. bajar programas de la red?
LUZ CONSUELO: Sí, yo *8. (saber)* pero mi hermana no *9. (saber)*.
ENTREVISTADOR: ¿*10. (Hacer)* amigos en los cuartos de charla?
LUZ CONSUELO: No, no *11. (hacer)* amigos en los cuartos de charla.
ENTREVISTADOR: Gracias por tu tiempo.
LUZ CONSUELO: Con mucho gusto.

consuelo@yahoo.com

5 Encuesta

Responde afirmativamente (sí) o negativamente (no) a las siguientes oraciones.

Encuesta
Conectados con el mundo

	sí	no
1. La tecnología es importante en mi vida.	[ ]	[ ]
2. Sé navegar en la Internet.	[ ]	[ ]
3. En mi casa tenemos los siguientes equipos:		
A. Computadora	[ ]	[ ]
B. Fax	[ ]	[ ]
C. Celular	[ ]	[ ]
4. Uso la computadora para enviar correo electrónico.	[ ]	[ ]
5. La computadora está conectada con la Internet.	[ ]	[ ]
6. Sé cómo bajar programas de la Internet.	[ ]	[ ]
7. Uso la Internet para hacer compras.	[ ]	[ ]
8. Puedo conseguir información importante en la Red Mundial de Información.	[ ]	[ ]
9. Me gusta usar los cuartos de charla.	[ ]	[ ]
10. Mi vida es mejor porque uso la tecnología.	[ ]	[ ]

6 Presentación a la clase

Trabajando en grupos pequeños, hablen de sus encuestas. Escriban un resumen *(summary)* de los resultados. Luego, una persona debe presentar la información a la clase.

7 Un e-mail

Consigue *(obtain)* la dirección de e-mail (correo electrónico) de tres compañeros de clase. Luego, escríbeles un mensaje, diciendo cinco cosas que vas a hacer el próximo fin de semana.

8 Consiguiendo información personal

Habla con tres compañeros/as de clase, para pedir *(ask for)* la siguiente información, si la tienen: número de teléfono, número de fax, número de celular, motor de búsqueda favorito.

9 Usando la Internet para conseguir información

Mira esta página web del clima en la Argentina y da un reporte del tiempo.

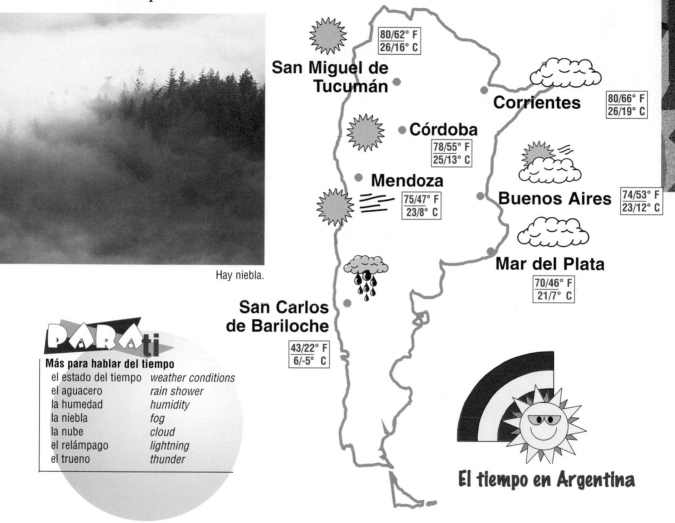

Hay niebla.

San Miguel de Tucumán 80/62° F 26/16° C

Corrientes 80/66° F 26/19° C

Córdoba 78/55° F 25/13° C

Mendoza 75/47° F 23/8° C

Buenos Aires 74/53° F 23/12° C

Mar del Plata 70/46° F 21/7° C

San Carlos de Bariloche 43/22° F 6/-5° C

El tiempo en Argentina

PARA ti

Más para hablar del tiempo

el estado del tiempo	*weather conditions*
el aguacero	*rain shower*
la humedad	*humidity*
la niebla	*fog*
la nube	*cloud*
el relámpago	*lightning*
el trueno	*thunder*

10 El estado del tiempo en...

Busca información en la Internet sobre el estado del tiempo en un país (o ciudad) de habla hispana que te gustaría visitar. Prepara un informe *(report)* del tiempo en ese lugar, la ropa que debes llevar y las actividades que puedes hacer.

Nieva y hace frío en el invierno.

11 ¿Qué estación es?

Trabajando en parejas, alterna con tu compañero/a de clase en describir el tiempo durante una estación del año mientras que la otra persona adivina qué estación es.

A: Nieva y hace frío.
B: Es el invierno.

Repaso *rápido*

El presente progresivo

The present progressive tense indicates what is happening at this very moment. It is formed by combining the present tense of *estar* and the present participle (*gerundio*) of a verb: *estoy estudiando, estás comiendo, está viviendo.*

$$estar \quad + \quad gerundio$$

The present participle of most Spanish verbs is formed by replacing the infinitive ending *-ar* with *-ando* and by replacing the infinitive endings *-er* or *-ir* with *-iendo.*

-ar	-er	-ir
estudiar → *estudiando*	*comer* → *comiendo*	*vivir* → *viviendo*

Some stem-changing verbs require a different change in the present participle. This change is indicated by the second letter or set of letters shown in parentheses after infinitives in *Somos así LISTOS.*

verbo	*presente*	*gerundio*
dormir (ue, u)	*duermo*	*durmiendo*
sentir (ie, i)	*siento*	*sintiendo*

but:

pensar (ie)	*pienso*	*pensando*
volver (ue)	*vuelvo*	*volviendo*

The following are some irregular present participles:

decir	→	*diciendo*	*poder*	→	*pudiendo*
leer	→	*leyendo*	*traer*	→	*trayendo*
oír	→	*oyendo*	*venir*	→	*viniendo*

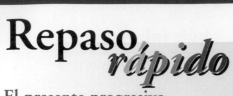

Iván está durmiendo en clase.

12 Todos hacen algo

¿Qué están haciendo las personas en las ilustraciones?

 Sonia
Está oyendo música.

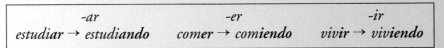

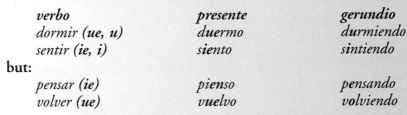

1. María y Fernando　　　2. nosotros　　　3. Teresa

4. Alejandro

5. Gabriela

6. Quique y Luis

IDIOMA

El presente de los verbos *seguir* y *conseguir*

The verbs *seguir (i, i),* "to continue, to follow, to keep on," and *conseguir (i, i),* "to obtain," are conjugated following the pattern of *pedir (i, i).* However, *seguir* and *conseguir* require a spelling change, dropping the *u* before the letter *o.*

conseguir	
consigo	conseguimos
consigues	conseguís
consigue	consiguen

seguir	
sigo	seguimos
sigues	seguís
sigue	siguen

The verb *seguir* is usually followed by *a* when indicating motion or when stating that one thing (or one person) follows another.

Seguimos a Samuel en el carro.
We follow Samuel in the car.

Una página web **sigue** *a otra.*
One web page follows another.

Combine *seguir* with a present participle to say that someone keeps on doing something.

Julio **sigue buscando** *información en la Web.*
Julio keeps on looking for information in the Web.

¿Por qué me sigues?

13 En la Internet

Las siguientes personas están navegando en la Internet. Usando las pistas, haz oraciones completas para decir si consiguen la página web que están buscando.

 Patricia (sí)
Consigue la página web que está buscando.
Carlos (no)
No consigue la página web que está buscando.

1. yo (sí)
2. Pedro y Clara (no)
3. el profesor (sí)
4. Margarita (no)
5. nosotros (no)
6. tú (sí)

Patricia consigue la página web que está buscando.

14 Siguen o no siguen buscando

Haz oraciones completas para indicar quiénes de las personas de la actividad anterior siguen buscando y quiénes no siguen buscando páginas web en la Internet.

Patricia (no)
No sigue buscando.

Carlos (sí)
Sigue buscando.

1. yo (no)
2. Pedro y Clara (sí)
3. el profesor (no)

4. Margarita (sí)
5. nosotros (sí)
6. tú (no)

La mejor compañera

GLORIA: ¡Hola, Javier! ¿Qué haces?

JAVIER: Busco información para mi **asignatura**° de **ecología**, pero no consigo nada.

GLORIA: ¿Te puedo ayudar? Soy la mejor para **encontrar**° información en la Internet.

JAVIER: Pues, necesito información sobre la **contaminación ambiental.**°

GLORIA: Mira, esta página web **contiene**° más información que las otras, y tiene muchos **vínculos.**°

JAVIER: Gracias, Gloria. ¡Eres la mejor compañera de la clase!

GLORIA: De nada, Javier. Ahora, ¿por qué no apagas la computadora y vamos al parque?

JAVIER: De acuerdo. Quiero salir por un momento y puedo continuar más tarde.

asignatura *subject* **encontrar** *to find* **contaminación ambiental** *environmental pollution*
contiene *contains* **vínculos** *links*

15 ¿Qué comprendiste?

1. ¿Qué hace Javier?
2. ¿Consigue Javier lo que busca?
3. ¿Quién es la mejor para encontrar información en la Internet?
4. ¿Qué información contiene la página web que Gloria encuentra?
5. ¿Tiene vínculos la página web que Gloria encuentra?
6. ¿Qué va a hacer Javier?

16 Charlando

1. ¿Te gusta la ecología? ¿Por qué?
2. ¿Hay contaminación donde vives?
3. ¿Eres bueno/a para navegar en la Internet? ¿Puedes encontrar la información que buscas?
4. ¿Qué haces cuando no puedes conseguir lo que quieres? ¿Buscas en los vínculos?

Proverbios y dichos
A person who follows through usually succeeds. Dedication and devotion are key elements to achievement. If you fail at something you believe in, do not quit trying. You can even learn from mistakes and they can put you one step closer to your goal. As the saying goes in Spanish: *El que persevera alcanza* (Perseverance leads to success).

Conexión Cultural

La contaminación ambiental

Uno de los problemas más importantes que afectan hoy a los países de habla hispana y en general a todo el mundo es la contaminación ambiental. El humo *(smoke)* de las industrias y de los carros, y la destrucción de los bosques, son factores que contribuyen día a día al aumento de la contaminación. La situación es muy difícil, y mientras que algunos grupos ecologistas tratan de hacer algo por el planeta, muchos de nosotros no hacemos nada.

Todos debemos ayudar a la solución de la contaminación ambiental. ¿Y qué podemos hacer? No debemos tirar basura en la calle, en los parques o en los ríos. Debemos cuidar las plantas, los árboles y los animales. Podemos usar menos el carro y caminar más o usar la bicicleta cuando vamos a una tienda que está cerca. Con la tecnología de hoy, podemos crear un club de ecología virtual en una página web. Así muchachos y muchachas de todo el mundo pueden participar en la protección del medio ambiente *(environment)* y enseñar a otros a hacerlo. De esta manera podemos mejorar nuestro planeta y la vida de los que vivimos en él.

Problemas Ambientales

La lista de problemas que atentan contra el medio ambiente es alarmante:

■ La tala indiscriminada de árboles.

■ Alto índice de contaminación de vertientes naturales.

■ Aire contaminado por el humo de automotores.

■ Exterminio de especies vegetales y animales.

■ La falta de una ley concreta que ayude a regular y conservar los recursos naturales del país.

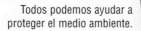

Todos podemos ayudar a proteger el medio ambiente.

77 Cruzando fronteras

Estudia la contaminación ambiental en algunas ciudades de los Estados Unidos o de los países de habla hispana. Luego, di qué piensas tú que podemos hacer para ayudar con este problema. Busca información en la biblioteca o en la Internet si es necesario.

Oportunidades

Aprender ofreciendo servicio a otros *(Service learning)*

Most people recognize the importance of classroom learning. However, it is equally important to make real-life connections by using your knowledge in the community as actively involved citizens. One way you can do this is to exercise your right to vote. Another way to demonstrate good citizenship on a local, national or international level is by volunteering to serve others. For example, would you like to do something about the problem of environmental pollution? Instead of talking about the problem, make some calls around your community, or try searching the World Wide Web to find a group with similar interests. If there are no local organizations you can join, organize an ecology club. Then make a few calls or ask around (your teacher or the school counselor can probably help) to find out who in your community needs volunteers testing the water, picking up trash or helping with any number of other environmental problems that people talk about every day.

Repaso *rápido*

Juegan a las maquinitas cuando llueve.

El presente del indicativo II

Verbos con cambios en la raíz

cerrar: **cierro, cierras, cierra,** cerramos, cerráis, **cierran**
(Verbos similares: empezar, encender, nevar, pensar, preferir, querer, sentir)

pedir: **pido, pides, pide,** pedimos, pedís, **piden**
(Verbos similares: seguir, conseguir, repetir)

poder: **puedo, puedes, puede,** podemos, podéis, **pueden**
(Verbos similares: colgar, contar, costar, dormir, encontrar, llover, volver)

jugar: **juego, juegas, juega,** jugamos, jugáis, **juegan**

Tres verbos con acento

esquiar: esquío, esquías, esquía, esquiamos, esquiáis, esquían

enviar: envío, envías, envía, enviamos, enviáis, envían

continuar: continúo, continúas, continúa, continuamos, continuáis, continúan

¿Esquías con tus amigos en el invierno?

18 La clase de ecología

Haz oraciones completas en el presente para decir lo que hacen las personas indicadas, añadiendo las palabras necesarias.

> Eliana/conseguir/información/sobre ecología
> Eliana consigue información sobre ecología.

www.greenpeace.es/
www.greenpeace.org/

EN LA RED DE GREENPEACE

No podíamos terminar el año sin manifestar nuestro espíritu ecológico, por eso te recomendamos las páginas oficiales de *Greenpeace* y *Greenpeace España*. En ellas encontrarás noticias sobre atmósfera, biodiversidad, basura tóxica y campañas ecológicas, así como la posibilidad de entrar en contacto con estas organizaciones.

INTERNET

1. Alejandro y Conchita/empezar/leer/sobre/contaminación ambiental
2. yo/pedir/hacer/club de ecología
3. mis compañeros/pensar/ser/buena idea
4. profesora/contar/algo de/historia/contaminación ambiental
5. Jennifer/continuar leyendo sobre/contaminación
6. nosotros/empezar/comprender/problema
7. Yuri/encontrar/otro club de ecología/Internet
8. Keeley/enviar/e-mail/otro club de ecología
9. tú/pensar hablar con tu clase/problema/contaminación

19 El horario de Eliana

Eliana va a estar muy ocupada la semana que viene. Di qué va a hacer cada día, según el siguiente horario.

> El lunes que viene va a enviar un fax al club de ecología.

lunes	enviar un fax al club de ecología
martes	ir al club de ecología
miércoles	navegar en la Internet
jueves	escribir a mis amigos por e-mail
viernes	conseguir información sobre la contaminación ambiental
sábado	ir de compras al centro comercial
domingo	llamar a mi tía Carmen al celular

PARA ti

Ir a
Remember that you can use the present tense of *ir* followed by *a* and an infinitive to talk about what is or is not going to happen in the not-to-distant future.

ir + a + infinitivo

¿Qué **vas a hacer?**	What **are you going to do?**
Voy a buscar unos vínculos en la Web.	**I am going to look** for some links on the Web.

20 Tu horario

Prepara tu horario para la semana que viene, usando el horario de Eliana como modelo (inventa la información si quieres). Luego, trabajando en parejas, alterna con tu compañero/a de clase en preguntar y contestar qué van a hacer, según sus horarios.

> A: ¿Qué vas a hacer el lunes que viene?
> B: Voy a comprar un celular.

IDIOMA

El comparativo y el superlativo

Use the following patterns when making comparisons in Spanish:

> **más/menos + noun/adjective/adverb + que + person/item**

*Hay **más/menos gente** aquí hoy **que ayer**.*	There are **more/fewer people** here today **than yesterday**.
*Este celular es **más pequeño** que ese celular.*	This cellular phone is **smaller than that cellular phone.**
*Puedo escribir un e-mail **más rápidamente que tú**.*	I can write an e-mail **faster than you.**

> **tanto, -a, -os, -as + noun + como + person/item**

*No tengo **tanta información** como tú.*	I do not have **as much information as you.**

> **tan + adjective/adverb + como + person/item**

*Estas computadoras no son **tan buenas como** esas computadoras.*	These computers are not **as good as those computers.**
*Tú no puedes navegar en la red **tan rápidamente como yo**.*	You do not surf the net **as quickly as I do.**

> **verb + tanto como + person/item**

*Yo estoy haciendo **tanto como tú**.*	I am doing **as much as you.**

Tú no puedes ir tan rápidamente como yo.

Use the following patterns when singling out one person, group, object, group of objects or attribute as the best (most, least):

> **definite article (+ noun) + más/menos + adjective (+ de + person/item)**

*Es **la chica más baja** (de la clase).*	She is **the shortest girl** (in the class).
*Mi cuarto es **el cuarto más grande** (de la casa).*	My room is **the largest room** (in the house).

> **verb + lo + más/menos + adverb + posible**

*Debes llegar **lo más temprano posible**.*	You should arrive **as soon as possible.**

21 La tecnología moderna

Haz oraciones completas usando el comparativo y el superlativo y las indicaciones que se dan. Añade las palabras que sean necesarias.

 fax/ser/más rápido/correo
El fax es más rápido que el correo.

1. correo electrónico/ser/tan rápido/fax
2. e-mail/no tomar/tanto/tiempo/fax
3. teléfono celular/ser/más cómodo/teléfono normal
4. Internet/ser/mejor/red de comunicaciones
5. correo normal/ser/más lento/correo electrónico

Un teléfono celular es más cómodo que un teléfono normal.

22 Los compañeros de clase

Trabajando en parejas, alterna con tu compañero/a de clase en hacer y contestar preguntas, según las indicaciones que se dan.

  alto
A: ¿Quién es la persona más alta de la clase?
B: La persona más alta de la clase es *(name of the person)*.

1. cómico
2. bajo
3. rubio
4. moreno
5. viejo
6. joven

Algo más

Más sobre el comparativo y el superlativo

Some adjectives/adverbs have irregular comparative forms:

peor	worse/worst	*mejor*	better/best
menor	younger/youngest	*mayor*	older/oldest

*El primer motor de búsqueda es **bueno**, pero el segundo es **mejor** y este motor de búsqueda es **el mejor** de todos.*

That first search engine is **good**, but the second one is **better** and this search engine is **the best of all.**

In order to state that there are "fewer than" or "more than" the number of items indicated, use *menos de* or *más de* followed by a number.

*Veo **menos de/más de** veinte computadoras.*

I see **fewer than/more than** twenty computers.

Veo más de tres computadoras.

23 En tu clase

Haz seis comparaciones entre tus compañeros de clase.

 Jorge es mayor que Ana.

Catalina es más alta que Yolanda.

24 La vida de hoy

 Trabajando en parejas, hablen de la tecnología y la vida de hoy. Deben usar *más que, menos que, tan...como* o *tanto...como*.

 A: ¿Qué es más importante en la vida de hoy, el fax o el e-mail?
B: En la vida de hoy el e-mail es tan importante como el fax.

25 El mundo del futuro

¿En qué va a ser diferente el mundo del futuro? Completa las siguientes oraciones, usando el comparativo y el superlativo para dar tu opinión.

 Voy a tener....
Voy a tener tanto dinero como Bill Gates.

1. La comunicación electrónica....
2. El tráfico en las ciudades....
3. Los aviones....
4. Voy a navegar en la Internet....
5. Lo peor....
6. Lo mejor....

Universidad de Chile
Facultad de Ciencias

Programa de Postítulo en Contaminación Ambiental

Bienvenido
INSTITUTO DE
ECOLOGIA, A.C.

Descripción

Acontecer ideE

Investigación

Jardín Botánico

Posgrado

Biblioteca

Correo electrónico

Es importante cuidar el medio ambiente.

PAPERA BAKARRIK SOLO PAPEL

LA CONTAMINACIÓN ES COMO UNA BOLA DE NIEVE

TIRA LOS RESIDUOS AQUÍ

¿Por qué es la contaminación como una bola de nieve?

Estoy navegando en la Internet.

Autoevaluación. Como repaso y autoevaluación, responde lo siguiente:

1. In Spanish, name three or four technologies that you have used.
2. State in Spanish your e-mail address or the e-mail address of someone you know.
3. What season is it now?
4. What is the weather like today?
5. Name two things that are happening at this very moment.
6. Name one thing that you obtain on the Internet.
7. What do you know about environmental pollution?
8. What are some things you can do to help solve environmental problems?
9. List three things you are going to do this week.
10. Make three comparisons about yourself and your best friend.

Hay sol y hace calor. ¿Qué estación es?

¡La práctica hace al maestro!

A Comunicación

Working in pairs, prepare a conversation on a cellular telephone. Ask what your partner is doing. The person must answer, making up an appropriate activity he/she is doing and what he/she is going to do afterwards. Next, even though your partner already has plans, invite him/her to do something. The person should refuse the invitation and must suggest another time when he/she can go with you to do the activity.

A: ¿Qué estás haciendo?
B: Estoy navegando en la Internet y luego voy a enviar un fax.
A: ¿Puedes ir al parque a las cinco?
B: No, no puedo ir hoy, pero el sábado sí puedo ir.

B Conexión con la tecnología

Using the Internet, go to one of the Internet search engines and look for sources for Spanish-speaking key pals (electronic pen pals). You can find this information by requesting a search about key pals and the word Spanish or Intercultural e-mail connections. Print out the results you think are most promising and share them with the rest of the class.

una dirección electrónica personalizada
España
USA • France • United Kingdom • Deutschland • Italia • Portugal • Switzerland •

Nombre del usuario
Contraseña
ok

GauchoNet
argentina en internet

Sigo estudiando los programas de la computadora.

La tecnología

la arroba
el celular
conectado,-a
el correo electrónico
el cuarto de charla
el e-mail
el fax
la Internet
el motor de búsqueda
el programa
la Red Mundial de Información
la tecnología
el vínculo
la Web

Verbos

bajar
conseguir (i, i)
contener
encontrar (ue)
navegar
seguir (i, i)
surfear

Expresiones y otras palabras

la asignatura
la comunicación
la contaminación ambiental
la ecología
la información
el mundo
el punto

TECNOLOGIA SIGLO XXI

En el
Instituto Geográfico

AGUSTIN CODAZZI

Todos los mapas por computador, como herramienta

• Moderna
• Precisa
• Rápida
• de fácil consulta

Exhibición Nueva
Tecnología 15 de
julio Sede Nacional

Agustín Codazzi
AÑO DEL BICENTENARIO

Cuando estudiamos, buscamos
información en la Internet.

Contexto cultural
EL MUNDO HISPANO

Internet

Netscape Netcenter

ESCUELA VIRTUAL

Periódico electrónico de la escuela Andrés Bello, Santiago de Chile - 15 de septiembre - N° 5

¿Qué hiciste el pasado mes de junio?

Aquí vas a encontrar algunos **chismes°** y **noticias°** de lo que hicieron cuatro estudiantes de diferentes **países°** hispanos en sus **últimas°** vacaciones.

Raúl Fernández, Chicago

En junio, acabé de pintar la casa solo. Monté en bote. Fui a muchos picnics.

Silvia Osorio, México, D.F.

Ayudé a mamá a arreglar la casa. Visité a mi tía. Fui a un camping.

Marcos Ponte, Santiago

Esquié en la nieve. Navegué en la Internet. Instalé un programa nuevo.

Rosario Méndez, San Juan

Tomé un crucero. Nadé en la piscina. Fui de compras.

chismes *gossip* **noticias** *news* **países** *countries* **últimas** *last* **solo** *alone*

¿Qué comprendiste?

1. ¿Qué encuentras en el artículo?
2. ¿Qué tomó Rosario?
3. ¿Qué acabó de pintar Raúl en junio solo?
4. ¿En qué montó Raúl?
5. ¿Adónde fue Raúl?
6. ¿Qué instaló Marcos?
7. ¿A quién visitó Silvia?
8. ¿Adónde fue Silvia?

Acabar de
Remember you can tell what someone has just done recently by using the expression *acabar de* followed by an infinitive.

> **acabar + de + infinitivo**

*Pedro **acaba de comprar** un programa nuevo.*
***Acabo de venir** de camping.*

Pedro **just bought (has just bought)** a new software program.
I just came (have just come) from camping.

Charlando

1. ¿Qué hiciste tú el pasado mes de junio?
2. ¿Instalaste algún programa nuevo en tu computadora?
3. ¿Fuiste a algún picnic? ¿A cuántos?
4. ¿Pintaste algo? ¿Qué pintaste?
5. ¿Hay algún periódico en tu escuela? ¿Está en la Internet?

Conexión *Cultural*

Diario del Caribe

Los periódicos en los países de habla hispana

Los periódicos tienen una gran tradición en los países de habla hispana. Algunos tienen hasta cien años de historia y muchos son de gran importancia e influencia en el continente americano. La gran mayoría de estos periódicos tienen hoy en día una página web en la Internet y permiten el acceso de todo el mundo.

Aquí tienes una lista de algunos periódicos que puedes leer en la red, si quieres saber lo que está pasando en el mundo, conocer más de la cultura y costumbres de otros países y practicar tu español.

Argentina
Clarín
La Nación
Chile
El Mercurio
Colombia
El Espectador
El Heraldo
El Tiempo
Costa Rica
La Nación

Ecuador
Diario Hoy
El Universo
España
ABC
El Mundo
El País
México
El Excelsior
El Universal

Paraguay
ABC Color
Diario Última Hora
Perú
La República
Puerto Rico
El Nuevo Día
La Estrella de
Puerto Rico
Venezuela
El Nacional
El Universal

CONEXIONES

3 Cruzando fronteras

Selecciona un periódico de habla hispana, búscalo en la Internet y mira sus páginas. Prepara un informe diciendo de qué ciudad y país es, algo que te gustó en el periódico y algo que te pareció diferente de los periódicos de tu ciudad. Luego, presenta la información a la clase.

EL MERCURIO

EL HERALDO DE MEXICO

Oportunidades

El periódico de la escuela

Do you enjoy writing? Have you ever thought of pursuing a career as a journalist? Consider writing articles in Spanish for your school newspaper or a local Spanish-language newspaper. The opportunity would allow you to improve your writing skills, and you just may find out that you enjoy sharing your opinions, telling stories or relating news about school, local or world events.

Estoy escribiendo un artículo en español para el periódico.

Repaso *rápido*

El pretérito

Verbos regulares

pintar: pinté, pintaste, pintó, pintamos, pintasteis, pintaron
comer: comí, comiste, comió, comimos, comisteis, comieron
salir: salí, saliste, salió, salimos, salisteis, salieron

Verbos con cambios radicales

sentir (ie, i): sentí, sentiste, sintió, sentimos, sentisteis, sintieron
dormir (ue, u): dormí, dormiste, durmió, dormimos, dormisteis, durmieron
pedir (i, i): pedí, pediste, pidió, pedimos, pedisteis, pidieron

La profesora le pidió a Carmen hacer unas fotocopias.

Verbos con cambios ortográficos

buscar: **busqué**, buscaste, buscó, buscamos, buscasteis, buscaron
navegar: **navegué**, navegaste, navegó, navegamos, navegasteis, navegaron
empezar: **empecé**, empezaste, empezó, empezamos, empezasteis, empezaron

Verbos irregulares

dar: di, diste, dio, dimos, disteis, dieron
decir: dije, dijiste, dijo, dijimos, dijisteis, dijeron
estar: estuve, estuviste, estuvo, estuvimos,
    estuvisteis, estuvieron
hacer: hice, hiciste, hizo, hicimos, hicisteis, hicieron
ir: fui, fuiste, fue, fuimos, fuisteis, fueron
ser: fui, fuiste, fue, fuimos, fuisteis, fueron
tener: tuve, tuviste, tuvo, tuvimos, tuvisteis, tuvieron
ver: vi, viste, vio, vimos, visteis, vieron

Ayer buscamos zapatos.

Las vacaciones de verano

Escribe oraciones completas para decir lo que hicieron Rogelio y sus amigos durante las vacaciones de verano. Añade las palabras que sean necesarias.

 yo/visitar/mis abuelos/México
 Yo visité a mis abuelos en México.

1. yo/comer/mucha comida/picnics
2. Amalia/navegar/Internet todos los días
3. Marta/pintar/solo/puertas de la casa
4. Tomás/escribir/e-mails/amigos
5. Ricardo, Nicolás y su papá/montar/bote/fines de semana
6. señora Campos y su esposo/tomar/crucero/el Caribe

Las vacaciones pasadas

Trabajando en parejas, alterna con tu compañero/a de clase en decir cinco actividades que hicieron durante las vacaciones pasadas. Puedes inventar la información, si quieres.

 Las vacaciones pasadas monté en bote con mis amigos, instalé un programa nuevo en la computadora, limpié mi cuarto, escribí e-mails a unos parientes y alquilé varias películas.

6 La familia Miranda

Todos en la familia Miranda hicieron algo diferente en las vacaciones pasadas. Di qué hizo cada uno de ellos según las ilustraciones. Añade las palabras que sean necesarias.

 Sr. y Sra. Miranda/ir a nadar
El Sr. Miranda y la Sra. Miranda fueron a nadar a la playa.

1. el abuelo/dar un paseo

2. Catalina/ir con sus amigas

3. Danielito/pedir muchos

4. las tías/dormir mucho

5. mis primos y yo/ir a dos

6. los tíos/hacer un viaje

7 Tus vacaciones

Describe las últimas vacaciones con tu familia. Escribe los verbos en el pretérito y completa las oraciones con más información. Puedes inventar la información, si quieres.

 En las últimas vacaciones nosotros (ir)....
En las últimas vacaciones nosotros *fuimos* a un hotel en el Caribe.

1. Mis padres (estar)....
2. Mis hermanos (hacer)....
3. Mi hermana (tener)....
4. Mi padre (dormir)....
5. Nosotros (ver)....
6. Yo (buscar)....

Fuimos a un hotel en el Caribe.

8 Una entrevista para el periódico

Trabajando en parejas, hazle cinco preguntas a tu compañero/a de clase para saber lo que hizo durante el fin de semana pasado. Luego, tu compañero/a debe hacerte cinco preguntas a ti.

A: ¿Qué hiciste el fin de semana pasado?
B: Visité a mis abuelos.

Visitamos a los abuelos el fin de semana pasado.

Después de clases

Sergio y Sofía son de Puerto Rico. Ahora hablan de lo que hacen después de sus clases.

SERGIO: Hoy después de clases le ayudo a Clara, la hermana de mi **novia,°** a arreglar su casa.

SOFÍA: ¡No lo puedo **creer!°** ¿**Se°** la arreglas toda tú solo?

SERGIO: No, yo sólo voy a limpiar el **polvo°** y hacer otros quehaceres.

SOFÍA: Pues, yo no voy a hacer nada en casa. Voy de compras con mi **novio.°** **Quisiera°** comprar una **camiseta,** unas **pantuflas,** unos **shorts** y quizás unas **bermudas.**

SERGIO: Yo quiero comprar una **gorra** y unas **gafas de sol,** pero hoy no puedo.

SOFÍA: ¡Yo te las compro!

SERGIO: No te preocupes. Yo voy luego.

novia *girlfriend* **creer** *believe* **Se** *For them* **polvo** *dust* **novio** *boyfriend* **Quisiera** Me gustaría

¿Las gafas de sol?
Las compré ayer.

9 ¿Qué comprendiste?

1. ¿Qué hace Sergio hoy después de las clases?
2. ¿Qué no puede creer Sofía?
3. ¿Le arregla Sergio toda la casa?
4. ¿Va Sofía a hacer algo en casa después de las clases?
5. ¿Qué va a comprar Sofía?
6. ¿Qué quisiera comprar Sergio?
7. ¿Va Sofía a comprarle algo a Sergio?

10 Charlando

1. ¿A quién le ayudas tú a arreglar la casa?
2. ¿Limpias el polvo?
3. ¿Te gusta ir de compras? ¿Qué fue lo último que compraste?
4. ¿Cuántas gorras tienes?
5. ¿Tienes novio o novia?

PARA ti

Más quehaceres en la casa

brillar/pulir el piso	*to polish the floor*
planchar	*to iron*
secar los platos	*to dry the dishes*
trapear	*to mop*

Algo más

¿Qué te interesa?

Para divertirte

jugar al béisbol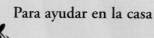

ver la televisión

navegar en la Internet

ir de compras

patinar sobre el hielo

esquiar

ir al cine

dar un paseo en bicicleta

Para ayudar en la casa

barrer

cocinar

hacer las camas

poner la mesa

recoger la mesa

pasar la aspiradora

lavar la ropa

limpiar el polvo

Repaso *rápido*

Los pronombres de complemento directo e indirecto

Do you remember the direct and indirect object pronouns?

los pronombres de complemento directo			
me	*me*	nos	*us*
te	*you* (tú)	os	*you* (vosotros,-as)
lo	*him, it, you* (Ud.)	los	*them, you* (Uds.)
la	*her, it, you* (Ud.)	las	*them, you* (Uds.)

¿Me ayudas a instalar los programas?   *¿Estoy instalándolos ahora.*

los pronombres de complemento indirecto			
me	*to me, for me*	nos	*to us, for us*
te	*to you, for you* (tú)	os	*to you, for you* (vosotros,-as)
le	*to you, for you* (Ud.) *to him, for him* *to her, for her*	les	*to you, for you* (Uds.) *to them, for them*

¿Me compras un regalo?   *Voy a comprarte dos.*

Note: In Spanish, direct and indirect object pronouns usually precede conjugated verbs, but also may be attached to an infinitive or a present participle. When attaching an object pronoun to the end of a present participle, add an accent mark to maintain the original stress of the present participle.

11 ¿Qué más puedo hacer?

Sergio terminó de limpiar el polvo y le pregunta a Clara qué más puede hacer. Completa las siguientes oraciones, para decir lo que ella responde, usando los pronombres de complemento directo. Sigue el modelo.

  ¿La sala? <u>La</u> voy a arreglar yo.

1. ¿Las ollas? <u>(1)</u> voy a lavar yo.
2. ¿El mantel? Yo <u>(2)</u> voy a poner en la mesa.
3. ¿Los pisos? <u>(3)</u> voy a limpiar yo.
4. ¿Los platos? Yo <u>(4)</u> voy a poner en su lugar.
5. ¿La basura? Yo <u>(5)</u> voy a sacar.

Después, los voy a poner en su lugar.

12 La ayuda de Javier

Javier prometió ayudar a su compañera de clase con su trabajo. Completa el diálogo usando los pronombres de complemento directo apropiados.

ANA: Oye Javier, ¿(1) ayudas a buscar información en la Internet para mi clase de biología.

JAVIER: ¿Cuándo quieres que (2) ayude?

ANA: Esta noche.

JAVIER: Esta noche no (3) puedo ayudar. Mi novia y yo vamos a salir. Sus padres (4) invitaron a los dos a comer. Tú (5) comprendes, ¿verdad?

ANA: Sí, claro. ¿Qué te parece si (6) hacemos mañana por la tarde?

JAVIER: Está bien. Hasta luego.

13 De compras

Sofía y su novio fueron al centro comercial después de las clases. Acaban de comprarles algo a varias personas. Haz oraciones completas para saber qué acaban de comprarle a cada persona, usando los pronombres de complemento indirecto. Sigue el modelo.

 Teresa
Acaban de comprarle un sombrero.

Cómo
Cuidar
Sus
Gafas

GENERAL
OPTICA

1. Sergio

2. Uds.

3. Gloria

4. nosotros

5. tú

6. yo

14 Después de las clases

¿Cuándo vas a hacer las tareas?

Hoy hay muchas cosas por hacer en casa después de las clases. Contesta las siguientes preguntas, usando las pistas y cambiando *(changing)* las palabras en itálica a pronombres de complemento directo o indirecto. Sigue el modelo.

¿Cuándo vas a hacer *las tareas*? (3:30 P.M.)
Voy a hacerlas a las tres y media.

¿Cuándo vas a pintar el bote a *tu papá*? (4:30 P.M.)
Voy a pintarle el bote a las cuatro y media.

1. ¿Cuándo vas a preparar la comida a *tus hermanos*? (5:00 P.M.)
2. ¿Cuándo vas a sacar *la basura*? (7:00 P.M.)
3. ¿Cuándo vas a lavar las camisetas a *tu abuelo*? (7:15 P.M.)
4. ¿Cuándo vas a limpiar *el polvo en tu cuarto*? (7:30 P.M.)
5. ¿Cuándo vas a ayudar a *tu hermana* con las tareas? (8:45 P.M.)
6. ¿Cuándo vas a llamar a *tus amigos*? (9:30 P.M.)

15 Todos están haciendo algo

¿Qué están haciendo tú y otros miembros de la familia? Alterna con tu compañero/a de clase en hacer y contestar preguntas. Usa un pronombre de complemento directo o indirecto en las respuestas según las palabras indicadas en itálica en las pistas. Sigue el modelo.

tu padre/lavar *los platos*
A: ¿Está lavando los platos tu padre?
B: Sí, (No, no) está lavándolos./Sí, (No, no) los está lavando.

tu hermano/lavar la ropa a *tu madre*
A: ¿Está tu hermano lavando la ropa a tu madre?
B: Sí, (No, no) está lavándole la ropa./Sí, (No, no) le está lavando la ropa.

Le estoy pintando el bote a mi papá.

1. tu hermano/pintar la casa a *tu padre*
2. tu madre/limpiar *el polvo*
3. tu tío/visitar a *sus sobrinos*
4. tus hermanas/comprar unas pantuflas para *ti*
5. tus abuelos/ver *la televisión*
6. tú/instalar un programa a *tus amigos*

IDIOMA

Usando los dos complementos

When a sentence has two object pronouns in one sentence in Spanish, the indirect object pronoun occurs first. As you already learned, it is equally acceptable to place the object pronouns before a conjugated form of the verb, or after and attached to an infinitive or a present participle. When adding two object pronouns to an infinitive or a present participle, an accent mark must be added to the infinitive or present participle in order to maintain the correct pronunciation.

¿Quieres pintársela a tus padres?

*¿**Me la** puedes traer?* *¿Puedes traér**mela**?*	Can you bring **it** *(la gorra)* **to me**?

The indirect object pronouns *le* and *les* become *se* when used together with *lo, la, los* or *las.*

¿Quieres pintarle la silla a tus padres? → *¿Quieres pintár**sela**?/¿**Se la** quieres pintar?*

You can clarify the meaning of *se* by adding *a Ud., a él, a ella, a Uds., a ellos* or *a ellas,* if needed.

Se la pinto a ellos.   I paint it for them.

16 Los quehaceres

Todos ayudan con los quehaceres en la casa de Sergio. Escribe de nuevo *(again)* las siguientes oraciones, usando *se* y el complemento directo apropiado. Sigue el modelo.

Yo le traigo las pantuflas a ella.

Yo le traigo las pantuflas a su madre.
Se las traigo a ella.

1. Carlos y Esteban les arreglan las sillas a sus padres.
2. Tú le cuelgas la gorra a su hermana.
3. Gabriela le saca los perros a caminar a su hermano.
4. Yo le lavo el bote a su padre.
5. Nosotros les subimos las camisetas a sus hermanas.
6. Uds. les preparan la comida para el picnic a sus primos.

17 ¿Te puedo ayudar?

Trabajando en parejas, alterna con tu compañero/a de clase en preguntar y contestar lo que tú puedes hacer para ayudar, usando los dos pronombres de complemento. Sigue el modelo.

sacar la basura
A: ¿Te puedo sacar la basura?
B: Sí, (No, no) puedes sacármela.

1. limpiar el polvo
2. lavar las camisetas
3. hacer las camas

4. barrer la cocina
5. limpiar el bote
6. poner los cubiertos

18 ¿Qué están haciendo todos ahora?

Después de las clases todos van a hacer algo a sus casas. Añade los pronombres de complemento indirecto a las siguientes oraciones. Sigue el modelo.

Yolanda le está lavando los platos *a ella.*
Se los está lavando./Está lavándo*se*los.

1. Pedro y Julio le están pintando las puertas a él.
2. Marcos le está instalando el programa a ella.
3. Yo le estoy limpiando el bote a ellos.
4. Nosotros les estamos trayendo las gafas de sol a ellas.
5. Tú le estás lavando las camisetas a él.
6. Uds. les están comprando unas bermudas a ellos.

19 Preguntas personales

Contesta las siguientes preguntas, usando los pronombres de complemento apropiados.

¿Les arreglas la casa a tus padres?
Sí, (No, no) se la arreglo.

1. ¿Le preparas la comida a tu familia?
2. ¿Les recoges la mesa a tus padres?
3. ¿Le limpias la cocina a tu madre los fines de semana?
4. ¿Le haces la cama a tu hermano/a?
5. ¿Le lavas el carro a tu madre?
6. ¿Les haces compras en el supermercado a tus padres?

Le estamos lavando el carro a nuestra madre.

Algo más

Expresiones afirmativas y negativas

Unlike English, sentences in Spanish may contain two negatives. Often *no* is used before the verb and another negative expression follows the verb. How many of the following do you remember?

Expresiones afirmativas	Expresiones negativas
sí *(yes)*	no *(no)*
algo *(something, anything)*	nada *(nothing, anything)*
alguien *(somebody, anybody)*	nadie *(nobody, anybody)*
algún, alguna *(some, any)*	ningún, ninguna *(none, not any)*
siempre *(always)*	nunca *(never)*
también *(also, too)*	tampoco *(neither, either)*
ya *(already)*	todavía no *(not yet)*
todavía *(still)*	ya no *(not yet)*

¿No vas nunca a un camping?

The words *nada, nadie, nunca* and *tampoco* may precede the verb, and *no* may be omitted. However, when these words follow the verb, another negative is needed before the verb.

Nunca voy a un camping. → *No voy a un camping nunca.*
No voy nunca a un camping.

Todavía is sometimes used at the beginning or at the end of a negative sentence when it is the equivalent of **yet**. When used without a verb, *todavía* must be used with the word *no*, which most commonly follows *todavía*.

Todavía no lo consiguen.
Todavía no. → *No lo consiguen todavía.*

20 Solas en casa

Rosario está limpiando su cuarto con su amiga Andrea. Completa su diálogo para saber lo que pasa en casa de Rosario, escogiendo las palabras apropiadas.

ANDREA: Oye, Rosario, creo que hay 1. *(nada/alguien)* en el otro cuarto. ¿Oyes?

ROSARIO: No, no oigo 2. *(algo/nada)*. Creo que tú 3. *(siempre/nunca)* oyes cosas que 4. *(nada/nadie)* más oye. *(Ahora Rosario oye algo en el otro cuarto.)* ¿Qué fue eso?

ANDREA: Sí, ves. Ahora 5. *(tampoco/también)* oyes lo que yo oigo. Bueno, voy a ver qué es.

ROSARIO: Ay, espera Andrea, ¿te puedo decir 6. *(alguien/algo)*?

ANDREA: 7. *(Todavía/Ya)* no. ¡Silencio! Primero debemos mirar quién está en el otro cuarto.

ROSARIO: ¡Pero es que es 8. *(alguien/algo)* muy importante!

ANDREA: Está bien, ¿qué es?

ROSARIO: Yo sé quién está en el otro cuarto. Es mi perro Titán. Mis padres no lo sacaron a pasear y 9. *(siempre/todavía)* le gusta jugar.

ANDREA: ¡Qué bueno! Entonces, vamos a sacarlo.

21 Sin ganas de hablar

Trabajando en parejas, alterna con tu compañero/a de clase en preguntar y contestar en forma negativa las siguientes preguntas, usando *nada, nadie, no, nunca* o *tampoco*.

> **A:** ¿Quién te escribió un e-mail?
> **B:** Nadie.

1. ¿Qué compraste ayer?
2. Yo no sé ningún chisme. ¿Y tú?
3. ¿Cuándo vas a tomar un crucero?
4. ¿Qué le quieres dar a tu novio/a de cumpleaños?
5. ¿Quién te visitó el domingo?
6. ¿Te gusta navegar en la Internet?
7. ¿Cuándo vas a comprarte unas gafas de sol?
8. ¿Limpiaste el polvo de tu cuarto hoy?

Nadie me escribió un e-mail.

22 No y no

Repite con tu compañero/a de clase la actividad anterior, pero ahora usando negativos dobles.

> **A:** ¿Quién te escribió un e-mail?
> **B:** Nadie me escribió nada.

1. ¿Qué compraste ayer?
2. Yo no sé chismes. ¿Y tú?
3. ¿Cuándo vas a tomar un crucero?
4. ¿Qué le quieres dar a tu novio/a de cumpleaños?
5. ¿Quién te visitó el domingo?
6. ¿Ya tienes Internet?
7. ¿Cuándo vas a comprarte unas gafas de sol?
8. ¿Ya limpiaste el polvo de tu cuarto hoy?

¿Cuándo vas a tomar un crucero?

Autoevaluación. Como repaso y autoevaluación, responde lo siguiente:
1. Name two things you did last summer.
2. What do you know about newspapers in Spanish-speaking countries?
3. Describe what you did on your last vacation.
4. Name one thing you just did last weekend.
5. What things do you do to help out at home?
6. What are some of your favorite pastime activities?
7. Imagine you just purchased a new computer program. How would you say that you installed it on your computer last weekend.
8. Imagine you cannot find several pairs of shorts you are looking for and the store clerk says there are more in the storage area. Ask the clerk in Spanish to please bring them to you.

¡La práctica hace al maestro!

A Comunicación

Working in pairs, talk with a classmate about the household chores or fun activities you do after school. Say when, with whom or for whom you do each chore or activity. Try to use as many direct and indirect object pronouns as possible. You may make up any information you wish.

A: Bueno, después de las clases hago las tareas y luego, les ayudo a mis padres a limpiar la casa.
B: ¿Se la limpias toda?
A: No, no la limpio toda. Sólo les ayudo a limpiar la cocina.

B Conexión con la tecnología

Use a computer to write an article for your electronic version of the school newspaper. Decide whether you want to write about *chismes* or about *noticias* such as an event or something you did last summer. If your school has a web page, ask for assistance to put your article on the Internet.

Vamos a escribir un artículo para el periódico.

Actividades
el camping
el crucero
el picnic

La ropa
las bermudas
la camiseta
las gafas de sol
la gorra
las pantuflas
los shorts

Verbos
creer
instalar
pintar
quisiera
visitar

Expresiones y otras palabras
el bote
el chisme
la noticia
la novia
el novio
el país
el polvo
solo,-a
último,-a

Te voy a contar unos chismes.

Somos novios.

¿Qué llevan para ir a la playa?

a leer

Estrategia

Preparación

Estrategia para leer: *using cognates to determine meaning*
When reading a selection in Spanish for the first time, it is helpful to take advantage of words that are similar in both Spanish and English (cognates). Spanish has adopted many words from English relating to the rapidly advancing field of technology and the Internet.

Conecta las palabras de la columna A con los cognados de la columna B, como preparación para la lectura.

A	B
1. categoría	A. area
2. servicios	B. parts
3. exportar	C. services
4. dólares	D. dollars
5. información	E. information
6. partes	F. lottery
7. área	G. category
8. agencia	H. agency
9. lotería	I. virtual
10. virtual	J. export

Es un satélite.

En la Internet

http://languageresource.com/spanish/classifieds

Categoría: Servicios   **País:** Estados Unidos

Servicio de Internet y venta de equipo

Fecha: Miércoles 6 de enero

International Computer, ubicada en la Florida. Exportamos equipos completos y partes. Ofrecemos servicio de Internet en el área de Miami por $15,95 al mes. No se necesita tarjeta de crédito.

international@computer4u.com

Categoría: Negocios   **País:** España

OBTENGA SU AGENCIA DE LOTERÍA VIRTUAL

Fecha: Viernes 22 de enero

¡¡¡GANE MUCHO DINERO EN LA RED!!! Ésta es su oportunidad de ¡¡¡GANAR MILES DE DÓLARES!!! ¡Un trabajo como pocos para realizar a tiempo parcial o a tiempo completo! Tenga su propia AGENCIA DE LOTERÍA virtual, en un programa oficial autorizado y controlado por el gobierno alemán. ¡¡¡Solicite información AHORA!!!

tgsgroup@SmartBot.net

 ## ¿Qué comprendiste?

1. ¿Dónde está la compañía International Computer?
2. ¿Qué exportan ellos?
3. ¿Dónde ofrecen servicio de Internet?
4. ¿Sus clientes tienen que usar tarjeta de crédito?
5. ¿Cuánto dinero se puede ganar con una agencia de lotería virtual?
6. ¿Quién autoriza y controla estas agencias de lotería virtual?

 ## Charlando

1. ¿Tienes servicio de Internet en casa?
2. ¿Buscas productos o servicios por la Internet?
3. ¿Compras cosas por la Internet?
4. ¿Tienes tarjeta de crédito?

a escribir

Estrategia

Estrategia para escribir: *keeping your reader in mind*

When you start to write an e-mail note or a letter, it is a good idea to keep your reader in mind. You can do this by writing about things you think the person will find interesting. In addition, your targeted reader will be more motivated to answer your correspondence if you include some personal questions about the person's interests.

Write to a key pal and begin an e-mail exchange in which you talk about one another's lives. Be sure to include the following in your e-mail exchange:

- personal biographical information (name, date of birth, age, etc.)
- description of yourself, your family and your friends (names, descriptions, where people live)
- after-school activities (*ver televisión, hacer quehaceres, navegar en la Internet* etc.)
- questions asking for similar information about the key pal

¿Te gusta escribir e-mails?

repaso

Now that I have completed this chapter, I can...
- ✔ talk about technology.
- ✔ seek and provide personal information.
- ✔ describe the weather.
- ✔ state what is happening right now.
- ✔ talk about everyday activities.
- ✔ discuss ecological problems.
- ✔ talk about the future.
- ✔ discuss schedules.
- ✔ compare quantity, quality, age and size.
- ✔ talk about the past.
- ✔ refer to what just happened.

¡Llueve mucho!

I can also...
- ✔ give an e-mail address in Spanish.
- ✔ read about environmental contamination and some solutions in Spanish.
- ✔ identify opportunities to volunteer and use Spanish in my community.
- ✔ use the Internet to find electronic key pals.
- ✔ learn new words in Spanish through context.
- ✔ read about newspapers from Spanish-speaking countries that are available on the Internet.
- ✔ talk about what I did last summer.

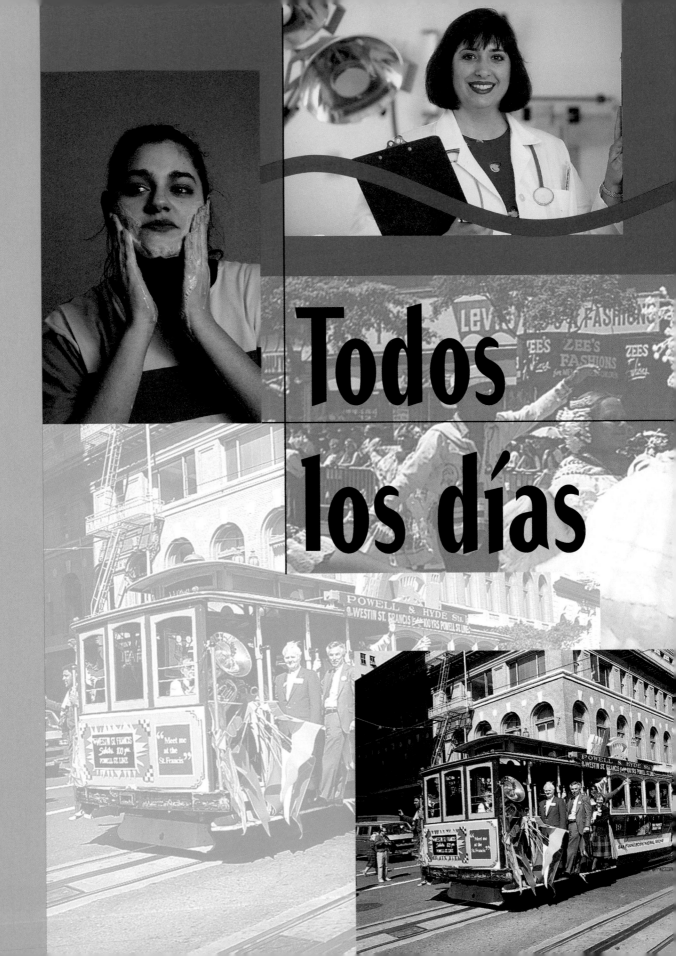

Todos
los días

CAPÍTULO 2

In this chapter you will be able to:

- talk about everyday activities
- seek and provide personal information
- discuss personal grooming
- compare and contrast
- recognize and identify Hispanic influence in the United States
- state when things are done
- express past actions and events
- identify items in a bathroom
- point something out
- write about everyday activities
- discuss health
- give and take instructions
- identify parts of the body

41

Lección 3

Somos muy diferentes

afeitarse

el pelo

peinarse

ducharse

cepillarse

maquillarse

levantarse

acostarse

vestirse

bañarse

Me llamo Araceli Martínez. Vivo en Lapaz, Indiana, con mi madre y mi hermano Miguel. Miguel y yo somos muy diferentes. Cuando estamos juntos, no somos muy felices porque no tenemos mucha **paz.**° A mí me gusta **levantarme**° temprano y **acostarme**° temprano; a él le gusta levantarse **tarde**° y acostarse tarde. Le gusta **quedarse**° en la cama. **Desde luego,**° cuando tenemos que salir juntos, es un problema. Yo **me despierto**° y en menos de media hora **me baño,**° **me visto,**° **me cepillo**° el pelo, **me maquillo,**° y voy a la cocina para **desayunarme.**° Y él, ¿dónde está? Está **duchándose**° o quizás está **quitándose**° una camisa que no le gustó para hoy, y **poniéndose**° otra. Como siempre, yo estoy aquí **esperándolo,**° y él **no se preocupa**° por nada. ¿Cómo puede él ser **así?**°

paz *peace* **levantarme** *to get up* **acostarme** *to go to bed, to lie down* **tarde** *late* **quedarse** *to remain, to stay* **Desde luego** *Of course* **me despierto** *I wake up* **me baño** *I bathe* **me visto** *I get dressed* **me cepillo** *I brush* **me maquillo** *I put on makeup* **desayunarme** *to have breakfast* **duchándose** *taking a shower* **quitándose** *taking off* **poniéndose** *putting on* **esperándolo** *waiting for him* **no se preocupa** *he does not worry* **así** *thus, that way*

1 ¿Qué comprendiste?

1. ¿Por qué no son felices Araceli y Miguel?
2. ¿Cuándo le gusta levantarse a Araceli?
3. ¿Cuándo le gusta acostarse a Miguel?
4. ¿En cuánto tiempo se baña, se viste, se cepilla el pelo y se maquilla Araceli?
5. ¿Qué piensa Araceli de Miguel?

para su cabello Solamente BONA~CURE

2 Charlando

1. ¿Tienes tiempo para desayunarte?
2. ¿En cuánto tiempo te bañas y te vistes?
3. ¿Te gusta acostarte temprano? ¿A qué hora?
4. Miguel no se preocupa por nada. ¿Hay alguien en tu casa que es así?

3 Todos los días

1. Me despierto a las....
2. Me gusta levantarme....
3. Me visto en....
4. Me gusta desayunarme con....
5. Me gusta acostarme....

8:00 A.M.

¿jugo de naranja?

en quince minutos

11:30 P.M.

Conexión *Cultural*

Lugares en los Estados Unidos con nombres en español

Araceli Martínez vive en Lapaz, Indiana. El nombre *Lapaz* viene de dos palabras españolas: la paz *(peace)*. ¿Qué influencia tiene el español donde vives tú? Mira un mapa y vas a ver cuerpos de agua, ciudades, montañas *(mountains)* y otros lugares geográficos con nombres en español. Por ejemplo, los estados *(states)* de Arizona, Colorado, Florida, Montana, Nevada y Nuevo México tienen nombres de origen español. ¿Puedes ver esta influencia en tu comunidad o en tu estado?

La misión San Miguel en Santa Fe, Nuevo México.

Arizona

COLORADO

CONEXIONES 4 Cruzando fronteras

Mira un mapa o un atlas de los Estados Unidos y haz una lista de quince lugares o puntos geográficos con nombres en español.

Lista de lugares

1. Lapaz

2. San Francisco

Oportunidades

El español en tu comunidad

How can you use Spanish in your community? Have you ever considered offering your services as a volunteer at one of the many organizations where you live? Many groups could use the help of someone who speaks Spanish.

Usamos español en nuestra comunidad.

5 En la comunidad

Trabajando en grupos pequeños preparen una lista de organizaciones que puedan necesitar la ayuda de alguien que hable español.

Los verbos reflexivos

Some verbs in Spanish have *se* attached to the end of the infinitive. The *se* is a reflexive pronoun *(pronombre reflexivo)* and the verb is called a reflexive verb *(verbo reflexivo)* because it reflects action back upon the subject of the sentence. For example, adding the reflexive pronoun *se* to the infinitive *peinar* (to comb another person's hair) forms the reflexive verb *peinarse* (to comb one's own hair).

Reflexive verbs are conjugated the same as nonreflexive verbs; however, they are used with a corresponding reflexive pronoun.

peinarse			
yo	**me** peino	nosotros nosotras	**nos** pein**amos**
tú	**te** peinas	vosotros vosotras	**os** pein**áis**
Ud. él ella	**se** peina	Uds. ellos ellas	**se** peinan

Much like direct and indirect object pronouns, reflexive pronouns may precede a verb, or they may be attached to the end of an infinitive or a present participle.

Se va a peinar. → Va a peinarse.
Se está peinando. → Está peinándose.

6 La vida diaria

Di cuáles de las siguientes oraciones o preguntas usan el reflexivo.

A. Nos desayunamos a las ocho.
B. ¿No la viste ayer?
C. **Los voy a despertar ahora.**
D. ¿Te estás quitando los calcetines?
E. ¿Estás esperándome?
F. Tengo sed.
G. *Me levanté temprano hoy.*
H. **Comemos juntos.**
I. ¿No se va a duchar?
J. ¿A qué hora se acuestan Uds.?

Desayuno con Churros

Algo más

Me baño todos los días.

Todos los días

The following verbs refer to everyday actions and have both reflexive and nonreflexive forms.

no reflexivo	*reflexivo*
acostar (ue) to put (someone) in bed	*acostarse (ue)* to go to bed
afeitar to shave (someone)	*afeitarse* to shave (oneself)
bañar to bathe (someone)	*bañarse* to bathe (oneself)
calmar to calm (someone) down	*calmarse* to calm down
cepillar to brush (someone, something)	*cepillarse* to brush (one's teeth, hair)
despertar (ie) to wake (someone) up	*despertarse (ie)* to wake up
lavar to wash (clothes, dishes)	*lavarse* to wash (oneself)
levantar to raise, to lift (a hand)	*levantarse* to get up
llamar to call (someone)	*llamarse* to be called
maquillar to put makeup on (someone)	*maquillarse* to put on makeup
mirar to look at (someone, something)	*mirarse* to look at (oneself)
peinar to comb (someone's hair)	*peinarse* to comb (one's own hair)
quemar to burn	*quemarse* to get burned
sentar (ie) to seat (someone)	*sentarse (ie)* to sit down
vestir (i, i) to dress (someone)	*vestirse (i, i)* to get dressed

7 En la casa de Quique

Muchas cosas pasan en la casa de Quique ahora. Di lo que pasa, decidiendo qué oración describe mejor la acción en cada una de las siguientes ilustraciones.

A. El chico se calma.
B. El chico lo calma.

1.

A. Los cepillo antes de salir.
B. Me cepillo antes de salir.

2.

A. Despierto temprano a mi hermano.
B. Me despierto muy temprano.

3.

A. Estoy poniéndome los calcetines azules.
B. Estoy poniéndolos en la cama.

4.

A. Ella le está lavando el pelo.
B. Ella está lavándose el pelo.

5.

A. Estoy acostándolo.
B. Me estoy acostando.

6.

A. Me despierto temprano.
B. Lo despierto temprano.

8 Todos los días

Trabajando en parejas, alterna con tu compañero/a de clase en hacer y contestar preguntas, usando las pistas.

despertarse temprano los sábados
A: ¿Te despiertas temprano los sábados?
B: Sí, (No, no) me despierto temprano los sábados.

1. cepillarse el pelo por las mañanas
2. vestirse rápidamente
3. bañarse todos los días
4. acostarse tarde
5. levantarse tarde los domingos
6. sentarse a comer a las ocho

9 Un sábado típico

Alterna con tu compañero/a de clase en preguntar y contestar a qué hora Uds. hacen las siguientes actividades en un sábado típico.

despertarse
A: ¿A qué hora te despiertas?
B: Me despierto a las nueve de la mañana.

1. levantarse
2. bañarse
3. vestirse
4. desayunarse
5. acostarse
6. sentarse para comer

Me despierto a las ocho. ¿Puedo dormir un poco más?

10 El domingo por la mañana

Todos hacen algo en casa el domingo por la mañana. Haz oraciones completas para decir lo que está pasando. Sigue el modelo.

mamá/maquillarse
Mamá se está maquillando./Mamá está maquillándose.

1. papá/afeitarse
2. tía Teresa/bañarse
3. tío Manuel/quemarse la mano cuando prepara unos huevos
4. mis abuelos/ponerse los abrigos antes de salir
5. mi hermana Araceli/quitarse el collar de perlas
6. mis primos/sentarse a la mesa para comer
7. el perro/no calmarse después de ver a mi gato

11 La rutina familiar

Combinando palabras de cada una de las tres columnas haz oraciones completas, añadiendo más información para decir cómo es la rutina de los miembros de tu familia en un día de fiesta.

Mi hermana se viste muy elegante.

A	B	C
mi mamá	nos	bañar
mi hermana	me	poner
mi hermano	te	maquillar
mis padres	se	levantar
mis hermanos		lavar
mis hermanos y yo		vestir
mi papá		afeitar
yo		despertar

Estrategia

Para aprender mejor: *comparing to English*

English often uses a form of **to get** where Spanish uses a reflexive verb. Knowing this may help you decide when to use a reflexive or a nonreflexive verb to state an action. Compare the following:

levantarse	→	*Ellos se levantan.*	They get up.
vestirse	→	*Ella se viste.*	She gets dressed.

PARA ti

Proverbios y dichos
Have you ever rushed to finish something and then discovered you made many mistakes and needed to take time to go back and fix them? Often it is better to slow down and do things right the first time than to go back and fix what you did wrong because you rushed. Take your time and carefully complete a task by paying attention to the quality of the work, and not the speed, and you will save yourself time in the end. As the saying goes in Spanish: *Vísteme despacio que tengo prisa* (Dress me slowly because I am in a hurry).

12 ¿De qué color se visten?

Haz oraciones, usando la forma apropiada del verbo *vestirse* y las pistas indicadas para decir de qué color se visten hoy tú y tus amigos.

 Luis
Luis se viste de amarillo.

1. Viviana y Sonia   2. Uds.   3. tú   4. nosotros

5. Eduardo   6. yo   7. José   8. Clara

13 Después de levantarse

En grupos pequeños, hablen Uds. de las cinco primeras cosas que hacen después de levantarse. Luego, un estudiante del grupo debe reportar la información a la clase, diciendo cuáles son las cosas más populares que los miembros del grupo hacen para empezar el día.

Después de levantarme, me cepillo los dientes.

Algo más

El artículo definido con verbos reflexivos

In Spanish a definite article is generally used instead of a possessive adjective when using a reflexive verb to talk about personal items, such as clothing and parts of the body.

*Me pongo **el** suéter.*   I put on **my** sweater.
*¿Quieres lavarte **las** manos?*   Do you want to wash **your** hands?

14 Hay que ser cortés

Si invitas a otras personas a tu casa, tienes que ser cortés *(courteous)*. Completa las siguientes oraciones, escogiendo la palabra apropiada.

Tienes frío. ¿Deseas ponerte *(tu/la)* chaqueta?
Tienes frío. ¿Deseas ponerte *la* chaqueta?

1. ¿Puedo llevarte *(el/tu)* abrigo para el cuarto?
2. ¿Te gustaría cepillarte *(tus/los)* dientes?
3. ¿Quieres esperar a *(los/tus)* hermanos?
4. Por favor, ¿puedes quitarte *(los/tus)* zapatos?
5. ¿Quieres ir a lavarte *(tus/las)* manos antes de comer?
6. ¿Te gustaría quitarte *(tu/el)* abrigo?

15 ¿Qué están haciendo?

Todos se preparan para salir. Di lo que está haciendo cada una de las siguientes personas, según las ilustraciones. Sigue el modelo.

Ella se está maquillando.

1.   2.   3.   4.

5.   6.   7.   8.

16 De otra manera

Haz las oraciones de la actividad anterior de otra manera, siguiendo el modelo.

Ella está maquillándose.

17 ¿Cómo se preparan para salir?

Imagina que varias personas de tu familia están preparándose para salir juntas. Trabajando en parejas, alterna con tu compañero/a de clase en hacer y contestar preguntas para decir cómo se preparan para salir. Sigue el modelo.

quitarse las botas/ponerse otros calcetines
A: ¿Vas a quitarte las botas?
    (¿Te vas a quitar las botas?)
B: No, voy a ponerme otros calcetines.
    (No, me voy a poner otros calcetines.)

1. cepillarse el pelo/lavarse el pelo
2. desayunarse con café/desayunarse con chocolate y huevos
3. bañarse/vestirse
4. lavarse las manos/ponerse el abrigo
5. afeitarse/peinarse
6. vestirse/maquillarse
7. ponerse el impermeable/ponerse el abrigo

¿Prefiere simplemente bañarse... o también eliminar las bacterias que causan el mal olor del sudor?

Jabón
Protex
Antibacterial y Desodorante

Protege diariamente la salud de su familia

¿Te vas a afeitar?

Algo más

El pretérito de los verbos reflexivos

Reflexive and nonreflexive verbs follow the same patterns you have learned for forming the preterite tense, with the exception that reflexive verbs require an appropriate reflexive pronoun. Compare the following:

no reflexivo		*reflexivo*	
Bañé al perro.	I gave the dog a bath.	Me bañé.	I took a bath.
Ella vistió a su hermanita.	She dressed her little sister.	Ella se vistió.	She got dressed.

18 Una nota de Marta

Ésta es una nota que Marta está escribiendo sobre lo que pasó ayer en su casa. Ayúdala a completarla, usando la forma apropiada del pretérito de los verbos entre paréntesis.

Primero, yo 1. (despertarse) a las 6:30 y fui al baño donde 2. (bañarse) y 3. (peinarse). Luego, yo 4. (despertar) a mi hermano Juan. Entonces, él fue al baño y 5. (afeitarse) y 6. (lavarse) el pelo. Cuando Juan estuvo listo, mi hermana, Natalia, 7. (levantarse) y entró en el baño donde 8. (maquillarse) y 9. (cepillarse) el pelo. A las 7:45, nosotros tres 10. (desayunarse) y, luego, fuimos para el colegio. Nosotros 11. (quedarse) en el colegio hasta las 3:00, que es cuando siempre regresamos a casa.

Tinta china

19 ¿Qué pasó ayer?

Tu amigo/a está muy curioso/a *(curious)* hoy y te pregunta sobre algunas cosas que pasaron ayer. Trabajando en parejas, alterna con tu compañero/a de clase en hacer y contestar preguntas, usando las pistas indicadas. Sigue el modelo.

> tu hermano/bañarse ayer por la noche
> **A:** ¿Se bañó tu hermano ayer por la noche?
> **B:** Sí, (No, no) se bañó ayer por la noche.

1. tu papá/afeitarse ayer después de desayunarse
2. nosotros/vestirse ayer con el mismo color de pantalón
3. tú/peinarse ayer antes de salir para el colegio
4. tú/lavarse el pelo ayer
5. él/quemarse con agua caliente
6. tus padres/despertarse ayer a las cinco de la mañana
7. tú/quedarse ayer en la cama hasta que mamá vino para despertarte
8. tu mamá/cepillarse el pelo ayer por la mañana
9. tu hermana/maquillarse ayer por la mañana
10. Uds./desayunarse ayer con huevos y chocolate

IDIOMA

La palabra *se*

In Spanish, when the person who is doing something is indefinite or unknown (where in English one might say "one," "people" or "they"), *se* is sometimes combined with the *él/ella/Ud.* or the *ellos/ellas/Uds.* form of a verb in order to express the action. In such cases the subject (which may precede or follow the verb) indicates whether the verb should be singular or plural. If the subject is singular, the verb is singular. Likewise, if the subject is plural, so is the verb.

Se habla español aquí.	Spanish **is spoken** here.
Las verduras se comen muchas veces para el almuerzo.	**People** often **eat** vegetables for lunch.

Se come comida mexicana en los Estados Unidos.

20 El horario de los Martínez

Las siguientes oraciones describen algunas de las actividades de un sábado típico de la familia Martínez. Cámbialas, usando una construcción con *se*.

> Empiezan el día a las ocho.
> Se empieza el día a las ocho./El día se empieza a las ocho.

1. Arreglan la casa a las nueve.
2. Lavan el carro a las diez y media.
3. Preparan el almuerzo a las once.
4. Cepillan el perro a las cuatro.
5. Preparan la comida a las seis.
6. Ponen la mesa a las siete.
7. Comen la comida a las siete y media.

Conexión Cultural

¿Qué es la comida?

You have already noticed that a word in Spanish can have more than one meaning. This is especially true for words dealing with the daily activity of eating. For example, you already know *la comida* may mean either **the food** or **the dinner**. But, what is **dinner**? Look at the following:

el desayuno	breakfast	*desayunarse*	to have breakfast
el almuerzo	lunch	*almorzar (ue)*	to have lunch
la cena	supper	*cenar*	to have supper
la comida	dinner, the main meal	*comer (la comida)*	to have dinner, the main meal

In some Spanish-speaking countries, the midday meal is considered to be the main meal—*la comida*—and is usually eaten between one and three o'clock. Families come home during these hours so this meal provides an opportunity for them to spend time together daily before returning to school or work. When the midday meal is the *comida*, then the *cena* is a light supper. However, some families' schedules allow time for only a light *almuerzo* in the middle of the day. For these people, the *cena* then becomes the large family *comida* at home in the evenings.

On weekends, family members usually have a midday *comida* where they gather to discuss important events. Then, *la cena*, which is the much lighter meal, is usually eaten around seven or eight o'clock. Dinner at a restaurant may be even later, beginning around ten o'clock and lasting until midnight or one in the morning.

¡LA CENA IDEAL!

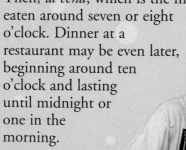

Cenamos a las siete de la noche.

21 Preguntas personales

Contesta las siguientes preguntas en español. Puedes inventar la información si quieres.

1. ¿A qué hora te desayunas cuando vas al colegio?
2. ¿Qué comes para el desayuno?
3. ¿A qué hora almuerza tu familia los sábados? ¿Y los domingos?
4. ¿A qué hora es la comida en tu casa?
5. ¿Dónde se sientan para cenar?
6. ¿Cuál de las tres comidas es la más importante en tu casa?

22 Frijoles negros cubanos

Ésta es una receta que la familia Martínez prepara los sábados para el almuerzo. Haz una lista de todos los verbos que están en voz pasiva. No te preocupes si no sabes todos los significados.

Frijoles negros cubanos

8 porciones

- **1** libra de frijoles negros
- **10** tazas de agua
- **1** ají (pimiento verde), a la mitad
- **2/3** taza de aceite de oliva
- **1** cebolla grande, finamente picada
- **4** dientes de ajo machacados y cortados
- **1** ají (pimiento verde), machacado
- **1** cucharada de sal
- **1/4** de cucharadita de orégano
- **1** hojita de laurel
- **2** cucharadas de azúcar
- **2** cucharadas de vinagre
- **2-4** cucharadas de aceite de oliva

Se limpian y se lavan los frijoles y se ponen a remojar con el pimiento verde. Una vez hayan crecido, se cocinan en la misma agua hasta que estén blandos, unos **45** minutos. Se sofríe el pimiento verde machacado en una cacerola con aceite caliente hasta que esté suave. Se le añade una taza de frijoles ya cocidos y se machacan. Se agregan los frijoles restantes con el caldo, junto con la sal, el orégano, la hojita de laurel y el azúcar. Se deja hervir por una hora y se añade el vinagre. Se cocina despacio por otra hora. Si todavía hay mucho líquido se cocina sin tapar por un rato. Un momento antes de servirlos se le añaden de **2** a **4** cucharadas de aceite de oliva y se sirven calientes.

Una toalla, por favor

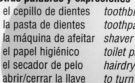

23 ¿Qué se vende?

Alterna con un(a) compañero/a de clase en preguntar y contestar si las siguientes cosas se venden o no en la tienda de la ilustración.

Otras palabras y expresiones

el cepillo de dientes	toothbrush
la pasta de dientes	toothpaste
la máquina de afeitar	shaver
el papel higiénico	toilet paper
el secador de pelo	hairdryer
abrir/cerrar la llave del agua	to turn on/to turn off the water
bajar el agua	to flush the toilet

Nueva vida para el pelo seco.

champú
A: ¿Se vende champú en la tienda?
B: Sí, se vende champú.

lavaplatos
B: ¿Se venden lavaplatos en la tienda?
A: No, no se venden lavaplatos.

1. lavabos
2. peines
3. grifos
4. crema de afeitar
5. cepillos
6. toallas
7. desodorante
8. excusados
9. espejos
10. tinas

24 ¿Qué necesitan?

Trabajando en parejas, alterna con tu compañero/a de clase en hacer y contestar preguntas para decir lo que las siguientes personas necesitan, según lo que ellos van a hacer. Sigue el modelo.

Rosa/maquillarse
A: Rosa se va a maquillar. ¿Qué necesita?
B: Necesita el maquillaje.

1. Paola y Milena/peinarse
2. Ud./mirarse su nuevo color de pelo
3. yo/afeitarse
4. tú/lavarse el pelo
5. Sandra/cepillarse el pelo
6. Rodrigo y Alberto/bañarse

Rosa necesita comprar maquillaje.

25 ¡A adivinar!

En grupos de cuatro estudiantes, un estudiante debe representar con un dibujo, en un tiempo máximo de medio minuto, una acción o un objeto nuevo de esta lección. Los otros deben adivinar *(to guess)* lo que está dibujando esa persona. El estudiante que primero adivina la acción o el objeto tiene un punto y tiene el turno para dibujar. La persona con más puntos después de un período de juego de diez minutos, es la ganadora *(winner)*.

Repaso *rápido*

Los adjetivos demostrativos

Remember to use the demonstrative adjectives to indicate where someone or something is located in relation to the speaker. They include *este, esta, estos, estas, ese, esa, esos, esas, aquel, aquella, aquellos* and *aquellas*. Compare the following:

*No me gusta **este** jabón.*	I do not like **this** soap.
*Tampoco me gusta **ese** jabón.*	I do not like **that** soap either.
*Prefiero **aquel** jabón.*	I prefer **that** soap **over there.**

IDIOMA

Los pronombres demostrativos

Demonstrative adjectives become demonstrative pronouns when they are used with a written accent mark and when they take the place of a noun.

los pronombres demostrativos			
singular		**plural**	
masculino	**femenino**	**masculino**	**femenino**
éste	ésta	éstos	éstas
ése	ésa	ésos	ésas
aquél	aquélla	aquéllos	aquéllas

Note how demonstrative pronouns are used in the following sentences:

*Creo que **éste** es bueno*	I think **this one** is good and
*y **ése** es muy bueno, pero **aquél***	**that one** is very good, but **that one over**
es el mejor de todos.	**there** is best of all.

Three neuter demonstrative pronouns *(esto, eso, aquello)* refer to a set of circumstances or to very general nouns. The neuter demonstrative pronouns do not require an accent mark.

***Esto** no es bonito.*	**This** is not pretty.
*Me gustaría ver **eso**,*	I would like to see **that** (**stuff**),
por favor.	please.
***Aquello** fue imposible.*	**That** was impossible.

Aquéllos   esto   Ésta

26 ¿Cuánto cuesta eso?

Durante las vacaciones estás trabajando en una tienda y unos clientes te están preguntando por el precio de algunos objetos. Trabajando en parejas, alterna con tu compañero/a de clase en hacer y contestar preguntas, según las ilustraciones y las indicaciones. Sigue el modelo.

peines/$1.00

A: ¿Cuánto cuestan esos peines?

B: ¿Esos peines?

A: Sí, ésos.

B: Esos peines cuestan un dólar.

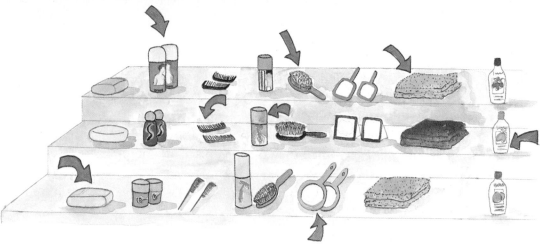

1. crema de afeitar/$1.60
2. champú/$2.05
3. cepillo/$2.80
4. jabón/$0.79

5. espejos/$3.96
6. desodorantes/$2.73
7. toallas/$8.25

27 Todos se preparan

Todos en la casa de Miguel se preparan para salir de viaje. Completa las siguientes oraciones con los pronombres demostrativos apropiados para decir qué hacen para prepararse.

Quiero otro jabón; <u>éste</u> no me gusta.

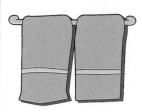

1. Ese jabón no; yo quiero (1) que está allá.
2. Mi toalla es roja; (2) es rosada.
3. Aquélla no es mi crema de afeitar; es (3).
4. ¡(4) es un desastre! Debes limpiar el baño ahora mismo.
5. ¿Es aquél tu desodorante? ¿Y (5) que está aquí?
6. ¿Qué champú es nuevo? (6) que está allí es nuevo.
7. Necesito otra toalla; (7) está sucia.
8. ¿Dónde está mi champú? No es (8) que está aquí.

Pasta de dientes

28 ¿De quién es?

Trabajando en parejas, alterna con tu compañero/a de clase en preguntar y contestar de quiénes son cinco cosas que tú señalas en la clase sin mencionarlas. Sigue el modelo.

A: ¿Es esto de Patricia?
B: No, esto es de Rafael.

¿esto?

¿eso?

¿aquello?

¿De quién es esto?

Autoevaluación. Como repaso y autoevaluación, responde lo siguiente:
1. In Spanish, state three activities you do every day.
2. Name three places in the United States with names that are derived from Spanish.
3. How might you use Spanish as a volunteer in your community?
4. Describe in Spanish how two people in the classroom are dressed.
5. What was the last thing you did last night?
6. At what time do you eat breakfast on Sundays?
7. What is the first thing you do each morning after you wake up?
8. Imagine you are traveling and see a swimsuit you would like to buy. How would you say "I want that one"?

Santa Fe, Nuevo México.

San Diego, California.

¡La práctica hace al maestro!

A Comunicación

Working with a partner, ask questions about one another's daily routine. Compare how your schedules and activities vary on school days and over the weekend or during holidays. (You may wish to discuss how your routine varies for certain special holidays, for example.)

B Conexión con la tecnología

Search the Internet to find summer-abroad programs that offer opportunities for students to stay in Spanish-speaking countries. Then imagine you are a participant in the program and share your findings with the class about the following: what a typical school day is like; when you wake up; at what time you get out of bed; how you prepare for the day; when and with whom you eat meals; how you get to school; at what time you go home; and how you finish the day. Make up any of the information you wish, but try to keep it culturally accurate.

Siempre desayunamos en este café antes de ir a la escuela.

VOCABULARIO

En el baño

el cepillo
el champú
la crema de afeitar
el desodorante
la ducha
el espejo
el excusado
el grifo
el jabón
el lavabo
el maquillaje
el peine
la tina
la toalla

Comidas

la cena
la comida
el desayuno

Verbos

acostar(se) (ue)
afeitar(se)
almorzar (ue)
bañar(se)
calmar(se)
cenar
cepillar(se)
desayunar(se)
despertar(se) (ie)
duchar(se)
esperar
lavar(se)
levantar(se)
llamar(se)
maquillar(se)
peinar(se)
poner(se)
preocupar(se)
quedar(se)
quemar(se)
quitar(se)

sentar(se) (ie)
vestir(se) (i, i)

Expresiones y otras palabras

aquél, aquélla (aquéllos,
   aquéllas)
aquello
así
desde luego
ése, ésa (ésos, ésas)
eso
éste, ésta (éstos, éstas)
esto
la paz
el pelo
tarde

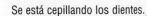

Se está cepillando los dientes.

Se llama Hernán.

¿Te miras en el espejo
todos los días?

Lección 4
No me siento bien

DRA. MORALES:	¿Qué te **duele?**°
MIGUEL:	No sé, **doctora. No me siento**° bien.
DRA. MORALES:	Vamos a ver.... **Abre** la **boca** y **di** *aaaaa*.
MIGUEL:	¿Qué tengo? ¿**Gripe?**°
DRA. MORALES:	No, me parece que sólo es un **resfriado.**°
MIGUEL:	¡Eso no puede ser!
DRA. MORALES:	¿Por qué no?
MIGUEL:	Vamos a **irnos de viaje**° el fin de semana.
DRA. MORALES:	¿De viaje? ¿Adónde van?
MIGUEL:	Vamos a **visitar** a mis tíos en Chicago y a **pescar** en el **Lago**° Michigan. Vamos a **divertirnos**° mucho.
DRA. MORALES:	Bueno, debes **descansar**° por dos días. Si descansas un poco, no vas a tener ningún problema.

duele *hurts* **no me siento** *I do not feel* **gripe** *flu* **resfriado** *cold* **irnos de viaje** *go away on a trip*
Lago *Lake* **divertirnos** *have fun* **descansar** *to rest, to relax*

¿Qué comprendiste?

1. ¿A qué médico va a ver Miguel?
2. ¿Sabe Miguel qué le duele?
3. ¿Qué cree la doctora Morales que tiene Miguel?
4. ¿Por qué Miguel no quiere estar enfermo?
5. ¿Adónde van Miguel y su familia?

PARA ti

La palabra *pescar*
The word *pescar* (to fish, to catch)
changes meaning according to the context:

Mañana, voy a **pescar** *en ese lago.*	Tomorrow, I am going **to fish** in that lake.
Voy a **pescar** *un resfriado.*	I am going **to catch** a cold.

2 Charlando

1. ¿Cómo te sientes ahora?
2. ¿Qué haces cuando estás enfermo/a?
3. ¿Cuánto tiempo descansas en un día?
4. ¿Qué crees que debes hacer cuando tienes gripe?
5. ¿Cuándo fue la última vez que pescaste un resfriado?

Conexión Cultural

Aquí se habla español

La población *(population)* de hispanohablantes *(Spanish-speaking people)* en los Estados Unidos es muy grande. Por ejemplo, las ciudades de Santa Fe, Nuevo México y Miami son un cincuenta por ciento hispanas. Además, en Los Ángeles la población es de un cuarenta por ciento hispana y en Nueva York es de un treinta por ciento. En los estados de California, Arizona, Florida, Colorado y Texas el número de hispanohablantes y su influencia son muy grandes. Por esta razón, en cada uno de estos estados es posible encontrar desde periódicos hasta programas de televisión y de radio en español.

Como hay muchas personas de habla hispana en los Estados Unidos, el ser bilingüe *(bilingual)* puede ser importante. Por ejemplo, en muchos lugares, como en los hospitales, las clínicas, los restaurantes y los hoteles, o en cualquier otro lugar, el comunicarse en español es muy común y necesario. ¿Qué influencia hispana hay donde tú vives?

En este lugar se habla español.
(San Francisco, California.)

3 Cruzando fronteras

En cinco minutos, haz una lista de lugares geográficos en los Estados Unidos con nombres en español. Trata de incluir por lo menos quince lugares. Sigue el modelo.

Cuerpos de agua	Ciudades	Estados	Otros lugares
Río Grande	Lapaz	Colorado	Sierra Nevada

Oportunidades

¿Qué valor hay en ser bilingüe?

You are already aware that knowing how to communicate in a second language can enhance your career opportunities, especially in areas where there are large Hispanic populations. The following are some interesting careers where being bilingual may offer a distinct advantage:

Soy operadora.

physician

NURSE

court reporter

bilingual administrative assistant

 lawyer

CUSTOMS AGENT

OFFICIAL

4 Las personas famosas

Trabajando en parejas, hagan una lista de por lo menos cinco personas hispanas famosas que viven en los Estados Unidos. Deben decir lo que hace cada una de estas personas. También deben decir de dónde son y dónde viven, si es posible. Puedes buscar información usando la Internet.

El cuerpo

5 ¿Qué hacemos con...?

Conecta las frases de la columna A con las partes del cuerpo apropiadas de la columna B en forma lógica.

A	B
1. Vemos con...	A. el pelo.
2. Oímos con...	B. los pies.
3. Mi amigo escribe con...	C. los oídos.
4. Comemos con...	D. los dedos.
5. Tocamos algo con...	E. la boca.
6. Caminamos con...	F. la cara.
7. A veces mi amiga se maquilla...	G. los ojos.
8. A mi amigo no le gusta cepillarse...	H. la mano izquierda.

¿ESTA USTED PERDIENDO EL PELO?

Solo para sus ojos

EYE QUITA EL ROJO DE LOS OJOS

GOTAS OFTALMICAS

6 Las partes del cuerpo

En cada grupo escoge las dos palabras que están relacionadas *(related)* de alguna forma.

Tengo un resfriado.

1. cabeza   cara   pie   cinturón
2. gripe   pierna   rodilla   cena
3. codo   brazo   lago   cita
4. mano   doler   tina   dedo
5. boca   pescar   dientes   espalda
6. enfermero   espejo   dedo   médico
7. niño   visitar   niña   sentirse
8. resfriado   irse   gripe   corazón
9. izquierdo   niño   derecho   resfriado
10. lago   ojos   orejas   peine

7 Un examen médico

Pedrito está en la oficina de la doctora para un examen. Identifica las siguientes partes del cuerpo.

 el corazón

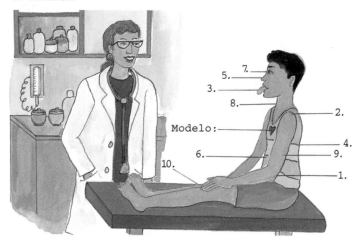

8 Adivina, adivinador/a

Adivina a qué partes del cuerpo se refieren las siguientes oraciones.

1. Está entre los ojos.
2. Están en la cara y los usas para ver.
3. Son largas y las usas para correr.
4. Están en los pies y las manos y son veinte en total.
5. Son de color blanco y están en la boca.
6. Son largos y los usas para dar abrazos.
7. Está entre la cabeza y los hombros.
8. Está entre el hombro y la mano.
9. Está en el pecho. No podemos vivir sin él.
10. Es de color rosado y está en la boca.

Algo **más**

¿Qué oyes en el consultorio del médico?

Siéntate.	*Sit down.*
Abre la boca.	*Open your mouth.*
Saca la lengua.	*Stick out your tongue.*
Di *aaaaa*.	*Say aaaaa.*
Tócate la nariz.	*Touch your nose.*
¿Cómo te sientes?	*How do you feel?*
¿Qué te duele?	*What hurts?*

¿Qué puedes contestar?

Me siento cansado/a.	*I feel tired.*
No me siento bien.	*I do not feel well.*
Me duele/Me duelen....	*My...hurts/hurt.*

¿Qué te duele?

A B R E ~~Bien~~ L O S   O J O S

9 En el médico

Yolanda fue al médico. Completa el siguiente diálogo de una manera lógica.

Aaaaa.

YOLANDA:	¡Hola, doctor Rojas!
MÉDICO:	¡Hola, Yolanda! (1), por favor.
YOLANDA:	Muchas gracias, doctor.
MÉDICO:	¿Qué te (2)?
YOLANDA:	Me duele mucho la (3).
MÉDICO:	Bueno, vamos a mirar. (4) la boca. (5) la lengua. (6) *aaaaa*. Parece que tienes un (7).
YOLANDA:	¿Qué debo hacer?
MÉDICO:	Debes (8) y tomar mucha agua.

¡NO DESCUIDE SU ESPALDA...!

¿Es dolor de estómago?

10 Tócate...

Trabajando en parejas, alterna con tu compañero/a en decirle qué parte del cuerpo debe tocar. Mira para ver si tu compañero/a toca la parte del cuerpo correcta. Cada estudiante debe mencionar ocho partes del cuerpo.

A: Tócate la cara.
B: *(Student B should touch his/her face.)*

¡Eres artista!

Imagina que eres artista. Haz un dibujo de un monstruo *(monster)*, usando las siguientes indicaciones.

El monstruo tiene una cabeza pequeña y un corazón pequeño. En la cara, tiene tres ojos grandes de color azul. La nariz es fea, y el monstruo tiene una boca grande con cuatro dientes y una lengua delgada y larga. A los lados de la cabeza tiene dos orejas grandes y sobre la cabeza tiene sólo tres pelos. El cuello es delgado y largo y el pecho es grande. Tiene cuatro brazos largos y en cada brazo tiene una mano con tres dedos. Las piernas no son muy largas y tiene dos pies con cuatro dedos cada uno.

IDIOMA

Otras construcciones reflexivas

Some verbs in Spanish have a different meaning when they are used reflexively.

comer to eat	→	*comerse* to eat up
dormir (ue, u) to sleep	→	*dormirse (ue, u)* to fall asleep
ir to go	→	*irse* to leave, to go away
llevar to take, to carry	→	*llevarse* to take away, to get along
preguntar to ask	→	*preguntarse* to wonder, to ask oneself

Compare the following:

*Isabel **duerme** mucho.*	Isabel **sleeps** a lot.
*Muchas veces **me duermo** antes de las nueve.*	I often **fall asleep** before nine.

¿Qué planes tienes?

Imagina que ya tienes planes para las vacaciones y tu compañero/a te hace preguntas sobre tus planes. Trabajando en parejas, alterna con tu compañero/a de clase en hacer y contestar preguntas, según las indicaciones. Sigue el modelo.

irse con tus hermanos/mis amigos
A: ¿Vas a irte con tus hermanos?
B: No, voy a irme con mis amigos.

1. dormir mucho/poco
2. llevarse mal con tus amigos/bien
3. comerse todo en el viaje/casi todo
4. dormirse temprano/tarde
5. llevar mucha ropa/poca ropa
6. irse de vacaciones a Chicago/Los Ángeles
7. comer poco en el viaje/mucho

DE VACACIONES

13 En Chicago

Cuando Miguel visita a sus tíos, muchas cosas pasan. Di lo que pasa, completando las siguientes oraciones con la forma apropiada de los verbos entre paréntesis.

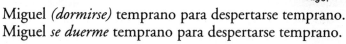

Chicago.

 El tío de Miguel *(llevar)* a los chicos en su carro nuevo.
El tío de Miguel *lleva* a los chicos en su carro nuevo.

Miguel *(dormirse)* temprano para despertarse temprano.
Miguel *se duerme* temprano para despertarse temprano.

1. Todos *(ir)* al Lago Michigan a las cinco y media de la mañana.
2. Ramiro siempre *(preguntarle)* a él todo lo que Miguel sabe sobre cómo pescar.
3. Miguel y sus primos *(irse)* a pescar al Lago Michigan bien temprano.
4. Los tíos de Miguel *(dormir)* muy poco.
5. Miguel *(llevarse)* muy bien con Ramiro.
6. Ellos *(comer)* perros calientes.
7. La tía de Miguel siempre *(preguntarse)* a qué hora van a volver de pescar.
8. A la hora de la comida, Miguel y sus primos *(comerse)* todo el pescado.

14 Preguntas personales

Contesta las siguientes preguntas. Puedes inventar la información si quieres.

1. ¿Adónde vas a ir?
2. ¿Cuándo piensas irte de viaje?
3. Cuando viajas, ¿qué te divierte a ti?
4. ¿Qué tipo de comida comes cuando viajas?
5. Cuando en un viaje vas a un restaurante, ¿te comes siempre todo lo que pides? Explica.

Nos despedimos.

Más sobre los verbos reflexivos

Some verbs are reflexive in Spanish that do not appear at all reflexive in English.

acostumbrarse	to get used to	*equivocarse*	to make a mistake
broncearse	to tan	*olvidarse*	to forget
caerse	to fall down	*reunirse*	to get together
despedirse (i, i)	to say good-bye	*sentirse (ie, i)*	to feel

Note: The verb *caer(se)* is regular in the present tense, except for the first-person singular form *(me caigo)*. The preterite tense of *caer(se)* is conjugated following the pattern of the verb *leer: caí, caíste, cayó, caímos, caísteis, cayeron.* The present participle of *caer (caerse)* is *cayendo (cayéndose)*.

15 ¿Cuál es la respuesta?

Selecciona de la columna B una respuesta apropiada para cada una de las preguntas de la columna A.

A

1. ¿De qué te preocupas?
2. ¿Te bronceas?
3. ¿Se divierten mucho o me equivoco?
4. ¿Me siento allí?
5. ¿Cómo te sientes?
6. ¿Nos reunimos con nuestros abuelos después del viaje?

B

A. Sí, los vamos a visitar a su casa.
B. No me preocupo de nada.
C. Te equivocas, estamos muy aburridos.
D. Me siento muy bien.
E. No. Siéntate aquí.
F. No. Sólo tomo un poco de sol.

16 El diario de Miguel

Miguel escribió en su diario *(diary)* sobre los viajes con su familia. Completa el siguiente párrafo con la forma apropiada de los verbos entre paréntesis.

Mi familia y yo viajamos mucho. Antes de viajar, nosotros vamos al médico sólo para saber que estamos bien. También, antes de viajar, nos gusta ir de compras. Mis hermanos 1. (comprarse) algo para broncearse y mi hermana 2. (comprarse) algo para 3. (bañarse) en la playa. A la hora de salir, mi hermana 4. (despedirse) de su perro. Yo no puedo 5. (acostumbrarse) a eso. Mi padre siempre me pregunta si yo no 6. (olvidarse) de nada. Él dice que nosotros siempre 7. (olvidarse) de algo. Es verdad, yo siempre 8. (olvidarse) de algo. Él casi nunca 9. (equivocarse) cuando dice algo. Cuando vamos a una playa, mis hermanos 10. (broncearse) y yo 11. (irse) a nadar porque a mí no me gusta broncearme. Mi madre siempre 12. (preocuparse) cuando no estamos todos juntos, pero yo le digo que no debe preocuparse. Lo mejor de todo, cuando viajamos, es que nosotros 13. (divertirse) mucho.

17 En Los Ángeles

Imagina que tú y tu familia fueron de vacaciones a Los Ángeles el verano pasado. Haz oraciones completas con las indicaciones que se dan para decir lo que pasó.

> mi tía/no/equivocarse al decir que la ciudad es bonita
> Mi tía no se equivocó al decir que la ciudad es bonita.

1. nosotros/reunirse con nuestros parientes en Los Ángeles
2. yo/sentirse un poco resfriado el primer día
3. mis hermanas/no/broncearse mucho en la playa
4. mi papá/olvidarse de llevar ropa de verano
5. mi abuela/no/acostumbrarse a tantos carros
6. nosotros/despedirse de nuestros tíos el último día

Los Ángeles, California.

En el médico

la enfermera

el enfermero

DR. DÍAZ:	¿Qué sientes?
RAÚL:	Me duele el pecho y me siento mal.
DR. DÍAZ:	¿Tú **fumas?**°
RAÚL:	A veces.
DR. DÍAZ:	¡Tu problema es esos **cigarrillos**!
RAÚL:	¿Debo tomar alguna **medicina**?
DR. DÍAZ:	Sí. Antes de acostarte debes tomar esto y debes **dejar de**° fumar. Tienes que hacer más **ejercicio** y **cuidarte**° mejor. La **enfermera** te va a dar otra **cita**.° Quiero verte en un mes.
RAÚL:	Muchas gracias, doctor. Adiós.

fumas *smoke* **dejar de** *to stop, to quit* **cuidarte** *take care of yourself* **cita** *appointment*

18 ¿Qué comprendiste?

1. ¿Qué le duele a Raúl?
2. ¿Cómo se siente Raúl?
3. ¿Cuál es el problema de Raúl?
4. ¿Qué debe dejar Raúl?
5. ¿Cuándo debe tomar la medicina Raúl?
6. ¿Quién le va a dar una cita a Raúl?

¿Doctor?
Although the term *doctor(a)* is commonly used in Spanish to refer to medical doctors, dentists and other professionals with doctoral degrees, in some places (i.e., Colombia) the term can be used to address any person with a professional degree as a sign of respect. In fact, sometimes the term is used as a joke when talking with a friend who happens to be wearing a tie and a suit.

19 Charlando

1. ¿Cómo te sientes ahora?
2. ¿Crees que fumar cigarrillos es malo para el corazón? Explica.
3. ¿Haces algún ejercicio? ¿Cuál?
4. ¿Qué haces para cuidarte?
5. ¿Cuándo tienes una cita con el/la médico/a?

20 El doctor Díaz

Imagina que vas al consultorio del doctor Díaz y las siguientes son algunas preguntas que te hace. Contesta sus preguntas.

DR. DÍAZ: ¿Cuándo fue tu última cita?
TÚ: (1)
DR. DÍAZ: ¿Cómo te sientes?
TÚ: (2)
DR. DÍAZ: ¿Tú fumas?
TÚ: (3)
DR. DÍAZ: ¿Cuántos años tienes?
TÚ: (4)
DR. DÍAZ: ¿Estás tomando alguna medicina?
TÚ: (5)
DR. DÍAZ: ¿Haces ejercicio?
TÚ: (6)
DR. DÍAZ: ¿Algunas veces dejas de tomar el desayuno?
TÚ: (7)

¿Haces ejercicio?

Soy doctora.

Algo más

Verbos similares

You may encounter some verbs in Spanish that may seem like they should be reflexive, but they are not. They follow the pattern you have learned for *gustar* and are normally used with an indirect object pronoun.

- *doler (ue)* (to hurt, to suffer pain from)
  A Diego **le duele** la espalda.   Diego's back hurts.

- *hacer falta* (to be necessary, to be lacking)
  Les hace falta divertirse mucho.   They need to have a lot of fun.

- *importar* (to be important, to matter)
  No **me importa**.   It does not matter to me.

- *parecer* (to seem)
  ¿**Te parece** difícil?   Does it seem difficult (to you)?

A Marcos le duele el codo.

21 ¿Qué les duele?

Trabajando en parejas, alterna con tu compañero/a de clase en preguntar y contestar lo que les duele a las siguientes personas.

Ana
A: ¿Qué le duele a Ana?
B: Le duele el dedo del pie.

1. Nicolás

2. Isabel

3. ellos

4. Juan y Graciela

5. tú

6. nosotros

7. Antonio

8. yo

22 Nadie se siente muy bien

Hoy todos se sienten enfermos en la familia de Raúl. Completa el siguiente párrafo con la forma apropiada de *doler, hacer falta, importar* o *parecer* y el complemento directo o indirecto apropiado, según las indicaciones.

Nadie se siente muy bien hoy en mi familia. Yo tengo gripe y *1. (doler)* todo el cuerpo. Mi hermana cantó mucho ayer y hoy a ella *2. (doler)* la garganta. Pablo, mi hermano, también cree que está enfermo. A él *3. (parecer)* que tiene un resfriado. A mi padre *4. (doler)* la cabeza, pero dice que a él no *5. (importar)*, y a mi madre *6. (doler)* mucho los pies. Creo que a todos nosotros *7. (hacer falta)* descansar mucho. Y tú, ¿cómo estás? ¿*8. (parecer)* que hoy hay alguien enfermo en tu familia? ¿A ti también *9. (hacer falta)* descansar?

Repaso *rápido*

Las preposiciones
Look at the following list of prepositions in Spanish and see how many you remember. Look up any you do not recognize.

a	cerca de	desde	hasta	por
al lado de	con	después de	lejos de	sin
antes de	de	en	para	sobre

IDIOMA

Los verbos después de las preposiciones
In Spanish an infinitive (the form of the verb that ends in *-ar, -er* or *-ir*) is the only form of a verb that can be used after a preposition.

*Voy a estudiar **después de** descansar media hora.*	I am going to study **after resting** for a half hour.
*Miguel nunca va a Chicago **sin pescar** en el Lago Michigan.*	Miguel never goes to Chicago **without fishing** in Lake Michigan.

If the verb after the preposition is reflexive, the reflexive pronoun must be attached to the end of the infinitive and must agree with the subject.

Después de levantarte, *debes bañarte.*	**After getting up,** you should bathe.
Después de bañarme, *yo me visto.*	**After bathing,** I get dressed.
*Nosotros salimos **sin almorzar**.*	We left **without having lunch**.

23 ¿Qué van a hacer?

¿Qué van a hacer las siguientes personas después de levantarse, según las indicaciones? Sigue el modelo.

  mis tías (cepillarse el pelo)
Mis tías van a cepillarse el pelo después de levantarse.

1. tú (leer el periódico)
2. mi hermana (maquillarse)
3. mi madre (preparar el desayuno)
4. mi abuela (hacer la cama)
5. yo (desayunar)
6. nosotros (ducharse)
7. mis hermanos (afeitarse)
8. mi papá y mi tío (vestirse)

24 Un sábado típico

Imagina que es un sábado típico. Contesta las preguntas para decir lo que haces los sábados antes o después de las siguientes situaciones. Puedes inventar la información si quieres.

1. ¿Qué haces después de levantarte?
2. ¿Qué haces antes de bañarte?
3. ¿Qué haces después de vestirte?
4. ¿Qué haces después de desayunarte?
5. ¿Qué haces antes de acostarte?

25 Los domingos

Trabajando en parejas, habla de lo que hacen varios miembros de tu familia los domingos por la mañana, usando las preposiciones *antes de, después de* y *sin,* y el infinitivo apropiado para esa situación. Trata de usar algunos verbos reflexivos si es posible.

  A: ¿Qué hace tu padre antes de bañarse?
B: Mi padre lee el periódico antes de bañarse.

Después de levantarme, hago la cama.

Autoevaluación. Como repaso y autoevaluación, responde lo siguiente:
1. Imagine you have finished your internship and are starting a medical practice. How can you ask your new patients what hurts?
2. How would you tell the doctor that you have the flu?
3. What parts of the United States have large Spanish-speaking populations?
4. Why is it advantageous to be bilingual?
5. Say in Spanish what you would expect to hear if the doctor wants you to open your mouth.
6. Imagine you are at the beach with friends. How do you say in Spanish that you forgot your bathing suit?
7. Name one thing you do before going to bed.

¡La práctica hace al maestro!

A Comunicación

Working in small groups, create a dialog in which you discuss preparations for a trip to visit someone in California. Include whom you are going to visit, what things you are going to do before the trip *(ir al médico, comprarse algo, despedirse de alguien)*, and how you are planning to have fun and relax during the trip *(pescar, broncearse, olvidarse del colegio por unos días)*. Try to use as much new vocabulary and as many new expressions from this lesson as you can. *¡Sean creativos!* (Be creative!)

B Conexión con la tecnología

Write a key pal in Spanish telling about your plans for this Saturday or Sunday. Include what time you are going to wake up, your morning preparations, some activities during the day and what you are going to do to prepare for bed. Then be sure to ask about your key pal's weekend plans.

Este sábado, voy a divertirme con mis amigos.

El cuerpo
- la boca
- la cara
- el codo
- el corazón
- el cuello
- el diente
- la espalda
- el estómago
- la garganta
- el hombro
- la lengua
- la nariz
- el oído
- el ojo
- la oreja
- el pecho
- la rodilla

Verbos
- abre *(command)*
- acostumbrar(se)
- broncear(se)
- caer(se)
- comer(se)
- cuidar(se)
- dejar (de)
- descansar
- despedir(se) (i, i)
- di *(command)*
- divertir(se) (ie, i)
- doler (ue)
- dormir(se) (ue, u)
- equivocar(se)
- fumar
- ir(se)
- llevar(se)
- olvidar(se)
- pescar
- preguntar(se)
- reunir(se)
- saca *(command)*
- sentir(se) (ie, i)
- siéntate *(command)*
- toca *(command)*
- visitar

Expresiones y otras palabras
- el cigarrillo
- la cita
- derecho,-a
- el doctor, la doctora
- el ejercicio
- el enfermero, la enfermera
- la gripe
- irse de viaje
- izquierdo,-a
- el lago
- la medicina
- el niño, la niña
- el resfriado

Nos gusta pescar en el verano.

El ejercicio es bueno para el corazón.

a leer

Estrategia

Preparación

Estrategia para leer: *drawing on background information*
Understanding a reading in a second language is a process made up of a series of steps. One of the first steps in the process is to use the background knowledge you already have about the topic to predict what the reading is about.

Basado en lo que conoces, y como preparación para la lectura, decide cuál de las siguientes tres ideas representa mejor el contenido de lo que vas a leer.
1. Los atletas profesionales son populares y tienen una vida muy fácil.
2. Los atletas profesionales son pobres y tienen una vida aburrida.
3. Los atletas profesionales son famosos y ricos pero tienen una vida difícil.

La vida de un atleta profesional

¿Te gustaría ser un atleta profesional? ¿Crees que ellos tienen una vida estupenda? Claro, los atletas profesionales son famosos y populares. **Además,** ganan mucho dinero y viajan por todas partes del mundo. ¡Qué vida tan fantástica! ¿Verdad?

La realidad es que la vida de un atleta profesional no es tan divertida. Muchas veces su vida es difícil. Los tenistas profesionales, como Kristina Brandi de Puerto Rico y Marcelo Ríos de Chile, tienen un horario muy **duro.** Se levantan muy temprano para correr y para hacer aeróbicos. Después, practican el tenis de dos hasta cuatro horas al día. Cuando se desayunan o cenan, tienen que comer bien porque es muy importante estar en excelente condición física.

Marcelo Ríos practica todos los días.

Conchita Martínez

En España, las tenistas Conchita Martínez y Arantxa Sánchez-Vicario son **idolatradas** por muchas personas. Pero, ellas no tienen mucho tiempo libre porque tienen que viajar de seis hasta diez meses al año y por ese tiempo no pueden ver a sus familias. Para estar en contacto con sus familiares y sus amigos, ellas viajan con sus computadoras: Son ciberchicas de la Internet.

Aun para divertirse, los tenistas no descansan. Siguen siendo energéticos para **mantenerse** en perfecto estado físico. Montan en bicicleta, juegan al golf, nadan, bailan con sus amigos y, **por supuesto**, practican el tenis.

Pues, ahora, ¿te gustaría tener la vida de un atleta profesional?

Además *Besides* **duro** *hard* **idolatradas** *idolized* **Aun** *Even* **mantenerse** *to keep oneself* **por supuesto** *of course*

 ## ¿Qué comprendiste?

1. ¿Cuáles son algunos beneficios de la vida de un atleta profesional?
2. ¿Qué aspectos de sus vidas son difíciles?
3. ¿Qué hacen las tenistas para estar en contacto con sus familias y sus amigos?
4. ¿Cómo se divierten los tenistas?

 ## Charlando

1. ¿Te despiertas tarde o temprano?
2. ¿Practicas deportes para divertirte? ¿Cuáles practicas?
3. ¿Te gusta la vida de un atleta profesional? Explica.
4. ¿Qué haces para estar en contacto con tus amigos?

a escribir

Estrategia

Estrategia para escribir: *organizing information chronologically*

When you are writing about a series of events occurring in a given time frame, first organize your composition in chronological order. Then, to make your sentences flow smoothly from one to another, include some of the following transition words.

entonces	then, next
por eso	therefore
sin embargo	however
a causa de	because of
después	later
y	and
pero	but
también	also

Manuel Vázquez Montalbán es un escritor español.

Choose a famous person that you would like to be for a day and assume the person's identity for this activity. Then write a composition of at least ten sentences in Spanish telling what your routine is for tomorrow (as that famous person). Include what time you wake up, what you eat, what you do to prepare for the day, what you do during the day and how you finish your day. Make up any of the information you wish. Be creative!

VÁZQUEZ MONTALBÁN
ESCRITOR

Premio Nacional de las Letras 1995, su último gran éxito es *Un polaco en la corte del Rey Juan Carlos*. Se despierta a las 6,30. Pone la radio en la cama y se levanta a las 7. "Me aseo, tomo la medicación de cardiopatía que tengo prescrita y saco a los perros y a la gata a la calle". Toma un zumo de naranja, sigue escuchando la radio y "casi sin darme cuenta, me pongo a escribir".

repaso

Now that I have completed this chapter, I can...

✔ talk about everyday activities.
✔ seek and provide personal information.
✔ discuss personal grooming.
✔ compare and contrast.
✔ recognize and identify Hispanic influence in the United States.
✔ state when things are done.
✔ express past actions and events.
✔ identify items in a bathroom.
✔ point something out.
✔ write about everyday activities.
✔ discuss health.
✔ give and take instructions.
✔ identify parts of the body.

Se habla español en Nueva York.

I can also...

✔ name some cities and states that have names that are derived from Spanish.
✔ identify some professions that use Spanish.
✔ recognize the importance of taking the time to do something right.
✔ compare meals in the United States and the Spanish-speaking world.
✔ talk about opportunities to study in another country.
✔ recognize some benefits of being bilingual.
✔ recognize and use appropriate expressions in a doctor's office.
✔ read in Spanish about a typical day in the life of a professional athlete.
✔ write a short composition in Spanish about a typical day.

¡Vamos a la ciudad!

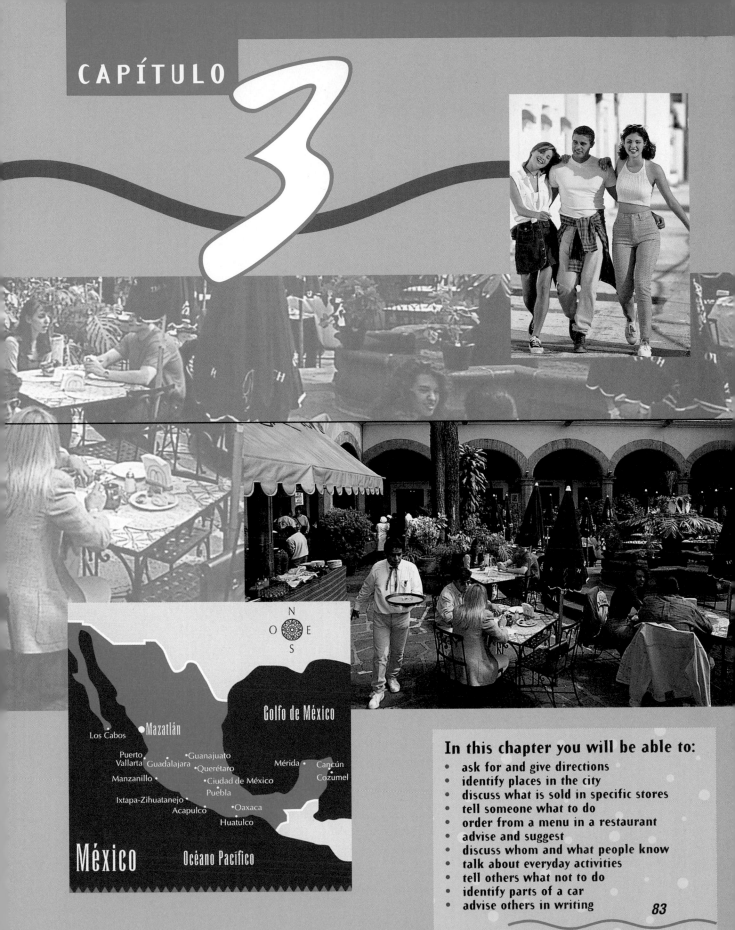

CAPÍTULO 3

México

Golfo de México

Los Cabos • Mazatlán

Puerto Vallarta • Guadalajara • Guanajuato • Querétaro
Manzanillo • • Ciudad de México
Ixtapa-Zihuatanejo • Puebla
Acapulco • Oaxaca
Huatulco

Mérida • Cancún
Cozumel

Océano Pacífico

In this chapter you will be able to:

- ask for and give directions
- identify places in the city
- discuss what is sold in specific stores
- tell someone what to do
- order from a menu in a restaurant
- advise and suggest
- discuss whom and what people know
- talk about everyday activities
- tell others what not to do
- identify parts of a car
- advise others in writing

83

Lección 5

Contexto cultural
MÉXICO

En la ciudad

el aeropuerto

el puente

la catedral

la torre

la carretera

la estación del tren

el apartamento

la estación de autobuses

la iglesia

el edificio

el almacén

el monumento

la dulcería

la florería

la vitrina

la heladería

METRO

la oficina de correos

la estación del metro

Carlitos, un muchacho **mexicano** *del D.F., está pidiendo* **direcciones** *a un* **policía**....

CARLITOS: Perdón señor, ¿sabe Ud. dónde hay una **dulcería**? Quiero comprar unos **dulces**° con estas **monedas.**°

POLICÍA: Sí, hay dos dulcerías. Sigue **derecho**° hasta **la próxima**° **esquina**° y **para**° allí. Pasa la calle y luego, ve **a la derecha**° y camina un poco por esa **cuadra.**° Hay una **a la izquierda**° y si sigues un poco más **adelante,**° hay otra al lado derecho.

CARLITOS: Ah, muchas gracias.

dulces *candy (candies)* **monedas** *coins* **derecho** *straight ahead* **próxima** *next* **esquina** *corner* **para** *stop* **a la derecha** *to the right* **cuadra** *city block* **a la izquierda** *to the left* **adelante** *ahead, farther on*

1 ¿Qué comprendiste?

1. ¿De qué país es Carlitos?
2. ¿A quién le está pidiendo direcciones?
3. ¿Qué tienda busca Carlitos? ¿Qué quiere comprar allí?
4. ¿Qué debe hacer el chico para llegar a la dulcería?
5. ¿Cuántas dulcerías hay en la cuadra? ¿Dónde están?
6. ¿Dónde está la oficina de correos?
7. ¿Qué venden o qué hacen en los diferentes edificios que ves en el dibujo?
8. ¿Qué hay en el edificio alto que está al lado de la florería?

2 Charlando

1. ¿Qué tiendas hay en tu ciudad?
2. ¿Hay almacenes cerca de tu casa? ¿A cuántas cuadras?
3. ¿Qué otros edificios hay en tu ciudad?
4. ¿Qué es lo que más te gusta de una ciudad? ¿Qué te gusta de tu ciudad?
5. ¿Qué es lo que menos te gusta? ¿Qué no te gusta?
6. ¿Vives en un apartamento o en una casa?

¿Qué se vende en una pescadería?

Compro todos mis dulces en esta dulcería.

Conexión cultural

México

México es el segundo país más grande de todos los países de habla hispana después de la Argentina. Su nombre oficial es los Estados Unidos Mexicanos. Está ubicado *(located)* entre los Estados Unidos al norte, los países de Guatemala y Belice al sur, el Océano Pacífico al suroeste y el Golfo de México al este. La Ciudad de México, D.F., también conocida *(known)* como el D.F. o el Distrito Federal, es la capital del país. Otras ciudades principales son Guadalajara, Monterrey, Puebla y Ciudad Juárez.

Un ejemplo del arte olmeca.

México tiene una historia muy vasta. Sus primeros habitantes estuvieron en la región hace más de doce mil años. Otras civilizaciones importantes llegaron después, como la olmeca, la maya y la tolteca.

Más tarde vinieron los aztecas (o mexicas). Fundaron *(They founded)* la ciudad de Tenochtitlán en 1325, lo que hoy es la Ciudad de México. Al noreste de la capital está Teotihuacán, donde fueron construidas *(constructed)* muchos años antes dos grandes pirámides, la del Sol y la de la Luna *(moon)*.

El conquistador español, Hernán Cortés, llegó a la costa del Golfo de México en 1519. Luego, tomó control de la ciudad de Tenochtitlán en 1521, empezando así el período de colonización por los españoles. México consiguió su independencia de España en 1821. La revolución mexicana de 1910 continuó la evolución cultural e histórica del país.

Como las ruinas de las civilizaciones antiguas, las pirámides de los aztecas y la arquitectura colonial española, las obras *(works)* de artistas como Diego Rivera (1886-1957), Frida Kahlo (1910-1954), José Clemente Orozco (1883-1949) y David Alfaro Siqueiros (1898-1974) mantienen *(maintain)* hoy viva *(alive)* la historia de México.

Parte de una obra de Diego Rivera en el Palacio de Gobierno. (México, D.F.)

PUEBLA

Guía turística
Tourist guide

CIUDADES COLONIALES

GUADALAJARA
Jalisco

Teotihuacán, México.

Cruzando fronteras

¿Qué sabes sobre México? Contesta las siguientes preguntas.

1. ¿Qué quieren decir las letras *D.F.*?
2. ¿Cuál es el nombre oficial de México?
3. ¿Cuáles son algunas ciudades principales de México?
4. ¿Qué civilizaciones importantes estuvieron en México?
5. ¿Quiénes fundaron la ciudad de Tenochtitlán?
6. ¿Qué fueron construidas en Teotihuacán?
7. ¿En qué año consiguió México su independencia?
8. ¿Quiénes son algunos artistas mexicanos importantes?

Estrategia

Para aprender mejor: *using the ending* -ería

In Spanish adding the ending *-ería* to a word will often tell you where that item can be purchased. For example, you can buy flowers *(flores)* in a *florería.* In a *papelería* you will find *papel* (paper). Of course, there are exceptions and variations to this rule (if a word ends in a vowel, drop the vowel before adding *-ería*).

Más tiendas de la ciudad

camisería	*shirt store*
ferretería	*hardware store*
joyería	*jewelry store*
juguetería	*toy store*
peluquería	*hairstylist's*
relojería	*watchmaker's shop*
tintorería	*dry cleaner's*

Algo más

Las tiendas de la ciudad

The following is a list of other specialty stores that you will encounter in Spanish-speaking parts of the world. Can you find a connection between the name of the store and what is sold there?

la **carnicería** *(carne)*
la **dulcería** *(dulces)*
la **frutería** *(fruta)*
la **heladería** *(helados)*

la **lechería** *(leche)*
la **panadería** *(pan)*
la **sombrerería** *(sombreros)*
la **zapatería** *(zapatos)*

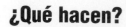

4 ¿Qué hacen?

Haz seis oraciones completas para decir lo que hacen las siguientes personas en el centro de la ciudad. Usa elementos de cada columna.

 Yo compro carne en la carnicería.

A	B	C
yo	comprar flores	el aeropuerto
ellos	tomar el avión	la estación del tren
Uds.	enviar cartas	la florería
María y Pedro	tomar el autobús	la carnicería
Andrés	comprar carne	la dulcería
nosotros	buscar dulces	la estación de autobuses
don Juan	tomar el tren	los monumentos
Carmen y Alicia	mirar	la oficina de correos

5 ¿En dónde se consiguen?

Di en qué lugares puedes conseguir las siguientes cosas.

Lo puedo conseguir en la heladería.

1.

2.

3.

4.

5.

6.

6 ¿Dónde se...?

Trabajando en parejas, alterna con tu compañero/a de clase en hacer y en contestar preguntas, según las indicaciones. Sigue el modelo.

comprar/fruta
A: ¿Dónde se compra fruta?
B: Se compra en una frutería.

1. vender/dulces
2. hacer/pan
3. vender/papel
4. conseguir/libros
5. comprar/leche
6. vender/zapatos
7. buscar/flores

IDIOMA

El mandato afirmativo informal

Use a command *(el imperativo)* to give advice and to tell people what you would like them to do. In Spanish, commands may be either informal or formal, singular or plural. Singular informal affirmative commands normally use the present-tense *él/ella* form of a verb. Verbs that require a spelling change and verbs with changes in their stem in the present tense usually have the same change in the informal singular command. The following are just some of the singular informal commands you already have heard or seen.

Habla en español.   Speak in Spanish.
Escribe en el cuaderno.   Write in the notebook.
Abre la ventana.   Open the window.

and:

Cierra la ventana.   Close the window.
Continúa escribiendo.   Continue writing.
Sigue caminando derecho.   Keep walking straight ahead.

A few verbs have irregular affirmative *tú* commands.

decir	**di**	ir	**ve**	salir	**sal**	tener	**ten**
hacer	**haz**	poner	**pon**	ser	**sé**	venir	**ven**

Object and reflexive pronouns follow and are attached to affirmative informal commands: *dime* (tell me). Add an accent mark to most commands with more than one syllable that have an attached pronoun: *siéntate* (sit down). When using two object pronouns with the same verb, remember that the indirect object pronoun occurs first: *préstamelo* (lend it to me).

Pon más
monedas.

Haz de la limpieza tu ritual de belleza.

7 ¿Acento o no?

En una hoja de papel escribe los siguientes mandatos y pon los acentos que sean necesarios.

dimelo	hablame	cierra	sigue	continua
hazla	compraselas	abremelos	esperanos	se

2 mini-jeeps con motor de gasolina
Gáneselos

¡ BÚSQUELA EN LOS PUNTOS DE VENTA !

8 Dando direcciones

Teresa le dice a su amigo Gabriel cómo llegar a la estación del metro. Completa el siguiente diálogo con los mandatos informales de los verbos entre paréntesis.

GABRIEL: ¿Tú sabes si la estación del metro está cerca de aquí?

TERESA: Sí, está cerca.

GABRIEL: Bueno, por favor, *1. (decirme)* cómo llegar a la estación del metro.

TERESA: Sí, claro. Bueno, *2. (hacer)* lo siguiente: Primero, *3. (salir)* del edificio. Luego, *4. (ir)* a la derecha y *5. (caminar)* tres cuadras hasta la esquina donde está la iglesia. Luego, ve a la izquierda y *6. (continuar)* derecho hasta pasar el puente. Al final del puente vas a ver la estación a la derecha. *7. (Tener)* el dinero listo para pagar.

GABRIEL: Muy bien. Muchas gracias, Teresa. *8. (Venir)* a visitarme esta tarde.

TERESA: Bueno, no sé si puedo ir pero voy a ver.

GABRIEL: Está bien. Hasta luego. *9. (Ser)* buena.

TERESA: Siempre lo soy. Adiós, Gabriel.

9 ¿Qué mandatos das?

Conecta lógicamente los mandatos con las ilustraciones apropiadas.

A.   B.   C.   D.

E.   F.   G.   H.

1. Abre la ventana.
2. Cierra la puerta.
3. Escribe en el cuaderno.
4. Léelo.

5. Dibuja.
6. Siéntate.
7. Dime tu nombre.
8. Ve a la zapatería.

10 En la clase

Trabajando en parejas, alterna con tu compañero/a de clase en dar mandatos sobre actividades en la clase. Cada estudiante debe dar cinco mandatos, usando los complementos directos e indirectos apropiados. La otra persona debe hacer los mandatos.

A: *(Hand a closed notebook to B.)* Ábrelo.
B: *(Open the notebook.)*

B: *(Point at a door.)* Ciérrala.
A: *(Close the door.)*

Cuaderno de tareas

Repasemos la Lección

① Planifica bien la ruta

② Revisa tus documentos
- Cédula de Ciudadanía
- Tarjeta de Propiedad del vehículo
- Licencia de Conducción
- Seguro Obligatorio
- Certificado de Movilización

③ Lleva equipo de prevención y seguridad:
- Triángulos
- Tacos
- Extintor
- Cinturón de Seguridad
- Herramienta
- Gato
- Linterna
- Botiquín de primeros auxilios
- Llanta de repuesto

④ Examina el estado del vehículo:
- Frenos
- Llantas
- Luces
- Dirección
- Y el cinturón de Seguridad

⑤ Y conduce con cuidado que te esperamos acá.

INTRA

CON SEGURIDAD

11 Antes de salir

Encuentra cinco mandatos informales en este aviso *(advertisement)*.

12 Preguntas y respuestas

Trabajando en parejas, alterna con tu compañero/a de clase en hacer y en contestar las siguientes preguntas con mandatos informales, según el modelo y las indicaciones que se dan.

A: ¿A quién le pido ayuda? (al policía)
B: Pídela al policía.

1. ¿A quién le leo la lista? (a Laura)
2. ¿Qué le recuerdo a Edgar? (visitar el monumento)
3. ¿A quiénes les limpio las vitrinas? (a los abuelos)
4. ¿Dónde te compro el sombrero? (en la sombrerería)
5. ¿Qué les doy a Uds.? (el mapa de la ciudad)
6. ¿Qué te cierro? (la puerta del carro)
7. ¿Qué te digo? (cuánto dinero necesitas)

Pide ayuda al policía.

¿Qué le gustaría ordenar?

CAMARERO:	¿Qué le gustaría **ordenar,**° señorita?
PATRICIA:	No sé todavía. Jorge, ¿qué comemos?
JORGE:	Comamos comida mexicana.
PATRICIA:	Entonces, quiero unas **tortillas,**° una **enchilada** de pollo y un **jugo**° de naranja.
CAMARERO:	¿Y el señor?
JORGE:	Yo quiero unos **tacos,** una ensalada de aguacate y un vaso con agua.
CAMARERO:	¿Algo más?
JORGE:	Sí, **camarero.** Por favor, dígame, ¿dónde está el baño?
CAMARERO:	Siga derecho hasta esa puerta. El baño de los **caballeros**° está a la derecha por el **corredor.**

ordenar *to order* **tortillas** *cornmeal pancakes* **jugo** *juice* **caballeros** *gentlemen*

13 ¿Qué comprendiste?

1. ¿En qué lugar están los muchachos?
2. ¿Qué ordena Patricia?
3. ¿Qué pide Jorge?
4. ¿Qué más quiere saber Jorge?
5. ¿Dónde está el baño de los caballeros?

Más palabras

You just learned that for men's bathroom you use *el baño de los caballeros.* For the women's restroom you might use *el baño de las damas.* You can also say *el baño de los hombres* or *de las mujeres* when referring to the men's or women's restroom.

Por favor, quiero una sopa y un vaso con agua.

Conexión *Cultural*

Las comidas tradicionales

The foods that are popular in one part of the world are often totally different from what is enjoyed elsewhere. For example, *tacos* and *enchiladas* are two foods that have their origins in Mexico. You already may have eaten one of these foods since they are also popular throughout the United States. However, you would be wrong to presume that these foods are the daily fare for everyone who speaks Spanish. Every country has its own unique cuisine.

Los chiles se usan para hacer salsa picante.

The *tortilla* is almost a national food in Mexico. Although usually made from cornmeal *(masa de maíz)*, tortillas also may be made from wheat flour *(masa de trigo)*. This thin, breadlike pancake frequently is wrapped around various meats and vegetables to make tacos and other popular dishes. *Tortillas* are popular in Spain also, but there the word refers to an omelet. The traditional *tortilla española* is, in fact, an omelet with potatoes and onions. Sometimes it is referred to as *tortilla de patatas*.

Other common foods in Mexico include *tamales,* which consist of seasoned cornmeal *(masa)* that is wrapped and cooked in corn husks *(hojas de maíz)*, a popular Mexican corn-based stew called *pozole* and *mole* (a spicy, bittersweet chocolate sauce often served over turkey or

Unos tamales mexicanos.

El mofongo es un plato muy popular en Puerto Rico.

chicken). Many Mexican foods are served with *salsa picante* (a spicy sauce made of hot peppers, tomatoes and onions).

Sometimes foods with the same name in two countries may be prepared very differently. In Central America, corn serves as the main ingredient in several foods, much like in Mexico. However, *tamales* in Central America are made with plantain leaves *(hojas de plátano)* instead of corn husks, and *pozole* is a sweetened corn-based drink instead of a stew.

Popular foods vary elsewhere, too. In Cuba, *picadillo* is popular. This dish is made from ground beef *(carne molida),* chopped onions, tomatoes and green peppers. In Puerto Rico, rice with beans *(arroz con habichuelas)* is a favorite food. In Colombia and Venezuela, *arepas* (similar to thin English muffins) are common. A favorite food of Argentineans is meat, especially beef *(carne de res).* Meat turnovers *(empanadas)* are popular throughout South America, and each country offers its own variety and favorite ingredients. If you should travel to Peru, you will become familiar with the word *ceviche,* which is a typical dish made from cold raw fish that has been marinated in lime juice and then combined with onions and many different spices.

Every country in the Hispanic world offers many different and delicious foods. Dining out in any Spanish-speaking country can be a fascinating experience that can further broaden your understanding of Hispanic culture.

Arroz con frijoles negros.

La Cabaña
RESTAURANTE

Actualidades

EL resurgimiento DE LA cocina MEXICANA
Por Vicente Ochoa Leyzaola

El maíz es un ingrediente importante en muchas comidas de México y la América Central.

14 Charlando

1. ¿Te gusta comer en restaurantes? ¿Por qué?
2. ¿Te gusta la comida mexicana? Explica.
3. ¿Qué ordenas de comer cuando vas a un restaurante mexicano?
4. ¿Qué pides de tomar?
5. ¿Te gustaría trabajar como camarero/a en algún restaurante? ¿En cuál?
6. ¿Pides ayuda cuando necesitas encontrar el baño o tratas de encontrarlo sin ayuda?

15 Las comidas en tu comunidad

En grupos pequeños, hagan una lista de comidas hispanas que hay en los restaurantes o en los supermercados de su comunidad. Luego, un representante del grupo debe reportar la información a la clase.

Oportunidades

En el restaurante

The next time you eat in a Mexican restaurant, try to order your meal in Spanish. The staff will be pleased that you are making the effort to learn to speak their language, and practicing your Spanish with native speakers is a fun way to improve your comprehension.

Vamos a ordenar en español.

¿Hay un restaurante de comida hispana en tu ciudad?

IDIOMA

El mandato afirmativo formal y el mandato plural

To form an affirmative formal command, substitute the *-o* of the present-tense *yo* form of a verb with an *-e* for *-ar* verbs, or with an *-a* for *-er* and *-ir* verbs. Make the plural *(Uds.)* command by adding the letter *-n* to the singular formal command. Verbs with changes in their stem in the present tense usually have the same change in the formal command. **Note:** Like *tú* in singular informal commands, *usted (Ud.)* or *ustedes (Uds.)* are usually omitted from formal/plural commands.

MANTENGA EL AREA LIMPIA GRACIAS

MAINTAIN CLEAN THE AREA THANKS

infinitive	*yo* form	stem	singular formal command	plural commands
hablar	hablo	habl-	Hable Ud.	Hablen Uds.
comer	como	com-	Coma Ud.	Coman Uds.
escribir	escribo	escrib-	Escriba Ud.	Escriban Uds.
cerrar	cierro	cierr-	Cierre Ud.	Cierren Uds.
volver	vuelvo	vuelv-	Vuelva Ud.	Vuelvan Uds.
seguir	sigo	sig-	Siga Ud.	Sigan Uds.

Look at the following:

Mire Ud. (Miren Uds.) la pizarra. — Look at the blackboard.
Lea Ud. (Lean Uds.) el libro. — Read the book.
Repita Ud. (Repitan Uds.) la palabra florería. — Repeat the word *florería.*
Cierre Ud. (Cierren Uds.) la ventana. — Close the window.
Vuelva Ud. (Vuelvan Uds.) en cinco minutos. — Come back in five minutes.
Siga Ud. (Sigan Uds.) caminando derecho. — Keep walking straight ahead.

A few verbs have irregular formal and plural commands.

infinitive	*Ud.* command	*Uds.* command
dar	dé Ud.	den Uds.
estar	esté Ud.	estén Uds.
ir	vaya Ud.	vayan Uds.
saber	sepa Ud.	sepan Uds.
ser	sea Ud.	sean Uds.

Object and reflexive pronouns follow and are attached to affirmative formal commands. A written accent mark may be required in order to maintain the original stress of the verb: *dígame Ud.* (tell me), *escríbanlas Uds.* (write them), *levántense Uds.* (stand up).

Llénelo Ud., por favor.

16 Una receta

Encuentra siete mandatos formales en la siguiente receta de mousse de chile poblano.

MOUSSE DE CHILE POBLANO

Del menú de Rosa Mexicano
6 porciones

6 chiles poblanos
1 diente de ajo
1 cebolla blanca
1 taza de crema de leche de batir
aceite vegetal
agua suficiente

Preparación de los chiles: Precaliente el horno a 350°F. Ase los chiles poblanos sobre la llama del gas o el asador hasta que se les ennegrezca la piel. "Súdelos" por 55 minutos en una bolsa y pélelos. Córtelos a la mitad y quíteles las semillas y la membrana. Enjuáguelos bien. Córtelos en rajas y métalos dentro de un bol con agua caliente con sal durante una hora. Para chiles menos picantes, cambie el agua varias veces. Déjelos reposar 12 horas.

Preparación del mousse: Al día siguiente, en una sartén con aceite sofría las cebollas ligeramente. Añada las rajas de chile y cocínelas de 10 a 15 minutos sin dejar que se peguen. Quite el exceso de aceite y ponga el chile a un lado. Haga el mousse licuando las rajas y la cebolla. Pase la mezcla por un colador fino para obtener un puré muy suave. Bata la crema de leche hasta que espese y mézclela con el puré. Se puede usar para cubrir pescados y servida por sí misma en un recipiente de cristal. En ambos casos se debe refrigerar.

17 Un amigo de visita

Un amigo de tus padres está visitando a tu familia por dos semanas y quiere saber alguna información. Trabajando en parejas, alterna con tu compañero/a de clase en hacer y en contestar preguntas, usando las indicaciones que se dan. Sigue el modelo.

 ¿dónde/poder/comer comida mexicana? (en el restaurante Las Américas)
A: ¿Dónde puedo comer comida mexicana?
B: Coma (Ud.) en el restaurante Las Américas.

1. ¿en qué panadería/poder/comprar pan? (en la panadería de la Avenida Cruz)
2. ¿a quién/deber/escribir para conseguir información sobre el metro? (a la estación del metro)
3. ¿qué/poder/mirar en el centro? (el monumento del Ángel de la Independencia)

4. ¿dónde/poder/enviar cartas? (en la oficina de correos de la Avenida Juárez)
5. ¿dónde/deber/tomar el autobús para ir al centro? (en la Calle 8ª)
6. ¿a qué hora/deber/salir de casa para llegar al centro a las ocho? (a las siete)
7. ¿dónde/poder/correr? (en el parque de la esquina)
8. ¿cuándo/deber/visitar la catedral? (los martes por la mañana)

¿Dónde puedo comprar libros?

18 Dos amigos de visita

Haz otra vez la actividad anterior con tu compañero/a de clase, imaginando que estás hablando con dos amigos de tus padres. Sigue el modelo.

¿dónde/poder/comer comida mexicana?
(en el restaurante Las Américas)
A: ¿Dónde podemos comer comida mexicana?
B: Coman (Uds.) en el restaurante Las Américas.

Puedes comer unos huevos rancheros en un restaurante mexicano.

19 Una familia de otro país

Imagina que una familia de otro país (la familia Hofmann) te está visitando a ti y a tu familia y tú estás arreglando el horario. Usa el mandato apropiado para decirles a todos lo que deben hacer antes de visitar a tu ciudad mañana.

Sabrina/leer/este libro sobre la ciudad
Lee este libro sobre la ciudad.

Sr. Hofmann/mirar/este programa a las diez
Mire (Ud.) este programa a las diez.

Sabrina y Bianca/acostarse/temprano
Acuéstense (Uds.) temprano.

1. Sr. y Sra. Hofmann/levantarse/a las 6:15
2. Sr. Hofmann/ducharse/y/afeitarse/en este baño a las 6:20
3. Sra. Hofmann/bañarse/en el otro baño a la misma hora
4. Sr. y Sra. Hofmann/leer/el periódico en la sala después de estar listos
5. Sabrina y Bianca/despertarse/a las 7:00
6. Sabrina/ducharse/en este baño a las 7:05
7. Bianca/bañarse/en el otro baño a la misma hora
8. Uds./desayunarse/a las 8:00
9. Uds./tomar/nuestro carro para ir a la ciudad

Sabrina, lee este libro sobre la ciudad.

Algo más

Los cambios ortográficos

Sometimes commands require a spelling change in order to maintain the original sound of the infinitive. Look at the following:

c → *qu* before the letter *e (buscar: busque Ud.)*
g → *gu* before the letter *e (apagar: apague Ud.)*
z → *c* before the letter *e (empezar: empiece Ud.)*
g → *j* before the letter *a (escoger: escoja Ud.)*

20 Tu primer día de trabajo

Hoy es tu primer día de trabajo en una oficina de turismo y tu jefa *(boss)* te está diciendo todo lo que debes hacer hoy. Haz oraciones completas, usando los complementos apropiados y los mandatos formales para saber lo que tú tienes que hacer.

 enseñar/a ellas/la ciudad
Enséñeles (Ud.) la ciudad.

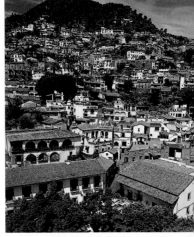

1. conseguir/a ellos/unos mapas de la ciudad
2. apagar/a mí/las luces antes de salir
3. explicar/al señor López/cómo llegar al aeropuerto
4. escoger/a la señora Johnson/un hotel
5. decir/a Gloria y a Lupe/dónde están los monumentos
6. traer/a mí/dinero del banco
7. comprar/a mí/papel en la papelería
8. ordenar/a nosotros/la comida por teléfono
9. buscar/a mí/un bolígrafo

Enséñeles Ud. la ciudad. (Taxco, México).

21 ¿Qué tienen que hacer?

Imagina que trabajas en un nuevo hotel de la ciudad y tienes que arreglar un lugar para la fiesta de un cliente. Diles a las personas que trabajan contigo lo que tienen que hacer, usando los mandatos formales.

 Ud./cerrar todas las ventanas
Cierre (Ud.) todas las ventanas.

1. Ud./empezar a barrer allá
2. Ud./apagar esas luces
3. Uds./buscar los manteles para las mesas
4. Ud./escoger la música para la fiesta
5. Uds./buscar sillas para las mesas
6. Uds./volver a pasar la aspiradora
7. Ud./recoger esa basura

22 ¿Qué hacemos?

Trabajando en grupos pequeños, alternen Uds. en decirles a sus compañeros de grupo qué deben hacer. Miren Uds. para ver si los compañeros pueden hacer cada mandato. Cada estudiante debe decir tres mandatos.

👉 Escriban (Uds.) su nombre en un papel.

Paremos aquí.

El mandato con *nosotros/as*

Another form of the command allows you to suggest that others do some activity with you and is equivalent to "Let's (do something)" in English. It is formed by substituting the *-o* of the present-tense *yo* form of a verb with an *-emos* for most *-ar* verbs, or *-amos* for most *-er* and *-ir* verbs. Stem-changing *-ar* and *-er* verbs do not require a stem change for the *nosotros/as* command. Stem-changing *-ir* verbs require a stem change that uses the second letter shown in parentheses after infinitives in this textbook. The affirmative *nosotros/as* command for the verb *ir* is irregular: *Vamos.* (Let's go.)

infinitive	*yo* form	*nosotros* command
hablar	hablo	Hablemos....
comer	como	Comamos....
escribir	escribo	Escribamos....
cerrar (**ie**)	cierro	Cerremos....
volver (**ue**)	vuelvo	Volvamos....
divertir (**ie, i**)	divierto	Divirtamos....

Object and reflexive pronouns follow and are attached to affirmative *nosotros/as* commands. However, when combining a direct object pronoun with the indirect object pronoun *se,* and for reflexive verbs, drop the final consonant *-s* before attaching the pronouns.

¿*Cuándo vamos a cerrar la tienda?* → *Cerrémosla en una hora.*

but:

¿*Vamos a preparar las enchiladas a nuestros padres?* → *Sí. Preparémoselas.*

¿*Cuándo podemos sentarnos a comer?* → *Sentémonos en quince minutos.*

The *nosotros/as* command is interchangeable with the construction "*Vamos a* (+ infinitive)."

Vamos a comer en un restaurante. → *Comamos en un restaurante.*

Vamos a mirar vitrinas el sábado.

23 ¡Vamos a la ciudad!

Escribe las siguientes oraciones de otra manera, usando los mandatos con *nosotros/as*. Sigue el modelo.

Vamos a subir a la torre.
Subamos a la torre.

1. Vamos a abrir el almacén.
2. Vamos a mirar vitrinas.
3. Vamos a caminar por la carretera.
4. Vamos a correr hasta la esquina.
5. Vamos a tomar un refresco.
6. Vamos a ver los aviones en el aeropuerto.
7. Vamos a visitar la catedral.
8. Vamos a visitar el centro.

24 En la ciudad de Guadalajara

Imagina que tú y tu hermano están haciendo el horario para el viaje a la ciudad de Guadalajara mañana. Trabajando en parejas, alterna con tu compañero/a de clase en hacer preguntas y en contestarlas, usando mandatos y las indicaciones que se dan.

levantarnos/6:00
A: ¿A qué hora nos levantamos mañana?
B: Levantémonos a las seis.

tomar el desayuno/7:00
B: ¿A qué hora tomamos el desayuno mañana?
A: Tomémoslo a las siete.

1. bañarnos/6:35
2. salir del apartamento/7:30
3. reunirnos con nuestros amigos/8:20
4. comprar los regalos para la familia/9:00
5. visitar la catedral/10:45
6. almorzar/12:30
7. conocer el monumento/3:30
8. ir a la oficina de correos/4:10
9. cenar/8:00
10. acostarnos/10:30

25 En carro por la ciudad

Tú y tu amigo/a van en carro por la ciudad buscando la oficina de correos, pero no saben muy bien cómo llegar. Trabajando en parejas, alterna con tu compañero/a de clase en hacer y en contestar preguntas en forma afirmativa, usando las indicaciones. Sigue el modelo.

 preguntar al policía/dónde está la oficina de correos

> **A:** ¿Le preguntamos al policía dónde está la oficina de correos?
> **B:** Sí, preguntémosle.

1. parar/en la esquina
2. buscar/la oficina de correos en el mapa
3. tomar/esa carretera
4. ir/a la derecha
5. ir/ahora
6. volver/a preguntarle dónde está
7. empezar/otra vez a buscar la estación
8. seguir/hasta la próxima cuadra

Preguntémosle al policía dónde está la oficina de correos.

Autoevaluación. Como repaso y autoevaluación, responde lo siguiente:

1. Name the store in Spanish in which you can purchase each of the following items: *fruta, zapatos, carne* and *leche*.
2. How would you tell a friend in Spanish to close the door?
3. Imagine a friend asks you for directions to the bus station. Give the following directions to the station in Spanish: Go to the right and walk four blocks to the corner where the bakery is. Then go left and you will see the station on the right.
4. Some Spanish-speaking friends from a different city are visiting and you tell them some things to see and do while they are in town. Tell them to do the following: get up early, take the bus to downtown, visit the cathedral and the museum, then eat lunch in the Mexican restaurant on the corner near the library.
5. Imagine you are visiting Mexico City with your family. Your mother says, "Let's go to the museum." Suggest three additional things to do.
6. What do the letters D.F. mean in the name of the capital city of Mexico?
7. Name two common foods from Mexico.

¿Qué comidas ves en esta foto?

¡La práctica hace al maestro!

A Comunicación

Prepare a list of ten commands, telling another person something you would like that person to do. Include five informal commands and five formal commands. Then, working with a partner, take turns telling one another your commands, watching to see if your partner does what you have requested.

B Conexión con la tecnología

Imagine you have a Hispanic friend who is new to your area and would like to visit some of the local attractions. Using an Internet search engine, select a website such as Mapquest or Mapblast that provides road maps to specific addresses. Follow their instructions to locate a map to a particular site in your city or town, such as a park, museum, or theater. Print out the map. Then, referring to the map, write directions in Spanish to tell your friend how to get to the site.

¿Cómo llegamos a la estación del metro? (México, D.F.)

VOCABULARIO

Estas flores artificiales son las flores más bonitas de la florería.

En la ciudad
el aeropuerto
el almacén
el apartamento
la carnicería
la carretera
la catedral
la cuadra
la dulcería
el edificio
la esquina
la estación
   (de autobuses/del
   metro/del tren)
la florería
la frutería
la heladería
la iglesia
la lechería
el monumento
la oficina de correos
la panadería
la papelería
el puente
la sombrerería
la torre
la vitrina
la zapatería

Direcciones
a la derecha (izquierda)
adelante
la derecha
derecho
la dirección
la izquierda
próximo,-a

En el restaurante
el camarero, la camarera
la enchilada
el jugo
el taco
la tortilla

Verbos
ordenar
parar

Expresiones y otras palabras
el caballero
el corredor
el dulce
mexicano,-a
la moneda
el policía, la policía

Una cuadra en el D.F.

Lección 6

Contexto cultural
MÉXICO

En el barrio Las Lomas

¡Hola, vecina!

el vecino

el césped

la acera

PABLO: Señora, ¿sabe Ud. dónde está la oficina de correos? No **conozco°** este **barrio°** y no tengo la **dirección°** de la oficina. Me dijeron que está **hacia°** el **este.**

SEÑORA: ¿Al este? Pues, no siga en esa **dirección** porque no hay ninguna oficina de correos. Ud. debe ir hacia el **norte.**

PABLO: ¿Hacia el norte? Entonces, ¿dónde está?

SEÑORA: Mire, **maneje°** tres cuadras hacia el norte por esta calle hasta llegar a la **curva.** No tome la curva, **sino°** siga derecho por una cuadra más hasta la **señal°** de **alto.°** Luego, **doble°** a la izquierda y la oficina está allí.

PABLO: ¡Ah, gracias! Perdón, ¿tiene dónde **tirar°** esta lata?

conozco *I know* **barrio** *neighborhood* **dirección** *address* **hacia** *toward* **maneje** *drive* **sino** *but (on the contrary)* **señal** *sign* **alto** *stop* **doble** *turn (a corner)* **tirar** *to throw away*

¿Qué comprendiste?

1. ¿En qué barrio vive la señora donde está Pablo?
2. ¿Qué no tiene Pablo?
3. ¿Qué le dijeron a Pablo?
4. ¿Cuántas cuadras hacia el norte debe manejar Pablo?
5. ¿Debe Pablo tomar la curva? ¿Qué debe hacer?
6. ¿Qué quiere tirar Pablo a la basura?

Algo más

Los puntos cardinales

You can tell someone how to go somewhere using the directions *(los puntos cardinales)* north *(el norte)*, south *(el sur)*, east *(el este)* and west *(el oeste)*.

Siga derecho al este.	Go straight (ahead) east.
Ve cinco cuadras al oeste.	Go five blocks to the west.

To be even more exact, these directions can be combined as shown here:

2 Charlando

1. ¿Cómo se llama el barrio donde tú vives?
2. ¿Sabes dónde está la oficina de correos en tu barrio? Explica.
3. Desde tu casa (o apartamento), ¿en qué dirección está la oficina de correos?
4. ¿Y en qué dirección está tu escuela?

Oportunidades

Este lugar en el D.F. se llama la Zona Rosa.

Pedir ayuda

Have you ever visited a different city and been unable to find where you needed to go? When you are new to a city or lost, asking directions can be very helpful. With the Spanish language skills you have acquired you will be able to survive being lost in any city where Spanish is spoken. You have the skills to ask directions in Spanish and now you are also capable of giving directions to someone in Spanish if they approach you!

Sigan derecho.

Conexión Cultural

México hoy

México es hoy un país muy moderno, de buen desarrollo *(development)* económico y con una geografía muy variada *(diverse)*. Es también un país de muchos contrastes en donde se combinan la historia, la cultura y la vida moderna.

México, D.F., la capital del país, es una de las ciudades más grandes del mundo con más de veinte millones de habitantes. La vida moderna se ve en sus sistemas de transporte y en sus imponentes *(majestic)* rascacielos. En cada calle, museo y universidad está presente su vida cultural e historia.

La bandera mexicana.

Hacia el sur de la capital está Cuernavaca, la ciudad de la eterna primavera. Es una ciudad muy bonita con un clima excelente todo el año. Al este, en la península del Yucatán, está Mérida, que es un centro económico y comercial del país. Al noroeste está Guadalajara, una ciudad grande y cosmopolita. Un poco más lejos al noroeste está la península de Baja California. Esta región tiene costas espectaculares, grandes desiertos y lindas montañas.

México también tiene ciudades importantes por su turismo internacional. Entre las más populares, especialmente por sus playas bonitas, están las ciudades

La Universidad Nacional Autónoma de México (UNAM).

de Acapulco, Puerto Vallarta y Mazatlán en el Pacífico, y Cancún en el Mar Caribe.

La economía de México es muy variada. Su mayor producto de exportación es el petróleo. Otros productos de exportación son el maíz, los tomates y el gas natural. La importancia internacional de la economía mexicana se ve hoy en iniciativas como la del tratado de libre comercio *(free trade agreement)* entre México, los Estados Unidos y el Canadá.

El México de hoy disfruta *(enjoys)* de muchas cosas buenas, pero también tiene los problemas de todos los países modernos. La contaminación y el crimen son comunes hoy en sus grandes ciudades, pero también lo son sus grandes esfuerzos *(efforts)* para solucionar estos problemas.

Acapulco tiene playas muy bonitas.

Cruzando fronteras

Completa las siguientes oraciones sobre México,
escogiendo la letra de la respuesta correcta.

1. Baja California es...
   A. un golfo con mucho petróleo y desiertos.
   B. una ciudad importante de México.
   C. una península con costas espectaculares y desiertos.

2. Las playas son muy bonitas en...
   A. Puerto Vallarta, Mazatlán y Cancún.
   B. Acapulco, Guanajuato y Cuernavaca.
   C. Puebla, Monterrey y Ciudad Juárez.

3. El D.F. es una de las ciudades...
   A. más pequeñas del mundo.
   B. más importantes de la América Central.
   C. más grandes del mundo.

4. La ciudad de la eterna primavera es...
   A. Mérida.
   B. Acapulco.
   C. Cuernavaca.

5. La ciudad de Mérida está...
   A. al sur del país.
   B. al este del país.
   C. al oeste del país.

6. El mayor producto de exportación de
   México es...
   A. el maíz.
   B. el gas natural.
   C. el petróleo.

7. Guadalajara está...
   A. al noroeste de la capital.
   B. al sureste de la capital.
   C. al suroeste de la capital.

PLAYAS DE MAZATLÁN

OLAS ALTAS
Se encuentra ubicada en el paseo del mismo
nombre. Es un paseo tradicional, donde se puede
disfrutar de incomparables puestas del sol.

PLAYA NORTE
Se extiende a lo largo de la Avenida del Mar,
donde está el monumento al "Pescador". Desde
aquí se llevó a cabo la resistencia contra los
franceses (1864).

PLAYAS GAVIOTAS Y CAMARÓN
Comprende lo correspondiente a la zona hotelera
moderna. Ahí se encuentran las playas más
arenosas de Mazatlán.

PLAYAS SABALO-BRUJAS-CERRITOS
Las más alejadas del centro. Se encuentran
ubicadas al extremo norte de la zona hotelera; son

Baja California tiene costas y desiertos espectaculares.

IDIOMA

Los verbos *conocer* y *saber*

Just as you have learned to use *ser* and *estar* in different situations as the equivalent of "to be," the Spanish verbs *saber* and *conocer* are used in very different situations for "to know." Both verbs are irregular in the present tense.

conocer	
conozco	conocemos
conoces	conocéis
conoce	conocen

saber	
sé	sabemos
sabes	sabéis
sabe	saben

Use *saber* to talk about facts that someone may or may not know. *Saber* followed by an infinitive indicates that someone knows how to do something.

¿Sabes jugar al básquetbol?

¿Conoces a la chica nueva?

¿Sabes dónde se puede comprar flores?	**Do you know** where one can buy flowers?
Sé dar direcciones en español.	**I know how** to give directions in Spanish.

Use *conocer* to discuss whether someone is familiar with (or acquainted with) people, places or things. Note that it is necessary to add the personal *a* after *conocer* when referring to people.

¿Conoces a tus vecinos?	**Do you know** your neighbors?
Conozco una florería cerca de la estación del metro.	**I know (am familiar with)** a flower shop near the subway station.

4 ¿Qué saben?

Completa las siguientes oraciones con la forma apropiada de *saber*.

 ¿<u>Sabe</u> tu amigo qué es la UNAM?

1. ¿<u>(1)</u> Uds. si la península de Baja California está al noroeste o al noreste de la Ciudad de México?
2. Yo <u>(2)</u> que la gente mexicana habla español.
3. ¿<u>(3)</u> el profesor mucho sobre México?
4. Nosotros <u>(4)</u> que Guadalajara está al noroeste de la capital.
5. ¿<u>(5)</u> ellos las direcciones para ir desde el Zócalo hasta el Palacio de Bellas Artes?
6. ¿<u>(6)</u> tú hablar español?
7. ¿Qué <u>(7)</u> Uds. sobre México?
8. ¿<u>(8)</u> Ud. qué quieren decir las letras *D.F.*?

¿Me conoces?

5 ¿Las conocen o no?

Di si las siguientes personas conocen o no a las personas indicadas, según las pistas. Sigue los modelos.

 Juan/mi prima/sí
Juan conoce a mi prima.

Gloria/Juan/no
Gloria no conoce a Juan.

1. yo/esa mujer/sí
2. nosotros/ese futbolista famoso/sí
3. tú/aquellas muchachas/no
4. tus amigos/la profesora de inglés/sí
5. ellas/doña Elena/no
6. el profesor/los abuelos de Pablo/no

6 Algunos lugares de la ciudad

Trabajando en parejas, alterna con tu compañero/a de clase en preguntar y en contestar quién conoce los siguientes lugares. Sigue el modelo.

la estación del tren/Mercedes
A: ¿Quién conoce la estación del tren?
B: Mercedes la conoce.

1. el nuevo almacén/Víctor
2. la nueva carretera/Yolanda y Esteban
3. la torre del reloj/nosotros
4. el aeropuerto/tú
5. la nueva heladería/Marisol
6. el apartamento del profesor/ellos
7. la vitrina del nuevo almacén/yo

7 La estudiante nueva

Completa el siguiente diálogo con las formas apropiadas de *conocer* y *saber*.

A: Oye, ¿(1) tú a Catalina, la estudiante nueva?
B: Sí, la (2). ¿(3) dónde vive?
A: No, yo no (4) exactamente, pero (5) que es cerca del colegio.
B: ¿(6) tú a su hermano, Benjamín?
A: No, no lo (7), pero yo (8) que es muy simpático.
B: Yo no lo (9) tampoco, pero quiero (10).
A: ¿(11) tú el número de teléfono de Catalina y Benjamín?
B: No, yo no lo (12), pero la profesora debe (13).

¿Conoces tú a Catalina?

8 ¿Conoces donde vives?

Haz una lista de por lo menos ocho lugares que conoces de tu barrio o del lugar donde vives y di algo sobre cada lugar.

Conozco el teatro.
Sé dónde está y sé que es muy popular.

9 ¿Lo sabes?

Escogiendo elementos de cada columna, escribe ocho oraciones diferentes. Añade las formas apropiadas de *saber* y *conocer*.

Ricardo sabe la historia de la torre del parque.

A	B
Uds.	llegar a la estación del tren
nosotros	la dirección de ese monumento
tú	el aeropuerto de Guanajuato
Paloma y Pilar	dibujar un mapa de ese barrio
Ricardo	la historia de la torre del parque
Rafael y Mónica	manejar
el policía	todas las señales de alto en esta calle
yo	sus vecinos

¿Conoces este monumento? Se llama el Ángel de la Independencia. (México, D.F.)

Yo sé donde está el aeropuerto de Guanajuato.

Algo más

Yo ofrezco todo tipo de pan en mi panadería.

Verbos como *conocer*

Other verbs like *conocer* that require the spelling change *c* → *zc* for *yo* in the present tense include the following: *conducir* (to drive, to conduct), *ofrecer* (to offer) and *traducir* (to translate).

*Nunca **conduzco** en el centro de la ciudad.*
*Siempre **ofrezco** ayuda a todo el mundo.*
*Cuando estamos en Mazatlán, **traduzco** de español a inglés para mis amigos.*

I never **drive** in the downtown area.
I always **offer** help to everyone.
When we are in Mazatlan, I **translate** from Spanish to English for my friends.

10 Somos traductores

Imagina que tú y tus amigos son los intérpretes *(interpreters)* de un grupo de turistas de los Estados Unidos que van a Mérida. Haz las siguientes oraciones para decir quién debe servir como traductor a las personas indicadas. Sigue el modelo.

 Silvia/la familia Brown
Silvia le traduce a la familia Brown.

Mérida

1. ellas/la familia Deyo
2. Sergio y Roberto/el señor y la señora Cliff
3. Uds./la familia Capecchi
4. Luis/el señor Spencer
5. tú/la señorita O'Reilly
6. yo/la señora Larry
7. Susana/doña Hansen
8. nosotros/las señoritas Morton

Una plaza en Mérida, México.

11 En Guadalajara

Imagina que estás con tus compañeros y algunos profesores del colegio en una excursión en Guadalajara. Haz oraciones completas para decir lo que pasa durante el viaje, usando las indicaciones que se dan.

yo/no/conocer/las carreteras muy bien
Yo no conozco las carreteras muy bien.

1. yo/conducir/por cinco horas
2. Luz/traducirle/las señales a Pablo
3. Amalia/conocer/la ciudad mejor que todos
4. los muchachos/ofrecerles/unos refrescos a las muchachas
5. Francisco/ofrecerle/ayuda a su amiga
6. los profesores/conducir/cuando los estudiantes están cansados
7. nosotros/traducir/algunos periódicos y revistas
8. tú/traducir/lo que yo digo
9. yo/ofrecerles/unos dulces a los profesores
10. todos nosotros/conocer/lugares interesantes para visitar

Zona Metropolitana

GUADALAJARA
ZAPOPAN
TLAQUEPAQUE
TONALA

FRAGMENTO MURAL J.C. OROZCO. PALACIO DE GOBIERNO

JALISCO • MEXICO

La catedral de Guadalajara.

El Teatro Degollado de Guadalajara.

En casa de Pablo

la galleta

RICARDO: Hola, doña Rosalba. ¿Está Pablo?

SEÑORA: No está, pero **no va a tardar en°** llegar. ¿Les puedo ofrecer unas **galletas** **mientras que°** esperan?

RICARDO: Bueno, muchas gracias.

MARTA: Ricardo, espera. No comas con las manos sucias.

PABLO: Hola a todos. Perdón por la **demora,°** pero tuve problemas para encontrar la oficina de correos. Bueno, vamos a la **exhibición** de **coches.°** ¿Quién conduce?

RICARDO: Yo conduzco... pero, un segundo, Pablo. No vayas tan rápido. Comamos primero estas galletas y, luego, nos vamos.

no va a tardar en *is not going to be long* **mientras que** *while* **demora** *delay* **coches** *carros*

12 ¿Qué comprendiste?

1. ¿Va a llegar pronto Pablo o va a tardar en llegar?
2. ¿Cuándo pueden los muchachos comer las galletas?
3. ¿Quién dice que Ricardo no debe comer con las manos sucias?
4. ¿Adónde fue Pablo?
5. ¿Cuál fue la demora de Pablo?
6. ¿Adónde van a ir los muchachos?

13 Charlando

1. ¿Cuál fue la última demora que tuviste?
2. ¿Das alguna explicación cuando tienes una demora? ¿Qué dices?
3. ¿Le ofreces algo de tomar o de comer a una persona cuando te visita en tu casa? ¿Qué le ofreces?
4. ¿Te gustan las exhibiciones de coches? ¿Por qué sí o no?

IDIOMA

El mandato negativo

The formation of a negative *Ud.* or *Uds.* command or a negative *nosotros/as* command is the same as for an affirmative command, but with *no* before the verb. The negative *nosotros/as* command for *ir* is one exception: *¡Vamos!* → *¡No vayamos!*

Camine Ud. derecho.	→	*No camine Ud. derecho.*
(Walk straight ahead.)		(Don't walk straight ahead.)
Coman Uds. temprano.	→	*No coman Uds. muy tarde.*
(Eat early.)		(Don't eat too late.)
¡Salgamos!	→	*No salgamos todavía.*
(Let's leave!)		(Let's not leave yet.)

The negative *tú* command is different from the affirmative *tú* command. It is formed by adding an -*s* to the end of the formal *Ud.* command and by placing *no* before the verb.

Verónica, habla.	→	*Verónica, no hables.*
(Verónica, talk.)		(Verónica, don't talk.)
Ve hasta la esquina.	→	*No vayas hasta la esquina.*
(Go to the corner.)		(Don't go to the corner.)

14 Cambiando de opinión

Cambia los siguientes mandatos al negativo.

1. Comamos tortillas.
2. Tomen Uds. el jugo.
3. Ve más adelante.
4. Consigue galletas.
5. Dobla a la derecha.
6. Suban Uds. ahora.
7. Traduce esa palabra.
8. Habla con tu vecino.
9. Estén Uds. aquí temprano.
10. Cierre Ud. la puerta.
11. Volvamos mañana.
12. Continúen Uds. derecho.
13. Conduzca Ud.
14. Pare Ud. allí.
15. Ordenemos tacos.

No lleven estas cosas peligrosas en el avión.

Juega limpio, NO contamines

¡No continúen Uds. derecho, por favor!

15 Cuidando niños

Imagina que cuidas a un grupo de niños de tu barrio y ahora caminas en la calle con ellos. Diles lo que no deben hacer, usando las indicaciones y mandatos informales.

 Pepe/ir tan rápido
Pepe, no vayas tan rápido.

1. José/recoger esa basura
2. Enrique/hacer eso
3. Esteban/correr por la calle
4. Luisa/comer con las manos sucias
5. Eduardo/decir malas palabras
6. Pilar/ser mala con tu hermanito
7. Inés/caminar sobre el césped
8. Carmen/comprar galletas allí
9. Adolfo/tirar basura al piso

Felipe, ¡no jueges a las maquinitas todo el día!

16 En el restaurante Laredo

Ahora imagina que llevas a comer a los niños al restaurante Laredo. Diles lo que no deben hacer mientras que están en el restaurante.

 Pepe/correr por ese corredor
Pepe, no corras por ese corredor.

1. chicos/pedir mucha comida
2. Luisa/comer la carne con las manos
3. Enrique/regañar a tu hermano
4. Pilar/ir al baño de las damas todavía
5. Esteban/jugar en la mesa
6. Inés/tirar la comida al piso
7. Carmen/escribir nada sobre la mesa
8. Adolfo y Esteban/ir al baño de los caballeros ahora
9. Pepe/hablar mientras que comes
10. José/tardar en venir

Sus padres siempre le dicen a Carlitos que no hable mientras que come.

Restaurante Laredo
Ya puede disfrutar
a diario de la buena cocina.

Ingredientes de   Creatividad   Experiencia   Delicadeza   Y por supuesto,
primera calidad   buen gusto

Un aviso de la Dirección General de Tráfico

Contesta las siguientes preguntas en español sobre el aviso.

1. ¿Qué quiere decir la palabra *puente* en este aviso?
2. ¿Qué otras palabras quieren decir lo mismo que *camino, vehículo* y *conduzca?*
3. ¿A quiénes les debe importar este aviso?
4. ¿Es este aviso importante para la gente que no tiene carro? Explica.
5. ¿Cuál es el viaje más bonito, según el aviso?
6. ¿Cúantos mandatos hay en el aviso? ¿Cuáles son?
7. ¿Cuáles son los dos mandatos negativos en el aviso?

ESTE PUENTE TIENE QUE CRUZARLO DOS VECES

Disfrute cuanto pueda de estas cortas vacaciones. Pero piense que el puente que le ha traído hasta aquí, es también el camino de vuelta a casa. Y al otro lado hay mucha gente que le espera. Cuando llegue la hora de partir, siga nuestro consejo.

En los largos desplazamientos:
- Revise los puntos vitales de su vehículo.
- Abróchese siempre el cinturón.
- Respete los límites de velocidad.
- Mantenga la distancia de seguridad.
- No adelante sin visibilidad.
- Al mínimo síntoma de cansancio, no conduzca.
- Póngase el casco si viaja en moto o ciclomotor.
- **Siga estos consejos también en los trayectos cortos.**

LA VIDA ES EL VIAJE MAS HERMOSO

 Dirección Gral. de Tráfico

 Ministerio del Interior

Los vecinos de la cuadra

Imagina que es un día de verano y tú y tus vecinos están en la calle de tu cuadra. Escoge la forma correcta del mandato en las siguientes oraciones para ver qué están diciendo todos.

1. Carlota, *(camines/camina)* por la acera.
2. Julia y Sofía, no *(juegan/jueguen)* en la calle.
3. No *(vayan/vamos)* Uds. ahora.
4. No *(siga/sigas)* Ud. en esa dirección.
5. Sra. Barrios, *(para/pare)* un momento, por favor.
6. Muchachos, no *(compren/compran)* helados en esa heladería.
7. *(Doblen/Doblan)* Uds. a la derecha en la esquina.
8. No *(tardamos/tardemos)*. Quiero volver temprano.
9. Sr. Rodríguez, no *(ofrece/ofrezca)* dulces a los niños, por favor.
10. No *(seguimos/sigamos)* por esta calle. Debemos continuar derecho.

19 Un paseo por la ciudad

Tú y tres amigos van a dar un paseo en carro por los barrios de la ciudad. Están tratando de decidir qué dirección van a tomar. Trabajando en grupos de cuatro, hagan mini-diálogos con las indicaciones que se dan. Sigan el modelo.

seguir/derecho
A: ¿Sigo derecho?   C: Sí, sigue derecho.
B: Sí, sigamos derecho.   D: ¡No! No sigas derecho.

1. doblar en la próxima calle
2. parar en la esquina
3. seguir hasta la señal de alto
4. conducir a la izquierda
5. ir al sur
6. buscar la carretera principal

20 Dando consejos

Imagina que un/a turista mexicano/a está visitando el lugar donde vives. Haz una lista de ocho consejos que le puedes ofrecer.

No camine (Ud.) por las calles, sino por las aceras.

Algo más

Más sobre el mandato negativo

You have learned to attach object and reflexive pronouns to the end of affirmative commands. For negative commands, object and reflexive pronouns must precede the verb. When used together with the same verb, the indirect object pronoun precedes the direct object pronoun. Since the placement of object pronouns before the command does not affect the pronunciation of the word, it is not necessary to add a written accent mark to negative commands. Compare the following:

Tíralo al cesto de papeles.	→	*No lo* tires al cesto de papeles.
Ordénelas Ud.	→	*No las ordene* Ud.
Sentémonos allí.	→	*No nos sentemos allí.*
Prepárenmelas Uds.	→	*No me las preparen* Uds.
Cómanselos Uds.	→	*No se los coman* Uds.

No me prepare Ud. más tortillas.

21 Cambiando de opinión otra vez

Cambia los siguientes mandatos al negativo.

1. Ciérrela Ud.
2. Manéjalo hasta el puente.
3. Háblele Ud. en inglés.
4. Lávense Uds. las manos en el baño de los caballeros.
5. Comámoslas.
6. Busquémoslos en la florería.
7. Sentémonos a la derecha.
8. Ordenémoslos.
9. Pónganlas Uds. en el corredor.
10. Condúzcalo Ud.

22 De vacaciones en Cancún

Santiago y Guillermo están de vacaciones en Cancún con su familia, pero no están felices. Cada vez que dicen que van a hacer algo, sus padres se lo niegan *(tell them not to do it)*. Haz mandatos negativos para ver qué les dicen sus padres.

 Voy a despertarme tarde mañana.
No te despiertes tarde mañana.

Vamos a broncearnos en la playa todo el día.
No se bronceen (Uds.) en la playa todo el día.

Santiago

1. Voy a acostarme tarde esta noche.
2. Vamos a irnos del hotel ahora.
3. Voy a quedarme en la cama mañana.

Guillermo

4. Voy a ducharme ahora.
5. Vamos a desayunarnos en la playa mañana.
6. Voy a levantarme tarde mañana.

¿Vas a ir de vacaciones a Cancún un día?

23 ¿De acuerdo?

Imagina que estás con dos amigos que nunca están de acuerdo en nada. Trabajando en grupos de tres, alternen Uds. en hacer preguntas y contestarlas, usando las pistas que se dan y un mandato afirmativo o negativo. Sigue el modelo.

yo/comprar/a Uds./unos helados/en esta heladería

A: ¿Les compro (a Uds.) unos helados en esta heladería?

B: Sí, cómpranos unos helados en esta heladería.

C: No, no nos compres helados en esta heladería.

Cómprame unos helados en esta heladería.

1. yo/leer/a Uds./las direcciones/para llegar/a la exhibición
2. yo/preparar/a Uds./enchiladas
3. yo/hacer/un mapa del barrio/a su amigo
4. nosotros/decir/la dirección/de ese edificio/a los vecinos
5. yo/dar/a Uds./las monedas
6. nosotros/esperar/a ella/en la esquina
7. nosotros/comprar/unas enchiladas/a los vecinos

24 Usando la imaginación

Trabajando en parejas, haz un diálogo con tu compañero/a de clase de por lo menos diez líneas, usando pronombres y mandatos afirmativos y negativos. Luego, tú y tu compañero/a deben presentar el diálogo a la clase.

A: Oye, ¿puedo manejar el carro de papá por el barrio?

B: Manéjalo, pero no vayas muy lejos.

El carro de papá.

¡Qué coches!

TODO-FRENOS
CAMILO A. PEDRAZA
SERVICIO GARANTIZADO
REPUESTOS GENUINOS
Centro No. 1 Cll. 76 No. 23-38 (Cerca los héroes)
Centro No 2 Cll. 76 No. 16-56 (El lago, esquina)
FERODO EXTRARRAPIDO
Suspensión - Amortiguadores Importados y Nacionales.

el claxon
el volante
el baúl
la puerta
el parabrisas
el limpiaparabrisas
el capó
la rueda
el faro
la placa
M 123JYL
el freno
la llanta
el guardabarros

RICARDO: ¡Qué coches!

PABLO: Ese coche tiene un **motor** y unos **frenos°** excelentes. Vamos a verlo **de cerca.°**

MARTA: ¡Miren! Allí hay una exhibición sobre las señales de **tráfico.** Vamos a verla.

PABLO: No la veamos todavía. Miremos este coche **moderno** primero. ¡**Sube°** al coche, Marta!

MARTA: No, gracias. Aquí estoy bien. Es muy bonito.

PABLO: ¡Tiene de todo! **Cinturones de seguridad,°** alarma, CD....

RICARDO: ¡Qué lástima! Los espejos no son muy **deportivos.°**

MARTA: ¡Qué **exigente°** eres!

PABLO: Sí, ¡eres muy exigente! ¡Vamos!

PARA ti

Más palabras para el coche

el asiento delantero/trasero	*front/back seat*
la barra de cambios	*stick shift*
el espejo retrovisor	*rearview mirror*
el gato	*jack*
la guantera	*glove compartment*
la direccional	*signal light*
la llanta de repuesto	*spare tire*
el parachoques	*bumper*
el techo corredizo	*sunroof*
el tablero	*dashboard*

frenos *brakes* **de cerca** *close up, from a short distance* **Sube** *Get in* **Cinturones de seguridad** *seat (safety) belts* **deportivos** *sporty* **exigente** *demanding*

25 ¿Qué comprendiste?

1. ¿Cómo son el motor y los frenos del coche?
2. ¿Qué quiere ver Pablo de cerca?
3. ¿Qué exhibición quiere ver Marta?
4. ¿Quién sube al coche?
5. ¿Qué no son muy deportivos, según Ricardo?
6. ¿Quién es muy exigente?
7. ¿Qué es lo que más te gusta de un coche moderno?
8. ¿Por qué crees que son importantes los cinturones de seguridad en un coche? Explica.

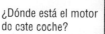

¿Dónde está el motor de este coche?

26 Un coche

En una hoja de papel, dibuja un coche. Luego, trabajando en parejas, alterna con tu compañero/a de clase en decir las partes del coche mientras que tu compañero/a señala cada parte que mencionas.

A: El capó.
B: *(Point to the hood.)*

¿Cuántas ruedas tiene mi coche?

REFACCIONARIA Y AUTO PARTES
AUTOMOTRICES SANDOVAL, S.A. DE C.V.

REFACCIONES PARA TODA CLASE DE AUTOS Y CAMIONES

AV. INSURGENTES
No. 91, OTE.
TEPIC, NAY.

3-20-05

27 Adivina qué partes del coche son

Adivina cuáles son las siguientes partes del coche, de acuerdo con sus usos *(uses)*.

Úsalo para darle dirección a las ruedas.
El volante.

1. Ábrelo para poder mirar el motor.
2. Úsalo para llamar la atención a alguien que está en la carretera.
3. Límpialo para poder ver mejor.
4. Úsalos para parar el coche.
5. Enciéndelos para quitar la lluvia cuando está lloviendo.
6. Póntelo por seguridad antes de empezar a manejar.
7. Enciéndelos por las noches para poder ver.

POR SU SEGURIDAD
USE EL CINTURON

¿Por qué es necesario usar los cinturones de seguridad?

Las señales de tráfico

A.

B.

C.

D.

E.

F.

G.

H.

28 Las señales de tráfico

Conecta lógicamente los siguientes mandatos con las señales de la ilustración anterior.

1. No vaya Ud. a más de cien kilómetros por hora.
2. Vaya Ud. a la izquierda.
3. Pare Ud.
4. No entre Ud.
5. Vaya Ud. a la derecha.
6. No doble Ud. a la derecha.
7. Tome Ud. la curva.
8. No doble Ud. a la izquierda.

¡No vaya Ud. a la izquierda!

¡Vaya rápido!

Por favor, no estacione Ud. en ese lugar.

¿Qué partes de este auto puedes nombrar?

Conozco esta calle muy bien. (México, D.F.)

Creo que Guadalajara está al noroeste de aquí.

Autoevaluación. Como repaso y autoevaluación, responde lo siguiente:
1. Name the four cardinal directions in Spanish.
2. In Spanish, how would you say that you know your neighbors?
3. How would you ask someone in Spanish if they know where the restroom is?
4. Imagine you are babysitting your little brother. He is very curious and does things he is not supposed to do. Tell him five things not to do.
5. Most public beaches post signs with rules for the beach. Make a list of three rules that you would include on such a sign.
6. Name five parts of a car that you have learned in Spanish.
7. Name two traffic signs in Spanish.
8. Name two cities in Mexico that are popular for tourists.

¡La práctica hace al maestro!

A Comunicación

The following street map shows the route someone could follow to go from the word *aquí* to the letter *X*. Prepare two similar maps, but without adding the dotted line. Then, plot your own route between the two points on one copy of the map. Next, give the blank copy to another student. After deciding who will go first, describe the route you plotted between the word *aquí* and the letter *X* as your partner plots

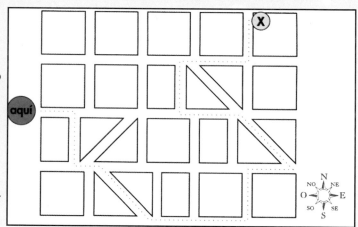

the course on the blank map. When you have finished, compare the routes that appear on both maps to see if they are the same. Switch roles.

B Conexión con la tecnología

Search the Internet for sources for renting a car in Mexico. Print out your findings. Report back to the class on the costs, the selection of vehicles to choose from, the cost of fuel, the cost of insurance, the availability of maps and directions to your destinations, the driver's license requirements, and any other interesting information you discovered.

El perro de la vecina está en la acera.

En la ciudad
  la acera
  el alto
  el barrio
  el césped
  la curva
  la señal
  el tráfico
  el vecino, la vecina

Partes del coche
  la alarma
  el baúl
  el capó
  el cinturón de seguridad
  el claxon
  el coche
  el faro
  el freno
  el guardabarros
  el limpiaparabrisas
  la llanta
  el motor
  el parabrisas
  la placa
  la rueda
  el volante

Puntos cardinales
  el este
  el noreste
  el noroeste
  el norte
  el oeste
  el sur
  el sureste
  el suroeste

Verbos
  conducir
  conocer
  doblar
  manejar
  ofrecer
  subir
  tardar
  tirar
  traducir

Expresiones y otras palabras
  de cerca
  la demora
  deportivo,-a
  la dirección
  la exhibición
  exigente
  la galleta
  hacia
  mientras (que)
  moderno,-a
  la seguridad
  sino
  tardar en
    (+ infinitive)

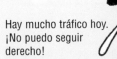

Hay mucho tráfico hoy.
¡No puedo seguir
derecho!

a leer

Estrategia

Preparación

Estrategia para leer: *using format clues to predict meaning*
Before you begin a reading, it is helpful to examine how it is formatted. Look at the title, the subtitles, the photos, the graphics and the layout to predict what the reading is about.

Mira la lectura y, luego, contesta las siguientes preguntas como preparación para la lectura, escogiendo la letra de la respuesta apropiada.

1. ¿Para qué es el folleto *(brochure)*?
   A. Para dar direcciones de cómo llegar a México.
   B. Para preparar un viaje a México.
   C. Para dar información sobre la historia de México.

2. ¿Quién hace este folleto?
   A. Lo hace Viajes Planeta.
   B. Lo hace La Ruta Indígena.
   C. Lo hacen en Puebla.

3. ¿Qué ofrecen para visitar México?
   A. No ofrecen nada.
   B. Ofrecen paseos a caballo.
   C. Ofrecen rutas.

4. ¿A qué tipo de lugares ofrecen viajes?
   A. A lugares donde hace sol.
   B. A lugares donde hay nieve.
   C. A y B.

La Quebrada está en Acapulco.

Las ruínas mayas de Tulúm están en la costa del Caribe.

¡Conozca México!

El mejor plan de excursiones a México lo tiene *Viajes Planeta*.
Viajes Planeta le ofrece cuatro rutas fascinantes para conocer México: La Ruta Indígena, La Ruta Colonial, La Ruta Moderna y La Ruta del Desierto.

Ruta: La Ruta Indígena
Duración: 15 días
Lugares de visita: • Ciudad de México (el Zócalo, el Palacio de Bellas Artes)
• Mérida (la catedral)
• Cancún (las playas)
• Chichén Itzá (las ruinas mayas)
• Tulum (las ruinas mayas)
• Uxmal (las ruinas mayas)

Ruta: La Ruta Moderna
Duración: 20 días
Lugares de visita: • Ciudad de México (la Zona Rosa, la Torre Latinoamericana, la UNAM, la estación del metro, el monumento del Ángel de la Independencia)
• Guadalajara
• Puerto Vallarta (las playas)
• Monterrey
• Ciudad Juárez

Ruta: La Ruta Colonial
Duración: 8 días
Lugares de visita: • Ciudad de México (la Catedral, el Palacio Nacional)
• Puebla
• Cuernavaca (los Jardines de Borda, el Palacio de Cortés)
• Taxco
• Acapulco (playas)

Ruta: La Ruta del Desierto
Duración: 6 días
Lugares de visita: • Ciudad de México (el Parque de Chapultepec)
• Mazatlán (las playas)
• Baja California (el desierto, las montañas)

A ¿Qué comprendiste?

1. ¿Cuántas rutas diferentes ofrece este folleto turístico?
2. ¿Cuál es la ruta más larga?
3. ¿Cuántos días tiene el viaje más corto?
4. ¿Cuál es la única ciudad que está en todas las rutas?
5. ¿En qué viaje hay ruinas mayas y playas?
6. ¿En qué viaje puede la gente bañarse en la playa?
7. ¿Qué lugar ofrece desiertos?

B Charlando

1. ¿Cuál de las rutas que ofrece *Viajes Planeta* te gustaría tomar? ¿Por qué?
2. ¿Te gustan los viajes cortos o largos? Explica.
3. ¿Qué lugares te gusta visitar cuando vas a una ciudad?
4. ¿Te gusta visitar ciudades grandes o pequeñas? Explica.
5. ¿Cuáles son los lugares más importantes para visitar donde tú vives?

a escribir

Estrategia

Estrategia para escribir: *appealing to your reader's senses*

You have already learned the importance of identifying your purpose for writing and the audience you are writing for. If your purpose is to attract and hold the reader's attention, it is a good idea to include details and descriptions that appeal to the reader's sense of sight, sound and taste.

Cabo San Lucas, Baja California, México.

Create a travel brochure for a location that you have always dreamed of visiting. Use commands (such as ¡Diviértase Ud. mucho!) and add description and details about the dream vacation that will appeal to the reader's senses of sight, sound and taste. Incorporate graphics and/or artwork to enhance the visual appeal of your brochure.

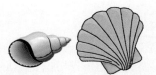

repaso

Now that I have completed this chapter, I can...
- ✓ ask for and give directions.
- ✓ identify places in the city.
- ✓ discuss what is sold in specific stores.
- ✓ tell someone what to do.
- ✓ order from a menu in a restaurant.
- ✓ advise and suggest.
- ✓ discuss who and what people know.
- ✓ talk about everyday activities.
- ✓ tell others what not to do.
- ✓ identify parts of a car.
- ✓ advise others in writing.

I can also...
- ✓ read in Spanish about Mexico.
- ✓ talk about foods in Spanish-speaking countries.
- ✓ identify opportunities to use Spanish in my community.
- ✓ read a recipe in Spanish.
- ✓ write in Spanish about where I live.

Este aeropuerto está en el D.F.

¿Conoces esta calle?
(Guanajuato, México.)

¡Qué divertido!

CAPÍTULO 4

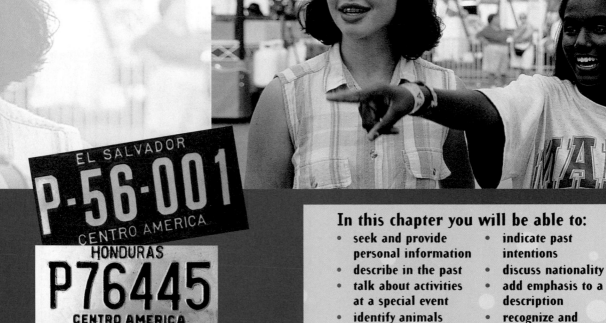

EL SALVADOR
P·56·001
CENTRO AMERICA

HONDURAS
P76445
CENTRO AMERICA

In this chapter you will be able to:

- seek and provide personal information
- describe in the past
- talk about activities at a special event
- identify animals
- express quantities
- provide background information about the past
- indicate past intentions
- discuss nationality
- add emphasis to a description
- recognize and express size
- state possession
- identify sounds that animals make

133

Lección 7

Un día en el parque de atracciones

la montaña

los fuegos artificiales

el globo

la montaña rusa

la atracción

el globo

el desfile

el carro antiguo

la serpiente

*Luisa, una chica **salvadoreña,** habla con David sobre lo que hizo en sus últimas vacaciones.*

LUISA: Mi familia y yo fuimos de vacaciones a un parque de **atracciones** en los Estados Unidos.

DAVID: ¿En los Estados Unidos? ¡**Maravilloso**!

LUISA: Sí, en la Florida. El parque es **fascinante. Había**° mucho para ver y hacer, **como**° **fuegos artificiales,** carros **antiguos,**° atracciones.... Bueno, ya puedes **imaginarte.** También había muchas **golosinas,**° helados y refrescos.

DAVID: Y, ¿te pasó algo divertido?

LUISA: Sí, algo **chistoso**° pasó. Una vez, cuando yo comía un helado, oí que unas muchachas **gritaban.**° Entonces miré por todos lados para ver qué pasaba.

DAVID: Y, ¿qué pasaba?

LUISA: Bueno, mi hermano menor **molestaba**° con una **serpiente** de **plástico** a unas chicas que miraban el **desfile.**

DAVID: ¡Qué chistoso es tu hermano!

Había *There (was) were* **como** *like, such as* **antiguos** *antique, ancient, old* **golosinas** *sweets* **chistoso** *funny* **gritaban** *were shouting* **molestaba** *was bothering*

¿Qué comprendiste?

1. ¿De qué país es Luisa?
2. ¿Adónde fueron de vacaciones Luisa y su familia?
3. ¿Cómo es el lugar donde ellos fueron, según Luisa?
4. ¿Qué había allí para ver y hacer?
5. ¿Qué oyó Luisa?
6. ¿Quién molestaba a unas chicas?

Charlando

1. ¿Hay alguien chistoso en tu familia? ¿Quién?
2. ¿Comes muchas golosinas?
3. ¿Te gustan los parques de atracciones? Explica.
4. ¿Te gusta montar en la montaña rusa? Explica.
5. ¿Te puedes imaginar montando en globo? Explica.

Fueron a este parque de atracciones.

Un día en el parque de atracciones

Trabajando en parejas, haz el papel de una de las personas del diálogo anterior.

Conexión *Cultural*

El Salvador

El Salvador es un país de contrastes. Es el país más pequeño de habla hispana de la América Central y a la vez es el país que tiene más densidad de población de todos los países latinoamericanos. Esta densidad de población produce grandes problemas de contaminación y destrucción de la naturaleza.

El palacio municipal en Santa Ana, El Salvador.

Está ubicado *(located)* entre Honduras al

noreste, Guatemala al noroeste, y el Océano Pacífico al sur. La capital, San Salvador, es la ciudad más grande del país, con más de 500.000 habitantes. San Salvador y otras ciudades principales, como Santa Ana y San Miguel están en la región central. Esta región es de tipo volcánico y por lo tanto propensa a sufrir muchos temblores y terremotos *(earthquakes)*. Hay más de veinte volcanes activos en esta área.

Antes de la llegada de los españoles en el siglo XVI, la región era parte del territorio maya. En 1524, empezó la conquista española de la población indígena *(native)* para tomar posesión de las tierras *(land)* que hoy son El Salvador. En 1525, el conquistador español, Diego Alvarado, fundó la ciudad de San Salvador en el Valle de las Hamacas *(Valley of the Hammocks)*. El Salvador consiguió su independencia de España en 1821.

En la historia reciente de esta nación hay mucha violencia, problemas sociales y económicos, y una guerra civil *(civil war)*. Los problemas sociales existen por el gran contraste que hay entre los pocos ricos y los muchos pobres. Los problemas económicos se deben a que la mayor parte de su economía depende de la producción del café. Hoy El Salvador está tratando de solucionar estos problemas y de mejorar *(improve)* sus sistemas político y económico para dar a su gente un mejor futuro.

La producción de café es importante en la economía de El Salvador.

Cruzando fronteras

Haz un folleto *(brochure)* de una página para dar a conocer a la gente de otros países las cosas buenas y los puntos geográficos importantes de El Salvador. Busca información sobre El Salvador en la biblioteca o en la Internet, si es necesario.

Oportunidades

El Salvador

If you are interested in the field of environmental conservation, organizations from the United States, Europe and Australia are helping to rebuild El Salvador through programs devoted to education, agricultural reform and reforestation. There are a lot of different ways to volunteer in El Salvador, and many organizations exist to help. The *Centro Internacional de Solidaridad (CIS)* runs language schools in San Salvador that take English teachers as volunteers. And Green Arrow's Conservation Connection Placement Program, based in Costa Rica, places volunteers in work positions throughout Central America.

Tenemos que conservar los bosques del mundo. Muchos bosques como éste son quemados cada año.

If you are interested in the field of volcanology, El Salvador's volcanic terrain provides plenty of opportunities for hiking. You can trek around the rim of San Salvador's Boquerón volcano or follow a trail down into the crater itself.

IDIOMA

El imperfecto de los verbos regulares

Past events in Spanish usually are expressed using one of two tenses. You already have learned the *pretérito,* which expresses completed past actions. A second tense, the *pretérito imperfecto* (usually referred to as *el imperfecto*), also refers to the past, but without indicating specifically when the event or condition begins or ends.

Form the imperfect tense of regular verbs by dropping the *-ar, -er* or *-ir* ending from the infinitive and by adding the endings indicated in bold in the chart on the following page. All verbs in Spanish follow this pattern except for *ir, ser* and *ver,* which you will learn later in this lesson.

el imperfecto de *hablar, comer* y *vivir*

hablar

yo	hablaba	*I was speaking (I used to speak)*	nosotros nosotras	hablábamos	*we were speaking (we used to speak)*
tú	hablabas	*you were speaking (you used to speak)*	vosotros vosotras	hablabais	*you were speaking (you used to speak)*
Ud.		*you were speaking (you used to speak)*	Uds.		*you were speaking (you used to speak)*
él	hablaba	*he was speaking (he used to speak)*	ellos	hablaban	*they were speaking (they used to speak)*
ella		*she was speaking (she used to speak)*	ellas		*they were speaking (they used to speak)*

comer

yo	comía	*I was eating (I used to eat)*	nosotros nosotras	comíamos	*we were eating (we used to eat)*
tú	comías	*you were eating (you used to eat)*	vosotros vosotras	comíais	*you were eating (you used to eat)*
Ud.		*you were eating (you used to eat)*	Uds.		*you were eating (you used to eat)*
él	comía	*he was eating (he used to eat)*	ellos	comían	*they were eating (they used to eat)*
ella		*she was eating (she used to eat)*	ellas		*they were eating (they used to eat)*

vivir

Sara estudiaba mucho.

yo	vivía	*I was living (I used to live)*	nosotros nosotras	vivíamos	*were living (we used to live)*
tú	vivías	*you were living (you used to live)*	vosotros vosotras	vivíais	*you were living (you used to live)*
Ud.		*you were living (you used to live)*	Uds.		*you were living (you used to live)*
él	vivía	*he was living (he used to live)*	ellos	vivían	*they were living (they used to live)*
ella		*she was living (she used to live)*	ellas		*they were living (they used to live)*

Note: The impersonal expression *había* is the imperfect tense of *haber* (to have) and is the equivalent of **there was/there were.**

5 Unas preguntas

Quieres saber qué hacían ayer por la tarde las personas indicadas. Haz preguntas, usando la forma apropiada del imperfecto de los siguientes verbos. Usa las pistas que se dan.

traducir (él)
¿Traducía él?

1. volver (ella)
2. viajar (nosotros)
3. trabajar (Uds.)
4. hablar (tú)
5. aprender (ellos)

6. conducir (yo)
7. entrar (ellas)
8. jugar (tú)
9. correr (tú)
10. dormir (yo)

11. leer (yo)
12. acostarse (Ud.)
13. divertirse (Uds.)
14. gritar (él)
15. escribir (nosotros)

6 En la montaña rusa

Usa el imperfecto de los verbos indicados para decir qué hacían las personas mencionadas cuando tú montabas en la montaña rusa.

unas chicas/cepillarse el pelo
Unas chicas se cepillaban el pelo.

1. un hombre chistoso/vender globos rojos y amarillos
2. una niña/molestar a todo el mundo con una serpiente de plástico
3. tú/mirar un desfile de carros antiguos y pequeños
4. yo/gritar en la montaña rusa
5. nosotros/comer unas golosinas
6. cuatro muchachos/subir por una escalera al globo

De pronto sientes que un rayo láser atraviesa tu cuerpo y te convierte en un diminuto ser, más pequeño que un insecto. Repentinamente una catarina voladora te atrapa entre sus alas y te lleva a viajar a través de una espesa maleza a una velocidad inexplicable. Vive y disfruta al máximo esta inolvidable experiencia.

¡Gritábamos mucho cuando estuvimos en la montaña rusa!

7 A diferentes horas

Haz oraciones completas para decir lo que tú hacías ayer a diferentes horas, usando los siguientes verbos y pistas: *dormir, despertarse, levantarse, bañarse, vestirse, desayunarse, salir de la casa, llegar a la escuela, almorzar, estudiar español, hacer la tarea, acostarse, dormirse.*

 Dormía a las seis.
Me despertaba a las seis y media.

8 El fin de semana pasado

Imagina que el fin de semana pasado fuiste con la familia de tu vecino a un parque de atracciones. Completa las siguientes oraciones con el imperfecto de los verbos indicados para decir qué hacía cada persona todo el día.

 Las hermanas menores de mi vecino <u>tomaban</u> refrescos. (tomar)

1. Su hermana mayor <u>(1)</u> en la montaña rusa. (estar)
2. Su prima <u>(2)</u> golosinas. (comer)
3. Su abuelo <u>(3)</u>. (dormir)
4. Su hermano menor <u>(4)</u> monedas para montar en las atracciones. (pedir)
5. Su abuela <u>(5)</u> a la gente. (mirar)
6. Yo <u>(6)</u> a todo el mundo. (molestar)
7. Sus primos <u>(7)</u> a una montaña artificial. (subir)
8. Sus padres <u>(8)</u> con todo el mundo. (hablar)
9. Nosotros <u>(9)</u> un día maravilloso. (pasar)
10. Todos nosotros <u>(10)</u> música popular. (oír)

Refrescos Jonlly
REFRESCOS DE FRUTA NATURAL AL POR MAYOR Y DETAL
ELABORADO CON AGUA PURIFICADA
CALLE 22 9-9-15 URB. CANA, BAYAMON, PR 00915   TEL. 730-1155

- TORONJA   • COCO
- ACEROLA   • PARCHA
- TAMARINDO   • CHINA
- GUANABANA   • LIMON
- AJONJOLI   • MAVI
- FRUIT PUNCH   • UVA
        • GUAVAPIÑA

Algo más

Los usos del imperfecto

The imperfect tense is used to describe an ongoing past action, a repeated (habitual) past action or a long-standing situation.

Hablaba con mi vecino cuando....	**I was talking** with my neighbor when....
Comíamos a las dos todos los sábados.	**We used to/would eat** at two every Saturday.
Vivíamos en San Miguel.	**We were living** in San Miguel.

Siempre comíamos juntas en la cafetería.

9 De vacaciones

Verónica y toda su familia estaban de vacaciones la semana pasada. Cambia los verbos en itálica de las siguientes oraciones al tiempo imperfecto para decir qué hacían todos en su familia durante la semana.

 Visitamos el parque de atracciones todos los días.
Visitábamos el parque de atracciones todos los días.

1. *Se levantan* a las siete todos los días para ir al parque.
2. El papá de Verónica *lee* el periódico en el parque todas las mañanas.
3. Dos hermanos de Verónica *montan* en la montaña rusa todos los días.
4. El hermano de Verónica *trabaja* en el parque.
5. La mamá de Verónica *grita* cuando *monta* en las atracciones.

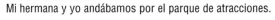
Mi hermana y yo andábamos por el parque de atracciones.

6. La hermanita de Verónica *molesta* a una niña cuando todos *miran* el desfile.
7. Verónica y su hermana *comen* golosinas todas las noches.
8. *Duermen* en un hotel que *está* cerca del parque.
9. Verónica *se acuesta* todas las noches a las once.
10. *Se divierten* mucho todos los días.

10 Cuando tenía seis años

Completa el siguiente párrafo con las formas apropiadas del imperfecto de los verbos indicados para decir qué hacían Luisa y su hermano en el parque de atracciones cuando ella tenía seis años.

Mi hermano y yo siempre 1. *(visitar)* el parque de atracciones los fines de semana cuando yo 2. *(tener)* seis años. Nosotros 3. *(caminar)* por el parque y 4. *(hablar)* de nuestras vidas. Nosotros 5. *(parar)* muchas veces para comer algo y para tomar unos refrescos. Me parece que él siempre 6. *(comer)* en menos de cinco minutos. Yo 7. *(tardar)* más tiempo. Cuando nosotros 8. *(terminar)*, 9. *(montar)* en la montaña rusa varias veces y, luego, 10. *(salir)* para ir a casa. Mis padres también 11. *(hacer)* lo mismo a los seis años, pero ellos no 12. *(poder)* comer en el parque porque sus padres siempre los 13. *(esperar)* para comer en casa.

MÁS DE 50 ATRACCIONES
Adentro podrás pagar por las atracciones con grandes descuentos

Cuando tenía seis años mi hermano y yo hacíamos muchas cosas juntos.

11 Luisa y su familia

Luisa y su familia vivían en otra ciudad antes de vivir en San Salvador. Trabajando en parejas, alterna con tu compañero/a de clase para decir lo que las siguientes personas hacían cuando vivían en la otra ciudad, según las indicaciones.

Luisa/salir a comer golosinas con sus amigas
Luisa salía a comer golosinas con sus amigas.

1. el hermano de Luisa/escribir a sus parientes en San Salvador
2. la abuela/comprar chocolates en la dulcería
3. los tíos/correr por el parque de atracciones
4. el abuelo/visitar los museos de historia
5. la tía Amalia/mirar las vitrinas de los almacenes nuevos
6. doña Clara/comer los viernes en un restaurante mexicano
7. los padres de Luisa/leer el periódico todos los días
8. don Diego/llamar a sus amigos todos los sábados

12 ¿Qué recuerdas?

Contesta las siguientes preguntas para decir qué recuerdas de cuando tenías seis años, usando el imperfecto.

1. ¿Te gustaba molestar a otras personas? ¿A quién? ¿Cuándo?
2. ¿Qué hacías con tu familia los domingos?
3. ¿A qué jugabas con tus amigos/as?
4. ¿A qué hora comía tu familia los domingos?
5. ¿A qué hora tenías que acostarte?
6. ¿Dónde vivías cuando tenías seis años?
7. ¿Qué hacías durante el verano a los seis años?
8. ¿A qué horas podías ver televisión?

¿Qué hacías con tu familia los domingos?

Una visita al jardín zoológico

GUÍA: Hola, amigos y amigas. **Bienvenidos°** al **zoológico.** Soy Josefina Toro Pombo y voy a ser su **guía** hoy. Este zoológico tiene **más de°** tres mil **animales.** ¿Pueden imaginarse? Todos los animales que Uds. van a ver hoy aquí son **salvajes.°** Muchos de ellos son **feroces,°** y casi todos vienen de las **selvas°** del **África** o de las **Américas.** Por ejemplo, los **leones** son **africanos** y las **iguanas** son americanas, de El Salvador. Bueno, tengan listas sus **cámaras** y diviértanse en su **visita.** ¿Alguna pregunta?

SEÑOR: Perdón, señorita, ¿no íbamos a ver la película sobre el zoológico primero? Cuando entré al zoológico, yo vi que algunas personas iban a ver una película.

GUÍA: Sí, señor. Vamos a ver una película primero.

Bienvenidos *Welcome* **más de** *more than* **salvajes** *wild* **feroces** *fierce, ferocious* **selvas** *jungles*

Este jaguar salvaje está cansado.

13 ¿Qué comprendiste?

1. ¿Cuántos animales tiene el zoológico?
2. ¿Qué animales hay en el zoológico?
3. ¿Cómo son los animales?
4. ¿De dónde vienen casi todos los animales?
5. ¿Qué iban a ver algunas personas?

Había una cebra en el zoológico.

Algo más

¿Qué es América?

In the Spanish-speaking world, the word *América* refers to *la América del Sur*, *la América Central* and *la América del Norte*. Additionally, the adjective *americano,-a* refers to anyone from any part of *América*. For this reason, when traveling outside the United States, demonstrate good diplomacy and a knowledge of this cultural and linguistic difference by referring to yourself as a *norteamericano,-a* or *estadounidense*.

14 Charlando

1. ¿Te gustan los zoológicos? Explica.
2. ¿Cuándo fue la última vez que fuiste a un zoológico?
3. ¿Qué animales había? ¿Eran africanos?
4. ¿Conoces a alguna persona con un apellido de animal? ¿Cómo se llama?

Los rinocerontes son del África.

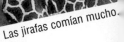

Las jirafas comían mucho.

Me gustaba el tigre.

Algo más

¿Los nombres de animales o de personas?

Do you know any Birds? How about people who are named Wolf? In Spanish-speaking countries, it is fairly common to meet people with names that are the same as the names of animals. Do not be surprised, for example, if one day you are introduced to Mr. and Mrs. Lion *(el señor* and *la señora León),* or to their friend Miss Bull *(la señorita Toro),* whose first name is *Paloma* (Dove). For some people the use of an animal's name to refer to a person may seem odd. However, in many cultures you will find that animal names for people are quite common and very acceptable.

¿Cuál de ustedes es la señorita León?

15 En el jardín zoológico

Indentifica los animales que ves en estas ilustraciones.

 Es un camello.

1.

2.

3.

4.

5.

6.

16 Cruzando fronteras

Estudia más sobre los animales salvajes que acabas de aprender. Di si son animales herbívoros o carnívoros; mamíferos *(mammals)* u ovíparos *(egg-laying animals)*; dónde viven comúnmente *(usually)*, qué comen y cualquier otra información que te interese. Busca información sobre estos animales en la biblioteca o en la Internet, si es necesario.

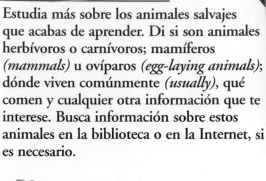

¿Es la tortuga un mamífero

¿Es el elefante un carnívoro?

IDIOMA

El imperfecto de los verbos *ser, ir* y *ver*

There are only three irregular verbs in the imperfect tense in Spanish: *ser, ir* and *ver.*

ser		ir		ver	
era	éramos	iba	íbamos	veía	veíamos
eras	erais	ibas	ibais	veías	veíais
era	eran	iba	iban	veía	veían

Algo más

Más sobre los usos del imperfecto

In addition to describing an ongoing past action, a repeated (habitual) past action or a long-standing situation, the imperfect tense may be used in the following situations:

- to refer to a physical, mental or emotional characteristic or condition in the past

Era alto y muy delgado.	He **was** tall and very thin.
Tenían miedo a las serpientes.	They **were** afraid of snakes.

- to describe or provide background information about the past

Eran las ocho de la mañana.	It **was** 8:00 a.m.
Yo tenía diez años.	I **was** ten years old.
Hacía mucho frío.	It **was** very cold.
Había muchos animales.	There **were** many animals.

- to indicate past intentions

Iba a ir al zoológico ayer.	I **was going to go** to the zoo yesterday.
Queríamos ver la película sobre el zoológico.	We **wanted to see** the movie about the zoo.

17 En el parque con tu familia

Imagina que tú y tu familia visitaban un parque de atracciones ayer. Completa las siguientes oraciones con la forma apropiada del imperfecto de los verbos entre paréntesis para describir la visita.

Había muchos carros antiguos en la exhibición.

 Las atracciones *(ser)* fascinantes.
Las atracciones eran fascinantes.

1. El parque *(ser)* maravilloso.
2. Yo *(ir)* a comprar una serpiente de plástico pero no tenía dinero.
3. Mi hermano y yo *(ver)* una exhibición de carros antiguos por la tarde.
4. Mi hermana menor *(ser)* la muchacha más simpática de todo el parque.
5. Mis hermanas *(ir)* sólo para montar en la montaña rusa.
6. Mucha gente *(ver)* los fuegos artificiales.
7. Nosotros *(ir)* a montar en globo pero tuvimos miedo.
8. Tú *(ver)* un desfile por más de una hora.
9. Cuando salíamos del parque *(ser)* las once de la noche.
10. Uds. *(ser)* los chicos más chistosos del parque.

18 Los animales salvajes

Imagina que el fin de semana pasado fuiste al jardín zoológico. Describe los animales que viste, tomando elementos de cada columna y haciendo los cambios necesarios.

La pantera era feroz.

A	B	C
la pantera		grande
los monos		feroz
los gorilas		lento y viejo
la jirafa		largo
la tortuga	era	chistoso
el tigre	eran	alto
los flamencos		rápido y negro
los elefantes		rosado y delgado
los hipopótamos		rápido
la cebra		gordo y lento
las serpientes		rápido y chistoso

Los monos
You might find it interesting to know that the word *mono* is used in Colombia to refer to blond people and in Mexico to refer to a good-looking person. In Spain the word *mono* is equivalent to "cute." To say "blond" in El Salvador, use the word *chele* for a man or *chela* for a woman.

¿Crees que este mono es mono?

19 Zoofari

Mira el siguiente horario del zoológico Zoofari. Luego, trabajando en parejas, alterna con tu compañero/a de clase en preguntar y contestar la hora en que ocurrían diferentes actividades ayer en el zoológico.

> los fuegos artificiales
> **A:** ¿A qué hora ayer eran los fuegos artificiales?
> **B:** Eran a las siete.

Zoológico Zoofari
Horario de eventos y exhibiciones

9:00	Película: Bienvenidos a Zoofari
9:30	Exhibición: Las serpientes del desierto
10:30	Exhibición: Los monos de la América Central
11:00	Película: Los maravillosos animales de la América del Norte
11:30	Exhibición: Los animales salvajes africanos
12:00	Visita: El mundo de los hipopótamos
1:30	El desfile de la selva
2:30	Exhibición: Las serpientes del desierto
3:00	Película: Los animales salvajes de la América Central
3:30	Exhibición: Gatos grandes, los tigres
4:00	Exhibición: Los animales salvajes africanos
4:30	Película: Los fascinantes animales de la América del Sur
5:30	Exhibición: Las serpientes del desierto
7:00	Fuegos artificiales
8:00	Gran desfile

1. la exhibición de los monos de la América Central
2. el gran desfile
3. la película sobre el zoológico
4. el desfile de la selva
5. las exhibiciones de animales salvajes africanos
6. la visita al mundo de los hipopótamos
7. las películas sobre los animales de las Américas
8. la exhibición de los tigres

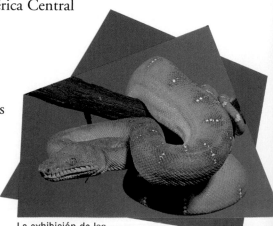

La exhibición de las serpientes era fascinante.

20 ¿Cuántos años tenían?

Las siguientes personas fueron al zoológico por última vez el año pasado. Di cuántos años tenían cuando fueron al zoológico el año pasado, según la edad que tienen hoy.

 Manuela tiene 20 años.
Manuela tenía 19 años el año pasado.

1. Doña Esperanza tiene 55 años.
2. Luisa y Francisco tienen 18 años.
3. La señorita León tiene 25 años.
4. Víctor tiene 14 años.

5. Tú tienes 17 años.
6. Pedro y yo tenemos 19 años.
7. Uds. tienen 21 años.
8. Yo tengo....

21 Tus animales favoritos

Las siguientes personas fueron contigo al zoológico la semana pasada para ver sus animales favoritos. Di qué animales iban a ver, según las ilustraciones.

 tú
Tú ibas a ver los gorilas.

Parque Municipal de la Magdalena

LEON
Panthera Leo

El león es mi animal favorito.

1. nosotros

2. Rosa y Sergio

3. Claudia

4. Pedro y Pablo

5. Uds.

6. Jorge

7. Marcela y Natalia

8. yo

Estrategia

Para hablar mejor: *using the expression* más de

To express "more than" before a number in Spanish, use the expression *más de*.

*¿Había **más de** cien monos?* — Were there **more than** one hundred monkeys?
*Ellos tenían **más de** veinte años.* — They were **more than** twenty years old.

Había más de veinte globos.

 22 ¿Qué hacían?

 Haz oraciones completas en el imperfecto para decir lo que las siguientes personas hacían durante su visita al zoológico. Usa las indicaciones que se dan y la expresión *más de*.

> mi amigo/tomar fotos de/veinte animales
> Mi amigo tomaba fotos de más de veinte animales.

1. ellos/ver los flamencos/una vez
2. yo/ver/cinco elefantes
3. los niños/comer/diez golosinas
4. nosotros/ver/dos tigres
5. Uds./ir a ver los camellos/cinco veces
6. el guía/hablar por/dos horas
7. tú/hacer/cinco preguntas
8. mi amiga/ver/cien serpientes de plástico
9. tú/comer/dos helados

23 ¿Qué hacías cuando eras pequeño/a?

Haz una lista de por lo menos ocho cosas que tú hacías cuando eras pequeño/a. Luego, trabajando en parejas, lean el uno al otro lo que escribieron y hagan una lista de las actividades que los dos tienen en común en sus listas. Por último, da un reporte de estas actividades a otra pareja de estudiantes.

A: Cuando era pequeño/a montaba en la montaña rusa con mis hermanos y comía muchos dulces.

B: Cuando era pequeño/a comía muchos dulces de chocolate y montaba en bicicleta con mis amigos del barrio.

A/B: Cuando *A/B* y yo éramos pequeños/as comíamos muchos dulces.

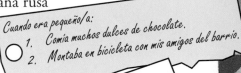

Cuando era pequeño/a:
1. Comía muchos dulces de chocolate.
2. Montaba en bicicleta con mis amigos del barrio.

Cuando era pequeño/a:
1. Montaba en la montaña rusa con mis hermanos.
2. Comía muchos dulces.

Algo más

Las nacionalidades

	Soy de...	Soy...
la	Argentina	argentino,-a
	Bolivia	boliviano,-a
	Colombia	colombiano,-a
	Costa Rica	costarricense
	Cuba	cubano,-a
	Chile	chileno,-a
el	Ecuador	ecuatoriano,-a
	El Salvador	salvadoreño,-a
	España	español/española
los	Estados Unidos	estadounidense
	Guatemala	guatemalteco,-a
	Honduras	hondureño,-a
	México	mexicano,-a
	Nicaragua	nicaragüense
	Panamá	panameño,-a
el	Paraguay	paraguayo,-a
el	Perú	peruano,-a
	Puerto Rico	puertorriqueño,-a
la	República Dominicana	dominicano,-a
el	Uruguay	uruguayo,-a
	Venezuela	venezolano,-a

Somos salvadoreños.

Note: Singular masculine adjectives that end in *-o* have a feminine form that ends in *-a,* and most singular adjectives that end with an *-e* or with a consonant have only one singular form. However, for masculine adjectives of nationality that end with a consonant, add *-a* to make the feminine form: *español → española.*

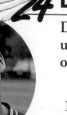

Juan era colombiano.

Rubí era ecuatoriana.

24 Las nacionalidades

Di de qué país eran algunas personas que te presentaron unos amigos la semana pasada, conectando lógicamente las oraciones de la columna B con las oraciones de la columna A.

A

1. Pilar y Raquel eran de Panamá.
2. Mercedes era de Guatemala.
3. Los amigos de Bernardo eran de Nicaragua.
4. La señorita Trujillo era de Puerto Rico.
5. La señora Paloma era de España.
6. Sara era del Perú.
7. Los señores Toro eran de España también.
8. Todos éramos de los Estados Unidos.
9. Marcos y Pablo eran de la República Dominicana.
10. Quique era de Chile.

B

A. Éramos estadounidenses.
B. Eran panameñas.
C. Eran dominicanos.
D. Era chileno.
E. Eran nicaragüenses.
F. Era guatemalteca.
G. Era peruana.
H. Era puertorriqueña.
I. Eran españoles.
J. Era española.

25 Tu nombre y tu nacionalidad

Trabajando en grupos pequeños, cada miembro del grupo debe ir a preguntar el nombre y la nacionalidad de otros seis estudiantes. (Todos deben contestar con una de las nacionalidades de cualquiera de los países de habla hispana.) Luego, regresa a tu grupo y comparte *(share)* la información con tus compañeros/as. Un miembro del grupo debe preparar un resumen *(summary)* de toda la información. Por último, otro miembro del grupo debe presentar la información a la clase, señalando a las personas y diciendo su nacionalidad.

A: ¿Cómo te llamas?
B: Me llamo Alicia.
A: ¿Cuál es tu nacionalidad?
B: Soy salvadoreña.

Somos dominicanos.

26 Muchas nacionalidades

Trabajando en parejas, alterna con tu compañero/a de clase en preguntar y en contestar de dónde eran las siguientes personas que Uds. conocieron *(met)* en la visita al zoológico. Sigue el modelo.

el señor Barrera/Lima
A: ¿De dónde era el señor Barrera?
B: Era del Perú.
A: Ah, ¿sí? No sabía que era peruano.
B: Claro. Es de Lima.

1. el señor y la señora Villegas/La Paz
2. las amigas de Esteban/Quito
3. Augusto/Tegucigalpa
4. don Raúl/Santa Fe de Bogotá
5. Luisa y Carlota/Buenos Aires
6. la señora Pastrana/La Habana
7. Eva y su hermana/Madrid
8. Antonio/Managua
9. Olman y su hermana/San José
10. Timoteo y su prima/Caracas

Repaso *rápido*

↑ 🏠	albergue juvenil
↑ 🎠	parque de atracciones
↑ 🐂	Venta del Batán
↑ 🐘	zoológico
teleférico	🚡 →

¿Dónde está el zoológico?

Ser vs. *estar*

You already have learned that *ser* and *estar* are each used for very different situations. How much of the following do you recall?

- *Ser* may express origin.
  Soy de El Salvador.   **I am** from El Salvador.
  Soy salvadoreño.   **I am** Salvadoran.

- Sometimes *ser* expresses a characteristic that distinguishes people or objects from one another.
  *El zoológico **era** fascinante.*   The zoo **was** fascinating.
  *¡Qué exigente **eres**!*   How demanding **you are**!

- *Estar* is used to express a temporary condition.
  ***Estamos** muy bien.*   **We are** very well.
  *¡Qué gordo **estaba** el elefante!*   How fat the elephant **was**!

- *Estar* also may refer to location.
  *¿Dónde **está** el zoológico?*   Where **is** the zoo?

Although *estar* generally is used to express location, note this exception: *Ser* can refer to the location of an event, in which case it is the equivalent of **to take place.**

*¿Dónde **son** los fuegos artificiales?*   Where do the fireworks **take place**?

Estamos perdidas.

¿Dónde son los fuegos artificiales?

27 ¿Ser o estar?

Completa las siguientes oraciones con la forma apropiada del presente o del imperfecto de *ser* o *estar*, según las situaciones.

 El zoológico de San Diego <u>es</u> uno de los zoológicos estadounidenses más grandes.

Cuando fuimos al jardín zoológico el día <u>estaba</u> nublado.

1. David <u>(1)</u> muy chistoso hoy. Ayer estaba muy triste.
2. Este zoológico <u>(2)</u> muy grande. Tiene más de tres mil animales.
3. ¡Las montañas que vimos en la América Central <u>(3)</u> fascinantes!
4. El hipopótamo <u>(4)</u> un animal muy gordo. No conozco ninguno delgado.
5. Las golosinas no <u>(5)</u> muy buenas para tu cuerpo. No debes comerlas.
6. Mi amiga panameña <u>(6)</u> en San Salvador de vacaciones el mes pasado cuando la llamé.
7. Las panteras americanas <u>(7)</u> salvajes y muy feroces. Nadie tiene una en su casa.
8. ¡La serpiente <u>(8)</u> sobre mi cámara cuando trataba de tomar una foto! ¡Qué miedo!
9. El desfile <u>(9)</u> ayer a las dos de la tarde en el parque.
10. ¿<u>(10)</u> enfermas las tortugas ecuatorianas anteayer?

El león era muy grande.

El gorila gritaba cuando estaba enojado.

28 Eras veterinario/a

Imagina que eras veterinario/a y fuiste a un zoológico en El Salvador para hacer un estudio. Completa las observaciones que hiciste durante tu visita, usando las indicaciones que se dan. Sigue el modelo.

> monos/hondureño/contento/de verme
> Los monos hondureños estaban contentos de verme.

1. iguanas/mexicano/muy chistoso
2. camellos/nervioso/de ver a tanta gente
3. elefantes/africano/cansado/por no dormir bien
4. leones/africano/salvaje
5. serpientes/americano/enfermo/por comer plástico
6. panteras/negro/feroz
7. zoológico/salvadoreño/maravilloso

CLINICA VETERINARIA
BOUTIQUE ANIMAL
COLLOTO

CONSULTAS
VACUNACIONES
INSEMINACION
ARTIFICIAL
ANALISIS

"Toda la atención profesional para tus pequeños amigos"

PECES, PAJAROS
PERROS, GATOS
TORTUGAS
ALIMENTACION
COMPLEMENTOS
PELUQUERIA

C/. Camino Real, Esquina José Cima - COLLOTO - OVIEDO. Telf. 598 50 42

Cuando lo vi, el león estaba muy cansado.

Autoevaluación. Como repaso y autoevaluación, responde lo siguiente:
1. Name three different things in Spanish that you might see at an amusement park.
2. Imagine you went to an amusement park yesterday. Describe how the day was and what you did.
3. Name five animals in Spanish that you would expect to see at the zoo.
4. Describe something you did, where you went and what you saw when you were six years old.
5. How would you say there were more than one hundred animals in the zoo?
6. Give the nationality of a person from the following countries: El Salvador, México, Puerto Rico, España, Estados Unidos.
7. What do you know about El Salvador?

¡La práctica hace al maestro!

A Comunicación

This activity has three parts. *Parte A:* Working in pairs, each student conducts a survey on the current emotional or physical condition of four different students in the class and then returns to his or her partner to compile the results. *Parte B:* One member of each pair reports the information to the class, while a student (or the teacher) makes a graph *(gráfica)* of the results on the chalkboard for the entire class. *Parte C:* Students then take turns asking one another questions in Spanish about the information on the graph.

Parte A:

A: ¿Cómo estás?

B: Estoy apurado/a.

Parte B:

En nuestra encuesta, tres estudiantes estaban contentos, uno estaba triste, tres estaban cansados y uno estaba apurado.

	contentos	apurados	cansados	enfermos	nerviosos	tristes
Pareja 1	III	I	III			I
Pareja 2	III	II	I	I		I
Pareja 3	II	III			II	I
Pareja 4	II	I	I	I	I	II

Parte C:

A: ¿Cuántos estudiantes en la clase estaban apurados?

B: Siete estudiantes estaban apurados.

Estoy preocupado.

B Conexión con la tecnología

Utilize a spreadsheet program to chart the results of the classroom survey in the form of a bar graph or a pie chart. Make it more interesting by including different colors and by importing graphics and clip art.

VOCABULARIO

Nacionalidades
africano,-a
argentino,-a
boliviano,-a
chileno,-a
colombiano,-a
costarricense
cubano,-a
dominicano,-a
ecuatoriano,-a
español, española
estadounidense
guatemalteco,-a
hondureño,-a
nicaragüense
panameño,-a
paraguayo,-a
peruano,-a
puertorriqueño,-a
salvadoreño,-a
uruguayo,-a
venezolano,-a

En el parque de atracciones
la atracción
el desfile
los fuegos artificiales
el globo
la golosina
la montaña rusa

En el zoológico
el animal
el camello
la cebra
el elefante
el flamenco
el gorila
el guía, la guía
el hipopótamo

la iguana
el (jardín) zoológico
la jirafa
el león
el mono
la pantera
la selva
la serpiente
el tigre
la tortuga

Para describir
antiguo,-a
chistoso,-a
fascinante
feroz
maravilloso,-a
salvaje

Verbos
gritar
había
imaginar(se)
molestar

Expresiones y otras palabras
el África
la América (Central/del Norte/del Sur)
bienvenido,-a
la cámara
como
más de
la montaña
el plástico
la visita

Soy salvadoreña.

¡La iguana es chistosa!

Lección 8

El Gran Circo de las Estrellas

el boleto
la taquilla
el acróbata
la acróbata
el oso
el circo
la banda
la jaula
el rugido
la fila
el payaso

DAVID: **Durante°** las vacaciones mi familia y yo fuimos a un **circo** grande y buenísimo que estaba en Tegucigalpa.

LUISA: ¿A cuál?

DAVID: Era el **Gran°** Circo de las **Estrellas.°** Había **acróbatas** con mucha **destreza,°** una **banda** de música y **osos** blancos y negros muy grandes.

LUISA: ¡Qué divertido!

DAVID: Los osos blancos parecían como **ositos de peluche.°**

LUISA: ¡Qué lindos! Y, ¿qué fue lo más **emocionante?°**

DAVID: Lo más emocionante fue cuando yo toqué a los leones que estaban en la **jaula.** Todo el mundo gritaba cuando ellos **rugían.**

LUISA: **¡Pobre°** muchacho! **¡Qué mentira tan°** grande! Nunca tocaste a los leones. ¡Ja, ja, ja!

Durante *during* **Gran** *great* **Estrellas** *Stars* **destreza** *skill, expertise* **ositos de peluche** *little teddy bears* **emocionante** *exciting* **Pobre** *Poor* **¡Qué (mentira) tan (grande)!** *What a (big lie)!*

¿Qué comprendiste?

1. ¿Qué lugar visitaron David y su familia durante las vacaciones?
2. ¿Cómo era el lugar?
3. ¿Qué había allí?
4. ¿Quiénes tenían mucha destreza?
5. ¿Qué fue lo más emocionante?
6. ¿Cuándo gritaba todo el mundo?
7. ¿Piensa Luisa que David dice la verdad?

 Charlando

1. ¿Te gusta ir al circo? Explica.
2. ¿Fuiste a algún circo en tus últimas vacaciones? ¿Cómo era?
3. ¿Qué viste allí? ¿Qué fue lo más emocionante?
4. ¿Te gusta hacer fila en una taquilla para comprar boletos? Explica.
5. ¿Tuviste un osito de peluche cuando eras niño/a?

Las acróbatas tenían mucha destreza.

 ¿Qué vio Inés?

Inés fue al circo ayer y hoy está hablando con Nicolás sobre lo que ella vio. Completa el siguiente diálogo con las palabras de la lista para saber lo que dicen.

rugían   peluche   boletos   taquilla
banda   fila   destreza   emocionante

NICOLÁS: Oye, Inés, ¿qué había en el circo que viste ayer?
INÉS: Había acróbatas con gran (1), payasos chistosos, una (2) de música y unos osos blancos que parecían ositos de (3).
NICOLÁS: Y, ¿qué era lo más (4)?
INÉS: Lo más emocionante eran los leones. Ellos (5) mucho.
NICOLÁS: Y, ¿qué era lo más aburrido?
INÉS: Lo más aburrido era la (6) que había en la (7) para comprar los (8). Había mucha gente.

Fuimos al Circo Mundial.
¡Era muy emocionante!

Conexión Cultural

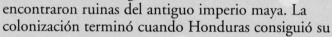

Honduras

Honduras es un país grande de la América Central. Está ubicado entre el Mar Caribe al noreste, Nicaragua al sureste, El Salvador al suroeste y Guatemala al oeste. Al sur tiene costas en el Océano Pacífico en el Golfo de Fonseca. La capital del país, y la ciudad más grande, es Tegucigalpa, con más de 700.000 habitantes.

Como México y Guatemala, Honduras tiene una larga historia y comparte *(shares)* la influencia del gran imperio maya. Los mayas fundaron la ciudad de Copán en el siglo

V en la región que hoy es Honduras. Esta ciudad era un importante centro cultural y religioso. Cuando los españoles llegaron a Copán para empezar la colonización en el siglo XV, sólo encontraron ruinas del antiguo imperio maya. La colonización terminó cuando Honduras consiguió su independencia de España en 1821.

Las ruinas mayas de Copán son espectaculares.

Honduras no es un país rico. Tiene una economía basada *(based)* en el café y los plátanos. Adicionalmente, en 1998, el huracán Mitch pasó por el territorio hondureño causando daños *(damages)* increíbles a muchas ciudades, destruyendo casas, hospitales, escuelas, sistemas de transporte e industria. Sólo en la industria de plátanos, hubo pérdidas *(there were losses)* de más de $800 millones de dólares. Para la reconstrucción del país, Honduras necesita más de $2 billones de dólares y 30 años de trabajo.

La industria de plátanos es importante para la economía de Honduras.

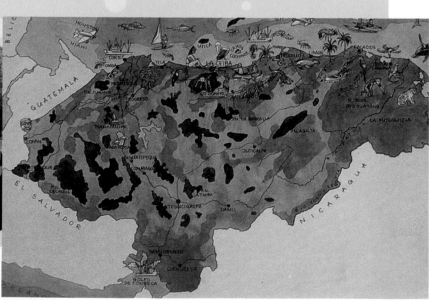

Cruzando fronteras

Haz un mapa de Honduras, en relación a los Estados Unidos, incluyendo sus países vecinos (El Salvador, Guatemala y Nicaragua). Añade los nombres de las capitales de estos países y los principales cuerpos de agua.

IDIOMA

¡Buenísimo/a!

In situations where "very," "most" or "extremely" are used with an adjective in English, the ending *-ísimo* (and the variations *-ísima, -ísimos* and *-ísimas*) often can be added to an adjective in Spanish. For adjectives that end in a vowel, the appropriate *-ísimo* ending usually replaces the final vowel.

Ése es un oso grande.	That is a **big** bear.
Ése es un oso grandísimo.	That is a **very big** bear.

but:

La cebra estaba sucia.	The zebra was **dirty**.
La cebra estaba sucísima.	The zebra was **very dirty**.

For adjectives that end in *-ble,* change the *-ble* to *-bil* before adding the *-ísimo* ending.

Ese payaso era amable.	That clown was **nice**.
Ese payaso era amabilísimo.	That clown was **very nice**.

Adjectives with an accent mark lose the accent mark when an *-ísimo* ending is added.

Las panteras eran rápidas.	The panthers were **fast**.
Las panteras eran rapidísimas.	The panthers were **very fast**.

Attach the appropriate form of *-ísimo* directly to the end of adjectives that end in a consonant, but first remove any plural endings before attaching *-ísimo.*

Era fácil hablar con los acróbatas.	It was **easy** to talk to the acrobats.
Era facilísimo hablar con los acróbatas.	It was **very easy** to talk to the acrobats.

but:

Los acróbatas hacían cosas difíciles.	The acrobats did **difficult** things.
Los acróbatas hacían cosas dificilísimas.	The acrobats did **extremely difficult** things.

Los acróbatas eran buenísimos.

Adjectives that end in *-co/-ca, -go/-ga* or *-z* require a spelling change when a form of *-ísimo* is added.

c → qu:	cómico	→	comi**qu**ísimo
g → gu:	larga	→	lar**gu**ísima
z → c:	feliz	→	feli**c**ísimo

Este payaso estaba tristísimo.

5 ¿Qué piensas tú?

Imagina que alguien te está haciendo las siguientes descripciones sobre algunas cosas que había en el circo, pero tú piensas lo opuesto. Haz oraciones para decir qué piensas tú, usando una forma de *-ísimo/a*.

La taquilla era grande.
Te equivocas. La taquilla era pequeñísima.

1. Los osos eran pequeños.
2. El payaso era aburrido.
3. Los elefantes eran delgados.
4. Todos nosotros estábamos tristes.
5. La banda era buena.
6. Había muchos animales ese día.
7. Los acróbatas eran bajos.
8. Los monos eran lentos.

El elefante era amabilísimo.

6 ¡El circo era buenísimo!

Imagina que el fin de semana pasado tú y tu familia fueron a un circo hondureño. Trabajando en parejas, alterna con tu compañero/a de clase en preguntar y en contestar cómo eran o estaban las siguientes cosas del circo, usando la forma apropiada de *-ísimo* y las indicaciones que se dan. Sigue el modelo.

ser/los boletos muy baratos
A: ¿Eran los boletos muy baratos?
B: Sí. ¡Los boletos eran baratísimos!

estar/los elefantes muy gordos
B: ¿Estaban los elefantes muy gordos?
A: Sí. ¡Los elefantes estaban gordísimos!

1. ser/el circo hondureño muy interesante
2. estar/los acróbatas muy nerviosos
3. estar/las jaulas muy sucias
4. ser/los osos muy feroces
5. estar/la fila muy larga
6. ser/los payasos muy chistosos
7. ser/los ositos de peluche muy lindos
8. ser/los rugidos muy feos
9. ser/la banda muy buena
10. estar/Uds. muy cansados al final del día

Los payasos eran comiquísimos.

7 Una carta de David

David tiene la tendencia de exagerar *(exaggerate)* todo. Cambia los adjetivos indicados en su carta a la forma apropiada de *-ísimo*.

Queridos padres:

Ahora estoy <u>ocupado</u>, pero también estoy <u>contento</u> de saludarlos. Esta va a ser una carta <u>corta</u>. ¿Cómo van las cosas en casa? Les cuento que ayer estuve en un circo <u>bueno</u>. Había unos osos <u>grandes</u> y unas panteras <u>feroces</u>. También había unos acróbatas hondureños, pero era <u>difícil</u> verlos pues ellos estaban muy alto. Todo lo que ellos hacían era <u>fácil</u>. Creo que yo puedo hacer todo lo que ellos hacían con los ojos cerrados. Fue una tarde <u>divertida</u>. Bueno, ya no les cuento más. Un saludo para todos.

Con <u>mucho</u> amor,

David

Repaso *rápido*

Las terminaciones *-ito* e *-ita*

To show affection or to indicate that someone or something is small, several different endings can be added to a noun. The most common of these endings is a form of *-ito (-ita, -itos, -itas)*, which usually replaces the final vowel of a noun: *oso → osito.* However, there are many exceptions for this rule: *animal → animalito.* Other diminutive endings include *-cito (-cita, -citos, -citas)*, *-illo (-illa, -illos, -illas)*, *-uelo (-uela, -uelos, -uelas)* and *-ico (-ica, -icos, -icas)*. Try to become familiar with as many variations as you can since the endings vary from person to person and from country to country.

"Los Ositos Cariñositos"

¿Cuánto cuestan los globitos?

8 De pequeño a grande

Escribe la forma original de los siguientes diminutivos.

 un hombrecito
un hombre

1. una ventanilla
2. una casita
3. Glorita y Carmencita
4. unos globitos
5. unos polluelos
6. unos flamenquitos
7. Humbertico
8. unas florcitas
9. un papacito
10. unos papelitos

Son tan pequeños, tan pequeños, que su cola es más grande que ellos. Parecen bebés aun cuando son adultos.

¿Es un monito bonito?

9 ¡Qué exagerada!

Luisa es un poco exagerada como David, pero ella tiene la tendencia de usar las terminaciones *-ito* e *-ita*. Cambia las palabras en itálica a la forma apropiada de *-ito* o *-ita* para ver cómo Luisa diría *(would say)* las siguientes oraciones.

 Veía muchos *leones* en el circo.
Veía muchos *leoncitos* en el circo.

1. Mis *amigas* veían unos *osos*.
2. A mis *amigos* no les gustaron los *caballos*.
3. La *banda* del circo tocaba buena música.
4. Los *elefantes* hacían una *fila* muy simpática.
5. Veíamos un *oso* muy bonito en una *jaula*.
6. Los *payasos* eran muy chistosos.

La bandita del circo tocaba música buenísima.

IDIOMA

Los adjetivos y su posición

In Spanish, adjectives are masculine or feminine and singular or plural and usually follow the nouns they modify.

*Era un pájaro **hondureño**.*	It was a **Honduran** bird.
*Los osos **blancos** eran muy grandes.*	The **white** bears were very big.

Some exceptions to this rule are demonstrative adjectives *(este, ese, aquel)*, adjectives of quantity *(mucho, poco)*, cardinal numbers *(dos, tres)*, question-asking words *(¿qué?)* and indefinite adjectives *(otro)*. They precede the nouns they modify.

*¿Conoces a **ese** niño?*	Do you know **that** boy?
*Vimos **pocos** gorilas.*	We saw **few** gorillas.
*Había **cuatro** elefantes en el circo.*	There were **four** elephants in the circus.
*¿**Qué** payaso preferías?*	**What** clown did you prefer?
*El **otro** payaso es guatemalteco.*	The **other** clown is Guatemalan.

Adjectives that describe a permanent characteristic often precede the noun they describe.

*Las **feroces** panteras rugían.*	The **ferocious** panthers roared.
*La **blanca** nieve caía.*	The **white** snow was falling.

Ordinal numbers usually precede a noun, although they may sometimes be used after a noun, especially in headings and for titles. **Note:** Cardinal numbers precede ordinal numbers when both are used in one sentence to refer to the same noun.

*Éste es el **tercer** circo del año.*	This is the **third** circus of the year.
*Eran los **dos primeros** hombres en la fila.*	They were the **first two** men in the line.

but:

*Juan Carlos **I** (Juan Carlos **Primero**)*	Juan Carlos I (Juan Carlos **the First**)

Several common adjectives may be used before or after the nouns they describe. **Note:** Before a masculine singular noun, *bueno* changes to *buen* and *malo* changes to *mal*.

*Era un animal **pequeño**.* *Era un **pequeño** animal.*	It was a **small** animal.
*Era un **buen** circo.* *Era un circo **bueno**.*	It was a **good** circus.
*Ella no era una **mala** acróbata.* *Ella no era una acróbata **mala**.*	She was not a **bad** acrobat.

¿Conoces a ese payaso?

The meanings of some adjectives actually change according to their placement before or after a noun. For example, placed before a noun, *grande* may be the equivalent of **great**. (Before singular nouns, *grande* changes to *gran*.) Placed after a noun, a form of *grande* conveys that someone or something is **big**.

*Es un **gran** circo.*	It is a **great** circus.
*Es un circo **grande**.*	It is a **big** circus.

Here are some other adjectives that change their meanings depending upon their placement before or after a noun:

*un amigo **viejo***	an **old** (elderly) friend	*un **viejo** amigo*	an **old** (I have known him a long time) friend
*la chica **pobre***	the **poor** (without much money) girl	*la **pobre** chica*	the **poor** (pitiful) girl
*el **mismo** payaso*	the **same** clown	*el payaso **mismo***	the clown **himself**
*un coche **nuevo***	a (never-owned) **new** car	*un **nuevo** coche*	a **new** car (that is new to me, but that may have been previously owned)

If two or more adjectives describe a noun, they may be used as follows: place both (or all) after the noun, connecting the last two with the word *y;* or place one before and one (or more) after the noun, according to the preceding rules. (The shorter, more subjective adjective usually precedes the noun.)

*Era el **primer** circo **grande** y **bueno** del año.*	It was the **first good big** circus of the year.

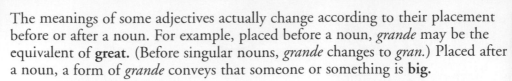

10 En el circo

¿Cómo eran todos en el circo? Completa las siguientes oraciones con los adjetivos indicados, decidiendo la posición correcta para cada uno y haciendo los cambios necesarios.

 Había una ___ banda (grande). Tenía cincuenta personas. (grande)

1. Había (1) payasos (1) muy chistosos. (cuatro)
2. Los acróbatas tenían (2) destreza (2). (mucho)
3. (3) nosotros (3) fuimos al circo. (todo)
4. Tocaban (4) música (4). (bueno)
5. Los (5) leones (5) eran lo mejor del circo. (africano)
6. El muchacho más joven era un (6) acróbata (6). (bueno)
7. Era un (7) circo (7) porque era buenísimo. (grande)
8. Era un (8) circo (8) en la ciudad. (nuevo)
9. Los (9) osos (9) eran muy cariñosos. (blanco)

¡Era un buen acróbata!

El payaso era un viejo amigo de la familia.

11 ¿Qué había en el circo?

 Di qué había en el circo, usando las pistas entre paréntesis y haciendo los cambios necesarios. Sigue el modelo.

> fila/largo (La fila no era corta.)
> Había una fila larga.

1. banda/grande (La banda era pequeña pero fantástica.)
2. amigo/viejo (Vi a un amigo que conozco desde cuando yo era muy pequeño/a.)
3. acróbatas/hondureño (Los acróbatas eran de Honduras.)
4. payasos/malo (Los payasos no eran buenos.)
5. mujer/pobre (Una mujer con mucho dinero perdió su boleto y no podía entrar.)
6. ositos de peluche/mucho (Vi más de diez mil ositos de peluche.)
7. oso/blanco (El oso que vi no era negro.)

CIRCO GRAN FELE

12 Circo Internacional

Mira el siguiente dibujo y escribe ocho oraciones completas para describir las siguientes cosas, usando por lo menos dos adjetivos en cada descripción.

1. el circo
2. el elefante
3. los acróbatas
4. los osos

5. la banda
6. los leones
7. la jaula de los leones
8. el payaso

Los adjetivos como sustantivos
Sometimes an adjective can be used in combination with an article to take the place of a noun. The article and adjective that remain must be masculine or feminine and singular or plural, according to the noun they replace.

*¿Te gustan los osos blancos o **los** (osos) **negros**?*

Do you like the white bears or **the black ones**?

Me gusta el blanco.

13 Haciendo fila

Trabajando en parejas, alterna con tu compañero/a de clase en hacer y contestar las siguientes preguntas. Usen los adjetivos entre paréntesis para completar las preguntas y contestarlas. Hagan los cambios necesarios.

¿Hago la fila larga o...? (corto)
A: ¿Hago la fila larga o la corta?
B: Haz la larga./Haz la corta.

1. ¿Quieres sentarte en las sillas pequeñas o en...? (grande)
2. ¿Compro los boletos caros o...? (barato)
3. ¿Le pregunto los precios al señor alto o...? (bajo)
4. ¿Les traigo a los niños unos globos amarillos o...? (rojo)
5. ¿Qué prefieres comer después del circo, la comida mexicana o...? (hondureño)

¿Qué pasó en la finca?

HUMBERTO: ¿Recuerdas lo chistoso que **ocurrió°** en la **finca°** ayer por la noche?
SILVIA: ¿Ayer? No recuerdo.
HUMBERTO: Cuando la tía Carmen estaba recogiendo las **gallinas,** una de ellas, la de **plumas°** rojas, se le **escapó°** cuando los perros empezaron a **ladrar.°**
SILVIA: ¡Ah, sí, lo recuerdo! Ella salió **detrás de°** la gallina, y como era de noche, no vio nuestros **puercos** y **fue a parar°** **encima de°** uno de ellos. Fue muy divertido, pero ¿qué hay con eso?

HUMBERTO: Dime algo que no sé. ¿Fue tu puerco o **el mío°** el que la tía cocinó hoy?

SILVIA: Fue **el tuyo.°**

HUMBERTO: Fue lo que pensé.

ocurrió *occurred* **finca** *ranch, farm* **plumas** *feathers* **escapó** *escaped* **ladrar** *to bark* **detrás de** *after, behind*
fue a parar *ended up* **encima de** *above, over, on top of* **el mío** *mine* **el tuyo** *yours*

14 ¿Qué comprendiste?

1. ¿Dónde ocurrió algo chistoso ayer?
2. ¿Qué gallina se le escapó a la tía Carmen?
3. ¿Cuándo se le escapó la gallina?
4. ¿Qué hizo la tía Carmen cuando la gallina se le escapó?
5. ¿Encima de qué fue a parar la tía Carmen?
6. ¿De quién era el puerco que preparó la tía?

¿Son estos puercos los tuyos?

15 Charlando

1. ¿Te gustaría tener una finca? Explica.
2. ¿Qué animales te gustaría tener en tu finca?
3. ¿Te gusta mirar las estrellas en el cielo? Explica.
4. ¿Hay bosques donde vives? ¿Te gusta ir a los bosques?

CONEXIONES

16 Cruzando fronteras

Estudia más sobre los animales de la finca que acabas de aprender. Di si son animales herbívoros o carnívoros; mamíferos u ovíparos; dónde viven comúnmente, qué comen y cualquier otra información que te interese. Busca información sobre estos animales en la biblioteca o en la Internet, si es necesario.

17 ¿Qué animal es?

Adivina qué animales son los siguientes, según las descripciones.

 Tiene cuatro patas y ladra.
Es un perro.

1. Es muy feroz y tiene una cabeza grande con mucho pelo.
2. Es blanca y tiene mucha lana.
3. Es gordo y come de todo.
4. Tiene orejas largas, es blanco y salta.
5. Tiene cuatro patas y da leche.
6. Es pequeñito y gris, tiene un rabo delgado y largo y le gusta mucho el queso.

un restaurante para perros

Perro rico, perro pobre

Mientras los gozques callejeros buscan restos de comida entre las canecas de basura y se mueren de hambre, los saneados y estilizados perros de familias pudientes ya tienen un nuevo lujo: un restaurante exclusivo. La italiana Anna Leonardi ha abierto un exquisito comedor para perros en la localidad de Novi Ligure, cerca de Génova. Croquetas, galletas, leche... forman parte del menú del Dog Bar, que sólo funciona los sábados y domingos. En pocas semanas, el local se ha convertido en centro de reunión de distinguidas italianas que, mientras sus canes se llenan el estómago con manjares especialmente preparados para ellos, charlan sobre este invento que les ha eliminado su problema de pensar en menúes caseros para sus mascotas.

18 Los animales de la casa, la finca y el zoológico

Prepara tres listas de animales, según dónde se pueden encontrar. Usa *la casa, la finca* y *el zoológico* para clasificarlos.

casa	finca	zoológico
el perro	la vaca	el hipopótamo

Lo que los animales dicen

Miau, miau.

Oinc, oinc.

Jiii, jiii.

Cua, cua.

Muuu, muuu.

Guau, guau.

Quiquiriquí.

Algo más

Lo que los animales hacen

You already know how to say in Spanish many things that people do: *caminamos, hablamos, comemos.* Do you know what some animals do?

*Todos los animales **comen**.*   *Los pájaros **vuelan**.*
*Los caballos **corren**.*   *Los perros **ladran**.*
*Los conejos **saltan**.*   *Los tigres y los leones **rugen**.*

¿Qué hace tu pájaro?

Las vacas cruzan la calle.

¿Ruge el perro?

Tenía cuatro patas y decía *miau, miau.*

19 En una finca

Imagina que tu sobrinito estuvo en una finca durante el fin de semana pasado. ¿Qué animales te está describiendo?

 Tenía cuatro patas y decía *jiii, jiii.* Era un caballo.

1. Decía *oinc, oinc.*
2. Decía *guau, guau.*
3. Decía *quiquiriquí.*
4. Decían *muuu, muuu.*
5. Decían *cua, cua* y volaban.
6. Decía *miau, miau.*
7. Tenía orejas largas y saltaba pero no decía nada.

Proverbios y dichos

When a dog barks, many times it is for show, a bluff, and the dog most likely will not bite. If a dog does not immediately try to bite, it probably will not. The same can be said of a person who is all talk and no action. Their talk is like a bark that never leads to a bite because the person does not follow through. Do not let words or barks intimidate you. Judge people by what they do and not what they say because *Perro que ladra no muerde* (A barking dog does not bite).

20 Adivina, adivinador

 Trabajando en parejas, alterna con tu compañero/a de clase en describir ocho animales y en adivinar qué animal es.

A: Tiene cuatro patas, un rabo y ruge. ¿Puedes adivinar qué animal estoy describiendo?
B: Es un león.

Tenemos mucha lana. ¿Qué somos?

IDIOMA

Los adjetivos posesivos: formas largas

You already have learned to show possession by using *de* + a noun/pronoun *(el caballo de mis tíos/de ellos)*. You also have learned to show possession using the following short-form possessive adjectives, which are used before the noun they modify: *mi(s), tu(s), su(s), nuestro(s), nuestra(s), vuestro(s), vuestra(s)*. There are also long-form (or stressed) possessive adjectives.

mío(s), mía(s)	*my, (of) mine*	nuestro(s), nuestra(s)	*our, (of) ours*
tuyo(s), tuya(s)	*your, (of) yours*	vuestro(s), vuestra(s)	*your, (of) yours*
suyo(s), suya(s)	*your, (of) yours* (Ud.), *his, (of) his, her, (of) hers, its*	suyo(s), suya(s)	*your, (of) yours* (Uds.), *their, (of) theirs*

The long-form possessive adjectives agree with and usually follow the nouns they modify.

*Ésa es la vaca **mía**.*	That is **my** cow.
*¿Es ése el pato **tuyo**?*	Is that **your** duck?
*Éste es el toro **nuestro**.*	This is **our** bull.
*¿Son éstos los pavos **suyos**?*	Are these **your** turkeys?
*Todos ésos son animales **nuestros**.*	All of those are **our** animals.

The possessive adjectives also may be used immediately after a form of the verb *ser*.

*¿Son **suyos**?*	Are they **yours**?
*Sí, son **nuestros**.*	They are **ours**.

As you probably have noticed, the meaning of *suyo(s), suya(s)* is not always clear. To clarify the meaning of a sentence, it may sometimes be necessary to substitute a phrase that uses *de* followed by a prepositional pronoun.

*¿Son los animales **suyos**?*   →   *¿Son los animales **de Ud./de él/de ella/de Uds./de ellos/de ellas**?*
(Are the animals **yours/his/hers/yours/theirs**?)

¡Este gato es mío!

21 La fiesta de la tía Carmen

Carmen tiene una fiesta el viernes en su finca, y quiere saber cuántas personas van a ir. Di con quién van a la fiesta las siguientes personas, usando las indicaciones que se dan.

María/unas primas
María va a ir a la fiesta con unas primas suyas.

1. yo/una amiga
2. tú/unos compañeros
3. nosotros/unos parientes
4. tu amiga/una tía

5. tus padres/unos amigos
6. Uds./unos sobrinos
7. mi hermano/unas amigas
8. Ud./una compañera

22 Una invitación

Juan llama a Ana para invitarla a ver los animales de su finca. Completa su diálogo para saber lo que dicen, usando las siguientes palabras: *de él, de ellas, mi, mío, mis, nuestros, tu, tus, tuyo.* Cada palabra se usa sólo una vez.

JUAN: Aló, Ana. Te llamo para ver si quieres venir a la finca para ver (1) animales.
ANA: Sí. Me gustaría mucho. ¿Te importa si voy con Rogelio?
JUAN: ¿Rogelio? ¿Quién es? ¿Es (2) novio?
ANA: No. Es un primo (3) que está visitándome de Honduras.
JUAN: No, no hay problema.
ANA: ¿Puedo también ir con Elena y Paloma, las hermanas menores (4), y Paquita, una amiguita (5)?
JUAN: Es mucha gente, ¿no?
ANA: Sí, pero a ellos les gustaría mucho ver (6) animales. Y ahora que lo pienso, a (7) padres también les gustaría verlos... y a Mateo también.
JUAN: ¿Quién es? ¿Otro primo (8)? ¿Un vecino?
ANA: ¡Claro que no! ¡Es (9) perro!

23 ¡Qué confusión!

Hoy en la finca hay una confusión con todos los animales. Trabajando en parejas, alterna con tu compañero/a de clase en hacer y en contestar preguntas para decir si los siguientes animales son o no son de las personas indicadas. Sigue el modelo.

¿Son sus ovejas?

ellos/oveja
A: ¿Es su oveja?
B: Sí, (No, no) es la oveja suya.

1. nosotros/animales
2. tú/toro
3. Uds./puerco
4. ellas/pavos

5. tú/patos
6. él/vacas
7. ella/conejo
8. ellos/gallinas

24 ¡De nuevo!

Haz otra vez las oraciones 1, 3, 4, 6, 7 y 8 de la actividad anterior, tratando de hacerlas más claras. Sigue el modelo.

ellos/oveja
A: ¿Es la oveja *de ellos?*
B: Sí, (No, no) es la oveja *de ellos.*

El pavo más curioso es el nuestro.

Algo más

Los pronombres posesivos

Possessive pronouns frequently may be used in place of a possessive adjective and a noun. They are formed by placing a definite article in front of the long-form possessive adjectives.

Observe how possessive pronouns are used in the following sentences:

*Veo tu burro y **el mío** también.*	I see your donkey and **mine,** too.
*Mis vacas están delgadas y también lo están **las tuyas.***	My cows are thin and so are **yours.**
*¿Es ese conejo **el nuestro?***	Is that rabbit **ours?**
*Nuestros gallos son ésos y **los suyos** son éstos.*	Our roosters are (those ones) over there and **yours** are (these ones) over here.

25 Tres familias vecinas

Los Pinto, los Espinel y los Vargas tienen tres fincas vecinas. Sus animales se escaparon y se mezclaron *(became mixed)* ayer. Ahora el señor Pinto está haciendo un inventario *(inventory)* de los animales. Completa las siguientes oraciones para ver lo que dice durante el inventario.

1. Yo tengo mis animales y tú....
2. Uds. tienen su pavo y nosotros....
3. Álvaro tiene sus patos y Maruja....
4. Ud. tiene su oveja y yo....
5. Tú tienes tus pájaros y Uds.....
6. Patricia tiene sus gallinas y el señor Vargas....
7. Nosotros tenemos nuestros caballos y los Espinel y los Vargas....
8. Nosotros tenemos nuestro burro y el señor y la señora Espinel....

¡Eres mi puerco! Ven conmigo.

26 En la feria agrícola

En la feria agrícola *(4-H Fair)* de tu comunidad hay animales tuyos y animales de un amigo tuyo. Di de quién es y dónde está cada uno de los animales, usando las pistas que se dan. Sigue el modelo.

 ese/burro/tú
Ese burro es el tuyo.

1. ese/toro/tú
2. aquellas/vacas/Paco
3. esas/gallinas/yo
4. aquel/pavo/nosotros
5. aquel/gallo/yo
6. estas/ovejas/Uds.
7. estos/puercos/Celia
8. ese/pájaro/él
9. este/conejo/ella

Algo más

Lo con adjetivos/adverbios

You already know that the word *lo* can be used as a direct object pronoun meaning **him, it** or **you**. *Lo* can also be used with an adjective or adverb followed by the word *que* as an equivalent for **how** (+ **adjective/adverb**).

*¿Sabes **lo grande** que es el establo?*
*Uds. saben **lo mucho** que me gustan los bosques.*

Do you know **how big** the stable is?
You know **how much** I like the forest.

Note: Although the form of the adjective may change, the word *lo* remains the same in each example.

27 ¡No sabes lo mucho que sabemos!

Usa la palabra *lo* con un adjetivo o un adverbio para contestar las preguntas, siguiendo el modelo.

¿Son bonitos los pájaros guatemaltecos?
¡No sabes lo bonitos que son!

1. ¿Son bonitas esas flores?
2. ¿Es chistoso tu ratón?
3. ¿Era interesante tu visita a la finca?
4. ¿Era emocionante la música?
5. ¿Van a ser modernos los establos?
6. ¿Está lejos tu finca?

¿Son bonitos los pájaros guatemaltecos?

Algo más

¡Qué vaca tan grande!

You already know that the word *qué* can be combined with an adjective or a noun to express strong feelings about something you are experiencing: *¡Qué emocionante!* (How exciting!), *¡Qué destreza!* (What skill!). You can also express strong feelings using the following construction:

¡Qué	(+ *noun*)	tan	(+ *adjective*)!

¡Qué árbol tan alto! What a tall tree!
¡Qué cuernos tan grandes! What big horns!

28 ¿Cuál es tu opinión?

Di tu opinión sobre las siguientes situaciones, usando la construcción *¡Qué (+ noun) tan (+ adjective)!*

Es la medianoche y se ve la luna.
¡Qué luna tan bonita!

1. Ves un toro con cuernos muy grandes y un rabo muy corto.
2. Estás en un bosque grande con muchos árboles altos.
3. Unos pájaros de muchos colores vuelan sobre ti.
4. Ves unos patos que fueron a parar en el lago.
5. Hace buen tiempo y el cielo está muy azul.
6. Hay una estrella muy bonita en el cielo.
7. Un conejo está saltando por el bosque.

¿Qué hace el conejito?

¡Este elefante es grandísimo!

¿Es este gallo el suyo?

¡Qué perro tan cariñoso!

Autoevaluación. Como repaso y autoevaluación, responde lo siguiente:
1. Name three different things in Spanish that you might see at the circus.
2. Imagine you went to the circus. Describe your experience, including something that was extremely fun or interesting.
3. Describe two people or animals using diminutives.
4. In Spanish, name four animals and the sounds they make.
5. Name two items that are yours and one that belongs to your friend.
6. Ask a friend if she knows how big the sky is.
7. Describe three objects and express strong feelings about each.
8. What do you know about Honduras?

¡La práctica hace al maestro!

A Comunicación

On your notebook, write the name in Spanish of an animal you have learned in this chapter. Then, working with a partner, play this game: Take turns asking no more than eight questions in order to identify the other person's animal. Questions must have either *sí* or *no* for an answer. The winner is the person who guesses the name of the other person's animal first.

 A: ¿Es pequeñito y blanco?
B: No.

¿Es grande y feroz?

B Conexión con la tecnología

Visit a virtual zoo. Search the Internet for sites that allow you to visit a virtual zoo. Report back to the class about the Internet locations of the ones you liked the most. See how many animals you could name in Spanish.

¿Sabes qué soy?

Ratón con Lente 14 cms. $ 1.290

Perro con Lente 17 cms. $ 1.390

Oso con Corbata 38 cms. $ 6.890

Ratón rayado color Fosforecente 33 cms. $ 2.090

Conejo con Falda 30 cms. $ 3.590

Ratón 20 cms. $ 1.690

Oso Babero 27 cms. $ 3.790

Conejo come zanahoria 20 cms. $ 2.490

El circo
el acróbata, la acróbata
la banda
el boleto
el circo
la destreza
la fila
la jaula
el oso (de peluche)
el payaso
el rugido
la taquilla

La finca
el árbol
el bosque
el burro
el cielo
el conejo
el cuerno
el establo
la estrella
la finca
la gallina
el gallo
la luna
la oveja
el pájaro

la pata
el pato
el pavo
la pluma
el puerco
el rabo
el ratón
el toro
la vaca

Verbos
escapar(se)
ladrar
ocurrir
rugir
saltar
volar (ue)

Expresiones y otras palabras
detrás de
durante
emocionante
encima de
gran
ir a parar
lo (+ *adjective/adverb*)
mío,-a
nuestro,-a

pobre
¡Qué *(+ noun)* tan
  (+ adjective)!
suyo,-a
tuyo,-a

Parece ser un oso, pero no lo es. ¿Qué es?

a leer

Estrategia

Preparación

Estrategia para leer: *guessing meaning from context*
When reading in another language, you will often encounter words you do not know. Before looking in a dictionary, gather clues from the context to help you identify what a word means. The context includes what is written before and after the unknown word. Looking for these contextual clues will help improve your reading skills and will also make reading more enjoyable because you spend less time looking up words in a dictionary.

Como preparación para la lectura, di qué quieren decir las palabras en negrilla según el contexto.

1. El año *pasado* el circo visitó Honduras por primera vez.
2. El circo va a hacer más de cincuenta *presentaciones* en la capital.
3. El público recibió a los artistas con grandes *aplausos*.
4. El circo tiene una *carpa* muy grande de muchos colores.

¡El gran Circo de los Hermanos Suárez!

El año pasado visitó Honduras por primera vez, en su **gira** por la América Central, el gran Circo de los Hermanos Suárez con un **éxito** total. La gente decía que era lo mejor que visitaba a Honduras en muchos años. Pues, bien, este año está otra vez aquí y ya está divirtiendo al público hondureño. Con más de cincuenta presentaciones, el circo hace su gira más larga por el país. Este maravilloso circo, el más grande de México, tiene fascinantes atracciones para personas de todas las edades.

Ayer mi familia y yo visitamos al circo en su primera presentación de este año en la ciudad. Todos estábamos muy **emocionados** y contentos. **Al principio** pensábamos que todo iba a ser un **dolor** de cabeza pues sabíamos que mucha gente iba para verlo, pero todo era diferente de lo que imaginábamos. La fila para comprar los boletos era corta y rápida. La gente entraba al circo en forma muy **organizada** y lo mejor de todo, el circo era excelente. En su gran **carpa** había acróbatas de gran destreza, payasos y muchos animales salvajes. Los feroces tigres y leones africanos hacían gritar a más de una persona. El desfile de los elefantes **sorprendía** a chicos y a grandes. Los payasos eran muy chistosos y hacían **morir de la risa** a todo el mundo. Los acróbatas nos hacían **poner los pelos de punta.** Al terminar la función todos **premiábamos** a los artistas con grandes aplausos.

Ud., si no tiene planes para la semana que viene, ya sabe adónde ir. El circo va a estar en la ciudad por diez semanas más. Hay funciones todos los días y los boletos no son caros. Vaya con su familia y diviértase.

gira *tour* **éxito** *success* **emocionados** *excited* **Al principio** *At the beginning* **dolor** *pain* **organizada** *organized* **carpa** *tent* **sorprendía** *surprised* **morir de la risa** *die laughing* **poner los pelos de punta** *our hair stand on end (with fear)* **premiábamos** *rewarded*

A ¿Qué comprendiste?

1. ¿Cómo se llama el circo que visitó Honduras el año pasado?
2. ¿Cuántas veces visitó el circo a Honduras el año pasado?
3. ¿De dónde es el circo?
4. ¿Qué decía la gente de este circo?
5. ¿Cuántas presentaciones va a hacer el circo?
6. ¿A qué hora son las funciones los sábados?
7. ¿Cómo era la fila para comprar los boletos?
8. ¿Qué animales había en este circo?

B Charlando

1. ¿Piensas que el Circo de los Hermanos Suárez es un circo bueno?
2. ¿Hay algún circo de visita en donde tú vives? ¿Cómo se llama?
3. ¿Por cuánto tiempo va a estar?
4. ¿Te gusta ir al circo?
5. ¿Buscas información en el periódico de los eventos que quieres ver o visitar? Explica.

a escribir

Estrategia

Estrategia para escribir: *writing a cinquain poem*

A poem captures a part of your world in words, creating a picture that can be seen by the mind's eye. Some poems are serious and explore social issues, while others are creative descriptions which present something in a unique way. A cinquain is a five-line poem.

How to write a cinquain

Prewriting

Step 1: Choose an **object**, **person**, **place**, or **idea** that you would like to write about.

Step 2: Brainstorm and list as many descriptions and adjectives about your topic as you can think of. Be creative. Consult the Spanish/English dictionary if necessary.

Step 3: Read this example of a cinquain and observe how it is composed.

> La vida
> Contenta, triste
> Los años pasan
> Lenta, rápida
> Como una montaña rusa.

Composing

Line 1: Write the name of the **object**, **person**, **place** or **idea**.
Line 2: Write two descriptions or adjectives about the topic in line 1.
Line 3: Write a phrase comparing something with the topic.
Line 4: Write two descriptions or adjectives about line 3.
Line 5: Write a word or phrase that describes and ties together both lines one and three.

Now compose your own cinquain poem by following these guidelines.

repaso

Now that I have completed this chapter,
I can...

- ✓ seek and provide personal information.
- ✓ describe in the past.
- ✓ talk about activities at a special event.
- ✓ identify animals.
- ✓ express quantities.
- ✓ provide background information about the past.
- ✓ indicate past intentions.
- ✓ discuss nationality.
- ✓ add emphasis to a description.
- ✓ recognize and express size.
- ✓ state possession.
- ✓ identify sounds that animals make.

I can also...

- ✓ read in Spanish about life in El Salvador and Honduras.
- ✓ identify opportunities to use Spanish to find a career or be a volunteer.
- ✓ identify to what animal groups some animals belong.
- ✓ read and understand a zoo schedule in Spanish.

La ciudad maya de Copán está en Honduras.

Al oso le gustaba nadar.

¿Qué recuerdas?

CAPÍTULO 5

In this chapter you will be able to:

- talk about what someone remembers
- seek and provide personal information
- describe clothing
- report past actions and events
- talk about everyday activities
- identify foods
- use metric weights and measurements
- read and order from a menu
- write about the past
- express opinions
- ask for advice
- state what was happening at a specific time
- describe how something was done
- express length of time
- discuss food preparation

185

Lección 9

¿Dónde estuvieron Uds. anoche?

Jaime y Raimundo, dos hermanos cubanos, hablan con sus novias, Sandra, de la República Dominicana, y Carmen, de Puerto Rico.

SANDRA: Chicos, ¿dónde estuvieron **anoche?°** Los llamamos a las siete y nadie contestó.

CARMEN: ¿Fueron a alguna **parte°** sin nosotras?

JAIME: Ay, perdón. **No nos acordábamos de°** que Uds. iban a llamar. Era **probable** que cuando llamaron nosotros estábamos en...

SANDRA: ...en una fiesta donde había música, baile y mucha gente... y me imagino que era en la casa de Javier.

RAIMUNDO: ¿Qué estás **describiendo?°** No **hubo°** ninguna fiesta en la casa de Javier. Estábamos en el supermercado.

CARMEN: ¿En el supermercado?

JAIME: Sí, comprábamos la comida **necesaria** para una cena **elegante** que les vamos a preparar el sábado.

SANDRA: ¡Qué lindos! Entonces vamos a comprar algo elegante para ponernos. Adiós.

anoche *last night* **parte** *place, part* **No nos acordábamos (de)** *We did not remember*
describiendo *describing* **hubo** *there was (were)*

¿Qué comprendiste?

1. ¿A qué hora llamaron las chicas a los chicos anoche?
2. ¿Sabían los chicos que las chicas iban a llamar?
3. ¿Qué era probable, según Sandra?
4. ¿Hubo una fiesta anoche?
5. ¿Dónde estaban los chicos cuando las chicas llamaron?
6. ¿Qué hacían los chicos allí?

Estábamos en el supermercado.

Estudiaba en mi cuarto anoche.

Charlando

1. ¿Te acuerdas siempre de lo que tienes que hacer?
2. ¿Dónde estuviste anoche a las siete?
3. ¿Qué hacías a esa hora?
4. ¿Fuiste a alguna parte especial el fin de semana pasado? Describe el lugar.

Conexión Cultural

Cuba: El Caribe a todo sol

Es la isla más grande del Caribe. Está situada a sólo 145 kilómetros (90 millas) al sur de la Florida, a la entrada *(entrance)* del Golfo de México. La isla tiene mucho que ofrecer, como magníficas playas de aguas azules y claras, clima tropical, bosques y ciudades coloniales.

La plaza de la Catedral en la Habana Vieja.

Su población y su cultura son una combinación de la herencia *(heritage)* española y africana. Su lengua oficial es el español. Su sistema económico es el socialismo, el cual existe desde la revolución cubana hecha por Fidel Castro en 1959.

La Habana, su capital, es la ciudad más grande. El sector antiguo, La Habana Vieja, conserva la arquitectura colonial española con calles estrechas *(narrow)* y viejas mansiones. Por el contrario, en La Habana Nueva, hay avenidas anchas *(wide)*, edificios modernos y grandes hoteles. Otras ciudades importantes de la isla son Santiago de Cuba, Cienfuegos, Camagüey y Guantánamo, donde hay una base naval militar de los Estados Unidos.

Las industrias más importantes de su economía son el azúcar, el tabaco y el turismo. De todas partes de Europa y Latinoamérica van turistas para bañarse en sus playas tropicales y escuchar la música cubana, que es una combinación de guitarra española y tambores *(drums)* africanos.

Desde 1960 ha existido en Cuba un embargo económico impuesto *(imposed)* por los Estados Unidos. Hoy la isla tiene problemas económicos que tiene que resolver.

así es CUBA

es historia   es caribe   es alegría   es su gente

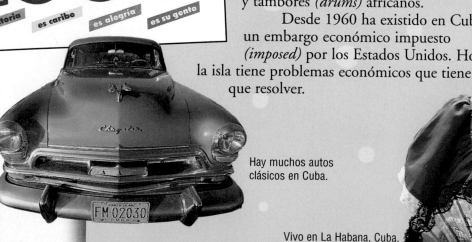

Hay muchos autos clásicos en Cuba.

Vivo en La Habana, Cuba.

CONEXIONES 3 — Cruzando fronteras

Lee las siguientes oraciones sobre Cuba. Luego, di si cada oración es verdad o falsa.

1. Cuba está en el Caribe.
2. Cuba es la isla más pequeña del Caribe.
3. Las lenguas oficiales de Cuba son el español y el inglés.
4. La capital de Cuba es La Habana.
5. Las calles de La Habana Vieja no son estrechas.
6. El café, el azúcar y el turismo son las industrias más importantes de la isla.
7. La población y la cultura cubana son una combinación de la herencia española y mexicana.

Compré muchas cosas en Cuba.

Repaso *rápido*

El pretérito

You have learned to recognize and use the preterite tense to express simple past actions in Spanish. Review the formation of regular verbs for this frequently used verb tense in the chart that follows.

	preparar:	comer:	vivir:
yo	preparé	comí	viví
tú	preparaste	comiste	viviste
Ud./él/ella	preparó	comió	vivió
nosotros/nosotras	preparamos	comimos	vivimos
vosotros/vosotras	preparasteis	comisteis	vivisteis
Uds./ellos/ellas	prepararon	comieron	vivieron

Do you recall the spelling changes that occur in the preterite tense?

expli**c**ar	c → qu	expli**qué**
pa**g**ar	g → gu	pa**gué**
almor**z**ar	z → c	almor**cé**

Do you remember that the verbs *conseguir (i, i), despedirse (i, i), divertirse (ie, i), dormir (ue, u), mentir (ie, i), pedir (i, i), preferir (ie, i), repetir (i, i), seguir (i, i), sentir (ie, i), sentirse (ie, i)*, and *vestirse (i, i)* all require a stem change in the *Ud., él, ella, Uds., ellos* and *ellas* form of the preterite tense?

sentir (ie, i): sentí, sentiste, sintió, sentimos, sentisteis, sintieron
dormir (ue, u): dormí, dormiste, durmió, dormimos, dormisteis, durmieron
pedir (i, i): pedí, pediste, pidió, pedimos, pedisteis, pidieron

The following preterite-tense verbs have irregularities: *caer(se), dar, decir, estar, hacer, ir, leer, oír, ser, tener* and *ver.* If you have forgotten any of these forms, you may review them in the Appendices.

4 Una cena elegante

Imagina que invitaste a unos amigos a cenar en tu casa el sábado pasado. Completa las siguientes oraciones con el pretérito del verbo indicado para decir lo que pasó ese día.

1. Yo *(levantarse)* a las siete y diez.
2. Mi madre *(buscar)* algunos de los ingredientes por la mañana en el mercado.
3. Yo no *(ir)* con ella porque *(tener)* que arreglar la casa.
4. Yo *(empezar)* a cocinar a las dos y media.
5. Mi amigo, Andrés, *(llegar)* para ayudarme a las tres.
6. Nosotros *(preparar)* una receta especial de arroz con pollo.
7. Unos amigos *(venir)* a las seis.
8. Todos *(vestirse)* con ropa elegante.
9. Nosotros *(empezar)* a comer a las siete.
10. Nosotros *(oír)* unos discos compactos de música clásica durante la cena.
11. *(Llover)* toda la noche pero nosotros *(divertirse)* mucho.
12. Todos mis amigos *(despedirse)* de mí a las diez.

5 Todos hicieron algo anoche

Completa las oraciones con la forma apropiada del pretérito de los verbos entre paréntesis para decir lo que hicieron anoche las siguientes personas.

 Sandra *(llamar)* a sus amigas.
Sandra *llamó* a sus amigas.

1. Ellas *(salir)* a correr.
2. Yo *(tocar)* la guitarra.
3. Miguel *(leer)* el periódico.
4. Tú *(quedarte)* en tu cuarto.
5. Uds. *(comer)* comida cubana.
6. Nosotros *(visitar)* a los abuelos.
7. Claudia *(ver)* una película sobre el Caribe.
8. Raimundo y Jaime *(estar)* en el supermercado.
9. Ellos *(comprar)* la comida necesaria para una cena elegante.
10. Ud. *(conseguir)* un regalo para llevar a una fiesta de quince años.

El pretérito de *conocer*
You have learned to use *conocer* to indicate who someone knows or to state what someone is familiar with. In the preterite tense, *conocer* is the equivalent of **to meet.**

¿A quién **conociste** tú anoche?	Whom **did you meet** last night?
Conocí a la familia de Raimundo.	**I met** Raimundo's family.

Unos platos cubanos.

6 Durante la cena

Imagina que durante la cena tus padres te hacen algunas preguntas sobre la visita que hiciste al zoológico con tu amiga Natalia y tus amigos Paco y Alicia. Contesta sus preguntas, usando la información entre paréntesis y la forma apropiada del pretérito.

ZOOLÓGICO
◄◄ CAFETERÍA
EXHIBICIONES ►►

 ¿Con quién fuiste al zoológico? (ir con Paco, Alicia y Natalia)
Fui con Paco, Alicia y Natalia.

1. ¿Cómo fueron Uds.? (ir en metro)
2. ¿Dónde almorzaron Uds.? (almorzar en la cafetería del zoológico)
3. ¿Te acordaste de ver la exhibición especial de pájaros del Caribe? (sí/acordarme)
4. ¿Les gustó a tus amigas la visita al zoológico? (sí/divertirse mucho)
5. ¿Compró Natalia algo para su hermanito, Julio? (sí/conseguirle una serpiente de plástico)
6. ¿Qué más hicieron Uds.? (subir a un elefante)
7. ¿Te pasó otra cosa interesante? (sí/conocer/unos chicos del Caribe)
8. ¿Hasta qué hora se quedaron en el zoológico? (quedarse hasta las cinco)

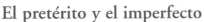

El pretérito y el imperfecto

One sentence may contain various combinations of the two past tenses: *pretérito/pretérito, imperfecto/pretérito, pretérito/imperfecto, imperfecto/imperfecto*. For example, all verbs may be in the preterite tense if you are stating simple facts.

> *Fui a la tienda y compré algo de comida para la cena.*

> I went to the store and **bought** some food for supper.

In addition, a sentence may contain one verb that is in the imperfect tense and another that is in the preterite tense: Use the imperfect tense in a sentence to describe a repeated (habitual) past action or ongoing condition; use the preterite tense to state what happened during the repeated or ongoing action/condition.

> *Estaba en la cocina cuando tú llamaste.*

> I **was** in the kitchen when **you called.**

Finally, more than one verb may be in the imperfect tense when you are describing simultaneous ongoing actions or conditions.

> *Veíamos la televisión mientras esperábamos a Pilar.*

> We **were watching** television while **we were waiting** for Pilar.

Cuando los vi, ellos estaban tocando música en la playa de Varadero.

7 Anoche

Completa las siguientes oraciones lógicamente, escogiendo la palabra (o frase) apropiada para decir lo que las siguientes personas hacían o hicieron anoche.

1. Jaime y Raimundo también *(fueron/iban)* al supermercado anoche.
2. Yo *(estuve/estaba)* en el supermercado cuando Jaime y Raimundo *(llegaron/llegaban)* a hacer sus compras.
3. Raimundo *(fue/iba)* a comprar carne, pero no *(tuvo/tenía)* bastante dinero.
4. Algunas compañeras *(llamaron/llamaban)* a las siete.
5. Tú *(te bañaste/te bañabas)* cuando ellas *(llamaron/llamaban)*.
6. *(Fueron/Eran)* las siete cuando nosotros les *(pedimos/pedíamos)* prestado a mis padres el dinero necesario para comprar la comida.
7. Nosotros *(salimos/salíamos)* a las seis y media para ir al supermercado.
8. Una señora *(compró/compraba)* veinte libras de papas.
9. *(Llovió/Llovía)* cuando *(salimos/salíamos)* del supermercado.
10. *(Fue/Era)* probable que cuando llegamos a casa *(fueron/eran)* las diez.

8 El fin de semana

Pilar y Paz son buenas amigas. Completa su siguiente diálogo con el imperfecto o con el pretérito de los verbos indicados.

PILAR: Paz, ¿qué *1. (hacer)* tú durante el fin de semana? ¿No *2. (ir)* a ir al zoológico?

PAZ: El sábado Daniel y yo *3. (ir)* al parque de atracciones.

PILAR: ¿*4. (Divertirse)* Uds. mucho?

PAZ: Pues, sí y no. Por la mañana nosotros *5. (divertirse)* en las atracciones, pero *6. (llover)* casi toda la tarde y no *7. (poder)* hacer nada.

PILAR: ¡Pobrecitos! El domingo *8. (hacer)* buen tiempo todo el día.

PAZ: ¡Claro! *9. (Ser)* un día fantástico para ir al parque de atracciones, pero el domingo yo *10. (tener)* que ir con mi familia a visitar a los abuelos.

9 Ayer por la tarde

Di lo que te pasó ayer, completando el siguiente párrafo con el imperfecto o con el pretérito de los verbos indicados.

Ayer por la tarde yo *1. (ver)* a mi amiga, Amalia, en el centro comercial. Ella *2. (ir)* de compras con su mamá a quien yo *3. (conocer)* por primera vez ese día. Me *4. (decir)* que no *5. (encontrar)* lo que ella *6. (buscar)*. Yo no *7. (tener)* mucho tiempo, pero nosotros *8. (hablar)* un poco. Luego, su mamá *9. (decir)* que ellas *10. (tener)* que continuar con sus compras. Yo les *11. (decir)* "adiós" y me *12. (ir)* adonde *13. (estar)* mi carro. Yo *14. (salir)* del centro comercial y *15. (ir)* a mi casa. Cuando yo *16. (entrar)* a la casa, mi mamá me *17. (decir)* que la familia me *18. (esperar)* y que nosotros *19. (ir)* a cenar en media hora. Yo *20. (subir)* al baño donde *21. (lavarse)* las manos y *22. (prepararse)* para la cena.

10 ¿Qué hiciste la semana pasada?

Di dos o tres cosas que hiciste cada día de la semana pasada.

 El lunes me vestí a las seis, me desayuné a las seis y media y fui al colegio a las siete.

11 Una cena en tu colegio

Di qué hacían estas personas para preparar una cena elegante que van a tener esta noche en tu colegio. Sigue el modelo.

 unos amigos (preparar la ensalada)/otros amigos (limpiar las mesas)
Unos amigos preparaban la ensalada mientras otros amigos limpiaban las mesas.

1. Raúl (limpiar los cubiertos)/Yolanda y Javier (lavar los platos)
2. Laura y Diego (poner flores en las mesas)/Andrés (poner los manteles y las servilletas)
3. tú (barrer el piso)/yo (arreglar las mesas)
4. ellos (comprar los refrescos necesarios)/Uds. (cocinar la comida necesaria)
5. Ud. (sacar la basura)/Sandra (ir a buscar más ayuda)
6. los profesores (dirigir el trabajo)/nosotros (hacer los quehaceres)

Habbía muchas piñas en el mercado.

Algo más

Hay, había o hubo

The impersonal expressions *hay, había* and *hubo* are forms of the infinitive *haber* (to have). *Hay* is an irregular present-tense form of *haber* and is the equivalent of **there is/there are**. The imperfect tense of *haber, había,* and the irregular preterite-tense form of *haber, hubo,* are both equivalent to **there was/there were**.

12 ¿Hay, había o hubo?

Completa las siguientes oraciones con *hay, había* o *hubo,* según sea apropiado.

1. Mañana (1) una cena en la casa de un amigo, pero no es elegante.
2. El año pasado no (2) ninguna cena elegante en mi casa.
3. Anoche (3) una cena elegante en la casa de unos amigos, pero nadie podía ir.
4. Ayer (4) una cena elegante en mi casa cuando yo llegué de la biblioteca.
5. El año pasado (5) dos fiestas elegantes en mi colegio.
6. Hoy (6) una fiesta en la casa de Javier y voy a ir.

¿Qué compraron?

la costilla
la piña
la papaya
el melón
el durazno
la carne de res

MADRE:	¿Adónde fueron Uds. anoche?
JAIME:	**Anduvimos°** por el supermercado buscando la comida para la cena del sábado.
MADRE:	¿Pudieron conseguir **todo?°**
RAIMUNDO:	Sí, todo. Compramos tanto que casi **no cupo°** en el baúl del carro.
MADRE:	Jaime, ¿por qué **te ríes?°** ¿Cuál es el **chiste?°**
JAIME:	No hay ningún chiste. Me estoy riendo porque pienso que compramos **demasiadas** cosas.
RAIMUNDO:	Sí, tantas cosas que casi necesitamos alquilar un **camión.°**
MADRE:	Pero, ¿qué compraron?
JAIME:	¡Mira! Compramos **duraznos,°** **papayas, melones°** y una **piña°** para la ensalada de frutas.
RAIMUNDO:	Y para el plato **principal** compramos **carne de res,°** **costillas,°** tres libras de arroz y cinco **kilogramos°** de papas para **freír.°**

Anduvimos *we walked* **todo** *everything* **no cupo** *it didn't fit* **te ríes** *are you laughing* **chiste** *joke* **camión** *truck* **duraznos** *peaches* **melones** *melons, cantaloupes* **piña** *pineapple* **carne de res** *beef* **costillas** *ribs* **kilogramos (kilos)** *kilograms (1,000 grams or 2.205 pounds)* **freír** *fry*

13 ¿Qué comprendiste?

1. ¿Qué hicieron los chicos anoche?
2. ¿Qué dijo Raimundo que casi necesitaron alquilar?
3. ¿Qué frutas compraron para la ensalada?
4. ¿Qué comida compraron para el plato principal?
5. ¿Cuántos kilos de papas compraron?

PIÑA EN RODAJAS
"Hoja Redonda"
1/. 1'250 000   790 MIL

ENSALADA DE FRUTAS
"Hoja Redonda"
1/. 1'250 000   790 MIL

14 Charlando

1. ¿A qué supermercado fuiste la última vez?
2. ¿Qué comida compraste?
3. ¿Compraste comida para toda la familia o sólo para ti?
4. ¿Te cupo todo lo que compraste en el baúl?

15 Una lista en la computadora

Imagina que cuando estabas haciendo una lista de compras para ir al supermercado, algo pasó con tu computadora. Pon las letras de cada comida en su orden correcto para reorganizar la lista antes de ir de compras.

```
 1. 2 sklio de caren de rse
 2. 1 kloi de cosstilla
 3. 5 klosi de paasp
 4. moeid koli de chizroo
 5. lchee
 6. pna
 7. 3-4 dzsnoura
 8. 1 payapa
 9. 4 mneloes
10. 1 pñia
11. 1 klio de caseollb
12. 2 asguteaca
13. lcheaug
14. 3 tmsateo
15. 1 ltaa de gsunteisa
16. 2 pieimsnto
17. vgrinae
18. mdeio koli de mllaniatequ
19. hdelao de chateoloc
20. joug de nanaarj
```

Más comida en el supermercado

la aceituna	*olive*
la calabaza	*pumpkin*
la cereza	*cherry*
la chuleta de puerco	*pork chop*
el coco	*coconut*
la espinaca	*spinach*
el frijol	*bean*
el melocotón	*peach*
la sandía	*watermelon*

IDIOMA

¿Por qué se ríen ellos?

El presente de los verbos *reír* y *freír*

The verbs *reír(se)* and *freír* are irregular in the present tense. However, both verbs are formed following the same pattern, so learning the conjugation of one will help you learn the conjugation of the other.

reír(se)	
(me) río	(nos) reímos
(te) ríes	(os) reís
(se) ríe	(se) ríen
gerundio: riendo (riéndose)	

freír	
frío	freímos
fríes	freís
fríe	fríen
gerundio: friendo	

Estrategia

Para aprender mejor: *comparing*

You have already learned many words in Spanish. There are many more words in the language that you have not learned, but that does not mean you will not understand an unknown word when you see or hear it. Use your knowledge to make comparisons to new words. Does it look like something similar to what you have learned? Are the verb endings similar to another verb that you have used? Learning to compare new words to those you already know will help increase your understanding of new vocabulary.

16 ¿Por qué se ríen?

Haz las preguntas necesarias para saber por qué se ríen las siguientes personas.

 Antonio
¿Por qué se ríe Antonio?

1. Uds.
2. tú
3. Dolores y Yolanda
4. ella

5. ellos
6. Héctor
7. yo
8. todos nosotros

¿Por qué se ríe Antonio?

17 Todos fríen

Hoy todos fríen algo. Haz oraciones completas, usando la forma apropiada del presente del verbo *freír* para decir lo que hacen las siguientes personas.

el señor Silva/arroz para una paella
El señor Silva fríe el arroz para una paella.

1. tú/huevos
2. Uds./papas
3. don Carlos/pollo
4. yo/tocino para ponerlo en un plato especial
5. la señora Castro y su esposo/cebollas y pimientos verdes
6. todos nosotros/algo para una cena elegante

Conexión Cultural

El sistema métrico

How far is it from home to school? How much do you weigh? What is the temperature today? Most likely you would answer these questions using the terms **miles, pounds** and **degrees Fahrenheit.** However, if you were in one of the Spanish-speaking parts of the world, chances are you would use the metric system and express miles as kilometers, pounds as kilograms and degrees Fahrenheit as degrees Celsius (or centigrade).

The metric system is quickly becoming the worldwide standard for weights and measures due to its ease of use. Metric measurements are based upon multiples of ten.

10 millimeters	=	1 centimeter
10 centimeters	=	1 decimeter
10 decimeters	=	1 meter

Look at the following equivalents:

LENGTH/*LONGITUD*

1 centimeter/*centímetro*	= 0.3937 inches/*pulgadas*
1 meter/*metro*	= 1.094 yards/*yardas*
1 kilometer/*kilómetro*	= 0.621 miles/*millas*

WEIGHT/*PESO*

1 gram/*gramo*	= 0.035 ounces/*onzas*
1 kilogram/*kilogramo*	= 2.205 pounds/*libras*
1 metric ton/*tonelada métrica*	= 2,204.6 pounds/*libras*

AREA/*ÁREA*

1 hectare/*hectárea*	= 2.47 acres/*acres*

MOUSSE DE CIRUELAS

Ingredientes:
1 caja de ciruelas pasas
(300 grs. aprox.)
1/2 taza de agua
3/4 taza de azúcar
5 claras batidas a la nieve
2 sobres de gelatina sin sabor
1 taza de crema de leche

El peso del bebé es de 7.5 kilogramos.

18 Cruzando fronteras

Contesta las siguientes preguntas en español, usando el sistema métrico.

1. ¿Cuál es tu peso?
2. ¿Cuál es tu estatura *(How tall are you)*?
3. ¿Cuántos milímetros hay en un centímetro?
4. ¿Cuántos kilómetros hay de tu casa al colegio?
5. ¿Cuántos litros de leche compró tu familia la semana pasada?
6. ¿Qué temperatura hace ahora?

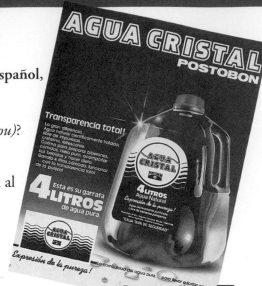

IDIOMA

Más verbos irregulares en el pretérito

You have already learned how to use several irregular preterite-tense verbs in Spanish. The following chart provides some additional verbs that are irregular in the preterite tense. Learning them will improve your ability to talk about the past.

Venimos en autobús.

andar:	anduve, anduviste, anduvo, anduvimos, anduvisteis, anduvieron
caber:	cupe, cupiste, cupo, cupimos, cupisteis, cupieron
conducir:	conduje, condujiste, condujo, condujimos, condujisteis, condujeron
freír:	freí, freíste, frió, freímos, freísteis, frieron
leer:	leí, leíste, leyó, leímos, leísteis, leyeron
poder:	pude, pudiste, pudo, pudimos, pudisteis, pudieron
poner:	puse, pusiste, puso, pusimos, pusisteis, pusieron
querer:	quise, quisiste, quiso, quisimos, quisisteis, quisieron
reír:	reí, reíste, rió, reímos, reísteis, rieron
saber:	supe, supiste, supo, supimos, supisteis, supieron
traducir:	traduje, tradujiste, tradujo, tradujimos, tradujisteis, tradujeron
traer:	traje, trajiste, trajo, trajimos, trajisteis, trajeron
venir:	vine, viniste, vino, vinimos, vinisteis, vinieron

In the preterite tense, *saber* is the equivalent of **to find out**. *Querer* may mean **to try** when used affirmatively in the preterite tense or **to refuse** when used negatively.

*¿Qué **supiste** anoche?*
***Supe** que hubo una cena elegante en la casa de Raimundo.*
***Quise** ir, pero mis padres **no quisieron** darme permiso.*

What **did you find out** last night?
I found out there was an elegant supper at Raimundo's house.
I tried to go, but my parents **refused** to give me permission.

19 ¿Qué pasó?

Toma elementos de cada columna para formar ocho oraciones completas y lógicas. Haz los cambios que sean necesarios.

A	B	C
yo	andar	poner todo en el camión
tú	freír	un kilo de duraznos del mercado
Raimundo	poder	por el parque todo el día
Sandra y Carmen	poner	demasiadas papas en aceite
Jaime	querer	la fecha de la cena hace un mes
mi madre	saber	preparar una receta difícil
mis hermanos	traer	las costillas en el refrigerador
nosotros	venir	del supermercado hace dos horas

20 ¿Qué hacían?

Di lo que hacían las siguientes personas ayer por la tarde, de acuerdo con las ilustraciones.

Cristina/andar
Cristina anduvo por el supermercado.

1. Guillermo y Manuel/ir   2. nosotros/conducir   3. los niños/andar

4. Gloria/poder ir   5. Uds./querer ir   6. tú/venir

7. yo/querer ir   8. la familia Torres/conducir

21 En el restaurante de tu tío

Imagina que tú trabajas en el restaurante de tu tío. Él estuvo enfermo ayer y ahora te hace algunas preguntas sobre lo que pasó ayer. Trabajando en parejas, alterna con tu compañero/a de clase en hacer y en contestar las preguntas que te hace tu tío. Sigue el modelo.

quién/no poder trabajar (Ricardo)
A: ¿Quién no pudo trabajar ayer?
B: Ricardo no pudo trabajar ayer.

1. quién/traducir el menú al español (yo)
2. quién/venir al restaurante (muchas personas)
3. cuántas papas/freír/tú (5 kilogramos)
4. dónde/poner/Lorenzo/la carne de res (el refrigerador)
5. qué/no caber en el refrigerador (todo)
6. quién/traer demasiadas frutas del mercado (Norberto y Mónica)

22 Anoche en el supermercado

Jaime y Raimundo estuvieron anoche en el supermercado. Completa el siguiente párrafo o con el imperfecto o con el pretérito de los verbos indicados para saber lo que hicieron.

Jaime y Raimundo 1. *(ir)* anoche al supermercado. Ellos 2. *(andar)* por el supermercado por casi dos horas y 3. *(comprar)* muchas cosas para la cena del sábado. Ellos 4. *(estar)* muy felices porque 5. *(poder)* conseguirlo todo. 6. *(Llevar)* el carro sin nada y lo 7. *(traer)* con demasiada comida. El carro 8. *(tener)* tantas cosas que los muchachos casi no 9. *(caber)*. Raimundo 10. *(querer)* conseguir un camión, pero no 11. *(encontrar)* ninguno. Un muchacho del supermercado 12. *(venir)* para ayudarlos, pero Jaime 13. *(decir)* que no 14. *(necesitar)* ayuda ni tampoco un camión. Él 15. *(poner)* todo en el carro. Raimundo nunca 16. *(saber)* cómo Jaime lo 17. *(hacer)*, pero él cree que lo 18. *(hacer)* muy bien.

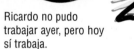

Ricardo no pudo trabajar ayer, pero hoy sí trabaja.

Esta muchacha nos dijo cuánto costaba.

23 Una entrevista

Trabajando en parejas, hazle una entrevista de cinco a diez minutos a tu compañero/a, preguntándole sobre la última vez que fue de compras. Usa el pretérito y el imperfecto en tus preguntas. Luego, tu compañero/a te hace una entrevista a ti.

A: ¿Por dónde anduviste de compras la última vez?
B: Anduve de compras por las tiendas del barrio.
A: ¿Querías comprar algo para ti o para otra persona?
B: Quería comprar algo para mi mamá.

El menú

Restaurante
SAZÓN CARIBE

— MENÚ —

El desayuno - ¡Buenos días!

* Jugo de frutas
   naranja
   toronja
   piña
   papaya

* Chocolate
* Café con leche
* Té
* Cereal

* Huevos
   con tocino
   con salchicha
   con cebolla y tomate

El almuerzo - ¡Buenas tardes!

* Carnes
   carne de res
   costillas
   filete
   ternera

* Aves
   pollo
   pavo
   pato

* Mariscos
   almejas
   camarones
   cangrejo
   pulpo

* Cremas
   de tomate
   de cebolla
   de camarón

* Arroces
   con pollo
   con mariscos

* Postres
   flan de limón
   flan de ciruela
   flan de pera

La cena - ¡Buenas noches!

* Sandwiches
   de queso
   de jamón
   de pollo

* Sopas
   de verduras
   del día

* Helados
   de fresa
   de vainilla
   de chocolate

24 ¿Qué comprendiste?

Contesta las siguientes preguntas sobre el menú del Restaurante Sazón Caribe.

1. ¿Qué mariscos hay?
2. ¿Ofrecen cremas para la cena? ¿Qué ofrecen?
3. ¿Qué puedes ordenar para desayunar diferente de jugos y huevos?
4. ¿Es la ternera un ave? ¿Qué es?
5. ¿Qué postres tienen para el almuerzo?
6. ¿Qué jugos tiene este restaurante para el desayuno?
7. ¿Cómo preparan los huevos?

25 En el restaurante Sazón Caribe

Trabajando en parejas, alterna con tu compañero/a de clase en hacer y contestar preguntas para decir lo que ordenaron las siguientes personas cuando fueron al restaurante.

Amalia
A: ¿Qué ordenó Amalia?
B: Amalia ordenó ternera.

1. Sara e Ignacio   2. Susana   3. tú   4. Jairo Alfonso

5. Uds.   6. todos nosotros   7. Esteban y Jesús   8. yo

Oportunidades

El menú

Is there a Latin-American or Spanish restaurant in your community? If so, the next time you go there, try ordering your meal in Spanish. This will not only give you an opportunity to practice what you have learned in this lesson about food, but the occasion also will give you a chance to test your ability to communicate in Spanish. In addition, practicing your Spanish with native speakers is a fun way to improve your pronunciation and listening comprehension skills.

Ejemplos del contenido de vitaminas en los alimentos:

VITAMINA A
Zanahorias
Duraznos
Chabacanos
Calabazas
Brócoli
Hígado

VITAMINA B
Plátanos
Cereales integrales
Pollo
La mayoría de las verduras con hojas (como puede ser la lechuga)
La mayoría de los

pescados y los mariscos
Carnes, hígado y riñones
Cacahuetes y nueces
Papas y camotes
Ciruelas y pasas
Levadura

VITAMINA B12
Riñón
Hígado
Carne
Leche
Quesos
La mayoría de los pescados

Mariscos
Yema de huevo

VITAMINA C
Naranjas
Toronjas
Fresas
Col
Pimiento verde y rojo
Jitomates
Brócoli

VITAMINA D
Leche a la que se le agregó Vitamina D
Yema de huevo
Pescado de agua salada
Hígado

VITAMINA E
Aceites vegetales

Margarina
Cereales integrales
Cacahuetes

Entre los minerales tenemos:

MAGNESIO
Plátanos
Cereales integrales
Frijoles
Leche
La mayoría de las verduras
Nueces

Cacahuetes

ZINC
Mariscos
Carne
Pollo
Queso
Cereales integrales
Frijoles
Cocoa
Nueces
Calcio
Leche y productos lácteos
Queso
Yemas de huevo
Sardinas

¿Qué van a ordenar esta noche? Tenemos una langosta al vapor muy especial.

26 Quiero...

Trabajando en grupos de tres, un estudiante hace el papel de camarero/a, otro el de cocinero/a *(cook)* y otro el de cliente que va a comer a un restaurante. El camarero debe escribir y repetir lo que el cliente pide del menú (usen el menú del Restaurante Sazón Caribe). Luego, el camarero debe reportar al cocinero lo que el cliente pidió. El cocinero debe repetir lo que el camarero dice. Al terminar deben cambiar papeles *(change roles)*.

CAMARERO: ¿Qué va a ordenar?
CLIENTE: Quiero una crema de cebolla y unas costillas.
CAMARERO: *(Write down the order while saying it aloud in Spanish.)* Una crema de cebolla y unas costillas.
COCINERO: ¿Qué ordenó el señor?
CAMARERO: El señor ordenó una crema de cebolla y unas costillas.
COCINERO: Muy bien, una crema de cebolla y unas costillas.

27 ¿Cuál no corresponde?

Trabajando en parejas, alterna con tu compañero/a de clase en decir la palabra de cada grupo que no corresponde lógicamente. Luego, explica por qué no corresponde.

1. aeropuerto   camarón   tienda   lechería
2. almejas   cangrejo   carne de res   pulpo
3. carne   camión   ave   marisco
4. té   café   chocolate   sandwich
5. tocino   salchicha   camarón   puerco
6. toronja   crema   piña   pera
7. melón   camello   pantera   ratón
8. costilla   pato   pavo   pollo
9. galleta   ciruela   chiste   durazno
10. filete   vainilla   ternera   costillas

28 ¿Qué les pasó?

Di lo que les pasó a las siguientes personas cuando fueron a un restaurante la semana pasada, usando la forma apropiada del pretérito o del imperfecto de los verbos indicados.

Cuando la gente *(llegar),* los camareros *(poner)* las mesas.
Cuando la gente llegó, los camareros ponían las mesas.

1. Cuando nosotros *(leer)* el menú, el camarero *(venir)* a la mesa.
2. Yo no *(saber)* qué pedir cuando el camarero me *(preguntar)* lo que yo *(querer).*
3. Rodrigo y Carlota no *(poder)* pedir los camarones porque *(ser)* muy caros.
4. Yo *(querer)* comer comida cubana, pero el restaurante no *(tener)* nada de Cuba.
5. A la hora de comer el postre, a Armando no le *(caber)* nada porque *(comer)* mucha ternera.
6. Tú no *(traer)* dinero y no *(poder)* pagar tu comida.

Autoevaluación. Como repaso y autoevaluación, responde lo siguiente:
1. Write three sentences telling what you did yesterday.
2. How would you say in Spanish that you met the president yesterday?
3. In four sentences, describe the last time you were invited somewhere for dinner.
4. Tell a friend in Spanish that there was an elegant dinner at the Cuban restaurant in your neighborhood last year.
5. Name three food items you learned in this lesson.
6. In complete sentences, write three different foods that people you know fry.
7. In the metric system, how tall are you? How much do you weigh? How far is it from your home to your school?
8. How would you say in Spanish that you found out the food server from the restaurant speaks Spanish?
9. What do you know about Cuba?

¡La práctica hace al maestro!

A Comunicación

Working with a partner, take notes as you talk about what each of you did during the past week. Make up any of the information you wish. As you talk, list one thing your partner did each day. Be sure to add any possible details, based upon your partner's description. Finally, present the information to another pair of students.

A: ¿Qué hiciste el lunes de la semana pasada?
B: Comí en la Casa Blanca.
A: Y, ¿cómo era la cena?
B: Era muy elegante y había mucha comida y muchos camareros.
A: ¿Qué comieron?
B: Crema de cebolla, pulpo y de postre comimos flan de limón.

Anoche comimos hamburguesas en el restaurante.

B Conexión con la tecnología

Utilizing one of the search engines, carry out an Internet search for Latin-American or Spanish recipes. Print out several that you would like to try. You may wish to make one or more of the recipes to share with others in the class. Bring a copy of the recipe to share with the class as well. Finally, discuss the system of measurements used in the recipe(s).

VOCABULARIO

¿Cuántos kilos quiere Ud.?

La comida

la almeja
el ave
el camarón
el cangrejo
la carne de res
el cereal
la ciruela
la costilla
la crema
el durazno
el filete
el flan
el limón
el marisco
el melón
la papaya
la pera
la piña
el pulpo
la salchicha
el sandwich
el té
la ternera
el tocino
la toronja
la vainilla

Verbos

acordar(se) (de) (ue)
andar
caber
describir
freír (i, i)
hubo
reír(se) (i, i)

Expresiones y otras palabras

anoche
el camión
el chiste
demasiado,-a
elegante
el kilo(gramo)
el menú
necesario,-a
la parte
principal
probable
todo

¿Qué frutas vendían en el mercado?

Me acordé de comprar cereal para el desayuno.

Lección 10

EL CARIBE

Buscando un vestido

SANDRA:	El **surtido**° de vestidos que estaba mirando en la otra tienda era bueno.
CARMEN:	Sí, pero aquí también hay buena **variedad** de vestidos.
SANDRA:	Bueno, el problema es que no puedo **decidir** cuál comprar.
CARMEN:	Entonces, pídele un **consejo**° al **dependiente.**°
SANDRA:	Señor, busco un vestido elegante para una cena. ¿Qué me **aconseja**?
DEPENDIENTE:	A ver. **¿Qué le parece**° este azul **a rayas?**°
SANDRA:	No me gusta y, **además,**° parece **desteñido.**°
DEPENDIENTE:	¿Y este negro **a cuadros**° blancos? La **tela**° es de seda. ¿Quiere **probárselo?**° Allí está el **vestidor.**

surtido *assortment, supply, selection* **consejo** *advice* **dependiente** *clerk* **¿Qué le parece...?** *What do you think...?* **a rayas** *striped* **además** *besides, furthermore* **desteñido** *faded* **a cuadros** *plaid, checkered* **tela** *fabric, cloth* **probárselo** *to try it (on)*

¿Qué comprendiste?

1. ¿Cómo era el surtido de vestidos en la otra tienda?
2. ¿Cómo le parece a Sandra el vestido a rayas?
3. ¿De qué tela es el vestido negro a cuadros?
4. ¿Hay un vestidor en la tienda?

Charlando

1. ¿Te gusta llevar ropa desteñida? Explica.
2. ¿Pides consejo cuando vas a comprar ropa? ¿A quién se lo pides?
3. ¿Aconsejas a tus amigos/as cuando vas de compras con ellos/as?
4. ¿Te pruebas la ropa que vas a comprar?

Expresiones adicionales

color claro	*light color*
color oscuro	*dark color*
color entero	*solid color*
estampado/a	*printed*
hacer juego	*to match*
la talla	*size*
vestido largo	*full-length evening dress*

Conexión *Cultural*

El Caribe

Puerto Rico, la República Dominicana y Cuba son los países de habla hispana que están en el Caribe. Todos ellos tienen playas muy bonitas y clima tropical todo el año. ¿Te acuerdas por qué están unidos históricamente? Cristóbal Colón los visitó durante sus viajes al continente americano en el siglo XV.

Estas tres naciones tienen, además, una gran influencia en el mundo por sus contribuciones en los deportes, la música y la

literatura. A nivel internacional, se destacan en deportes como el béisbol, el boxeo y el básquetbol. En la música, ritmos como el merengue, la salsa y el mambo se bailan en todo el mundo. La literatura caribeña tiene un gran representante en el autor cubano, José Martí. Su libro de poemas, *Versos sencillos,* es muy famoso. La canción *Guantanamera,* que es muy conocida, está basada en uno de los versos de este libro.

Como ves, hay mucho para ver y conocer en el Caribe. ¿No te gustaría ir para explorarlo?

Los ritmos del Caribe se bailan en todo el mundo.

Estatua de Cristóbal Colón en la República Dominicana.

Cruzando fronteras

Dibuja un mapa del Caribe, en relación a los Estados Unidos, con Puerto Rico, la República Dominicana, Cuba y otros países del área. Añade los nombres de las capitales de estos países, las montañas, los lagos, los ríos (*rivers*) y otros puntos geográficos, si puedes. Busca información en la biblioteca o la Internet si es necesario.

Una playa hermosa de Cuba.

Oportunidades

Viajando al Caribe

Travel to the Spanish-speaking islands of the Caribbean is very popular among Americans, especially during a long, cold winter. Many companies offer reduced rates and reasonable travel packages. If you travel to the Caribbean, speaking Spanish will enable you to find unique areas and experience activities that are off the beaten path of other tourists.

IDIOMA

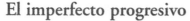

El imperfecto progresivo

Just as the present progressive tense describes something that is occurring right now, the imperfect progressive tense tells what was going on at a specific time in the past, often when something else happened. It is formed by combining the imperfect tense of *estar* with the present participle of a verb.

Yo **estaba pensando** en comprar una camisa a rayas.	**I was thinking** about buying a striped shirt.
Cuando los vi ayer **estaban comprando** un vestido a cuadros.	When I saw them yesterday, **they were buying** a plaid dress.

Object pronouns may precede the form of *estar* or may follow and be attached to the present participle, which may require a written accent mark in order to maintain the original stress of the present participle without the pronoun.

Lo estaba comprando.	→	Estaba comprándo**lo**.
Nos estábamos probando unos zapatos.	→	Estábamos probándo**nos** unos zapatos.

4 ¿Qué estaban haciendo?

Di lo que estaban haciendo las siguientes personas cuando las viste ayer, de acuerdo con las ilustraciones.

 Andrés

Cuando lo vi, Andrés estaba comiendo costillas.

1. tú   2. Mario   3. Margarita y Carlota   4. David y Paloma

5. tú y yo   6. Sandra   7. Luis e Isabel   8. mi hermano

5 El día de Enrique

Completa el diálogo entre Enrique y su amigo Daniel, usando la forma apropiada del imperfecto progresivo de los verbos indicados para saber lo que dicen.

DANIEL: Hola, Enrique. ¿Qué tal?

ENRIQUE: No muy bien.

DANIEL: ¿Por qué? ¿Qué pasó?

ENRIQUE: Bueno, todo empezó esta mañana muy temprano. Cuando yo
1. (dormir), un camión pasó por mi cuadra y su claxon me despertó.
Después, cuando 2. (ducharse), el agua caliente se acabó, y cuando
3. (afeitarse), la luz se fue. Luego, cuando 4. (desayunarse), se me cayó el
chocolate caliente en el pantalón nuevo.

DANIEL: ¡Qué día!

ENRIQUE: Espera, eso no es todo. Cuando la profesora 5. (leer) los poemas de José
Martí en la clase, me dormí. Después, cuando mis amigos y yo
6. (jugar) al béisbol, empezó a llover muy fuerte. Cuando 7. (volver) a
casa, vi que no tenía todos los libros para hacer mis tareas. ¿Y sabes qué
pasó ahora cuando 8. (ver) mi programa de televisión favorito?

DANIEL: No, ¿qué?

ENRIQUE: ¡Llamaste tú!

6 Nadie contestó

Imagina que anoche llamaste a un(a) amigo/a a las siete de la noche, pero nadie contestó el teléfono. Trabajando en parejas, alterna con tu compañero/a de clase en hacer preguntas y contestarlas para saber qué estaban haciendo todos en ese momento.

tus hermanos menores/andar por el parque
A: ¿Qué estaban haciendo tus hermanos?
B: Estaban andando por el parque.

1. tu madre y tu padre/leer el periódico
2. tu hermana mayor/preparar la comida
3. tu hermano mayor/pasar la aspiradora
4. tu abuela/dormir
5. tú/freír papas en la cocina
6. Uds./hacer muchas cosas

Algo más

El progresivo: un poco más

The two most commonly used progressive tenses are the present and the imperfect progressive, which usually consist of a form of the verb *estar* plus a present participle. In addition to *estar*, several other verbs can be used to form the progressive tenses. The most common of these are *seguir*, which you already have learned to use, *andar*, *continuar* and *venir*.

*María y Jorge **siguen** leyendo.*	María and Jorge **keep on** reading.
*Juana **andaba** por la calle pensando.*	Juana **was walking** down the street thinking.
*Yo **continuaba** estudiando.*	I **kept on (continued)** studying.
***Venían** manejando.*	**They came** driving.

Seguíamos charlando en el parque.

7 Una cena elegante

Haz oraciones completas en el imperfecto progresivo para decir lo que hacían los siguientes miembros de tu familia cuando estaban preparando una cena elegante, usando las siguientes pistas.

mi tía/estar/freír las papas
Mi tía estaba friendo las papas.

1. tú/estar/ofrecer tus ideas para todo
2. mis primos/estar/divertirse mucho
3. mi hermana/seguir/decir/chistes toda la noche
4. mi abuelo/estar/limpiar/una variedad de verduras
5. yo/estar/decidir/cómo dirigir todo el trabajo en la cocina
6. mis padres/continuar/dar/consejos sobre cómo preparar las costillas
7. mi sobrino/continuar/molestar/su hermana con una serpiente de plástico
8. todos nosotros/estar/reírse mucho en la cocina

Nos reíamos mucho después de la cena.

8 ¿Qué buscaban?

Después de pasar varias horas en el centro comercial, las siguientes personas todavía no conseguían lo que estaban buscando. Haz oraciones completas para decir lo que buscaban.

doña Pepa/seguir/collar de perlas
Doña Pepa seguía buscando un collar de perlas.

1. nosotros/seguir/impermeable café
2. Ana y Verónica/seguir/blusa a cuadros
3. Teresa/seguir/vestido a cuadros
4. Fernando/continuar/pantalón azul
5. Uds./continuar/tela de seda
6. Andrés Felipe/continuar/corbatas a rayas
7. Paco y Laura/continuar/anillo de oro
8. yo/continuar/zapatos negros
9. tú/seguir/abrigo

Doña Pepa seguía buscando un collar de perlas.

9 ¿Qué le dice Carmen a Raimundo?

Cuando Raimundo fue ayer a visitar a Carmen a las siete, ella todavía estaba de compras con Sandra. Ahora Carmen le cuenta a Raimundo lo que estaban haciendo a cada momento. Completa las siguientes oraciones, usando la forma apropiada del imperfecto progresivo de los verbos indicados para ver lo que Carmen le dice a Raimundo. Sigue el modelo.

A las siete Sandra todavía *(seguir/buscar)* un vestido elegante.
A las siete Sandra todavía *seguía buscando* un vestido elegante.

1. A las siete y diez nosotras *(andar/caminar)* por todo el centro comercial.
2. A las siete y veinte nosotras *(seguir/entrar)* a las tiendas.
3. A las siete y media Sandra *(seguir/probarse)* zapatos.
4. A las ocho el dependiente *(continuar/sacar)* zapatos para Sandra.
5. A las ocho y cuarto el dependiente *(seguir/dar)* consejos a Sandra.
6. A las ocho y media yo *(continuar/esperar)* a Sandra.
7. A las nueve menos veinte Sandra y el dependiente *(continuar/hablar)*.
8. A las nueve nosotras *(venir/correr)* para la casa.

Buscando un vestido (continuación)

CARMEN:	El vestido es muy **diferente**. Te queda muy bien.
DEPENDIENTE:	Sí, no es **cualquier°** **prenda.°**
SANDRA:	**Tienen razón.°** Me gusta mucho también. Lo llevo.
DEPENDIENTE:	Muy bien, éste es su **recibo.°** El **cajero** le recibe el dinero.

SANDRA:	Gracias. Bueno, debemos **apurarnos.**° Va a **anochecer**° pronto y tenemos que ir a la **joyería.**°
CARMEN:	Sí, claro, pero lo importante es que ya tienes tu vestido. ¿Qué **tipo** de **joya** quieres comprar?
SANDRA:	Un anillo de oro con **rubí,** si es **posible.**
CARMEN:	¿Un qué? ¿Estás loca? Tú no eres **rica.**°
SANDRA:	No, pero posiblemente voy a serlo pronto.

cualquier *any* **prenda** *garment* **Tienen razón.** *You are right.* **recibo** *receipt* **apurarnos** *hurry up.*
anochecer *to get dark, to turn to dusk* **joyería** *jewelry store* **rica** *rich*

 ¿Qué comprendiste?

1. ¿Cómo es el vestido, según Carmen?
2. ¿Qué dice el dependiente del vestido?
3. ¿Qué le da el dependiente a Sandra?
4. ¿Por qué dice Sandra que deben apurarse?
5. ¿Qué es lo importante, según Carmen?
6. ¿Qué tipo de joya quiere comprar Sandra?

 Charlando

1. ¿Cómo te vistes para ir a una cena? ¿Llevas cualquier ropa?
2. ¿Cuántas blusas/camisas diferentes tienes?
3. ¿Crees que tienes que ser rico/a para comprar joyas? Explica.
4. ¿Tienes alguna joya? ¿De qué tipo?

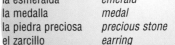 **Algo más**

Lo: un poco más

You already have learned to use the word *lo* as a direct object pronoun or with an adjective or adverb followed by the word *que* as an equivalent for **how** (+ **adjective/adverb**). In addition, sometimes the word *lo* is followed by an adjective to create an abstract noun. Used in this way, the adjective does not change forms.

Lo emocionante fue....	The exciting (part) was....
Lo principal es....	The principle (thing) is....
Lo más probable va a ser....	The most probable (thing) is going to be....

12 Lo mejor era la cena

Tu mejor amiga fue a una cena elegante y ahora te describe cómo era todo. Di lo que ella te dice de otra manera, escogiendo la oración apropiada.

A. *Lo grande eran las frutas.*

B. Lo peor eran las verduras.

C. Lo feo eran los cubiertos.

D. Lo mejor eran los mariscos.

E. Lo bonito era el mantel.

F. Lo elegante eran los platos.

G. Lo chistoso eran mis chistes.

H. Lo pequeño era el postre.

1. Los platos eran muy elegantes, pero las tazas no.
2. Mis chistes eran los más divertidos de la cena.
3. Las papayas y las piñas eran grandísimas.
4. El flan de ciruela que nos dieron era muy pequeñito.
5. El mantel que había en la mesa era muy bonito.
6. Los tenedores y los cuchillos eran muy feos.
7. Lo que más me gustó fueron las almejas y los camarones.
8. Lo que menos me gustó fueron las habichuelas.

Lo bonito eran las flores.

13 Tu opinión personal

Completa las siguientes oraciones con algo que sea verdad para ti.

Lo bueno *era la ensalada.*
Lo probable *es que viaje al Caribe en el verano.*

1. Lo bonito....
2. Lo mejor....
3. Lo malo....
4. Lo chistoso....
5. Lo feo....
6. Lo elegante....
7. Lo necesario....
8. Lo posible....

IDIOMA

Los adverbios terminados en -*mente*

In Spanish, many adverbs end with -*mente,* which often corresponds to -**ly** in English: *rápidamente* (rapid**ly**). You can form many other Spanish adverbs by adding -*mente* to the end of the feminine form of an adjective.

adjective	feminine form (+ *mente*)		adverb
especial	especial (+ mente)	=	especialmente
fácil	fácil (+ mente)	=	fácilmente
feliz	feliz (+ mente)	=	felizmente
necesario	necesaria (+ mente)	=	necesariamente
probable	probable (+ mente)	=	probablemente
solo	sola (+ mente)	=	solamente

14 Amigos de infancia

Raimundo recuerda lo que hacían sus compañeros de infancia. Completa las siguientes oraciones con el adverbio apropiado, según el adjetivo entre paréntesis.

 Dolores era muy especial y *(probable)* ella era la mejor estudiante.
Dolores era muy especial y *probablemente* ella era la mejor estudiante.

1. Patricia siempre caminaba *(rápido)* porque siempre tenía mucha prisa.
2. Adolfo estudiaba mucho y hablaba *(inteligente)*.
3. Juan siempre hablaba *(amable)* con todo el mundo porque era muy simpático.
4. Yolanda siempre jugaba *(maravilloso)* al volibol.
5. Rolando hablaba *(cariñoso)* con su amiga, Paloma, porque la quería mucho.
6. Ester estaba en el equipo de básquetbol y *(necesario)* tenía que jugar todos los días.

15 ¿Cómo fue?

Con una palabra, describe la situación para completar cada oración. Puedes escoger entre los siguientes adjetivos y cambiarlos a adverbios.

inteligente ✓   perfecto   rápido
amable   lento   loco

Tomás nos aconsejó (<u>inteligentemente</u>).

1. A Jorge le queda el traje nuevo <u>(1)</u>.
2. Cuando mis perros no saben dónde estoy ladran <u>(2)</u>.
3. Isabel decidió que quería comprar muy <u>(3)</u>.
4. Luisa Fernanda es mi amiga y casi siempre me habla <u>(4)</u>.
5. Cuando no estoy de prisa camino <u>(5)</u>.

Armando preparaba la comida rápidamente.

16 Alex y Beatriz

Alex siempre salía de compras con una amiga muy especial de su escuela. Ahora ellos no salen juntos y él recuerda lo que ella hacía. Completa lógicamente el siguiente párrafo, escogiendo de las palabras de la lista y añadiendo la terminación *-mente.*

feliz	rápido	especial
fácil	solo	inteligente

Cuando entrábamos en una tienda, mi amiga, Beatriz, caminaba <u>(1)</u> a las ofertas especiales porque siempre sabía dónde encontrarlas. Me gustaba ir con ella porque ella sabía comprar muy <u>(2)</u>. Ella iba de un piso a otro, de una tienda a otra, <u>(3)</u>, como en una fiesta. A ella no le gustaba comprar <u>(4)</u> para ella. También compraba para otros, <u>(5)</u> para personas como yo. Como conocía tan bien a la gente escogía <u>(6)</u> los mejores regalos para cada persona. A todo el mundo le gustaba recibir regalos de Beatriz.

La cena elegante

RAIMUNDO: ¡Qué elegantes están! Sigan, por favor.

JAIME: Sí. Hace mucho tiempo que no veo a unas chicas tan elegantes.

SANDRA: Muchas gracias. Bueno, ¿y quién fue el **cocinero?**°

JAIME: Yo fui y Raimundo va a ser el **mesero.**° Él va a **servir**° la comida.

CARMEN: ¿Tenemos que darle **propina?**°

JAIME: Claro, y también tienen que pagarle la **cuenta.**°

CARMEN: Estás **tomándome el pelo.**°

cocinero *cook* **mesero** camarero **servir** *to serve* **propina** *tip* **cuenta** *bill, check* **tomándome el pelo** *pulling my leg*

17 ¿Qué comprendiste?

1. ¿Cuánto tiempo hace que Jaime no ve a unas chicas tan elegantes?
2. ¿Quién fue el cocinero?
3. ¿Quién va a ser el mesero?
4. ¿A quién hay que darle propina y pagarle la cuenta?
5. ¿A quién le está tomando el pelo Jaime?

HOTEL EL SALVADOR

Necesita contratar

MESEROS

PARA TRABAJAR EN SU DEPARTAMENTO DE
BANQUETES EN FORMA EVENTUAL

REQUISITOS:
EDAD : 20-30 AÑOS
SEXO : MASCULINO
NIVEL EDUCATIVO : BACHILLER

OTROS
* EXCELENTE ACTITUD DE SERVICIO
* FÁCILIDAD DE EXPRESION
* BUENA PRESENTACION

* EXCELENTES RELACIONES
  INTERPERSONALES
* CAPACIDAD DE TRABAJAR EN EQUIPO

OFRECEMOS
* ENTRENAMIENTO EN EL PUESTO
* SALARIO COMPETITIVO

* AMBIENTE AGRADABLE DE TRABAJO
* PRESTACIONES ADICIONALES A
  LA LEY

INTERESADOS FAVOR PRESENTARSE EL MARTES 10 DE JUNIO AL
HOTEL A LAS 8:30 A.M., TEATRO LAMATEPEC, CON. ING. FUENTES.

18 Charlando

1. ¿A qué hora sirven la cena en tu casa?
2. Cuando vas a comer en un restaurante con un amigo/a, ¿quién paga la cuenta? Explica.
3. ¿Les tomas el pelo a tus amigos/as? ¿Cuándo? ¿Por qué?

Repaso *rápido*

Hace (+ *time*) que

Describe an action that began in the past and has continued into the present time by using the following four elements:

hace (+ *time expression*) que (+ *present tense of a verb*)
1   2   3   4

Hace una hora que ando
   1   2   3   4
por el centro comercial.

I have been walking
in the shopping center for one hour.
(An hour ago I started walking in the
shopping center and I am still doing
the same thing.)

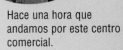

Hace una hora que
andamos por este centro
comercial.

For questions, reverse the order of *hace* and the time expression if a form of
¿cuánto? introduces the question.

¿Cuánto tiempo hace que andas
  2   1   3   4
por el centro comercial?

How long have you been walking
in the shopping center?

19 ¿Cuánto tiempo hace?

Trabajando en parejas, alterna con tu compañero/a de clase en hacer preguntas y contestarlas.

no comprar ropa elegante

A: ¿Cuánto tiempo hace que no compras ropa elegante?

B: Hace un año que no compro ropa elegante.

1. no comprar joya
2. no probarse una prenda a rayas
3. hablar conmigo
4. no ir de compras
5. llevar unas prendas desteñidas
6. estar en el colegio hoy
7. tener los mismos zapatos

La cena elegante (continuación)

SANDRA:	¡Qué comida tan **agradable!**°
CARMEN:	Hacía mucho tiempo que no comíamos una cena tan **deliciosa.**
RAIMUNDO:	Gracias, chicas. Es con gusto.
SANDRA:	Jaime, las costillas tienen muy buen **sabor.**° ¿Qué les pones?
JAIME:	Les **suelo**° **agregar**° un **aderezo**° especial. Es un **secreto** de familia.
CARMEN:	Con tanta comida tan **rica**° nos vamos a **engordar**° mucho.
SANDRA:	Yo ya estoy **llena.**°
RAIMUNDO:	Esperen, ahora viene el postre. ¡Les va a **agradar**° mucho!

agradable *nice, pleasing, agreeable* **sabor** *flavor* **suelo** *I am accustomed to, I am used to (I usually)* **agregar** añadir **aderezo** *seasoning, flavoring, dressing* **rica** *delicious* **engordar** *to get fat, to make fat* **llena** *full* **agradar** *to please*

20 ¿Qué comprendiste?

1. ¿Cómo dice Sandra que está la comida?
2. ¿Cuánto tiempo hacía que las chicas no comían una cena tan deliciosa?
3. ¿Qué les suele agregar Jaime a las costillas para darles buen sabor?
4. ¿Qué dice Carmen que les va a pasar por comer tanta comida tan rica?
5. ¿En dónde se pone la sal y la pimienta?

21 Charlando

1. ¿Qué plato rico sabes preparar?
2. ¿Qué aderezos le pones a tu plato para darle buen sabor?
3. ¿Tienes alguna receta que es un secreto de familia?
4. ¿Cuál es el postre que más te agrada?

IDIOMA

Hacía (+ *time*) que

You have learned to describe an action that began in the past and has continued into the present time. It is also possible to express an action that continued for a period of time in the past by using the following pattern:

hacía (+ *time expression*) que (+ *imperfect tense of a verb*)
1 2 3 4

Hacía una hora que andaba
  1   2   3   4
por el centro comercial.

I had been walking in the shopping center for an hour.

When a form of *¿cuánto?* introduces a question, reverse the order of *hacía* and the time expression.

¿Cuánto tiempo hacía que andabas
      2   1   3   4
por el centro comercial?

How long had you been walking in the shopping center?

Hacía media hora que yo estaba con mis amigos.

22 De compras

Imagina que fuiste de compras con otra persona. Reporta qué pasó, cambiando estas oraciones al pasado.

 Hace dos años que vamos al mismo centro comercial.
Hacía dos años que *íbamos* al mismo centro comercial.

1. Hace tres semanas que buscamos un pantalón diferente.
2. Hace veinte minutos que quiero probarme unas prendas.
3. Hace dos meses que llevo este pantalón desteñido.
4. Hace media hora que estamos en esta tienda.
5. Hace más de quince minutos que esa muchacha está en el vestidor.
6. Hace media hora que esperamos al dependiente.
7. Hace muchos años que tienen un buen surtido en esa tienda.

23 ¿Cuándo ocurrió?

Reporta cuánto tiempo hacía que estabas haciendo estas actividades cuando algo ocurrió.

 12:00 P.M. Empecé a leer una receta interesante.
12:05 P.M. Me llamaste. (Estaba leyendo.)
Hacía cinco minutos que leía la receta cuando me llamaste.

1. 12:05 P.M. Empezamos a hablar por teléfono de la receta.
   12:15 P.M. Tuviste que colgar el teléfono. (Estábamos hablando.)

2. 12:30 P.M. Decidí ir al supermercado para comprar lo necesario para la receta.
   12:35 P.M. Salí de la casa. (Estaba lloviendo.)

3. 12:55 P.M. Llegué al supermercado.
   1:30 P.M. Encontré el último ingrediente de mi lista. (Estaba haciendo compras.)

4. 2:00 P.M. Llegué a la casa.
   2:30 P.M. Empecé a cocinar. (Estaba preparando todo para cocinar.)

5. 3:15 P.M. Le serví la comida a mi familia.
   3:20 P.M. Les pregunté si les gustó el sabor de mi receta secreta. (No estaban diciendo nada.)

6. 3:20 P.M. Empezaron a reírse.
   3:25 P.M. Me dijeron que era deliciosa. (Estaban tomándome el pelo.)

7. 6:00 P.M. Empezaron a lavar los platos y limpiar la cocina.
   7:00 P.M. Terminaron los quehaceres de la cocina. (¡Yo estaba leyendo el periódico y viendo televisión!)

24 Preguntas personales

Contesta las siguientes preguntas en español, usando una expresión con *hace* o una expresión con *hacía*.

1. ¿Cuánto tiempo hace que tu profesor(a) enseña español?
2. ¿Cuánto tiempo hace que conoces a tu mejor amigo/a del colegio?
3. ¿Cuánto tiempo hacía que ibas al colegio cuando conociste a este amigo/a?
4. ¿Cuánto tiempo hacía que estudiabas español cuando empezaste este año?
5. ¿Cuánto tiempo hace que estudias español?
6. ¿Cuánto tiempo hace que vas al mismo colegio?
7. ¿Cuánto tiempo hacía que ibas a otro colegio cuando empezaste a estudiar en este colegio?
8. ¿Cuánto tiempo hacía que tu profesor(a) enseñaba español cuando empezó a trabajar en este colegio?

¿Cuánto tiempo hace que estudias español?

Autoevaluación. Como repaso y autoevaluación, responde lo siguiente:
1. Describe your favorite piece of clothing (color, design, fabric, etc.).
2. Tell three things you were doing last weekend when there were no classes.
3. Talk about three things that happened on your last shopping trip using these phrases in Spanish: the bad (part)..., the funny (thing)..., the most important (thing)....
4. Using what you know about adverbs, describe how you were when you were younger.
5. How would you ask for the check in a restaurant in Spanish?
6. How would you say that you ate three hours ago?
7. How long have you been studying Spanish?
8. What can you say in Spanish to describe how you feel about the food you are eating?
9. What do you know about the Caribbean?

¡La práctica hace al maestro!

A Comunicación

Working with a partner, discuss what each of you remembers about your last vacation. Ask about such things as where each of you went, what you ate, what items you purchased and whom you saw. You may both make up any of the answers you wish. Use the imperfect and preterite tenses in your answers, and try to use as many new words from this lesson as possible.

A: Dime, ¿adónde fuiste en tus últimas vacaciones?
B: Fuimos a Puerto Rico.
A: ¿Qué hacías en las mañanas?
B: Bueno, yo me levantaba temprano, me desayunaba con la familia y, luego, nadaba en la piscina.
A: ¿Comiste algo interesante?
B: Una noche comimos unos mariscos que tenían un sabor muy rico.

Me bronceaba todos los días cuando estuvimos en Puerto Rico.

B Conexión con la tecnología

Imagine you are planning a week-long trip to a Spanish-speaking country in the Caribbean. Check out the Internet for travel sites offering discount airfares to Caribbean destinations. Compare prices from several different Internet sites. Include any details you learn. For example, can you find any package deals that include a stay in a hotel, a guided tour, or other special perks? How much more would a particular airline charge for traveling first class? Are there cheaper charter flights to particular destinations? Print out the results of the Internet travel sites offering the best deals and compare them with other students' findings.

VOCABULARIO

En la tienda

a cuadros
a rayas
el cajero, la cajera
dependiente
desteñido,-a
la joya
la joyería
la prenda
el recibo
el rubí
el surtido
la tela
el tipo
la variedad
el vestidor

La cena

el aderezo
agradable
la azucarera
el cocinero, la cocinera
la cuenta
delicioso,-a
lleno,-a
la mayonesa
el mesero, la mesera
la mostaza
el pimentero
la propina
rico,-a
el sabor
el salero
la salsa de tomate

Verbos

aconsejar
agradar
agregar
anochecer
apurar(se)
decidir
engordar(se)
probar(se) (ue)
servir (i, i)
soler (ue)

Expresiones y otras palabra

además
el consejo
el cuadro
cualquier, cualquiera
diferente
posible
¿Qué (te, le, les) parece?
la raya
la razón
el secreto
tener razón
tomar el pelo

Ellas buscaron un collar de rubíes en esta joyería.

Había tres dependientes en la tienda.

a **leer**

Estrategia

Preparación

Estrategia para leer: *using a combination of reading strategies*
When you begin a new reading, it is helpful to use a variety of the reading strategies you have already practiced. First, look at the format to predict the general theme. Then, skim the reading to get a general idea of the content. Throughout the reading, use context clues to help you guess the meaning of any new words.

Contesta las siguientes preguntas como preparación para la lectura.
1. By looking at the title, the pictures and the graphics, what do you think this reading is about?
2. By skimming the subtitles and the first lines of the paragraphs, what information do you think the reading contains?

El Caribe

El mar Caribe es hermosísimo.

TODOS LOS PROGRAMAS INCLUYEN PASAJE AEREO

Un lugar privilegiado, diferente, único para disfrutar una experiencia inolvidable... donde todo es posible: Sol, aguas azules y cristalinas, arenas blancas, palmeras, grandes monumentos, frutas, mariscos, gente cálida y alegre, y vida natural.

Todo esto es el Caribe. Pero es aún más con KIEN.

KIEN conoce como nadie sus lugares, sus ritmos, su magia. Sus programas ofrecen las vías aéreas más convenientes, contratos con los mejores hoteles. Además cuenta en cada isla con personal especializado.

Los planes KIEN son los más económicos del mercado turístico, ya que incluyen todo: pasajes, alojamiento, comidas, visitas... y el mejor servicio antes y durante su viaje.

Asegure sus mejores vacaciones. Venga al Caribe de KIEN.

Consulte a su agente de viaje.

Caribe kien

PRECIOS ALTA TEMPORADA

TODOS LOS PRECIOS SON POR PERSONA EN BASE A HABITACION DOBLE

VIASA
LA LINEA AEREA DE VENEZUELA

AV. 11 de Septiembre 2155, torre A. Of. 803. Tels: 233-3360-3848-3013-3994-3628 Fax: 2336698. Telex: 241123 Kien CL

A ¿Qué comprendiste?

1. ¿Por cuántos días es el plan que va a Cuba?
2. ¿Qué viaje es más caro, el plan a Cuba o el crucero por el Caribe?
3. ¿Cómo se llama el crucero que va a San Juan, Curaçao, Caracas, Grenada, Martinica y St. Thomas?
4. ¿Qué deportes se practican en el hotel Playa Bávaro en la República Dominicana?
5. ¿Cuándo salen los viajes para Cuba?
6. ¿En dónde se ofrecen sol, aguas azules, frutas, mariscos y gente alegre?

B Charlando

1. ¿Qué plan te gustó más? ¿Por qué?
2. ¿Qué cosas te gustaría hacer en un viaje al Caribe?
3. ¿Qué piensas que es lo más importante en un plan de viajes?
4. ¿Cuál es tu medio de transporte favorito? ¿Por qué?
5. ¿Te gustaría hacer un crucero por el Caribe?

El baile es muy popular
en Puerto Rico.

a escribir

Estrategia para escribir: *making a concept map*

One of the best ways to generate ideas about a writing theme is to visually map out your ideas on paper. This concept map will help you organize your thoughts before you begin to write so that they follow in a logical order.

Create a concept map to help you write about a memorable dinner. First, think of a dinner that stands out in your mind—such as a birthday, a holiday, or a special date—and write it in the center of a piece of paper. Next, draw lines extending out from it in different directions, and add secondary circles containing related topics such as who was there, when it took place, where it took place, and what happened. Branching out from these circles, add more circles containing details about the guests, the menu, the clothing, the preparations, and so on.

Finally, organize your ideas logically into a complete paragraph in Spanish that describes your memorable dinner. Be sure to give your paragraph a title and use transition words to make your ideas flow smoothly, such as *sin embargo, luego,* etc.

repaso

Now that I have completed this chapter, I can...
- ✓ talk about what someone remembers.
- ✓ seek and provide personal information.
- ✓ describe clothing.
- ✓ report past actions and events.
- ✓ talk about everyday activities.
- ✓ identify foods.
- ✓ use metric weights and measurements.
- ✓ read and order from a menu.
- ✓ write about the past.
- ✓ express opinions.
- ✓ ask for advice.
- ✓ state what was happening at a specific time.
- ✓ describe how something was done.
- ✓ express length of time.
- ✓ discuss food preparation.

I also can...
- ✓ read in Spanish about life in the Caribbean.
- ✓ learn new words in Spanish by comparing how they are similar to what I already know.
- ✓ read a menu in Spanish.
- ✓ write a letter in Spanish.

Anoche tuvimos una cena elegante.

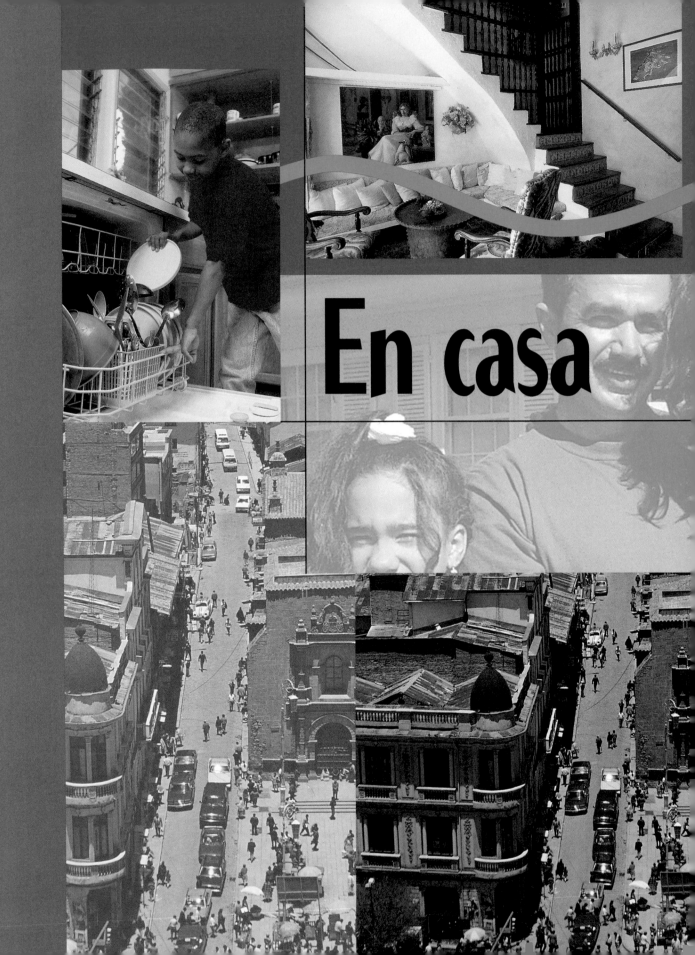

En casa

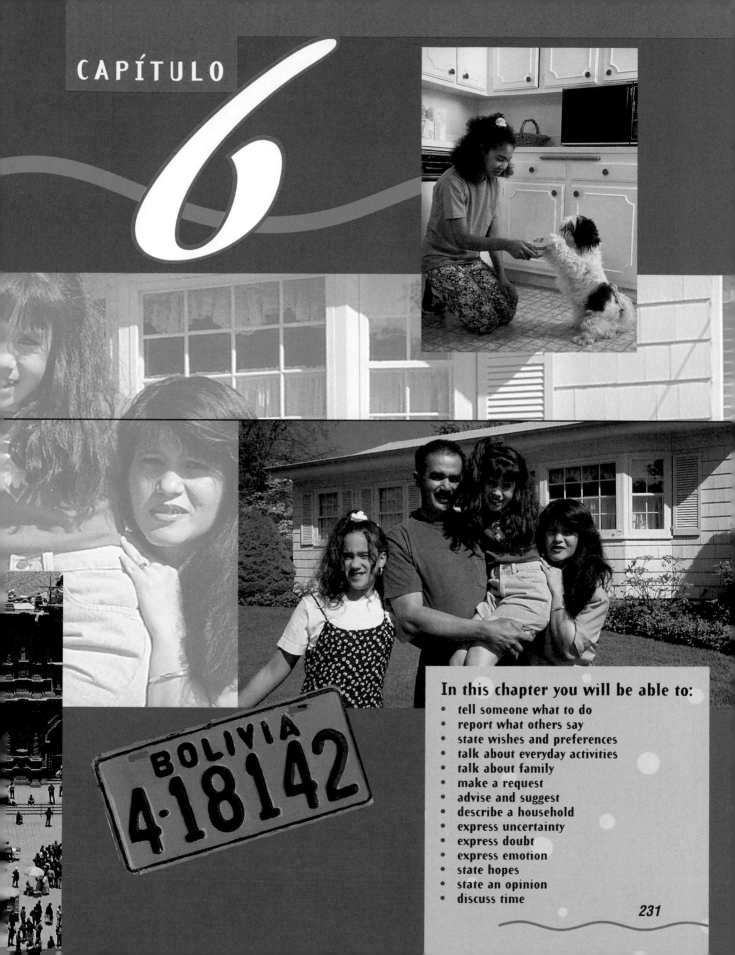

CAPÍTULO

6

BOLIVIA
4-18142

In this chapter you will be able to:

- tell someone what to do
- report what others say
- state wishes and preferences
- talk about everyday activities
- talk about family
- make a request
- advise and suggest
- describe a household
- express uncertainty
- express doubt
- express emotion
- state hopes
- state an opinion
- discuss time

231

Lección 11

En casa de Felipe

*Felipe y su familia viven en Sucre, Bolivia. Como en muchos **hogares,**° en la familia de Felipe hay algunos problemas a la hora de arreglar la casa.*

PAULA: Juana, ve y dile a tu hermano que pase la aspiradora por la **alfombra.** Tú y yo vamos a limpiar la cocina y, luego, todos vamos a limpiar el **ático.**

JUANA: Está bien, mamá.

•••

JUANA: Oye, Felipe, mamá dice que pases la aspiradora por la alfombra.

FELIPE: Ahora no puedo. Voy a salir. Que lo haga otra persona.

JUANA: ¿Quién? ¿Yo? Mamá y yo estamos ocupadas en la cocina.

FELIPE: Bueno, ése no es mi problema.

hogares *homes*

1 ¿Qué comprendiste?

1. ¿Dónde tiene que pasar la aspiradora Felipe?
2. ¿Qué van a hacer Juana y su mamá?
3. ¿Puede Felipe hacer lo que su mamá quiere? Explica.
4. ¿Piensa Felipe hacer algo para ayudar?

2 Charlando

1. ¿Haces siempre lo que tus padres te dicen?
2. ¿Ayudas con los quehaceres en tu casa? ¿Con cuáles?
3. ¿Los fines de semana te gusta estar en tu casa con tu familia o prefieres salir con tus amigos/as? Explica.

Los quehaceres
Do you remember some of the chores you can do at home?

pasar la aspiradora	limpiar
poner/recoger la mesa	cocinar
lavar los platos	barrer
arreglar la casa	sacar la basura
limpiar el piso	hacer la cama
colgar la ropa	dar de comer al perro

3 Ayudando en casa

Trabajando en parejas, hablen Uds. de los quehaceres de la casa que tienen que hacer durante una semana típica.

A: ¿Tienes que lavar los platos?
B: Sí, tengo que lavarlos los domingos.

¿Tienes que lavar la ropa?

Tengo que pasar la aspiradora los sábados.

Conexión *Cultural*

Bolivia

BOLIVIA
EtnoEcoTurismo
De La Amazonia a Los Andes

Bolivia, cuyo nombre oficial es la República de Bolivia, fue llamada así en honor a Simón Bolívar, quien escribió la primera constitución y quien fue el primer presidente del país.

El país tiene casi ocho millones de habitantes, cuya gran mayoría es de origen quechua y aymara. Por eso, Bolivia tiene tres lenguas oficiales—español, quechua y aymara. Está ubicado en la América del Sur, en el área conocida como el Altiplano, o tierras altas *(highlands)*, las cuales están al pie de los Andes. En el Altiplano, entre los países de Bolivia y Perú, está el lago Titicaca, el cual es el lago navegable más alto del mundo. Este lago es importante para la economía de Bolivia, especialmente en el transporte de diversos productos, ya que el país no tiene salida al mar. Conectado al lago Titicaca por un río está el lago Poopó, el cual es un lago de agua salada *(salt water)*.

Bolivia tiene la rara distinción de tener dos capitales: La Paz y Sucre. La Paz, la capital más alta del mundo (aproximadamente 3.500 metros sobre el nivel del mar), es la capital administrativa; Sucre es la capital constitucional. Otra ciudad importante de Bolivia es Potosí, donde se encuentran unas de las minas de plata más ricas del mundo.

La Paz, Bolivia, es la capital más alta del mundo.

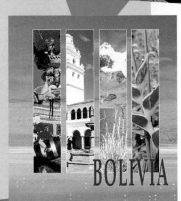

El General Antonio José de Sucre, en cuyo honor se nombró la ciudad de Sucre. (Pintura de Arturo Michelena.)

Una mujer aymara y su en frente del lago Titica

Cruzando fronteras

¿Qué sabes sobre Bolivia? Contesta las siguientes preguntas.

1. ¿En honor a quién se le da a Bolivia su nombre?
2. ¿De qué origen es la gran mayoría de los habitantes de Bolivia?
3. ¿Cuáles son las lenguas oficiales de Bolivia?
4. ¿Cuáles son las dos capitales de Bolivia?
5. ¿Por qué es diferente La Paz?
6. ¿Qué ciudad es importante en Bolivia por las minas de plata?
7. ¿Cuál es el lago navegable más alto del mundo?
8. ¿Qué lago tiene agua salada?

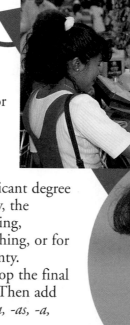

Espero que tenga bastante dinero.

El subjuntivo

You already have learned to express certainty or state facts by using verbs in various tenses of the indicative mood: present tense, preterite tense, imperfect tense. The subjunctive mood *(el subjuntivo)* is often required in Spanish to express actions and events that convey a significant degree of subjectivity or uncertainty. More specifically, the subjunctive mood may be required for suggesting, requesting or ordering that someone do something, or for expressing emotion, hope, doubt and uncertainty.

To form the present-tense subjunctive, drop the final *-o* from the *yo* form of the present-tense verb. Then add *-e, -es, -e, -emos, -éis* or *-en* for *-ar* verbs; add *-a, -as, -a, -amos, -áis* or *-an* for *-er* and *-ir* verbs.

No quiero que te preocupes tanto.

el presente del subjuntivo					
-ar		**-er**		**-ir**	
hable	hablemos	coma	comamos	viva	vivamos
hables	habléis	comas	comáis	vivas	viváis
hable	hablen	coma	coman	viva	vivan

The subjunctive has the same spelling changes as the Ud. commands you already have learned: *-car (c → qu), -cer (c → zc), -cir (c → zc), -gar (g → gu), -ger (g → j), -guir (gu → g)* and *-zar (z → c)*.

Stem-changing verbs that end in -ar or -er require the same change in both the present-tense indicative and the present-tense subjunctive: e → ie, o → ue, u → ue.

empezar (ie)		contar (ue)		jugar (ue)	
empiece	empecemos	cuente	contemos	juegue	juguemos
empieces	empecéis	cuentes	contéis	juegues	juguéis
empiece	empiecen	cuente	cuenten	juegue	jueguen

Note: Some additional verbs ending in -ar or in -er that have the stem change e → ie include *cerrar, despertarse, nevar, pensar, querer* and *sentarse*. Some additional verbs ending in -ar or in -er that have the stem change o → ue include *acostarse, almorzar, colgar, costar, doler, encontrar, llover, poder, recordar, volar* and *volver*.

Stem-changing verbs that end in -ir have two changes in the present-tense subjunctive, both of which are indicated in parentheses after verbs in *Somos así*. Use the first change for all forms of the present-tense subjunctive except for the *nosotros* and *vosotros* form where the second change should be used.

sentir (ie, i)		dormir (ue, u)		pedir (i, i)	
sienta	sintamos	duerma	durmamos	pida	pidamos
sientas	sintáis	duermas	durmáis	pidas	pidáis
sienta	sientan	duerma	duerman	pida	pidan

Note: Some additional verbs ending in -ir that require the same stem changes as *sentir (ie, i)* include *divertirse, mentir, preferir* and *sentirse*. Some additional verbs ending in -ir that have the same stem changes as *pedir (i, i)* include *conseguir, despedirse, reírse, repetir, seguir* and *vestirse*.

5 Uno no es como los otros

En cada grupo de cuatro, busca el verbo que está en el subjuntivo.

1.	nada	oiga	se olvida	es
2.	pasamos	sentimos	almorzamos	pidamos
3.	hablas	contestas	comes	juegues
4.	se escapan	hablen	ocurren	vuelan
5.	cree	duerma	vive	dice
6.	corras	compras	continúas	entras
7.	fríen	paguen	hacen	ponen
8.	saltamos	molestamos	gritemos	comemos
9.	conduzco	doblo	ofrezca	manejo
10.	ordena	suba	se queda	presta

6 Avisos comerciales

Encuentra siete verbos en el subjuntivo en los siguientes avisos del periódico.

CURSOS DE
Vacaciones
**AYUDE
A SU HIJO**
para que
LEA
con rapidez y comprensión

E·D·I·F·I·C·I·O
Torre Cabrera

¿Está buscando un apartamento que sea elegante? En la Torre la Cabrera lo encuentra.

Te regalo lo que tú quieras. Te regalo telas.

Antes de que llegue la noche, compre para su hogar lámparas Varta.

Es dudoso que Ud. tenga un pelo limpio si no usa Champú Crisan.

Champú
Crisan

Es fácil que su hogar quede lindo usando juegos de cama Fabricato.

"Que viva el Fútbol"

Algo más

El subjuntivo con mandatos indirectos

You already have learned how to use commands to tell people what you would or would not like them to do.

Barra Ud. el ático.   **Sweep** the attic.
No se duerman Uds. temprano.   **Do not fall asleep** early.

It is also possible to suggest what you would or would not like others to do by using the word *que* followed by the third-person *(Ud./él/ella/Uds./ellos/ellas)* subjunctive form of a verb. This indirect or implied command is roughly equivalent to "let (someone do something)" in English.

Que lo arregle mi hermana.   **Let** my sister **fix** it.
Que lo lave tu hermano.   **Let** your brother **wash** it.

Note: Unlike affirmative direct commands, object pronouns do not follow indirect/implied commands: *Límpielo Ud.* → *Que lo limpie Felipe.*

Un fin de semana con los parientes

Todos en tu familia se están preparando para un fin de semana con otros parientes. Completa los siguientes mandatos indirectos para decir qué hace cada uno para ayudar, escogiendo la forma apropiada de los verbos entre paréntesis.

 ¿Mi madre? Que *(siga/sigue)* preparando el aderezo para la carne.

1. ¿Los jóvenes? Que *(se sientan/se sienten)* en la cocina para comer.
2. ¿Virginia y Amalia? Que *(recojan/recogen)* la mesa después de la cena.
3. ¿Mi hermano? Que *(saca/saque)* la basura.
4. ¿Alicia y Hernán? Que *(limpian/limpien)* el ático.
5. ¿Don Armando? Que *(conduce/conduzca)* el carro al mercado.
6. ¿Doña Yolanda? Que *(empiece/empieza)* a preparar la comida.
7. ¿Mi padre? Que *(pase/pasa)* la aspiradora.
8. ¿Los niños? Que *(dibujan/dibujen)* en su cuarto.
9. ¿Mis primos? Que *(cuelguen/cuelgan)* los abrigos.
10. ¿Mi sobrino? Que *(haga/hace)* las camas.

Descubre las verdaderas emociones (y los problemas) de tus hijos a través de sus dibujos

Envíanos los dibujos que hacen, para que el doctor Alfonso Pérez Farfante, especialista en Pediatría, descifre los mensajes que encierran en sus mentes, y así puedas conocerlos mejor.

Papá Mamá yo mi hermanita

Pensando siempre en la familia

No lo hagan, entonces

Di que las siguientes personas no hagan lo que no quieran hacer. Sigue el modelo.

Doña Sarita no quiere recoger la mesa.
Que no la recoja, entonces.

1. Mis sobrinas no quieren hacer la tarea.
2. Esperanza no quiere conducir el carro.
3. Mi hermanito no quiere ponerse el suéter.
4. Mi hermanita no quiere quitarse los zapatos.
5. Jorge no quiere pasar la aspiradora.
6. Mis tías no quieren ver el partido de fútbol.
7. Mis hermanos no quieren conseguir la comida.
8. Sandra y Ernesto no quieren lavar los platos.

9 Todo es diferente en el fin de semana

Todo el mundo quiere hacer algo diferente durante el fin de semana. Di que estas personas pueden hacer lo que quieran.

 Mis primos quieren ver televisión.
Que vean televisión.

1. Mis abuelos quieren ir de compras.
2. Mi tía quiere tocar el piano.
3. Pilar quiere acostarse tarde.
4. Don Mateo y doña Marta quieren jugar a las cartas.
5. Lorenzo y mi hermano quieren divertirse con sus primos.
6. Patricia y mi madre quieren preparar galletas.
7. Mi padre quiere conseguir llantas para el carro.
8. Los niños quieren levantarse temprano.
9. Esteban quiere almorzar solo.
10. Mi sobrina quiere dormir bastante.

IDIOMA

El subjuntivo con mandatos indirectos: *decir* y *querer*

Indirect commands often consist of the verbs *decir* (to tell, to say) or *querer* (to want, to love, to like) followed by *que* and a verb in the subjunctive mood. These "causal verbs" indicate that one person is indirectly trying to influence another. When a causal verb is followed by another that has a different subject, the verb that follows *que* must be in the subjunctive.

La abuela quiere que lavemos su auto.

> **(verb) + *que* + (subjunctive)**

*Mi abuelo me **dice que** (yo) **llame** a las diez.*

My grandfather **says to call** at ten.

*Mi madre **quiere que** (yo) **barra** la cocina.*

My mother **wants me to sweep** the kitchen.

Note: If there is no change of subject, use the infinitive in place of the word *que* and a subjunctive verb: *Yo quiero hacer la cama.*

COMO DIJO
BETO BOTAS
QUITESE ESAS Y PONGASE OTRAS

¿Qué dice Beto Botas?

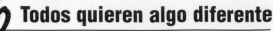

10 Todos quieren algo diferente

Algunos miembros de tu familia quieren que tú y tu hermano hagan algo diferente. Completa las siguientes oraciones, usando la forma apropiada del subjuntivo de los verbos entre paréntesis.

> Nuestra hermana mayor quiere que *(sacar)* la basura por ella.
> Nuestra hermana mayor quiere que saquemos la basura por ella.

1. Nuestros padres quieren que *(vestirse)* bien antes de salir.
2. Nuestro tío quiere que *(limpiar)* la alfombra.
3. Nuestra madre quiere que *(dormir)* más de seis horas todos los días.
4. Nuestro abuelo quiere que siempre *(pedir)* permiso a nuestros padres para salir.
5. Nuestra abuela quiere que *(buscar)* algo suyo que está en el ático.
6. Nuestras primas quieren que *(seguir)* jugando con ellas.
7. Nuestro padre quiere que nosotros *(lavar)* su coche.
8. Nuestras tías quieren que *(divertirse)* mucho todo el tiempo.

11 ¿Qué quieres hacer hoy?

Trabajando en parejas, alterna con tu compañero/a de clase en hacer preguntas y contestarlas para saber lo que Uds. quieren hacer durante el día. Usa las indicaciones.

> ir/al centro comercial
> A: ¿Vamos al centro comercial?
> B: Sí, (No, no) quiero que vayamos.

1. visitar/los abuelos esta tarde
2. vestirse/para salir
3. volver/temprano a casa
4. mirar/el partido en la televisión
5. hablar/con los vecinos
6. poner/el televisor
7. preparar/el almuerzo
8. colgar/la ropa
9. arreglar/el ático
10. limpiar/las alfombras ahora

12 ¡Qué confusión!

Hoy es un día de mucha confusión en tu casa y todos dan órdenes *(orders)* diferentes. Trabajando en parejas, alterna con tu compañero/a de clase en hacer preguntas y contestarlas para saber lo que dicen las siguientes personas.

> mamá (yo/limpiar el ático)
> A: ¿Qué dice mamá?
> B: Dice que (yo) limpie el ático.

Dice que...

1. el tío Pedro (ellos/buscar su reloj)
2. los abuelos (Camilo/poner la mesa)
3. Gerardo (mis tíos/pagar la cuenta del teléfono)
4. Cristina (Isabel/pasar la aspiradora por la alfombra)
5. papá (tú/lavar los platos)
6. la tía Lucía (nosotros/subir la ropa)
7. tú (nosotros/salir ahora)

En casa de Felipe (continuación)

PAULA: Felipe, hoy no sales. Prefiero que ayudes con los quehaceres. Debes pasar la aspiradora por la alfombra y, luego, debes arreglar tu **armario.**

FELIPE: Pero mamita, papá me dio permiso. Él dice que vaya a visitar a mis amigos.

PAULA: Sí, pero casi nunca estás los fines de semana. A veces pienso que ya no eres **miembro°** de esta familia y que vives más con tus amigos que con nosotros.

FELIPE: No **exageres,°** mamá. Pero si eso es lo que quieres, aquí me quedo.

PAULA: ¡Qué buen hijo eres! Ven y dame un **beso.°**

miembro *member* **exageres** *exaggerate* **beso** *kiss*

 13 ¿Qué comprendiste?

1. ¿Qué debe hacer Felipe en casa?
2. ¿Quién le dice a Felipe que vaya a visitar a sus amigos?
3. ¿Qué piensa a veces la madre de Felipe?
4. ¿Qué le da Felipe a su mamita?
5. ¿Pides permiso para salir? Explica.
6. ¿Cuándo arreglas tu armario?
7. ¿Exageras cuando hablas con tus padres? Explica.

Algo más

La familia: un poco más

You already are familiar with some of the more common terms that refer to family in Spanish, such as *padre, madre, hermano/a, abuelo/a, tío/a, sobrino/a* and *primo/a*. Other useful words that name family members include the following:

Ahora somos marido y mujer.

papá	*padre*	*mamá*	*madre*
marido	*esposo*	*mujer*	*esposa*
padrastro	stepfather	*madrastra*	stepmother
hermanastro	stepbrother	*hermanastra*	stepsister
bisabuelo	great-grandfather	*bisabuela*	great-grandmother

14 Hablando de la familia

Trabajando en parejas, hablen de sus familias. Deben decir dos o tres cosas sobre algún miembro de la familia. Pueden inventar la información, si prefieren.

A: ¿Quiénes son los miembros de tu familia?

B: Mi madrastra se llama Luz. Hace ocho años que es la mujer de mi papá. Trabaja en una joyería en un centro comercial.

B: ¿Quiénes son los miembros de tu familia?

A: Tengo una bisabuela. Tiene 90 años. Es muy dulce y cariñosa.

PARA ti

Palabras de cariño

Terms of affection that are used for addressing family members vary from country to country. For example, sometimes a *padre* or *papá* is referred to as *papito, papacito* or *papi*, and a *madre* or *mamá* may be referred to as *mamita, mamacita* or *mami*. In everyday speech, parents and guardians may refer to children as *mijito* or *mijita*, which are shortened forms of *mi hijito* and *mi hijita*. In addition, the following are terms of affection used by family members to refer to one another: *amor, cariño, corazón mío, mi vida, mi cielo*.

No es mi papá— ¡es mi hermano!

IDIOMA

Verbos irregulares en el subjuntivo

The following verbs are irregular in the present-tense subjunctive. They do not have a present-tense indicative *yo* form that ends in *-o*.

	dar	estar	ir	saber	ser
yo	dé	esté	vaya	sepa	sea
tú	des	estés	vayas	sepas	seas
Ud./él/ella	dé	esté	vaya	sepa	sea
nosotros/nosotras	demos	estemos	vayamos	sepamos	seamos
vosotros/vosotras	deis	estéis	vayáis	sepáis	seáis
Uds./ellos/ellas	den	estén	vayan	sepan	sean

Quiero que vayan al otro lado de la piscina.

15 La familia de Felipe

Haz oraciones en el subjuntivo, escogiendo elementos de cada columna para saber lo que dicen los siguientes familiares de Felipe.

 Su mamá dice que nosotros estemos más tiempo en casa.

A	B	C	D
su mamá	tú	dar	de comer a los gatos
sus tíos	ellos	ser	a arreglar el armario
su bisabuelo	yo	estar	más tiempo en casa
sus padres	nosotros	ir	buenos estudiantes
sus abuelos	ella		en casa a las cinco
su madrastra	él		al zoológico
su hermanastro	Uds.		dinero para la fiesta

16 ¿A qué hora?

Tú tienes que decir la hora en que algunas personas de la familia deben estar en la casa para la reunión con todos los parientes. Trabajando en parejas, alterna con tu compañero/a de clase en hacer preguntas y contestarlas, usando las indicaciones que se dan.

 el marido de Blanca/ocho de la mañana
A: ¿A qué hora debe estar el marido de Blanca?
B: Digo que el marido de Blanca esté a las ocho de la mañana.

1. la mujer de Roberto/ocho y media de la noche
2. yo/veinte para las siete de la noche
3. mi hermanastro/seis de la tarde
4. mis tíos/ocho de la noche
5. mi madrastra/ocho y cuarto de la mañana
6. mis hermanastras/ocho de la noche
7. nosotros/siete de la noche
8. mi abuelo/cuatro de la tarde

Decimos que Conchita esté a las dos de la tarde.

¿Adónde?

Di adónde dicen las siguientes personas que vayan diferentes miembros de la familia, según las ilustraciones.

 mis tíos/mis hermanas
Mis tíos dicen que mis hermanas vayan al museo.

1. mi bisabuelo/mi hermano y yo

2. mi hermanastra/tú

3. mi madrastra/nosotros

4. mi padrastro/yo

5. mis tías/Uds.

6. mi abuela/mi hermanastro

Mi madre dice que demos un paseo en bote. (Lago Titicaca, Bolivia.)

Trabajando en casa

PAULA: Amor, **insisto en** que vayas **afuera°** y **cortes°** el césped. Luego, quiero que pintes la **cerca** y el **muro** del **jardín** porque están **rayados.°**

RAMÓN: Pero, corazón, está haciendo mucho calor afuera y el **aire acondicionado** está aquí **adentro.°**

PAULA: Sí, amor, pero trabajar **al aire libre°** y tomar **aire puro** es mejor. Felipe te ayuda.

RAMÓN: Ah, me acabo de acordar que hay un **mueble°** en la sala que puedo arreglar y....

PAULA: No te preocupes, Juana y yo **nos encargamos de°** ese mueble. Ve afuera y **ten cuidado.°**

RAMÓN: **Tú ganas.°** Que Felipe me espere afuera. Voy **abajo,°** al **sótano,°** a sacar lo que necesito.

afuera *outside* **cortes** *cut, mow* **rayados** *scratched, striped* **adentro** *inside* **al aire libre** *outdoors* **mueble** *piece of furniture* **nos encargamos de** *we are taking cave of* **ten cuidado** *be careful* **Tú ganas** *you win* **abajo** *downstairs, down* **sótano** *basement*

18 ¿Qué comprendiste?

1. ¿En qué insiste Paula?
2. ¿Por qué Ramón quiere hacer algo adentro?
3. ¿Quién debe tener cuidado?
4. ¿Qué hay abajo?
5. ¿Qué quiere Ramón que haga Felipe?

19 Charlando

1. ¿Te gusta hacer actividades al aire libre? ¿Cuáles?
2. ¿Por qué crees que es bueno tomar aire puro?
3. ¿Hay una cerca en tu casa? ¿De qué color es?
4. ¿Crees que en la vida es importante ganar? Explica.
5. ¿Quién se encarga de pintar los muros o muebles rayados en tu casa?

Algo más

Más sobre el subjuntivo con mandatos indirectos

You already have learned to use the subjunctive after the causal verbs *querer* and *decir*. Some other verbs that indicate that one person is indirectly trying to influence another include the following: *aconsejar, decidir, insistir (en), necesitar, ordenar, pedir, permitir* and *preferir*. These and other causal verbs follow the pattern of *querer* and *decir* and are followed by the subjunctive when there is a change of subject in the part of the sentence (clause) introduced by *que*.

*Paula **insiste en que** Ramón **pinte** la cerca.*	Paula **insists that** Ramón **paint** the fence.
*Ramón **prefiere que** Felipe lo **haga**.*	Ramón **prefers that** Felipe **do** it.

20 Las memorias de Felipe

Completa el siguiente párrafo que Felipe escribió en su diario con las formas apropiadas de los verbos entre paréntesis.

Mis padres quieren que yo 1. (saber) hablar español muy bien porque va a ser muy importante para mi futuro. Mi papito siempre me pide que 2. (estudiar) mucho. Él insiste en que yo 3. (ser) un buen estudiante. A veces prefiero no 4. (estudiar). Entonces, mi mamita me ordena que yo 5. (ayudarla) con los quehaceres del hogar. A veces ella necesita que yo 6. (pasar) la aspiradora, que 7. (hacer) la cama y que 8. (colgar) la ropa. Otras veces ella permite que yo 9. (salir) para estar con mis amigos. Me aconseja que 10. (tener) cuidado cuando salgo, pero siempre prefiere que yo 11. (estar) en casa con la familia.

21 ¡Todos preguntan!

Contesta las siguientes preguntas, usando las indicaciones que se dan. Sigue el modelo.

 ¿Qué decide tu mamá? (mi hermano/ayudar afuera a su padrastro)
Mi mamá decide que mi hermano ayude afuera a su padrastro.

Sus padres insisten en que Rodolfo limpie el jardín.

1. ¿Qué permites tú? (Uds./estar adentro en el sótano donde hay aire acondicionado)
2. ¿Qué necesitan Uds.? (alguien/arreglar el muro y los muebles)
3. ¿Qué aconsejan ellos? (nosotros/ser buenos estudiantes)
4. ¿En qué insiste tu tío? (su mujer/darle permiso para jugar al tenis)
5. ¿Qué ordena Carlos? (los niños/no exagerar tanto)
6. ¿Qué pide la tía Graciela? (su sobrino/darle un beso)
7. ¿Qué quiere tu padrastro? (yo/ir abajo y limpiar el sótano)
8. ¿Qué prefiere Felipe? (ellos/cortar el césped del jardín y arreglar la cerca)
9. ¿Qué quieren tus padres? (nosotros/saber español)
10. ¿Qué necesita tu bisabuela? (yo/ir a cortar el césped)

22 En tu familia

Escribe una oración usando cada uno de los siguientes verbos para tratar de influenciar a ocho personas diferentes de tu familia: *aconsejar, decidir, insistir en, necesitar, ordenar, pedir, permitir* y *preferir.* Sé creativo/a.

Insisto en que mi hermanastra arregle su armario.

 Yo insisto en que mi hermanastra arregle su armario porque está muy sucio.

Trabajando en casa (continuación)

PAULA: ¡Felipe!

FELIPE: Estoy aquí **arriba,**° mamá.

PAULA: Tu papá **te manda**° que lo ayudes afuera.

FELIPE: Afuera no puedo. Tú no me **dejas**° salir de la casa.

PAULA: ¿A qué **te refieres?**°

FELIPE: Tú quieres que yo esté hoy todo el día en la casa, ¿verdad?

PAULA: Sí, pero no me refiero a que estés adentro de la casa. Claro que sí te permito salir a ayudar a tu padrastro.

FELIPE: Era una **broma,**° mamá.

arriba *upstairs, up, above* **te manda** *orders you* **dejas** *you let* **te refieres** *do you refer* **broma** *chiste*

23 ¿Qué comprendiste?

1. ¿Dónde está Felipe?
2. ¿Qué le manda a Felipe su papá?
3. ¿A quién no deja Paula salir de la casa?
4. ¿A qué se refiere Paula cuando dice que no deja salir de la casa a Felipe?
5. ¿Te permiten tus padres salir de casa todos los fines de semana con tus amigos/as? ¿Por cuánto tiempo?
6. ¿Te gusta hacer bromas? Explica.

Algo más

Verbos de causa sin el subjuntivo

You have learned that causal verbs are followed by the subjunctive when there is a change of subject. However, the causal verbs *dejar, hacer, invitar, mandar* and *permitir* may be followed by an infinitive instead of the subjunctive, even when there is a change of subject. In such instances, the sentence requires an indirect object.

*Mi padre **me manda que haga** la cama.*
*Yo no **permito que** el **niño** juegue en la sala.*
*Mi madre **hace que** nosotros **comamos** todo.*

*Mi padre **me manda hacer** la cama.*
*Yo no **le permito jugar** en la sala.*

*Mi madre **nos hace comer** todo.*

24 De todos los días

Las siguientes oraciones describen situaciones que pasan todos los días en un hogar. Dilas en forma diferente sin usar el subjuntivo.

Mi papá me pide limpiar las ventanas.

> El padre deja que sus hijos salgan a tomar aire puro al parque.
> El padre los deja salir a tomar aire puro al parque.

1. Mandas a tu hermano que arregle su cuarto.
2. No dejamos que Uds. manejen nuestro carro.
3. Dejo que mis hermanitos vean televisión.
4. La mamá manda a sus hijos que corten el césped del jardín.
5. La tía permite que su sobrina juegue afuera, al aire libre.
6. Los abuelos hacen que sus nietos tomen toda la sopa.

25 De dos formas diferentes

Las siguientes parejas de oraciones se pueden combinar de dos formas diferentes. Haz la primera combinación sin usar el subjuntivo y la segunda usándolo.

Su mamá le manda cortar el césped.

Mis padres no me permiten que salga antes de hacer la tarea.

> Queremos viajar. No nos dejan hacerlo.
> No nos dejan viajar./No nos dejan que viajemos.

1. Queremos salir esta noche. No nos permiten hacerlo.
2. Voy arriba. Mi madrastra me manda hacerlo.
3. Juega con sus amigos. Dejo a Timoteo hacerlo.
4. Inés y Elisa limpian el cuarto. Su mamá les manda hacerlo.
5. Ganas el partido de tenis. Te permito hacerlo.
6. Vienes a mi casa a almorzar. Te invito a hacerlo.
7. Estudio mucho. Mi papá me pide hacerlo.

En la casa

- la chimenea
- la azotea
- el techo
- el ático
- la reja
- la alarma
- el tocador
- el cuadro
- el ventilador
- la bombilla
- la cortina
- la madera
- el ladrillo
- el sillón
- la chimenea
- la escoba
- el lavadero

 **26** **Cosas de la casa**

 Di qué son las siguientes cosas que se pueden encontrar en una casa.

Es un ladrillo.

1.

2.

3.

4.

5.

6.

7.

8.

 **Todo yo**

Di lo que los miembros de tu familia quieren que tú hagas, usando las indicaciones que se dan.

   tía/insistir en/lavar las cortinas de mi cuarto
Mi tía insiste en que lave las cortinas de mi cuarto.

1. bisabuelo/insistir en/encargarme de arreglar el techo y las rejas de la casa
2. hermanos/querer/comprar una alarma nueva para despertarme
3. padre/querer/poner una bombilla nueva en la sala
4. madre/preferir/limpiar su tocador
5. abuelos/pedir/comprar unos cuadros para la casa
6. tío/decir/conseguir algunos ladrillos para arreglar los muros del patio
7. el marido de mi tía/querer/traerle el sillón de la sala
8. hermanastro/querer/barrer la azotea
9. hermanastra/necesitar/ayudarla a poner madera en la chimenea

 En casa

Escribe cuatro oraciones originales, usando el subjuntivo para describir las circunstancias que se muestran *(are shown)* en las ilustraciones.

1.

2.

3.

4.

Autoevaluación. Como repaso y autoevaluación, responde lo siguiente:
1. Name two chores you do at home.
2. What do you know about Bolivia?
3. Suggest or request in Spanish that your little brother help you clean the garage.
4. Imagine your Spanish class is preparing an end-of-the-year dance. Say what tasks your teacher wants each of you to do to prepare for the dance.
5. Who are the members of your family?
6. List two bits of advice for a friend who is about to take a trip to a Spanish-speaking country.
7. Name three things that your parents do not permit you to do.
8. Name three objects in your house that you have learned in this lesson.

¡La práctica hace al maestro!

A Comunicación

Working in groups of six, first decide who will play the role of various family members. Then form two concentric circles of three, with students who are playing the part of adults in one circle and students who are playing the part of children in the other circle. Now do the following: 1) The adults use one of the causal verbs to ask the children to perform a household chore or to help with an errand; 2) the children must answer by saying someone else should do the requested task; 3) the adults rotate one person to the left and begin the activity again, making a different request. Switch roles after each person has had an opportunity to make three requests or to respond three times.

A: Mercedes, quiero que pases la aspiradora por la sala, por favor.

B: Ay, no, papá. Que lo haga mi hermanastra.

B Conexión con la tecnología

Use a camera or a camcorder to photograph or film the different parts of your house. Then prepare a script in Spanish to identify the rooms and objects being seen, and to tell which family members you advise to do particular household chores. Be creative! Share your presentation with the rest of the class.

El comedor de mi casa.

El cuarto de mis padres.

VOCABULARIO

La casa

el aire (acondicionado)
la alarma
la alfombra
el armario
el ático
la azotea
la bombilla
la cerca
la chimenea
la cortina
el cuadro
la escoba
el hogar
el jardín
el ladrillo
el lavadero
la madera
el mueble
el muro
la reja
el sillón
el sótano
el techo
el tocador
el ventilador

La familia

el bisabuelo, la bisabuela
el hermanastro,
  la hermanastra
la madrastra
la mamá
el marido
el miembro
la mujer
el padrastro
el papá

Verbos

cortar
dejar
encargar(se) (de)
exagerar
ganar
insistir (en)
invitar
mandar
referir(se) (ie, i)

Expresiones y otras palabras

abajo
adentro
afuera
al aire libre
arriba
el beso
la broma
el cuidado
tener cuidado
puro,-a
rayado,-a

Su mamá le manda a Carmen que ayude en el jardín.

Éstos son los miembros de mi familia.

¿Qué muebles venden en esta tienda?

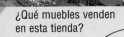

253

Lección 12

Las reglas de la casa

la cerradura

la llave

LOS TIEMPOS

JUANA: Papito, ¿es posible que esta noche Sergio y yo vayamos a una fiesta en el **club**?

RAMÓN: Está bien, pero si sales, **espero**° que recuerdes que tienes que **regresar**° a la medianoche, y no olvides llevar las **llaves.**

JUANA: Ay, papá, ¿por qué tan temprano?

RAMÓN: Ésas son las **reglas**° de la casa. No quieres que tu mamá y yo nos preocupemos por ti toda la noche, ¿verdad?

JUANA: No, papito, pero **dudo**° que Sergio me quiera traer tan temprano. Además, no deben **temer**° nada.

RAMÓN: Es mejor que te traiga temprano si él no quiere tener problemas con tu papito.

JUANA: Sí, papá. ¡**Estoy segura de**° que vamos a llegar **a tiempo!**°

espero *I hope* **regresar** volver **reglas** *rules* **dudo** *I doubt* **temer** *fear* **Estoy segura de** *I am sure* (of) **a tiempo** *on time*

¿Qué comprendiste?

1. ¿Adónde es posible que Sergio y Juana vayan por la noche?
2. ¿A qué hora tiene que regresar Juana si va a la fiesta?
3. ¿Qué duda Juana?
4. ¿De qué está segura Juana?
5. ¿En qué lugar se pone la llave para abrir la puerta?

Charlando

1. ¿A qué lugares vas con tus amigos?
2. ¿Tienen reglas en tu casa que debes seguir? ¿Cuáles?
3. ¿Tienes que regresar temprano cuando sales por la noche? Explica.
4. ¿Se preocupan mucho tus padres cuando sales por la noche? Explica.

¿A qué lugares vas con tus amigos?

Estrategia

Para leer mejor: *observing contextual cues*

Read for ideas rather than look up every word you do not recognize. You can become a better reader by observing contextual cues and by becoming better at discerning the meaning of words. With this in mind, remember that the ending *-dad* is approximately the English equivalent for **-ty.** You have already seen many words that end in *-dad*, such as *variedad, calidad* and *actividad*.

Some words that do not follow this pattern are *edad* (age), *verdad* (truth) and *Navidad* (Christmas).

Conexión *Cultural*

Los países bolivarianos

Se da el nombre de países bolivarianos a las repúblicas que Simón Bolívar ayudó a libertar *(liberate)* de los españoles. Estos países fueron Bolivia, Colombia, Ecuador, Perú y Venezuela. En estas naciones Simón Bolívar es conocido como el Libertador y el héroe nacional.

La Plaza Bolívar en Mérida, Venezuela.

Bolívar nació en Caracas, Venezuela, en 1783. La mayor parte de su vida la dedicó a la lucha por la independencia de estos países. Su sueño era el de unir *(unite)* a todas las repúblicas que libertó para formar una sola nación bajo el nombre de la Gran Colombia. El Libertador murió *(died)* el 17 de diciembre de 1830 en Santa Marta, Colombia, sin poder ver realizado este gran sueño.

El sueño de unidad de Bolívar sigue siendo el ideal de los gobiernos de estos cinco países. En principio, el objetivo es el de buscar la unidad de sus mercados y así fortalecer *(strengthen)* la economía del área. Su meta *(goal)* final es poder conseguir la unidad total de estas naciones, y de esta manera formar una sola república. El camino para llegar a esta meta es largo y difícil. Todavía son muchos los obstáculos que hay que sobrepasar, pero posiblemente, algún día este sueño sea realidad.

El Libertador
Simón Bolívar.

VENEZUELA
COLOMBIA
ECUADOR
PERÚ
BOLIVIA

PAÍSES BOLIVARIANOS DE AMÉRICA LATINA

Simón Bolívar

POCAS FIGURAS EN LA HISTORIA han desempeñado un papel tan decisivo en un continente entero como lo hizo Bolívar. Como líder político y militar durante las guerras de independencia de Colombia, Venezuela, Bolivia, Perú y Ecuador, su presencia y su acción fueron decisivas. La labor inagotable del Libertador para financiar las guerras de liberación hicieron posible la independencia de la corona española. Algunos historiadores sostienen que la influencia del Libertador fue más importante que la que tuvieron Julio César o Carlomagno, pues los cambios que surgieron después de su intervención resultaron más permanentes y porque las regiones que afectó son más extensas. Pero es innegable que Bolívar moldeó la historia de una gran región del mundo.

CONEXIONES 3

Cruzando fronteras

Haz un mapa de la América del Sur y colorea los países bolivarianos. Luego, añade los nombres de las capitales de estos países, las montañas, los lagos, los ríos y otros puntos geográficos que puedas. Busca información en la biblioteca o en la Internet si es necesario.

IDIOMA

El subjuntivo con verbos de emoción y duda

The subjunctive is used in Spanish after verbs that express emotions (such as anger, annoyance, fear, happiness, regret, sadness or surprise) or doubt when there is a change of subject in the clause that is introduced by *que*. Some verbs of emotion that you have already seen include *agradar* (to please), *divertir* (to amuse, to have fun), *esperar* (to hope), *gustar* (to like, to be pleasing), *importar* (to be important, to matter), *molestar* (to bother), *parecer bien/mal* (to seem right/wrong), *preocupar* (to worry), *sentir* (to be sorry, to feel sorry, to regret) *temer* (to fear) and *tener miedo de* (to be afraid).

Si sales con tus amigas, quiero que regreses temprano.

Espero que regreses temprano.	**I hope you return** early.
Me agrada que estés bien.	**I'm glad (It pleases me) that you're** well.

The principal verb of doubt is *dudar* (to doubt). The verbs *creer* and *pensar* and the expression *estar seguro/a (de)* imply doubt when they are negative.

Dudo que Felipe vaya a ayudar.	**I doubt (that) Felipe is going** to help.
No creo que él ayude mucho.	**I don't think (that) he helps** much.
No pienso que a Felipe le guste pasar la aspiradora.	**I don't think Felipe likes** to vacuum.
No estoy seguro de que vaya a ayudar.	**I'm not sure he is** going to help.

¡Me agrada mucho que estés aquí!

4 ¿Qué piensan?

Haz oraciones completas para decir lo que piensan o sienten las siguientes personas, usando las indicaciones que se dan.

 a Felipe/parecerle bien/su hermana/seguir las reglas
A Felipe le parece bien que su hermana siga las reglas.

1. Ud./esperar/nosotros/ir a la fiesta del club con Juana
2. a Ramón/molestar/yo/traer a Juana después de la medianoche
3. yo/tener miedo de/ellos/no ir a la fiesta
4. Paula/temer/Juana/no tener las llaves de la casa
5. Juana/esperar/su hermano/ayudar a su padre
6. a Ramón/gustar/Juana/regresar a tiempo
7. a sus padres/agradar/Juana y Felipe/ayudar en la casa
8. a sus tíos/no importar/tú/ser amigo de Felipe
9. a nosotros/preocupar/Juana y Felipe/comer poco
10. la novia de Felipe/sentir/él/tener que estar en la casa todo el día

5 Preguntas y más preguntas

Todos preguntan algo en casa. Combina las dos oraciones en una sola oración.

 ¿Ayudas en el hogar? (Sí, creo.)
Creo que ayudo en el hogar.

1. ¿Viene la abuela mañana? (Temo que sí.)
2. ¿Almorzamos hoy? (Sí, es importante.)
3. ¿Llueve hoy? (No, no esperamos.)
4. ¿Regresan tus padres temprano? (Lo dudo.)
5. ¿Te parece bien que no tengan las llaves? (Me parece mal.)
6. ¿Cuándo empiezas a limpiar? (Pronto, espero.)
7. ¿Nieva mucho aquí? (Sí, lo siento.)

Es claro que ayudo en el hogar.

6 Toda la familia tiene dudas

Haz oraciones completas para expresar las dudas que tienen hoy algunos miembros de tu familia, usando *dudar, no creer, no estar seguro/a de o no pensar,* y las indicaciones que se dan.

 La cerradura de la casa es buena. (mi abuela)
Mi abuela duda (no cree/no está segura de/no piensa) que la cerradura de la casa sea buena.

1. La tía invita a sus amigas a jugar a las cartas. (Uds.)
2. El aire acondicionado está trabajando bien. (tú)
3. Mis padres compran más cuadros para la sala. (mi hermanastro)
4. Nosotros siempre tenemos mucho cuidado cuando lavamos los platos. (ellos)
5. Le gustan las bromas a mi abuelo. (mi tía)
6. La fiesta va a ser en el club. (nosotros)
7. Mis hermanas se encargan de arreglar la cocina hoy. (yo)
8. Mis hermanos tienen las llaves de la casa. (mi madre)

¡Su hermana duda que el bebé pueda caminar solo!

CERRAJERIA "OVALLE"
AMAESTRAMIENTO
REPARACIÓN
Y CAMBIO DE
COMBINACIÓN
LLAVES DE TODOS
TIPOS CARROS
TODAS MARCAS
Y MODELOS
82-22-19
RAPIDEZ, ECONOMIA, HONRADEZ
B. JUAREZ ESQ. CON G. ESTRADA
SERVICIO
A DOMICILIO

7 ¿Qué dudas?

 Trabajando en parejas, alterna con tu compañero/a de clase en decir cinco oraciones y, luego, ponerlas en duda. Usen *dudar, no creer, no estar seguro/a o no pensar* en cada oración y traten de ser tan creativos/as como sea posible.

 A: Pienso que la gente va a ser más inteligente en el año dos mil diez.
B: Dudo (No creo/No estoy seguro,-a/No pienso) que la gente vaya a ser más inteligente en el año dos mil diez.

Algo más

Otros verbos de emoción

Other verbs that express emotion are usually conjugated following the pattern of *gustar*:

alegrar (de)   to make happy
complacer   to please
encantar   to enchant, to delight
fascinar   to fascinate
interesar   to interest

When the verb *alegrar* becomes reflexive it is followed by the word *de* and no longer follows the pattern of *gustar*. Compare these two sentences:

Me alegra que ayudes en casa.
Me alegro de que ayudes en casa.

Me alegra que seas mi amiga.

I am glad you help at home.

 8   Algunas emociones

¿Cómo cambian las siguientes oraciones si se ponen las frases entre paréntesis primero? Sigue los modelos.

   La comida es muy mala. (Me molesta....)
Me molesta que la comida sea muy mala.

Nosotros vamos al club. (Natalia se alegra de....)
Natalia se alegra de que nosotros vayamos al club.

1. Gabriel tiene un hogar excelente. (Nos complace....)
2. Uds. juegan al aire libre. (¿Le encanta a Lupe...?)
3. Tú siempre cortas el césped. (Me fascina....)
4. Ud. es una persona inteligente. (A ellos les interesa....)
5. No llegamos a tiempo. (¿Temen mis padres...?)
6. Nadie viene a la fiesta. (¿Tiene Gloria miedo de...?)
7. La fiesta empieza a tiempo. (Me alegra....)
8. Julio no usa el ventilador cuando hace calor. (¿Te molesta...?)
9. Nos sentamos en el jardín. (¿Espera Javier...?)
10. Estudio español. (A mi padrastro le interesa....)

9 Emociones de tu familia

Completa las siguientes oraciones con ideas que sean verdad para tu familia. Puedes inventar las ideas, si prefieres.

A mi madre le complace que....
A mi madre le complace que yo ayude con los quehaceres.

1. A mi hermano le preocupa que....
2. A mis hermanas les gusta que....
3. A mis padres les alegra que....
4. A mi abuela le fascina que....
5. A mis tíos les complace que....
6. A mi abuelo le interesa que....
7. A mi padre le agrada que....
8. A mi madre le molesta que....

10 Expresando tus emociones personales

Completa las siguientes oraciones de una manera original para expresar emociones personales, usando el subjuntivo.

Me fascina....
Me fascina que mi hermana me ayude a arreglar mi cuarto.

1. Temo....
2. Me alegro....
3. Me encanta....
4. Espero....
5. Me interesa....
6. Me complace....
7. Siento....
8. Me molesta....

A todos nos alegra que estemos juntos.

Temo que mis padres estén enojados conmigo.

Algo más

El subjuntivo con expresiones impersonales

Several impersonal expressions in Spanish are followed by *que* and the subjunctive when they express doubt or state an opinion and when the verb that follows has its own subject. Compare the following sentences:

> **¡Es importante que ayudes en casa!**

Es importante que limpies tu cuarto.	It is important for you to clean (that you clean) your room.

but:

Es importante limpiar la casa hoy.	It is important to clean the house today.

Some of the more common impersonal expressions include the following:

es difícil (que)	it is unlikely (that)
es dudoso (que)	it is doubtful (that)
es fácil (que)	it is likely (that)
es importante (que)	it is important (that)
es imposible (que)	it is impossible (that)
es mejor (que)	it is better (that)
es necesario (que)	it is necessary (that)
es posible (que)	it is possible (that)
es preciso (que)	it is necessary (that)
es probable (que)	it is probable (that)
es una lástima (que)	it is a pity (that)
es urgente (que)	it is urgent (that)
más vale (que)	it is better (that)
conviene (que)	it is fitting (that)

Es importante que ella limpie su cuarto antes de salir

The impersonal expressions *es claro* (it is clear), *es evidente* (it is evident), *es obvio* (it is obvious), *es seguro* (it is sure) and *es verdad* (it is true) are followed by the indicative. However, when these expressions are negative, they express doubt and, therefore, they require the subjunctive.

Es evidente que quieres ayudar.	It is clear that you want to help.
No es evidente que quieras ayudar.	It is not clear that you want to help.

11 ¿Cuál es tu opinión?

Completa las siguientes oraciones con la forma apropiada de los verbos indicados para dar tu opinión.

 Es dudoso que Carlos <u>(compre)</u> unas cortinas nuevas para su casa. (comprar)

1. Es necesario que tú <u>(1)</u> de comer tanto. (dejar)
2. Es difícil que ellos <u>(2)</u> de su hogar. (irse)
3. Es evidente que Uds. <u>(3)</u> mucho a sus padres. (querer)
4. Es probable que nosotros <u>(4)</u> a Venezuela y Colombia. (viajar)
5. No es seguro que sus amigos <u>(5)</u> al club también. (ir)
6. Es claro que Hernán <u>(6)</u> arreglar el aire acondicionado. (saber)
7. Es imposible que nosotros <u>(7)</u> dos casas. (tener)
8. Es fácil que mi padrastro y mi mamá <u>(8)</u> pronto. (llegar)
9. Es preciso que yo <u>(9)</u> más tiempo en casa. (estar)
10. Es obvio que Uds. <u>(10)</u> los dientes todos los días. (cepillarse)

Proverbios y dichos
It is important to finish a task, even if you complete it much later than you would have liked. Following through with what you begin is an important quality. It demonstrates responsibility and your commitment to reach your goal. As the saying goes: *Más vale tarde que nunca* (Better late than never).

12 ¿Qué opinas?

Da una opinión para cada una de las situaciones que se muestran en las siguientes ilustraciones, usando las indicaciones que se dan.

 es necesario/Rogelio
Es necesario que Rogelio haga la cama.

1. más vale/Isabel

2. es importante/ellos

3. es urgente/él

4. conviene/Antonio y Elisa

5. es preciso/tú

6. es una lástima/yo

13 Permiso para un camping

Imagina que tus padres te dan permiso para ir de camping con unos amigos, pero primero expresan sus opiniones. Haz oraciones completas para saber lo que ellos dicen, usando las indicaciones que se dan.

conviene/Carlos y Clara/llevar/sus chaquetas
Conviene que Carlos y Clara lleven sus chaquetas.

1. posible/hacer/mucho frío
2. mejor/Sandra/llevar/más agua
3. fácil/Uds./perderse/en las montañas
4. preciso/nadie/estar solo
5. importante/tú/divertirte/en este camping
6. más vale/tú/llamarnos/cuando regresen
7. lástima/nosotros/no ir
8. probable/tío Jairo/recogerlos

14 En el teléfono

Trabajando en parejas, inventen una conversación telefónica donde Uds. hacen planes para el fin de semana. Usen tantas expresiones impersonales como les sea posible.

A: ¡Aló! ¿Margarita?
B: Hola, Luz. ¿Qué vamos a hacer el fin de semana?
A: Vamos al parque a jugar volibol.
B: Es mejor que naveguemos en la Internet. Es posible que llueva el sábado.
A: Es una lástima que llueva el sábado.

¡Aló! ¿Margarita?

Hola, Luz.

La abuela cumple años

RAMÓN: El sábado vamos a ir a visitar a la abuela porque cumple años. Más vale que no tengan otro **plan.**

JUANA: Sí, es preciso que todos vayamos. Ella va a estar muy feliz de ver a toda la familia.

PAULA: ¿Por qué **te sonríes,°** Felipe? ¿Tienes otros planes? Si tienes planes, debes **cambiarlos.°**

FELIPE: Sí, mamá, tengo otro plan, pero mi abuela está primero.

JUANA: Debemos llevarle algo de regalo. ¿Qué les parece un **pastel,** unas galletas y algo para la casa?

FELIPE: ¿Por qué no le llevamos un refrigerador?

JUANA: Es mejor que no hables. Siempre te gusta exagerar.

PAULA: Bueno, no **comiencen°** a **discutir.° Cualquiera** de Uds. debe prepararle un pastel hoy mismo. ¿A qué hora vamos a ir el sábado, Ramón?

RAMÓN: Conviene que estemos temprano. Vamos a las nueve de la mañana.

te sonríes *you smile* **cambiarlos** *change them* **comiencen** *empiecen* **discutir** *to argue, to discuss*

15 ¿Qué comprendiste?

1. ¿Quién cumple años el sábado?
2. ¿Por qué es preciso que todos vayan a visitarla?
3. ¿Quién se sonríe?
4. ¿Qué piensa Juana que deben llevarle de regalo a la abuela?
5. ¿Quién debe prepararle el pastel a la abuela?
6. ¿Cuándo deben preparar el pastel?

Es el cumpleaños de la abuela.

16 Charlando

1. ¿Discutes con tus hermanos/as? ¿Con quién discutes? Explica.
2. ¿Qué tipo de regalos te gusta recibir para tu cumpleaños?
3. ¿Cómo celebran los cumpleaños en tu familia?
4. Cuando tu familia quiere hacer planes contigo, ¿cambias tus planes si ya tienes otros planes con tus amigos/as? Explica.

17 Un evento importante

Expresa tus opiniones o dudas acerca del próximo evento importante que hay en tu familia o en tu colegio, usando una de las siguientes expresiones: *Es dudoso, es fácil, es una lástima, es imposible, es necesario, es posible, es importante, es preciso, es probable, es mejor, es urgente, más vale, conviene.* Puedes inventar la información si quieres. Sé creativo/a.

 Es difícil que mis tías vengan a la fiesta de cumpleaños de mi abuelo.

Algunos aparatos de la casa

la alarma de incendios

el horno microondas

la licuadora

la cafetera

la mesa de planchar

la plancha

18 Los aparatos de la casa

Di qué aparatos son, de acuerdo con las siguientes pistas.

¿Qué es?

Es fácil que Ud. haga el café con este aparato. La cafetera.

1. Es poco probable que Ud. pueda cocinar rápidamente la comida sin este aparato.
2. Es seguro que Ud. puede hacer muchos jugos con este aparato.
3. Conviene que Ud. tenga este aparato para tener fresca y fría la comida.
4. Es una lástima que Ud. no tenga este aparato cuando es verano y hace mucho calor.
5. Es importante que Ud. tenga este aparato para saber cuándo hay un incendio en la casa.
6. Es claro que Ud. puede lavar fácilmente los platos y los cubiertos con este aparato.
7. Es posible que Ud. use este aparato para limpiar las alfombras.
8. Es imposible que Ud. planche la ropa sin este aparato.
9. Es difícil que Ud. pueda cocinar la comida sin este aparato.

Otros aparatos de la casa

el abrelatas	can opener
la batidora	beater
el calentador de agua	water heater
el procesador de alimentos	food processor
la secadora	dryer
la tostadora	toaster
la videocasetera	videocassette recorder

¿Qué aparatos de la cocina puedes identificar?

Oportunidades

Carreras que usan el español

You already are aware that the ability to communicate in another language can enhance your career *(carrera)* opportunities. By now you have accumulated many skills in Spanish that will allow you to work in various fields some day. One possibility might be a career in advertising. Would you like to use your creativity and work in an advertising agency to promote products for people who speak Spanish? Marketing is a career that also offers many opportunities to use a second language and communicate ideas to other people. Consider these jobs as a unique way for you to practice your Spanish and use your imagination without limits.

Mucho gusto. Soy directora de publicidad.

19 Trabajando en una agencia de publicidad

Imagina que trabajas para una agencia de publicidad (*advertising agency*) y estás preparando los textos para algunos avisos (*advertisements*). Completa los siguientes textos con una expresión y el subjuntivo del verbo apropiado.

es importante   es urgente   creemos   más vale   es mejor   interesa   conviene

compre   envíe   corra   llame   abra   tome   encuentre

> *Es mejor* que Ud. *compre* nuestra alarma de incendios Alerta. Su familia va a vivir más tranquila.

1.

(1) que Ud. nos (1) su dirección hoy mismo. Vamos a enviarle información importante sobre lo mejor en aparatos eléctricos *Icasa*.

2.

Le (2) que Ud. (2) a nuestros Almacenes Azúcar ahora mismo. Hoy tenemos los mejores precios en lámparas para su casa.

Almacenes Azúcar

3.

Nos (3) que Ud. (3) el mejor café. Compre nuestra cafetera Café ya.

4.

(4) que Ud. (4) esta carta ahora mismo. Su vida va a ser mejor.

5.

No (5) que Ud. (5) mejores escobas que las nuestras. Escobas Superior barren mejor.

6.

(6) que nos (6) hoy. Aquí en la revista Semana tenemos una linda plancha de regalo para Ud.

20 Es preciso que...

Haz oraciones completas para decir qué es preciso que las siguientes personas hagan, añadiendo las palabras que sean necesarias.

 mi papá/comprar/horno microondas
Es preciso que mi papá compre un horno microondas.

1. Uds./encontrar/muebles pequeños
2. tú/preparar/pastel ahora mismo
3. mi bisabuela/conseguir/mesa de planchar
4. los padres de mi amigo/tener/perro/cuidar la casa
5. yo/tener/armario grande
6. nosotros/buscar/cafetera nueva
7. mis tíos/tener/buenos vecinos
8. mi hermana y su marido/comprar/sillones baratos

21 Todo te complace

Todos tienen algo ahora que no tenían ayer. Di que te complace que las siguientes personas tengan esas cosas, usando las indicaciones que se dan. Haz los cambios que sean necesarios.

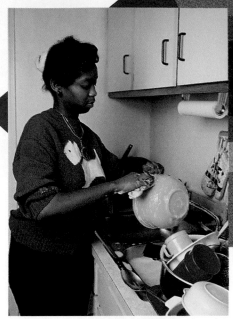

¡Es preciso que mis padres compren un lavaplatos!

 Mis vecinos tenían una alarma de incendios vieja. (nuevo)
Me complace que los vecinos tengan ahora una alarma de incendios nueva.

1. Mi hermano tenía una escoba muy mala. (bueno)
2. Los abuelos tenían un horno antiguo. (microondas)
3. Mi hermanastra tenía un lavadero muy feo. (bonito)
4. La mujer de mi hermano tenía un lavaplatos eléctrico viejo. (nuevo)
5. Mis tíos tenían unas bombillas de poca luz. (mucho)
6. Yo tenía en mi jardín una cerca amarilla. (negro)
7. Mi mamá tenía un tocador pequeño. (grande)

Autoevaluación. Como repaso y autoevaluación, responde lo siguiente:
1. What are two of the rules of your house?
2. What do you know about Simón Bolívar?
3. Name three things that either are important to you, bother you or worry you.
4. Use two impersonal expressions to give your opinion about the chores you do at home.
5. Explain how your family celebrates birthdays.
6. Name four household appliances in Spanish.

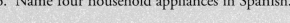

¡La práctica hace al maestro!

A Comunicación

Working in groups of four, pretend that you are a family and prepare a dialog like *La abuela cumple años* in which you discuss plans to visit a relative. Include new expressions and vocabulary from this lesson and be sure to use the subjunctive where appropriate.

B Conexión con la tecnología

Technology is an integral part of our lives. We depend upon it to run our homes as well as our offices. Write sentences to tell about the technology you want your own home to have. Remember to use the subjunctive after impersonal expressions and verbs of emotion.

Es importante que mi casa tenga una computadora en todos los cuartos.
Espero que la puerta de mi garaje sea automática.

¿Quieres que tu casa tenga un televisor tan grande como éste?

CONJUNTO RESIDENCIAL
alameda de suba

HOGARES

En Suba con fabuloso parque privado casas desde 90 Mts.2 con tres alcobas, cuarto de servicio y patio de ropas.

Compare antes de decidir

Aparatos de la casa

la alarma de incendios
el aparato
la cafetera
la cerradura
el horno (microondas)
la licuadora
la llave
la mesa de planchar
la plancha

Para describir

claro,-a
dudoso,-a
evidente
imposible
obvio,-a
preciso,-a
seguro,-a
urgente

Verbos

alegrar(se) (de)
cambiar
comenzar (ie)
complacer
convenir
discutir
dudar
encantar
esperar
fascinar
interesar
planchar
regresar
sonreír(se) (i, i)
temer
valer

Expresiones y otras palabras

a tiempo
el club
cualquiera
el incendio
la lástima
más vale que
el pastel
el plan
la regla
ser difícil que
ser fácil que

Es imposible que yo vaya al club sin planchar mi ropa.

¡Es mejor que nosotros nos comamos este pastel!

aleer
Estrategia

Preparación

Estrategia para leer: *skimming for the main idea and anticipating related vocabulary*
Skimming is looking over a reading quickly to get a general ideal of what it is about. This allows you to predict what will be in the reading. Skimming also helps you to anticipate related vocabulary that will probably be found in the reading.

Contesta las siguientes preguntas como preparación para la lectura.
1. Skim the following passage by looking at the title, the subtitles, pictures, and the first sentence of each paragraph. What do you predict this reading is about?
2. After skimming the reading, which of the following words and expressions do you think will be found in it?
   - A. tradicional
   - B. independiente
   - C. la autoridad
   - D. los valores morales
   - E. rebelde
   - F. el respeto
   - G. la unidad familiar

La familia hispana

Irene (Venezuela): En mi país nos gusta hacer muchas actividades en familia, como salir a comer, ir a fiestas, ir de compras, por ejemplo. El respeto a los padres es muy importante. Si mi mamá o mi papá me dicen que regrese temprano, tengo que regresar temprano. Muchas veces pedimos la **bendición** a nuestros padres o **seres queridos** adultos, **ya sea** como saludo o despedida. Los fines de semana son los días para salir con la familia. Los sábados vamos generalmente a la playa a comer pescado y los

domingos vamos a la casa de los abuelos donde nos divertimos con los primos hablando de lo que pasó en la semana. Durante la semana, siempre se cena con toda la familia, porque para el almuerzo es difícil que nos reunamos todos.

Paloma (España): Las familias españolas de hoy son muy diferentes de las familias españolas de hace unos años. Las familias de hoy son más pequeñas; las chicas y los chicos **se casan** cuando son mayores, a los veintisiete o a los veintiocho años, generalmente; hay muchas mujeres que trabajan fuera de su casa; y en general, la gente pasa más su tiempo haciendo cosas personales más que antes, especialmente navegando en la Internet. **Aun** así, todavía se cena en familia, y en los fines de semana se va a visitar a los parientes o amigos. Los hijos normalmente viven con sus padres hasta que se casan. El respeto a los adultos es también muy importante en mi país. No se discute lo que dicen los padres. Mamá generalmente se encarga del cuidado de la casa. Cada hijo se encarga de su cuarto y, a veces, ayudamos a lavar los platos.

Rosario (Guatemala): Al igual que en otros países, la vida familiar está cambiando **de acuerdo** con el ritmo de vida de la **época** y el lugar. En Guatemala hay muchas familias pobres. A veces los hijos de estas familias tienen que trabajar en la calle desde muy pequeños. Los hijos mayores **incluso** llegan a ser los que llevan la comida a la casa y dan el dinero para la educación de sus hermanos menores. Pero también hay familias de clase **media** y alta muy ricas en las que los padres  son los que dan todo a los hijos. En muchas de estas casas hay **empleadas** de servicio que ayudan con los quehaceres de la casa. Los hijos usualmente se dedican a estudiar y a jugar con sus amigos o amigas.

Juan Carlos (Costa Rica): En mi país los padres ponen mucha atención al **comportamiento** de sus hijos, a las relaciones con los amigos, para así **evitar** problemas tales como la drogadicción o el alcoholismo. Al igual que en otros países, los hijos se quedan en la casa de los padres hasta que salgan de la universidad o se casen. Antes, las familias eran bastante grandes, pero esto está cambiando. Hoy en día una familia **promedio** consiste de cuatro miembros, los papás y dos hijos. Es bonito escuchar las conversaciones de nuestros familiares sobre viejos tiempos, especialmente en visitas o en fiestas en las que todos nos reunimos.

Jairo (Colombia): En mi país todavía **mantenemos** la **unidad** familiar, lo que quiere decir que nos gusta mucho estar juntos y vivir en el mismo hogar. Es en el hogar donde aprendemos a querer y donde los padres nos **educan** y nos transmiten los **valores** morales. La casa es el lugar donde **compartimos** lo bueno y lo malo de la vida. Los hijos podemos quedarnos en la casa de nuestros padres toda la vida si queremos. En la casa tenemos mucha libertad, lo que nos permite hacer lo que nos guste. Pero claro, debemos respetar las reglas de la casa. También podemos traer nuestros amigos para estudiar o hacer fiestas. Muchas veces a nuestros padres les gusta estar en las fiestas porque así pueden conocer a nuestros amigos, hablar con ellos y, lo más importante, bailar con ellos.

bendición *blessing* **seres queridos** *loved ones* **ya sea** *whether* **se casan** *they get married* **Aun** *Even then* **Al igual que** *Just as* **de acuerdo** *according to* **época** *era* **incluso** *even* **media** *middle* **empleadas** *maids* **comportamiento** *behavior* **evitar** *to avoid* **permanecen** *they stay* **promedio** *average* **mantenemos** *keep* **unidad** *unity* **educan** *they teach* **valores** *values* **compartimos** *we share*

A ¿Qué comprendiste?

1. ¿En qué país piden los chicos y las chicas la bendición de los padres?
2. ¿Adónde va Irene los sábados?
3. ¿En qué pasa más su tiempo hoy la gente en España?
4. ¿Dónde hay muchas familias pobres, según la lectura?
5. ¿Quiénes tienen que trabajar en la calle para conseguir dinero?
6. ¿Qué problemas dice Juan Carlos que pueden tener en su país los jóvenes?
7. ¿Hasta cuándo se quedan los hijos en la casa, según Juan Carlos?
8. ¿Qué debe respetar Jairo en su casa?

B Charlando

1. En qué son diferentes las familias hispanas de tu familia?
2. ¿Crees que los problemas de la drogadicción y el alcoholismo se pueden acabar? ¿Cómo?
3. ¿Qué piensas de quedarte en casa con tus padres hasta los treinta años? ¿Te gustaría? Explica.
4. ¿Qué fue lo más interesante de la lectura para ti?

Para nosotros, la familia es importante.

a escribir

Estrategia

Estrategia para escribir: *comparing and contrasting*

To give your reader a clear mental picture of what you are describing, it is sometimes useful to compare and contrast aspects of a topic. Use a Venn diagram (overlapping circles, each containing one aspect of a topic) to help you visualize your comparisons and your contrasts.

MI HOGAR

AHORA	LAS DOS FAMILIAS	EN EL FUTURO
casa tradicional	2 hijos	casa moderna, una piscina, más baños

Write a composition of eight to ten lines in which you compare and contrast your home and family life now with what you envision when you have your own home and family in ten or fifteen years. Tell about your likes and dislikes, and how you would like things to be in the future. Be sure to use the subjunctive after verbs of wanting and emotion. Add artwork or graphics to your composition when you are finished to enhance the descriptions.

 Mi familia y yo vivimos en una casa antigua. En el futuro, quiero que mi casa sea moderna con una piscina muy grande. También quiero que mi casa tenga muchos baños. No me gusta que mi hermana y yo usemos el mismo baño. Cuando tenga familia espero tener dos hijos y también quiero que cada uno tenga su baño.

repaso

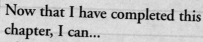

Now that I have completed this chapter, I can...
- ✓ tell someone what to do.
- ✓ report what others say.
- ✓ state wishes and preferences.
- ✓ talk about everyday activities.
- ✓ talk about family.
- ✓ make a request.
- ✓ advise and suggest.
- ✓ describe a household.
- ✓ express uncertainty.
- ✓ express doubt.
- ✓ express emotion.
- ✓ state hopes.
- ✓ state an opinion.
- ✓ discuss time.

I can also...
- ✓ read in Spanish about life in Bolivia and other countries that Simón Bolívar helped liberate.
- ✓ talk about my responsibilities at home.
- ✓ read a newspaper advertisement in Spanish.
- ✓ read for ideas and cues in context.
- ✓ recognize opportunities for employment in advertising and marketing.

¡Me encanta que mi marido sea tan chistoso!

Los Andes, al pie de los cuales está La Paz, Bolivia.

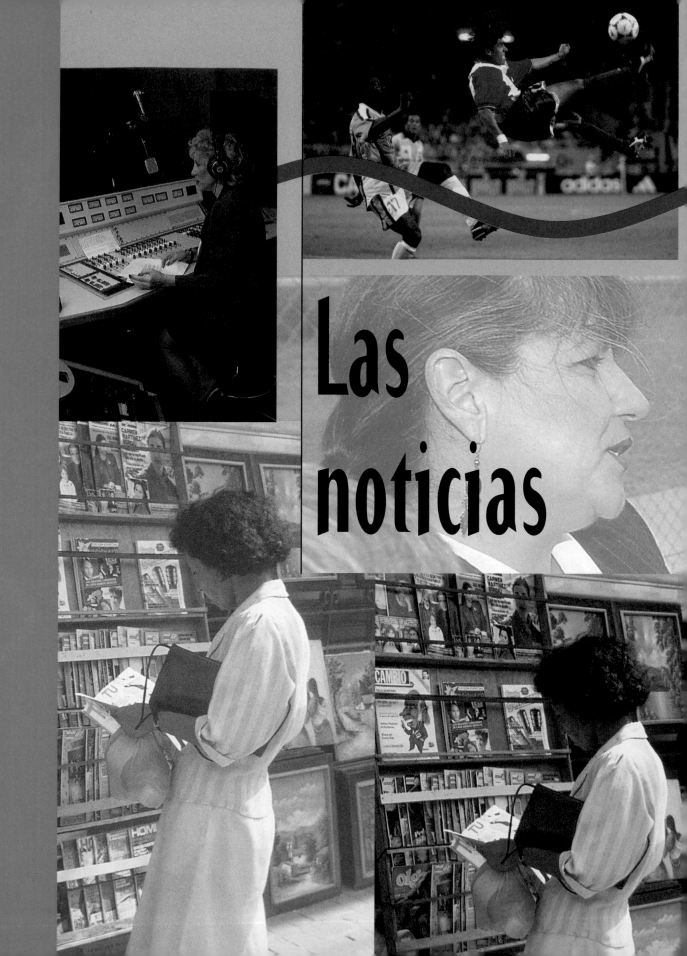

Las noticias

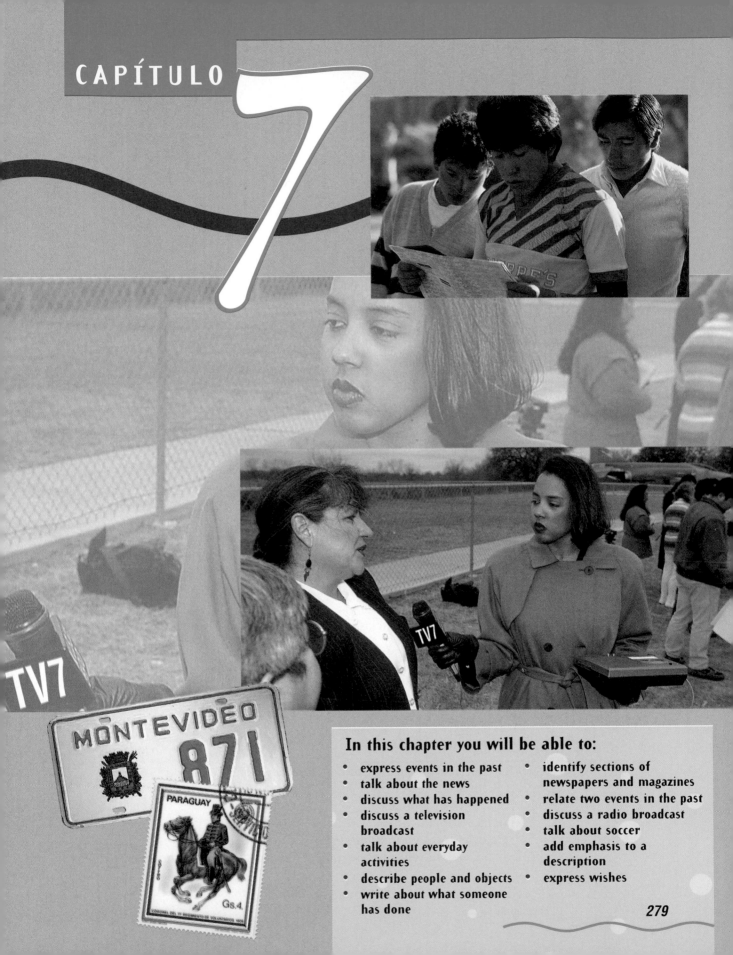

CAPÍTULO 7

MONTEVIDEO 871

PARAGUAY
Gs.4.

In this chapter you will be able to:

- express events in the past
- talk about the news
- discuss what has happened
- discuss a television broadcast
- talk about everyday activities
- describe people and objects
- write about what someone has done
- identify sections of newspapers and magazines
- relate two events in the past
- discuss a radio broadcast
- talk about soccer
- add emphasis to a description
- express wishes

Lección 13

Las noticias

Hoy ha ocurrido otro accidente en la carretera que va a Punta del Este.

¿Qué ha pasado?

JAVIER: Oye, Silvia, ¿sabes qué **ha pasado?**° El piso está **cubierto**° de cereal y hay un plato **roto.**° ¿Qué **has hecho?**°

SILVIA: Me caí. El piso está muy **resbaloso.**°

JAVIER: **¿Te has lastimado?**°

SILVIA: No. Déjame ver las noticias. La **reportera** está hablando de un accidente.

JAVIER: ¡Sí, cómo no!

ha pasado *has happened (present perfect tense of* pasar*)* **cubierto** *covered (past participle of* cubrir*)* **roto** *broken (past participle of* romper*)* **has hecho** *have you done (present perfect tense of* hacer*)* **resbaloso** *slippery* **¿Te has lastimado?** *Have you injured (hurt) yourself? (present perfect tense of* lastimarse*)*

 ¿Qué comprendiste?

1. ¿De qué está cubierto el piso de la cocina?
2. ¿Qué más hay en el piso?
3. ¿Qué le pasó a Silvia?
4. ¿Se ha lastimado Silvia?
5. ¿Ha ocurrido algún accidente en la ciudad donde vives? ¿De qué tipo?
6. ¿Te ha ocurrido algún accidente en tu casa en el último mes? ¿Qué te pasó?

Conexión Cultural

El Uruguay

La República Oriental del Uruguay, su nombre oficial, es el país más pequeño de la América del Sur después de Surinam. Como los otros países que has estudiado, el español es su lengua oficial. Está ubicado entre el Brasil al norte y al este, la Argentina al oeste, el Océano Atlántico al sureste y el Río de la Plata al suroeste.

La capital del país, y la ciudad más grande, es Montevideo, con una población de más de un millón de habitantes. Otras ciudades importantes del Uruguay son Salto y Punta del Este.

Los españoles llegaron en el siglo XVI cuando Juan Díaz de Solís fue a parar a lo que hoy es el Río de la Plata. Un grupo de españoles de la Compañía de Jesús estableció la ciudad de Santo Domingo de Soriano en 1624. Durante los años siguientes otra gente de Europa continuó la colonización de la región. Doscientos años más tarde, el día 25 de agosto de 1825, Uruguay declaró su independencia de Brasil.

Hoy el Uruguay es un país cosmopolita. Su población, que en su mayoría vive en las ciudades, muestra una variedad de herencias. El ochenta y cinco por ciento de su gente es de origen europeo, la mayor parte de la cual es de origen español o italiano.

Punta del Este, Uruguay.

Montevideo, la capital del Uruguay.

CONEXIONES 2 Cruzando fronteras

¿Qué sabes sobre el Uruguay? Contesta las siguientes preguntas.

1. ¿Cuál es el nombre oficial del país?
2. ¿Es el Uruguay un país grande? Explica.
3. ¿Dónde está el Uruguay?
4. ¿Qué lengua se habla en el Uruguay?
5. ¿Cuáles son los países vecinos del Uruguay?
6. ¿Qué cuerpos de agua tocan el país al sur?
7. ¿Cuál es la capital del país?
8. ¿Cuántas personas viven en la capital?
9. ¿Cuándo declaró el Uruguay su independencia de España?
10. ¿Cómo es el Uruguay hoy? Explica.

Las noticias (continuación)

¡Ja, ja, ja!

JAVIER: Silvia, ¿por qué **no has limpiado**° el piso?
SILVIA: ¡Ay, perdón! He estado viendo las noticias.
JAVIER: ¿Qué **acontecimiento**° especial ha pasado?
SILVIA: Nada, pero hoy **me he muerto de la risa**° con una noticia muy chistosa.
JAVIER: Pero, si las noticias son siempre **serias**, ¿qué **han mostrado**° de chistoso?
SILVIA: Mostraron a un hombre y a su perro en Montevideo.
JAVIER: Y, ¿qué pasó?
SILVIA: Bueno, lo **normal** es que los perros **muerdan**° a las personas. Y esta vez fue un hombre **quien** mordió a su perro. ¡Ja, ja, ja!

no has limpiado *haven't you cleaned* **acontecimiento** *event, happening* **me he muerto de la risa** *I died laughing* **han mostrado** *have they shown* **muerdan** *bite*

3 ¿Qué comprendiste?

1. ¿Por qué Silvia no ha limpiado el piso?
2. ¿Hubo algún acontecimiento especial en las noticias?
3. ¿Cómo son siempre las noticias, según Javier?
4. ¿Qué ha pasado que no es normal?

Nombres y Noticias

■ PEDRO ALMODOVAR recibió ayer un premio César (semejante a un Oscar) honorífico por su carrera artística, un galardón equivalente a los Goya españoles, que le concedió la Academia de las Artes y de las Ciencias Cinematográficas francesa en París. La actriz española **Rossy de Palma** presentó al homenajeado, al que definió como su "padre cinematográfico" y otra de sus habituales colaboradoras, **Victoria Abril**, le entregó el galardón.

Almodóvar

Algo más

Para hablar de las noticias

un accidente	*accident*
una actividad	*activity*
una catástrofe	*catastrophe*
una celebración	*celebration*
un huracán	*hurricane*
un misterio	*mystery*
una ocasión	*occasion*
una protesta	*protest*
una reunión	*meeting, reunion*
un robo	*robbery*
un suceso	*event, happening*
un temblor	*tremor*

Hubo una protesta hoy en la ciudad.

4 Charlando

1. ¿Te gusta ver las noticias? Explica.
2. ¿Qué noticia importante o seria ha pasado donde tú vives?
3. ¿Hubo algún suceso o acontecimiento importante esta semana en el país? ¿Cuál?
4. ¿Crees que una noticia chistosa puede ser especial o importante? Explica.

Más sobre las noticias

la huelga	*strike*
el choque	*collision*
el crimen	*crime*
la explosión	*explosion*
la guerra	*war*
herido,-a	*wounded*
la tormenta	*storm*
el terremoto	*earthquake*

Oportunidades

El español y la televisión

If you have access to one of the Spanish channels on television, be sure to tune in to news programs to test how much you are able to understand. Begin a habit of listening to or watching programs and news in Spanish, even if you do not understand everything at first, because it will help you become accustomed to the sounds of spoken Spanish. Not only that, it will also keep you informed.

Es divertido ver programas en español.

5 Resumen de noticias

Aquí tienes un artículo que describe varios acontecimientos que han ocurrido durante el año. Completa el siguiente párrafo, usando una de las palabras de la lista. Cada palabra se usa una vez.

accidente	catástrofe	huracán	ocasión	reunión
acontecimientos	celebraciones	misterio	protesta	robos

Resumen de noticias del año

Lo siguiente es un resumen de los (1) más importantes que han ocurrido durante el año: En enero hubo una gran (2) en el país, cuando los vientos del (3) Estela barrieron con varias ciudades pequeñas de la costa este. En febrero hubo una (4) nacional de padres de familia para hablar sobre los problemas entre padres e hijos. En marzo un avión tuvo un (5) fatal en su viaje de Montevideo a Nueva York. En abril hubo una (6) de más de cien mil personas amigas de la ecología en favor de los bosques del país.

En mayo, en medio de un gran (7), el Banco de la República tuvo uno de los (8) más grandes de su historia sin que hasta hoy la policía sepa quién lo hizo. Finalmente, el mes pasado con (9) del día del padre se hicieron muchas (10) para los papás de todo el país.

Un huracán muy fuerte.

Accidente

Un muerto y tres heridos fue el resultado de un accidente de tránsito, ocurrido en la Ruta 5 Sur, a la altura del paso bajo nivel Salesianos, en Santiago.

En ese lugar, el conductor Waldo Zambrano Arellano, quien guiaba el auto patente HJ-6134, perdió el control del vehículo y chocó con un poste del alumbrado público. A raíz del impacto, falleció en el mismo lugar su esposa, identificada como María Troncoso González.

Con lesiones graves resultó el hijo del matrimonio, Arnaldo Zambrano Troncoso, de 14 años, y con heridas leves, otra pasajera, de nombre Elena Ponce Troncoso. Estos últimos -como también el chofer, quien quedó lesionado- fueron atendidos en el hospital Barros Luco.

6 Las noticias de tu comunidad

Haz un reporte de las noticias o sucesos más importantes que han pasado durante la semana en tu comunidad. Da toda la información que puedas.

 El lunes hubo un accidente entre dos camiones en la carretera número noventa y cuatro. El martes hubo una celebración por el Día de la Raza.

IDIOMA

El pretérito perfecto y el participio

Use the *pretérito perfecto,* or present perfect tense, to refer to the past in a general sense or to talk about something specific that **has happened** recently. This compound verb tense is formed from the present tense of the helping verb *haber* (to have) and the past participle *(participio)* of a verb.

he	hemos
has	habéis
ha	han

+ past participle

The past participle of a verb in Spanish is often equal to English words ending in *-ed.* Form the past participle of regular *-ar* verbs by changing the *-ar* of the infinitive to *-ado.* For regular *-er* and *-ir* verbs, change the infinitive ending *-er* or *-ir* to *-ido.*

pasar	→	*pasado* (happened)
comer	→	*comido* (eaten)
vivir	→	*vivido* (lived)
ir	→	*ido* (gone)

Look at these examples:

*¿Qué **ha pasado** en las noticias?*	What **has happened** in the news?
*Ya **he comido** la cena.*	I **have** already **eaten** dinner.
***Nosotras hemos vivido** en Montevideo.*	We **have lived** in Montevideo.
*¿**Han ido** Uds. a Montevideo alguna vez?*	**Have you** ever **gone** to Montevideo?

Object pronouns precede the conjugated form of *haber.* However, when an expression uses the infinitive of *haber,* attach object pronouns directly to the end of the infinitive form of *haber.*

*¿Qué **les ha pasado** aquí?*	What **happened to them** here?
*Siento **no haberte contado.***	I am sorry **I did not tell you.**

Nosotras hemos vivido en Montevideo.

7 Noticias en la red

Lee las siguientes noticias de una página de información de la Internet y, luego, encuentra seis participios.

El País

Netscape Netcenter

Montevideo 15°C

JUEVES, 25 de MARZO   9:11 A.M.

NOTICIAS BREVES

Internacional
Nacional
Política
Tecnología
Deportes
El tiempo
Arte
Automóviles
Libros
Empleos
Viajes

Muchos accidentes han ocurrido recientemente en la carretera entre Montevideo y Punta del Este. Los vecinos del lugar dicen que todo se debe a la gran actividad de camiones que pasan por esta ruta.

•••

Con ocasión de la posesión del nuevo presidente de la república, se han reunido en la capital uruguaya presidentes de muchos países del mundo.

•••

Algo diferente ocurrió ayer cuando un hombre mordió a su perro, diciendo que su perro trató de morderlo a él primero. Éste es el primer suceso de este tipo que ha pasado en la ciudad.

•••

Un temblor de poca intensidad ocurrió ayer en la capital. Con éste han sido ya tres los temblores de tierra que han ocurrido en Montevideo esta semana.

•••

Una importante reunión de miembros de la comunidad del barrio La Carolina con miembros de la policía se realizó esta mañana para estudiar la situación de los robos que han venido pasando en el sector.

8 En el zoológico

Completa las siguientes oraciones, usando el pretérito perfecto y las indicaciones que se dan para saber lo que Silvia y sus amigos dicen en su visita al zoológico.

 Nosotros no <u>hemos terminado</u> la visita al zoológico todavía. (terminar)

1. Nosotras <u>(1)</u> de comer a las tortugas. (dar)
2. Unos señores <u>(2)</u> a la jaula de las panteras. (entrar)
3. El gorila <u>(3)</u> al árbol. (subir)
4. Mis amigos y yo <u>(4)</u> por el zoológico. (correr)
5. Yo <u>(5)</u> todo tipo de pájaros. (ver)
6. Mis amigos <u>(6)</u> la exhibición de los leones. (visitar)
7. Los leones <u>(7)</u> mucho. (rugir)
8. Alicia <u>(8)</u> con los monos. (jugar)
9. Los monos <u>(9)</u> plátanos todo el día. (comer)

9 Varias veces al mes

Haz oraciones completas para decir el número de veces que ha ocurrido lo siguiente, usando las indicaciones que se dan.

 Verónica/comprar el periódico/15
Verónica ha comprado el periódico quince veces este mes.

1. los niños/salir a patinar/6
2. Ud./limpiar la chimenea/1
3. tú/barrer el garaje/7
4. ellos/discutir con sus amigas/2
5. yo/alquilar la misma película/2
6. don Juan/ir de compras/4
7. Francisco y Mónica/almorzar juntos/10

¿Cuántas veces han ganado esta semana?

10 ¿Cuántas veces?

Haz oraciones con el pretérito perfecto para decir cuántas veces has hecho las actividades indicadas esta semana.

 ir al colegio
He ido al colegio cinco veces esta semana.

1. llegar tarde al colegio
2. comer el almuerzo
3. mentir
4. conducir el carro de mis padres
5. hablar español con mi profesor/a de español
6. dar un paseo
7. conocer a una persona nueva

Proverbios y dichos
To a person who pays attention, only a few words of explanation are necessary. When something is not understood, often the problem does not lie with the message, but rather with the person who receives it. Paying close attention and listening carefully the first time will save you time in the end. As the saying goes: *A buen entendedor pocas palabras bastan* (A word to the wise is sufficient).

11 En las noticias

Completa el siguiente diálogo entre Pilar y David, usando el pretérito perfecto de los verbos indicados para saber lo que dicen sobre el robo en el Banco de la República.

PILAR: David, ¿qué *1. (ocurrir)* hoy en las noticias?

DAVID: Un reportero *2. (hablar)* sobre un robo en el Banco de la República.

PILAR: ¿Cómo? ¿Un robo? ¿*3. (mostrar)* ellos las personas que estaban en el banco?

DAVID: Todavía no.

PILAR: ¿Estás seguro?

DAVID: Sí, claro. Yo *4. (mirar)* las noticias todo el día. Pero, ¿por qué te preocupas tanto?

PILAR: Bueno, tengo un amigo que *5. (trabajar)* por muchos años en ese banco.

DAVID: No te preocupes. Todas las personas *6. (escapar)* de allí, según dijo la policía.

PILAR: ¡Qué bueno! ¿Y nadie se lastimó cuando escapaban?

DAVID: No, nadie. Mira, Pilar, creo que tú *7. (tener)* un día muy largo. Ve a descansar un poco.

PILAR: Sí, está bien. No *8. (dormir)* lo suficiente. Hasta mañana, David.

Algo más

Daniel ha escrito en su diario muchas veces esta semana.

Participios irregulares

The following verbs have irregular past participles:

abrir	**abierto** (opened)	*morir*	**muerto** (died)
cubrir	**cubierto** (covered)	*poner*	**puesto** (put)
decir	**dicho** (said, told)	*romper*	**roto** (broken, torn)
escribir	**escrito** (written)	*ver*	**visto** (seen)
hacer	**hecho** (done, made)	*volver*	**vuelto** (returned)

Although they are regular, the past participles of some verbs require a written accent mark:

caer	**caído** (fallen)	*oír*	**oído** (heard, listened to)
creer	**creído** (believed)	*reír*	**reído** (laughed)
leer	**leído** (read)	*traer*	**traído** (brought)

Variations of verbs in combination with prefixes and suffixes reflect the same irregularities of the original verb.

reír (to laugh)	**reído**
sonreír (to smile)	*sonreído*

¿Qué ha hecho el elefante?

12 Exageraciones

Di algo exagerado, usando el pretérito perfecto de los verbos indicados.

He escrito más de 5.000 libros de misterio.

 escribir
He escrito más de cinco mil libros de misterio.

1. escribir
2. decir
3. traer a la clase
4. romper
5. correr

6. oír
7. hacer
8. leer
9. ver
10. poner

13 Muchas preguntas

  Tu padre ha llegado a casa después de trabajar y ahora él te hace muchas preguntas. Trabajando en parejas, alterna con tu compañero/a de clase en hacer preguntas y contestarlas, usando el pretérito perfecto y las indicaciones que se dan. Sigue el modelo.

 traer este ventilador para el comedor/tú
A: ¿Quién ha traído este ventilador para el comedor?
B: Tú lo has traído.

1. poner la televisión en mi cuarto/yo
2. ver las noticias hoy/mi tío
3. morder el pan/un ratón
4. hacer estas galletas/mi tía
5. decir que el piso está resbaloso/mi mamá
6. escribir estos números de teléfono en mi libro/Rogelio
7. leer el periódico/todos nosotros
8. romper este vaso/Josefina
9. cubrir el piso con papeles/mi hermanastro
10. abrir todas las ventanas/los abuelos

14 Javier y su familia

Combinando elementos de cada columna, haz oraciones completas para decir lo que han hecho esta mañana algunos miembros de la familia de Javier.

  Sus tíos han traído la leche y el pan.

A	B	C
sus abuelos	leer	sus cosas en su lugar
su sobrina	escribir	una revista muy interesante
su papá	oír	una ventana jugando al fútbol
sus tíos	romper	un pastel con frutas
sus hermanas	abrir	la leche y el pan
su hermanastro	poner	una noticia sobre un temblor
su mamá	traer	una carta a su amiga del Uruguay
su prima	cubrir	todas las cortinas de la casa

15 Esta semana

Todos han hecho diferentes actividades durante esta semana. Trabajando en parejas, alterna con tu compañero/a de clase en hacer preguntas y en contestarlas para decir lo que han hecho durante la semana varias personas que Uds. conocen. Usen el pretérito perfecto en cada pregunta y respuesta.

A: ¿Qué han hecho tus hermanos esta semana?
B: Mis hermanos han visto las noticias en la televisión..

B: ¿Qué ha hecho la profesora de matemáticas?
A: La profesora de matemáticas ha dado mucha tarea a su clase.

En la televisión

ESTEBAN: En este **canal°** hay una **comedia** muy buena. Siempre me he reído viéndola.

MARISOL: Yo prefiero los programas de música. Me gusta ver a mis **cantantes°** favoritos.

SUSANA: A mí me gustan los de **concurso.°** Siempre he querido **participar** en uno para ganar **premios.°**

IGNACIO: Mis preferidos son los de noticias. He aprendido mucho viéndolos.

MARISOL: Sí, pero los **periodistas°** a veces **opinan** demasiado y no **informan** nada.

ESTEBAN: Miren, va a empezar un programa buenísimo....

canal *channel* **cantantes** *singers* (**programa de**) **concurso** *(game show) contest, competition* **premios** *prizes* **periodistas** *journalists*

16 ¿Qué comprendiste?

1. ¿Qué tipo de programa hay en el canal que los chicos están viendo?
2. ¿Qué tipo de programas prefiere Marisol?
3. ¿Quién ha querido participar en un programa de concurso?
4. ¿Quiénes opinan demasiado, según Marisol?

17 Charlando

1. ¿Quién es tu cantante favorito?
2. ¿Qué tipo de programa es tu favorito?
3. ¿Te gustaría participar en un programa de concurso y ganar premios? Explica.
4. ¿Crees que informar es algo fácil o difícil? ¿Por qué?

Ricky Martin

Shakira

Juan Luis Guerra

¿Se ha lastimado alguien?

Algo más

El pretérito perfecto: los verbos reflexivos

The present perfect tense of reflexive verbs is formed using a reflexive pronoun in combination with the present tense of *haber* and the past participle of a verb. Reflexive pronouns precede the conjugated form of *haber*. However, when an expression uses the infinitive *haber*, attach the reflexive pronouns directly to the end of the infinitive.

¿Se ha lastimado ella?   Did she hurt herself?
*Siento **haberme** olvidado.*   I am sorry I forgot.

18 ¿Qué ha pasado hoy?

Completa las siguientes oraciones para decir qué han hecho o qué les ha pasado a estas personas.

 Mi madrastra <u>se ha levantado</u> temprano para oír las noticias. (levantarse)

1. Paloma <u>(1)</u> subiendo el televisor al cuarto. (lastimarse)
2. Uds. <u>(2)</u> con la información que me dijeron sobre los huracanes. (equivocarse)
3. Mi hermana <u>(3)</u> mientras escuchaba las noticias. (bañarse)
4. Clara e Ignacio <u>(4)</u> de la risa viendo una comedia en el canal siete. (morirse)
5. Un hombre <u>(5)</u> cuando estaba haciendo un robo porque el piso de la tienda estaba resbaloso. (caerse)
6. Nosotros tuvimos un accidente por <u>(6)</u> mucho esta mañana. (apurarse)
7. Yo <u>(7)</u> mientras veía a mi cantante favorita en la televisión. (desayunarse)

19 La Dra. Michels

Completa el siguiente aviso lógicamente, usando el pretérito perfecto de los verbos indicados.

Dra. Michels

Soy la Dra. Michels. Si te *1. (doler)* el estómago en los últimos días, o si tú *2. (perder)* el apetito y no *3. (tener)* mucha hambre, no te puedo examinar. Si tu madre *4. (sentirse)* cansada, o si tus abuelos *5. (sentirse)* enfermos durante los últimos días, a ellos, ni mis colegas ni yo los podemos ayudar. Pero si tu gato *6. (caerse)* de un árbol y *7. (romperse)* una pata, o si *8. (lastimarse)* de alguna manera, ¡tráemelo! Soy veterinaria y *9. (ver)* que los problemas de los animales domésticos no son muy diferentes de los problemas de las personas. Por ejemplo, unos chicos me *10. (traer)* un perro que tenía dificultades para andar. ¡Sufría de artritis! También, mis colegas y yo *11. (tratar)* a gatos que *12. (tener)* apendicitis. ¡Sí! ¡Gatos! Mis pacientes nunca me *13. (dar)* las gracias, pero sé que se sienten mucho mejor después de venir a mi consultorio.

¡Qué lindo gatito!

20 Preguntas personales

Contesta las siguientes preguntas con información sobre tu vida personal. Usa el pretérito perfecto en tus respuestas.

1. ¿A qué hora te has despertado hoy?
2. ¿Qué ropa te has puesto hoy?
3. ¿Cómo se llama el último periódico que has leído?
4. ¿Has escrito una noticia alguna vez?
5. ¿Siempre les has dicho la verdad a tus padres?
6. ¿Has ido a ver grabar un programa de televisión?
7. ¿Cuánto tiempo has tardado en contestar estas preguntas?

¿Cómo se llama la última revista que has leído?

En la televisión (continuación)

MARISOL:	Ignacio, ¿prefieres los programas **nacionales** o los **extranjeros?°**
IGNACIO:	Me gustan más los programas nacionales.
MARISOL:	Oye, Susana, ¿qué **actor** o **actriz** te gusta más?
SUSANA:	Bueno, a mí me gusta Jennifer López. Es una actriz **famosísima.** Ella **ha tenido** mucho **éxito,°** y estoy casi segura de que nunca ha **fracasado°** en nada.
IGNACIO:	Sí, **estoy de acuerdo.°** Ella ha hecho muchos **personajes°** y ha **filmado** y **grabado°** muchas películas. El **público** la quiere mucho.
SUSANA:	Me gustaría pedirle un **autógrafo...** Oye, ¿está Esteban dormido?
MARISOL:	Sí, creo que se ha dormido. Lo vi **bostezando°** hace un minuto. Tantos **anuncios comerciales°** lo **aburren.**

extranjeros *foreign* **ha tenido éxito** *has been successful (has had success)* **fracasado** *failed* **estoy de acuerdo** *I agree* **personajes** *characters* **grabado** *videotaped* **bostezando** *yawning* **anuncios comerciales** *commercial announcements, commercials, advertisements*

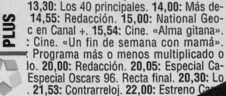

CANAL PLUS

Cine. «El hijo de la pantera rosa». **11,30:** «Adiós, tiburón». **13,05:** Detrás de la cá- **13,30:** Los 40 principales. **14,00:** Más de- **14,55:** Redacción. **15,00:** National Geo- en Canal +. **15,54:** Cine. «Alma gitana». : Cine. «Un fin de semana con mamá». Programa más o menos multiplicado o lo. **20,00:** Redacción. **20,05:** Especial Ca- Especial Oscars 96. Recta final. **20,30:** Lo **21,53:** Contrarreloj. **22,00:** Estreno Ca guardián de las palabras». **23,14:** Cine. «A lo mereces. **23,33:** Cine. «A **1,10:** Cine. «Semillas «My family». **5,16:** Cine. Documental naturaleza. «C n».

10,00: Cine. «La isla de las cabezas **12,00:** Deporte. Copa del Mund **13,30:** Los 40 principales. **14,00:** **14,55:** Noticias. **15,0** «La invasión de per». 17 04

10,00: On music. **10,30:** Bal 40 al 1. **13,15:** Magacine **14,55:** Noticias. **15,0** «. **16,36:** Cine. «Hola, ¿ dacción. 2

TELE MADRID

CANAL SUR

Pasacalle. **8,20:** La banda de... **10,0** s. **10,30:** La banda de... **12,00:** La **4,00:** Vidas cruzadas. **14,30:** La taro **15,30:** Hay que ver cómo son. **17,45:** o con Gemma. **19,00:** Madrid direct Telenoticias. **21,30:** Tómbola. **23,30:** Cine. Telenoticias. **1,35:** Teleempleo. **1,50:** En te uicio. **2,30:** Cine. Sala de madrugada. **4,00:** ación cultural de la CAM.

TV-3

TV GALICIA

CANAL 9

ETB 1

¿Has visto una película de la actriz Jennifer López?

21 ¿Qué comprendiste?

1. ¿Qué actriz famosa le gusta a Susana?
2. ¿Quién está de acuerdo con Susana?
3. ¿Qué ha hecho Jennifer López?
4. Además de Susana, ¿quién quiere mucho a Jennifer López?
5. ¿A quién vio Marisol bostezando?

22 Charlando

1. ¿En qué actividad has tenido mucho éxito durante tu vida?
2. ¿Tienes miedo de fracasar? Explica.
3. ¿Te aburren los anuncios comerciales de la televisión? Explica.
4. ¿Prefieres los programas extranjeros o los nacionales? ¿Por qué?
5. ¿Quién es tu actor o actriz favorito/a?
6. ¿Le has pedido un autógrafo a un personaje famoso? ¿A quién?

Algo más

Toda la familia estaba sentada para ver la película.

El participio como adjetivo

In Spanish, a past participle may be used as an adjective following a verb (such as *ser* or *estar*), or alone with a noun. As is the case with other adjectives you have learned, past participles that are used as adjectives must agree in number and gender with the noun they modify.

*La sala estaba **cubierta** de periódicos.*	The living room was **covered** with newspapers.
*También había una taza **rota** en el piso.*	There was also a **broken** cup on the floor.
*Los programas de música son **aburridos.***	Music shows are **boring**.

23 En la casa de Carlitos

Imagina que anoche en hubo un temblor la casa de Carlitos cuando tú estabas con él. Completa las siguientes oraciones con el participio de los verbos entre paréntesis para describir cómo estaba todo en ese momento.

Las niñas estaban *(dormir).*
Las niñas estaban dormidas.

1. La mesa estaba *(poner).*
2. Dos vasos estaban *(romper).*
3. Yo estaba *(sentar)* en la sala.
4. Carlitos estaba muy *(aburrir).*
5. El radio estaba *(apagar).*
6. La comida estaba *(hacer).*
7. Nosotros estábamos *(sentar)* en el comedor.
8. Las hermanas de Carlitos estaban *(preparar)* para salir.

GEOLOGIA

Temblores en febrero

Por EDUARDO CIFUENTES
DE EL NUEVO DIA

SI NO hubiera sido por el aumento en la actividad apreciado en los últimos cinco días del mes, febrero habría aparecido como uno de bajo ritmo y de mediocre potencial, sin, hasta entonces, temblores de magnitud 4.0 o más.

Pero los 16 sismos -una tercera parte del total mensual- registrados durante los días 24 al 28 voltearon las tornas, y han si... ...eferido febrero como u...

Estos datos, basados en la información que remite la Red Sísmica de Puerto Rico (Departamento de Geología; Universidad de Puerto Rico; Recinto de Mayagüez), suponen que, a lo largo de los últimos doce meses, se han sumado un total de 582 temblores en la región en la que nos ubicamos -cuyos límites corresp... básicamente, con el m...

24 ¿Qué dijeron?

Completa las siguientes oraciones, usando la forma del adjetivo de los verbos indicados para saber lo que algunas personas dijeron en una reunión de amigos.

 He leído que hay un canal de comedia que es muy (divertido). (divertir)

1. ELENA: Algunas personas han opinado que los libros de José Enrique Rodó son muy (1). (leer)

2. NATALIA: Algunas veces me ha parecido que las noticias están llenas de personas (2). (morir)

3. JULIA: He oído que *Sábado Gigante* es tu programa de televisión (3). (preferir)

4. MATEO: Siempre he creído que las películas (4) en Hollywood son muy buenas. (filmar)

5. DAVID: Mi abuelo me ha dicho muchas veces que la gente bien (5) puede llegar a tener mucho éxito en la vida. (informar)

6. SUSANA: He sabido que Jennifer López tiene algunas canciones (6) en español. (grabar)

7. RODRIGO: He visto que algunos programas de concurso dan unos premios (7). (exagerar)

8. TERESA: Siempre he pensado que los programas de noticias sólo presentan información (8). (aburrir)

25 En la televisión

A Lorenzo y a Sara les gusta mucho ver la televisión juntos. Completa el siguiente párrafo, usando la forma del adjetivo de los verbos indicados para saber lo que veían Lorenzo y Sara ayer en la televisión.

En la mañana, Lorenzo y Sara estaban 1. *(sentar)* en la cocina, con los ojos muy 2. *(abrir)* viendo todo lo que pasaba en la televisión. En un programa 3. *(filmar)* en los Estados Unidos, mostraban actores y actrices de mucho éxito que recibían premios. Luego, los mostraban dando autógrafos al público que estaba 4. *(aburrir)* por haberlos esperado mucho tiempo. Más tarde, en las noticias nacionales los muchachos veían a algunos hombres 5. *(lastimar)* que participaban en una protesta, y que dos edificios 6. *(quemar)*

en un incendio hace cinco años eran hoy dos bonitos edificios para oficinas. Después, en los anuncios comerciales, veían una galleta 7. *(morder)* por un lado que cantaba y que bailaba para unos niños mientras ellos desayunaban. Por la noche, los muchachos casi 8. *(dormir)* y con los ojos casi 9. *(cerrar)* bostezaban mientras veían una comedia poco 10. *(divertir)* que los puso a dormir.

Han caído tres centímetros de lluvia en Montevideo.

¿Qué revistas has leído tú?

¿Has visitado las playas de Punta del Este?

Autoevaluación. Como repaso y autoevaluación, responde lo siguiente:
1. Name two things that have occurred recently in the news.
2. Name two things that have happened to you in the last week.
3. In Spanish, say that you have seen or heard three different people, places or things.
4. What is your favorite type of television program?
5. How would you say someone "has died of laughter" in Spanish?
6. What clothing items have you put on today?
7. Imagine you are a police detective and yesterday you walked into a home that had been burglarized. Describe what you saw in the room for the police report.
8. What do you know about Uruguay?

¡La práctica hace al maestro!

A Comunicación

Find out some of the interesting things your classmates have done during their lives. First, prepare six questions in which you inquire whether someone has done several different activities during his or her life. Then, working in pairs, compare the questions and agree upon four that seem the most interesting. Next, each of you must ask a member of another pair the questions you have chosen. Return to your partner to share what each of you has learned about your classmates. Finally, one of you must summarize the information for the class.

A: ¿Has estado en algún programa de concurso?
B: No, nunca he estado en ningún programa de concurso./Sí, he estado en algunos programas de concurso. Por ejemplo, en California estuve en....

B Conexión con la tecnología

Find someone in your class or school who has cable or satellite access to the Spanish television networks, *Univisión*. Have them tape excerpts of several types of programs such as the news, the weather, a sitcom, a soap opera, a variety show, commercials, etc. View them in class and try to identify what type of program it is. Then discuss the differences between the programming shown on these networks and the programming on other networks that broadcast in the United States.

NOTICIAS 41

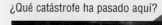

¿Qué catástrofe ha pasado aquí?

En las noticias
- el accidente
- el acontecimiento
- la actividad
- la catástrofe
- la celebración
- el huracán
- el misterio
- la ocasión
- el periodista, la periodista
- el personaje
- el premio
- la protesta
- el público
- el reportero, la reportera
- la reunión
- el robo
- el suceso
- el temblor

En la televisión
- el actor
- la actriz
- el anuncio (comercial)
- el autógrafo
- el canal
- el cantante, la cantante
- la comedia
- comercial
- el concurso
- el éxito
- extranjero,-a
- famoso,-a
- nacional
- la risa

Verbos
- aburrir
- bostezar
- cubrir
- filmar
- fracasar
- grabar
- haber
- informar
- lastimar(se)
- morder (ue)
- morir(se) (ue, u)
- mostrar (ue)
- opinar
- participar
- romper

Expresiones y otras palabras
- estar de acuerdo
- morirse de la risa
- normal
- quien
- resbaloso,-a
- serio,-a
- tener éxito

Está en el canal 45.

Lección 14

En el periódico

SARA: Juan, yo había visto el periódico *La Nación* en la sala, pero **ya**° no está allí. ¿Tú lo has visto?

JUAN: Sí, lo vi en la cocina. ¿Qué vas a leer?

SARA: Bueno, quiero leer unos **artículos acerca de**° la **economía** del país.

JUAN: ¿Y por qué te interesa eso?

SARA: Porque es muy importante **enterarse de**° lo que pasa **alrededor de**° uno. Es parte de la **cultura**° de una persona. Si eres **culto,**° es probable que tengas más y mejores **oportunidades** en la vida.

JUAN: ¡Qué culta eres!

ya *ahora* **acerca de** *sobre* **enterarse de** *to find out, to become aware, to learn about* **alrededor de** *around* **cultura** *culture, knowledge* **culto** *cultured, well-read*

¿Qué comprendiste?

1. ¿En dónde había visto Sara el periódico esta mañana?
2. ¿Está el periódico allí todavía?
3. ¿Qué quiere leer Sara?
4. ¿Quién dice que es importante para las personas enterarse de lo que pasa alrededor de ellas?

Le gusta leer la sección de noticias nacionales.

Algo más

¿Qué hay en los periódicos y las revistas?

el artículo	*article*	la sección...	*section*
el aviso	*printed advertisement*	...de cultura y pasatiempos	*culture and leisure*
la columna	*column*	...de deportes	*sports*
la encuesta	*survey, poll*	...del hogar	*home*
la entrevista	*interview*	...económica	*economics*
la tabla	*chart*	...editorial	*editorial*
el titular	*headline*	...internacional	*international*
		...nacional	*national*

Voleibol: Brasil se llevó todos los honores. Pág. 3

D Deportes

Automovilismo
Pedro José Paladines ganó el domingo en Riobamba y es el líder absoluto de la Monomarca Mazda. Pág. 4

A4

Editorial

EL COMERCIO

Charlando

1. ¿Qué es para ti una persona culta?
2. ¿Por qué crees que es bueno ser culto/a?
3. ¿Qué tipo de oportunidades crees que una persona pueda tener si es culta?
4. ¿Lees el periódico todos los días? ¿Qué secciones lees?
5. ¿Crees que enterarse de las noticias que pasan alrededor de uno es importante?

En el periódico

Trabajando en parejas, haz el papel de una de las personas del diálogo anterior.

Más palabras de los periódicos

los anuncios clasificados	*classified ads*
el crucigrama	*crossword puzzle*
la política	*politics*
el pronóstico del tiempo	*weather forecast*
el reportaje	*report*
la vida social	*society pages*

NOTICIAS on line

Edición digital de NOTICIAS · AÑO XV
Asunción, Paraguay

Oportunidades

Los periódicos en español

There are many newspapers from Spanish-speaking countries that you can download from the Internet. Print one out and try to read several articles, underlining unfamiliar words and phrases. This is a good opportunity to challenge yourself and strengthen your reading comprehension in Spanish. Establish a habit of reading a newspaper every day; it will help you increase your vocabulary and keeps you informed about what is happening in the world.

4 Periódicos y revistas

Escoge la palabra que no pertenece en cada uno de los siguientes grupos de cuatro palabras.

1. televisión	pasatiempos	películas	resbaloso
2. actor	cantante	temblor	actriz
3. periodista	información	ya	reportero
4. tabla	cubierto	encuesta	entrevista
5. editorial	deportes	hogar	premio
6. internacional	económica	morder	nacional
7. alrededor	artículo	titular	columna

5 ¿En qué sección?

Di en qué sección de un periódico o una revista puedes encontrar lo que estás buscando, según la información que se da.

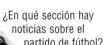
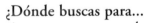

¿En qué sección hay noticias sobre el partido de fútbol?

¿Dónde buscas para...

1. encontrar una columna donde tu periodista favorito/a ha dado su opinión acerca de una protesta sobre la destrucción de los bosques tropicales?
2. leer una entrevista que le han hecho a tu actor/actriz favorito/a?
3. ver si tu equipo favorito ha ganado un partido de fútbol?
4. informarte sobre alguna catástrofe que ha ocurrido en los Estados Unidos?
5. enterarte del precio del oro o de la plata en el mercado internacional?
6. leer un artículo sobre algún acontecimiento que ha ocurrido en el Uruguay?
7. encontrar el precio de unos pantalones de algodón que están en oferta en el centro comercial?
8. mirar una encuesta sobre el número de niños que hay en cada casa de un barrio nuevo?

Lo busco en...

A. la sección económica.
B. la sección de deportes.
C. la sección editorial.
D. la sección de avisos comerciales.
E. la sección de cultura y pasatiempos.
F. la sección del hogar.
G. la sección nacional.
H. la sección internacional.

Conexión Cultural

Si eres una persona que amas la naturaleza, la cultura, el paisaje y las tradiciones, ven con nosotros.

El Paraguay

El Paraguay, con más de cuatro millones y medio de habitantes, se encuentra en el corazón de la América del Sur, rodeado por la Argentina (al sur, al este y al oeste), el Brasil (al norte y al este) y Bolivia (al norte y al oeste). La capital del país es la ciudad de Asunción. La lengua oficial es el español, aunque hay otra lengua nacional, el guaraní, que la hablan y la entienden la mayoría de los paraguayos.

El río Paraguay divide al país en dos regiones naturales, la región Oriental y la Occidental (o el Chaco). El país también está dividido en diecinueve departamentos; cinco de ellos están en la región del Chaco. En esta región no hay grandes ciudades. Es uno de los últimos lugares del mundo donde todavía se encuentran grandes extensiones de tierra virgen, con sus ecosistemas casi intactos.

El Paraguay no tiene costas sobre el mar, pero sus dos ríos principales, el Paraguay y el Paraná, comunican al país con el Océano Atlántico. En el Paraná, que está entre el Brasil y el Paraguay, se encuentra la central hidroeléctrica de Itaipú, la más grande del mundo.

El clima del Paraguay es cálido. La temperatura promedio al año es de veintidós grados centígrados, y el promedio anual de días de sol es de trescientos diez. Los meses del verano, que va desde octubre hasta marzo, son calientes y la temperatura promedio es de treinta y un grados centígrados. El invierno es corto, y su temperatura promedio es de catorce grados.

[Dirección General de Turismo, Ministerio de Obras Públicas y Comunicaciones, Asunción.]

Una protesta de maestros en Asunción, Paraguay.

PARAGUAY
TIERRA DE SOL Y
DE AVENTURAS

Yo hablo guaraní.

6 Cruzando fronteras

¿Qué sabes sobre el Paraguay? Contesta las siguientes preguntas.

1. ¿Dónde está el Paraguay?
2. ¿Cuál es la capital del Paraguay?
3. ¿Qué países están alrededor del Paraguay?
4. ¿Qué lenguas se hablan en el Paraguay?
5. ¿Qué río divide el país en dos regiones naturales?
6. ¿Sobre qué océano tiene el Paraguay costas?
7. ¿Dónde está la central hidroeléctrica de Itaipú?
8. ¿Desde qué mes y hasta qué mes es verano en el Paraguay?

IDIOMA

El pretérito pluscuamperfecto

The past perfect tense *(el pretérito pluscuamperfecto)* describes an event in the past that had happened prior to another past event. It consists of the imperfect tense of *haber* and a past participle.

*Juan **había leído** el periódico cuando Sara llegó.*	**Juan had read** the newspaper when Sara arrived.
*Ellos ya **se habían** bañado cuando empezó el temblor.*	**They had** already **bathed** when the tremor started.

Object and reflexive pronouns precede the conjugated form of *haber* in the past perfect tense. However, when an expression uses the infinitive of *haber,* attach object pronouns directly to the end of the infinitive form of *haber.*

*Ya **me había** vestido.*	I had already gotten dressed.
*Comieron sin **haberme** esperado.*	They ate without waiting for me.

7 Todos leían el periódico

Durante el viaje a la escuela tú y otros estudiantes leían el periódico en el autobús. Di qué habían leído en el periódico las siguientes personas cuando el autobús llegó al colegio.

 Rodolfo/un artículo sobre un museo en la sección de cultura y pasatiempos
Rodolfo había leído un artículo sobre un museo en la sección de cultura y pasatiempos cuando el autobús llegó al colegio.

1. tú/un artículo acerca de la economía del país
2. Rafael/un artículo en la sección del hogar
3. Antonio/los titulares de la sección internacional
4. todos nosotros/una parte del periódico
5. Eliana/la columna de un periodista famoso en la sección editorial
6. Rodrigo e Isabel/la sección económica
7. Laura y Mónica/una entrevista al cantante Juan Luis Guerra
8. yo/una encuesta acerca del número de personas que ya no fuman

Cultura

Con dos paneles y una muestra retrospectiva se inician los homenajes al pintor Eduardo Kingman.

8 ¿Qué les había ocurrido?

Algunas personas querían hacer ciertas *(certain)* actividades que no podían hacer porque les había ocurrido algo. Di lo que las siguientes personas no podían hacer y por qué, según las indicaciones.

> Bernardo quería ver las noticias. (nosotros/llevarnos el televisor)
> Bernardo quería ver las noticias pero no podía porque nosotros nos habíamos llevado el televisor.

1. Mis amigos querían leer la entrevista sobre su actor favorito. (alguien/quemar el periódico en la chimenea)
2. Yo quería esquiar. (yo/lastimarme una pierna)
3. Alicia quería ir a pescar. (ella/pescar un resfriado)
4. Uds. querían llevar la sección editorial. (alguien/tomarla)
5. Querías llegar a tiempo a la celebración. (tú/tener un accidente)
6. Queríamos pedir el autógrafo a nuestras cantantes favoritas. (ellas/salir)

9 La carta de Santiago

Santiago escribió una carta a su amiga Natalia desde el Paraguay. Completa la carta, usando el pluscuamperfecto de los verbos indicados para saber lo que Santiago dice en su carta.

Asunción, 24 de febrero

Querida Natalia:

Yo 1. (pensar) escribirte antes, pero no 2. (tener) el tiempo para hacerlo. Como yo tampoco 3. (recibir) una carta tuya, decidí escribirte ya.

Quería contarte lo que 4. (hacer) mis amigos y yo aquí en Asunción desde que llegamos. Nosotros visitamos la central hidroeléctrica de Itaipú la semana pasada. Yo nunca 5. (ver) algo tan interesante. Creo que cuando regrese al colegio, voy a escribir un artículo para el periódico. En Asunción fuimos a un museo, pero no pudimos entrar porque ellos 6. (cerrar) temprano. Parece que hubo una protesta, pero nosotros no 7. (enterarnos).

Como no pudimos visitar el museo, pensamos ir a nadar, pues la temperatura era como de treinta grados centígrados. No me lo vas a creer, pero cuando llegamos a la piscina, 8. (empezar) a llover.

No te cuento más por ahora. Voy a dejar algo más para contarte cuando regrese.

Con cariño,

Santiago

PD. ¿Me 9. (escribir) tú antes? Espero que sí. Chao.

---

10 Ayer antes de las seis

Fernando está contando lo que varias personas habían hecho ayer antes de las seis cuando vio por primera vez el artículo que había escrito para una revista paraguaya. Completa el párrafo, usando el tiempo apropiado de los verbos indicados.

Mis padres y yo <u>habíamos decidido</u> invitar a la casa a unos parientes a una celebración. Yo ya *1. (llamar)* a algunos amigos para invitarlos a la casa. Los amigos ya *2. (comprar)* la revista en una librería internacional cuando llegaron. Yo *3. (escribir)* el artículo para una columna en la sección Arte y Cultura. El artículo se llamaba *La gente guaraní: lengua y cultura.* Mi amiga, Claudia, ya lo *4. (traducir)* al inglés para algunos amigos en el carro. Mi hermano ya *5. (irse)* sin *6. (enterarse)* de nuestra pequeña celebración. Uds. ya *7. (leer)* la revista pero tú todavía no *8. (llegar)* a esa sección. Mis parientes ya *9. (encontrar)* la tabla que iba con el artículo que yo *10. (preparar)*, pero no la podían entender. Claro, yo *11. (ver)* lo que yo *12. (hacer)*, pero verlo en forma final era ¡fantástico!

11 No recuerdo

Imagina que tú no puedes recordar algunas cosas que hiciste o que algunas personas hicieron ayer en tu casa, y ahora le haces preguntas a tu hermano/a para tratar de recordar. Trabajando en parejas, alterna con tu compañero/a de clase en hacer preguntas y contestarlas, usando las indicaciones que se dan. Sigue el modelo.

Paloma/lavar
A: ¿Había lavado Paloma los platos ayer?
B: Sí, (No, no) los había lavado.

1. Manuel y Pedrito/jugar   2. la tía/romper   3. la abuela/ver   4. tú/preparar

5. yo/comprarse   6. papá/ir de compras   7. el abuelo/leer   8. yo/arreglar

 **Antes de acostarse**

Escribe en una hoja de papel una lista de diez cosas que tú y otros miembros de tu familia habían hecho ayer antes de acostarse. Puedes inventar la información si quieres.

 Yo me había puesto el pijama.
Mi madre había recogido la mesa.

Las noticias se escuchan por Radio Ñandutí

la camiseta

VOZ: En el Paraguay las noticias y los deportes **se escuchan°** por Radio Ñandutí, la gran **emisora°** paraguaya. Ahora sigue **narrando°** en los **micrófonos** de Ñandutí Rigoberto Osa, su **comentarista°** estrella.

RIGOBERTO: Hola, **aficionados°** del fútbol, hoy desde Asunción estamos **llevándoles° en vivo°** el partido entre los equipos del Paraguay y la Argentina. Estamos ahora en la **transmisión** del segundo **tiempo°** de este superinteresante partido. El **marcador°** del partido es dos a uno **a favor del** equipo del Paraguay. El **gol** fue **marcado°** por Ñeonidas, con la **camiseta** número quince.

se escuchan *are heard, listened to* **emisora** *radio station* **narrando** *announcing, narrating*
comentarista *commentator* **aficionados** *fans* **llevándoles** *bringing to you* **en vivo** *live* **tiempo**
period, half **marcador** *score* **marcado** *scored*

13 ¿Qué comprendiste?

1. ¿En qué país se escuchan las noticias y los deportes por Radio Ñandutí?
2. ¿Qué está narrando Rigoberto Osa?
3. ¿Quiénes están escuchando la transmisión?
4. ¿Qué tiempo se juega del partido?
5. ¿Está interesante el partido, según el comentarista? Explica.
6. ¿Cuál es el marcador? ¿A favor de quién?
7. ¿Qué número tiene en la camiseta el jugador que marcó el gol?

¿Están escuchando la transmisión?

14 Charlando

1. ¿Cuál es tu emisora favorita? ¿Qué tipo de programas tienen?
2. ¿Cómo se llama tu comentarista de radio o televisión favorito/a?
3. ¿Se juega al fútbol en tu colegio? ¿Qué se juega?
4. ¿Escuchas noticias deportivas por la radio? Explica.
5. ¿Escuchas transmisiones en vivo de deportes por la radio? ¿Qué transmisiones escuchas?
6. ¿Has escuchado alguna transmisión de radio de un partido de fútbol? ¿Dónde? ¿Qué equipos jugaban?

RADIO
ñandutí **14**
LA GRAN EMISORA
PARAGUAYA

¿Son superprecios?

Estrategia

Para hablar mejor: *applying prefixes*

You may have wondered about the word *superinteresante* in the preceding dialog. The expression consists of the prefix *super-* and the adjective *interesante,* and is equivalent to someone saying "superinteresting" or "incredibly interesting" in English. Prefixes are common in Spanish and learning them will help improve your ability to express yourself correctly in Spanish. They may be used, much as they are in English, to make a new word, or simply to add emphasis to what the speaker is saying. The following are some common prefixes in Spanish:

super-	(super-, very)	*¡superbien!*	very well!
re-	(very)	*¡reguapo/a!*	very handsome/pretty!
requete-	(extremely)	*¡requetebueno!*	extremely good!
archi-	(very)	*¡archifamoso/a!*	very famous!
in-	(un-, not)	*inculto*	uncultured, not well-read
des-	(un-)	*desvestirse*	to get undressed

15 ¡Tus nietos!

Imagina que ya eres abuelo/a y les cuentas a tus nietos cosas de cuando eras joven. Di lo mismo, usando los prefijos *super-, re-, requete-, archi-, in-* o *des-*.

 Yo había sido un comentarista de radio *muy famoso.*
Yo había sido un comentarista de radio *archifamoso.*

1. Cuando jugaba al fútbol, siempre llevaba una camiseta que era *muy bonita.*
2. A los treinta años, había leído mucho y ya no era una persona de *poca cultura.*
3. Mis amigos y yo habíamos sido *muy aficionados* al fútbol.
4. Cuando tenía veinte años, sólo había narrado partidos *muy malos.*
5. Mi madre no me dejaba salir a jugar fútbol si mi cuarto estaba *sin arreglar.*
6. Yo había trabajado en una emisora *muy buena.*

Este artículo se había leído mucho.

Repaso *rápido*

La voz pasiva

You already have learned to combine *se* with the *él/ella/Ud.* form of a verb or with the *ellos/ellas/Uds.* form of a verb when the performer of an action is indefinite or unknown (where speakers of English often use "one," "people" or "they"). When the subject (which may precede or follow the verb) is singular, the verb is singular. Similarly, if the subject is plural, so is the verb.

*Esa entrevista **se había leído** mucho.*	That interview **had been read** a lot. (**Many people had read** that interview.)
*El español y el guaraní **se hablan** en el Paraguay.*	Spanish and Guarani **are spoken/They speak** Spanish and Guarani in Paraguay.

16 La Copa Mundial

Las siguientes oraciones describen lo que hacen los miembros de la familia Rubín para prepararse para una superfiesta el día de la final de la Copa Mundial de Fútbol. Cámbialas, usando una construcción con *se.*

 Primero, arreglan la sala.
Primero, se arregla la sala.

1. Luego, lavan las ventanas.
2. Más tarde, limpian el piso de la cocina.
3. Cubren la mesa con un mantel.
4. Preparan la comida.
5. Cepillan al perro y al gato.
6. Ponen la mesa.
7. Después, traen los refrescos.
8. Finalmente, hacen unas galletas de perlas de chocolate.

IDIOMA

La voz pasiva: un poco más

In most sentences, the subject of the sentence performs an action. These sentences are said to be in the active voice.

Leonidas marcó el gol.   Leonidas scored the goal.
Andrés Cantor narró   Andrés Cantor announced
el partido.   the game.

La Copa Mundial fue narrada por Andrés Cantor.

However, where the subject is not the doer of an action but instead receives an action, the sentence is said to be in the passive voice. In the passive-voice examples that follow, note the use of a form of the verb *ser* plus a past participle, which is treated like an adjective and, therefore, must agree with the subject in gender and number. The word *por* usually follows and is used to tell by whom the action was performed.

*El gol **fue marcado** por Leonidas.*   The goal **was scored** by Leonidas.
*El partido **fue narrado** por*   The game **was announced** by
Andrés Cantor.   Andrés Cantor.

17 Muchas cosas pasan

Durante un partido de fútbol muchas cosas pasan. Di las siguientes oraciones, usando la voz pasiva.

Los aficionados compran camisetas.
Las camisetas son compradas por los aficionados.

1. Los periodistas escriben artículos acerca del partido.
2. El jugador número diez da muchas oportunidades para marcar un gol.
3. Los comentaristas de la radio narran el partido.
4. Los jugadores estrella marcan los goles.
5. La policía cierra las calles cerca del estadio.
6. Los muchachos venden perros calientes.

La pelota fue pasada por la delantera.

18 Lorenzo tiene mala memoria

Hay muchos datos *(facts)* culturales que Lorenzo no puede recordar. Ayúdalo a recordar, escribiendo otra vez las siguientes oraciones en la voz pasiva y completándolas con la información correcta.

 Shakespeare escribió el libro *El viejo y el mar.*
No, ese libro <u>fue escrito por Hemingway.</u>

1. Cristobal Colón ayudó a cinco países de la América del Sur a conseguir su libertad *(freedom)* de los españoles.
No, estos cinco países....
2. Abraham Lincoln dijo *"I have a dream..."* ("Tengo un sueño...")
No, esto....
3. Australia vendió el estado de Alaska a los Estados Unidos.
No, este estado....
4. Gabriel García Márquez escribió los *Versos Sencillos.*
No, estos versos....
5. Cantinflas visitó la luna por primera vez.
No, la luna....
6. El Sur ganó la Guerra *(war)* Civil estadounidense.
No, la Guerra Civil estadounidense....

Estos libros fueron escritos por Isabel Allende.

19 Un partido de fútbol

Trabajando en parejas, alterna con tu compañero/a de clase en hacer preguntas y contestarlas, usando la voz pasiva para decir quiénes hicieron las cosas indicadas. Sigue el modelo.

dar camisetas a los aficionados (los jugadores del equipo)
A: ¿Quién dio camisetas a los aficionados?
B: Las camisetas fueron dadas a los aficionados por los jugadores del equipo.

1. cambiar el marcador en el segundo tiempo (el jugador con la camiseta número tres)
2. sacar las fotos para los periódicos (los reporteros de la sección deportiva)
3. narrar el partido (Edgar)
4. llevar en vivo el partido a los hogares (la emisora Radio Ñandutí)
5. describir el partido en la televisión (dos comentaristas superfamosos)
6. marcar los goles (el jugador con la camiseta número trece)

20 Una fiesta requetebuena

Imagina que fuiste a la fiesta que la familia Rubín había organizado para la final de la Copa Mundial de Fútbol. Di quién había hecho cada actividad cuando llegaste, según las indicaciones. Sigue el modelo, y usa el pluscuamperfecto en cada oración.

 Jorge había comprado las flores.
Las flores habían sido compradas por Jorge.

1. Los niños habían cepillado al perro y al gato.
2. Jorge había puesto la mesa.
3. Doña Elena y su nuevo esposo habían traído los refrescos.
4. El papá había hecho unas galletas de perlas de chocolate.
5. La mamá había arreglado la sala.
6. Elisa había lavado las ventanas.
7. Jorge había limpiado el piso de la cocina.
8. El papá había preparado la comida.

El fútbol

Mundial

La FIFA pidió a los jueces sancionar todo intento de violencia. Los 34 árbitros pasaron los exámenes.

el mediocampista
el espectador
el delantero
el árbitro
el defensor
el portero
el tiro
la pelota

Algo más

Para hablar del fútbol

el campeonato	*championship*	la pena máxima	*penalty*
el defensor	*defender*	el tiro	*shot*
el delantero	*forward*	el portero	*goaltender*
el mediocampista	*midfielder*	empatar	*to tie*

21 El último partido

Todos van para ver sus equipos favoritos en el último partido de fútbol. Di lo que todos quieren que pase, usando las indicaciones que se dan y el subjuntivo.

> Pilar/el árbitro/cantar una pena máxima
> Pilar quiere que el árbitro cante una pena máxima.

1. Uds./los delanteros/hacer otro tiro para empatar el partido
2. todos nosotros/el campeonato/terminar bien
3. Jaime y Enrique/los defensores/no dejar hacer más goles
4. Ernesto/su equipo/ganar el campeonato
5. Diego y Susana/los espectadores/gritar más
6. yo/el portero/no irse detrás de la pelota
7. tú/el delantero/hacer más goles

¿Cantó una pena máxima?

22 Nos gusta el fútbol

Trabajando en grupos, habla del fútbol con tus compañeros/as. Puedes hablar de la última vez que fuiste a un partido o de tus equipos y tus jugadores favoritos y la posición en que juegan.

> Mi equipo favorito es.... La última vez que lo vi jugar, fue en un estadio en Miami. Ese día había hecho sol por la mañana. Pero cuando llegamos al estadio, empezó a llover.

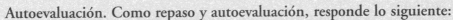

Autoevaluación. Como repaso y autoevaluación, responde lo siguiente:
1. What sections of a newspaper do you enjoy reading?
2. Imagine your friend arrived late to a school dance. Tell three things that had happened before your friend arrived.
3. Describe three things you did or saw prior to arriving at school today.
4. Imagine you are a radio announcer providing commentaries for a soccer match. What would you say to your audience?
5. Name three things that were done, said or written by someone you know.
6. What do you know about Paraguay?

¡La práctica hace al maestro!

A. Comunicación

Make a list of eight activities you did the past week and note what you did to prepare for each activity listed. Then, working in pairs, take turns asking questions about what each of you did.

A: ¿Qué hiciste esta semana?

B: Jugué un partido de fútbol.

A: ¿Qué habías hecho para jugar el partido?

B: Pues, había hecho muchos tiros de práctica para poder marcar goles en el partido.

*jugar un partido de fútbol
(Tuve que hacer muchos tiros de práctica.)*

*comprar una pelota de fútbol
(Trabajé ocho horas.)*

B. Conexión con la tecnología

Imagine you have been asked to audition to report your school's news on a local Hispanic radio station. Make a three- to five-minute tape recording in Spanish to submit as your audition. Start your report by identifying yourself and telling the name and call letters for the radio station. Include the weather for today, the results of the most recent sports events, the traffic report and any other newsworthy information happening in your school at the present time. In order to get the job you will need to be creative, so incorporate any special effects you can.

VOCABULARIO

El fútbol
el aficionado, la aficionada
el árbitro, la árbitra
la camiseta
el campeonato
el defensor, la defensora
el delantero, la delantera
el espectador, la espectadora
el gol
el marcador
el mediocampista,
   la mediocampista
la pelota
la pena (máxima)
el portero, la portera
el tiempo
el tiro

El periódico
el artículo
el aviso
la columna
la cultura
la economía
editorial
la encuesta
la entrevista
internacional
la sección
la tabla
el titular

La radio
el comentarista, la
   comentarista
la emisora
en vivo
el micrófono
la transmisión

Verbos
empatar
enterar(se) de
escuchar
llevar
marcar
narrar

Expresiones y otras palabras
acerca de
a favor (de)
alrededor de
culto,-a
económico,-a
máximo,-a
la oportunidad
ya

Una transmisión en vivo desde una escuela en Asunción.

¿Qué ha hecho el delantero de la camiseta número 5?

a leer

Estrategia

Preparación

Estrategia para leer: *distinguishing the main theme from the supporting information*

When you are reading an informative text, such as a news article, first skim the text to identify the main idea and distinguish it from any supporting information. The main idea is the central theme around which the article is built. The supporting details form the body of the paragraphs and serve to develop the main topic. Knowing which part of the reading is the main idea and which is the supporting information will help you better understand the reading.

Como preparación para la lectura, primero lee rápidamente *(skim)* **el artículo. Luego decide cuál de las siguientes ideas representa el tema principal y cuáles representan las ideas de apoyo** *(support)* **de lo que vas a leer.**

1. Radio Caracol-WSUA 1260 AM da información desde Colombia sobre las condiciones actuales en la zona del terremoto.
2. Un violento terremoto sacudió a diecisiete poblaciones de Colombia.
3. Las comunidades colombianas en el sur de la Florida organizan la ayuda para los damnificados del terremoto de Colombia.
4. Dos aviones salieron con 25.000 libras de medicamentos y comida desde Miami para Colombia.

CARACOL COLOMBIA

MÁS COMPAÑÍA

Ayuda para las víctimas del terremoto

MIAMI – En una rápida reacción ayer, las comunidades colombianas del sur de la Florida comenzaron a organizar la ayuda para los **damnificados** del violento terremoto que **sacudió** a diecisiete poblaciones de Colombia.

Según las **cifras** oficiales colombianas, el martes por la tarde el número de muertos era de por lo menos 900, con más de 1.500 **heridos**. El terremoto fue de una magnitud de 6.0 grados en la escala de Richter.

En menos de veinticuatro horas, dos aviones salieron con 25.000 libras de medicamentos y comida desde Miami para las zonas afectadas. Carmenza Jaramillo, cónsul general de Colombia en Miami, anunció que se abrieron dos **cuentas bancarias** para recolectar dinero en efectivo para las víctimas de Colombia. También se establecieron varios puntos de recolección para que los residentes del sur de la Florida puedan participar en la ayuda humanitaria.

Los voluntarios ayudan a las víctimas del terremoto en Colombia.

Un equipo de voluntarios de Miami ayuda a buscar damnificados del terremoto. (Armenia, Colombia.)

"Estamos sorprendidos con la solidaridad de la gente en Miami", expresó Jaramillo. "Espero que esta generosidad continúe, porque sólo con la ayuda de todos podemos empezar a reconstruir el país".

Durante todo el día de ayer, los colombianos utilizaron las emisoras Radio Caracol-WSUA 1260 AM y RCN-Miami 1360 AM, para pedir la ayuda de los residentes del sur de la Florida y para dar información desde Colombia sobre las condiciones **actuales** en la zona del terremoto.

"Estoy muy preocupada por la situación en mi país", dijo Alba Lucía López, quien ha vivido en una de las ciudades más afectadas por el terremoto. "Estoy tratando de comunicarme con mis familiares desde ayer, pero no he tenido éxito".

Mientras tanto, en el almacén de Intel América, cerca del Aeropuerto Internacional de Miami, un **ejército** de voluntarios trabaja como **hormigas** preparando **cajas** con ayuda para las víctimas de Colombia. Entre los artículos más necesarios para los damnificados están: agua **potable**, comida **enlatada**, medicamentos, leche **en polvo**, linternas, pilas y **tiendas de campaña**.

damnificados víctimas **sacudió** *shook* **cifras** *numbers* **heridos** *wounded* **cuentas bancarias** *bank accounts* **actuales** *current* **ejército** *army* **hormigas** *ants* **cajas** *boxes* **potable** *drinkable* **enlatada** *canned* **en polvo** *powdered* **tiendas de campaña** *tents*

[Sacado del artículo *Los colombianos de la Florida ayudan a las víctimas del terremoto* del periódico *El Miami Herald*; Miami, Florida; enero 27 de 1999.]

A ¿Qué comprendiste?

1. ¿Dónde ocurrió el terremoto?
2. ¿Quiénes organizan la ayuda para las víctimas del terremoto?
3. ¿Cuál fue la magnitud del terremoto?
4. ¿Adónde les pueden donar dinero a las víctimas?
5. ¿Quién trabaja en la preparación de cajas con ayuda para las víctimas?
6. ¿Cuáles son los artículos más necesarios para los damnificados?

B Charlando

1. ¿Ha ocurrido un terremoto donde tú vives?
2. ¿Cómo te comunicas cuando hay una crisis natural en donde vives?
3. ¿Qué artículos tiene tu familia en caso de una emergencia?
4. ¿Qué grupos ayudan en tu comunidad cuando hay un desastre?

RCN MIAMI 1360 AM
RED CONTINENTAL DE NOTICIAS

a escribir

Estrategia

Estrategia para escribir: *modeling a style of writing*

When you write an article about a news event, first find a few examples of similar news articles to use as models. Notice the formal style of writing that is used and the kind of information that is presented. If you imitate the writing style and include the same kind of information, your article will be perceived by the reader as a factual account of important news about a person, place or event.

Write a news article reporting about a person, an event, a tragedy, a discovery, etc., that you consider interesting. Make sure your writing models the following pattern for reporting the news:

1. Provide a **title** that summarizes the theme of the article.
2. State the **dateline** to indicate where the report takes place.
3. Begin with the **who?, what?, when?, where?** or **why?** information to catch the readers' attention and make them want to continue reading the rest of the article.
4. Include supporting details in the paragraphs in order to develop the main theme.

13 de marzo

Noticias de la semana:
Esta semana han ocurrido
cinco acontecimientos
importantes en nuestra
ciudad.

repaso

Now that I have completed this chapter, I can...
- ✓ express events in the past.
- ✓ talk about the news.
- ✓ discuss what has happened.
- ✓ discuss a television broadcast.
- ✓ talk about everyday activities.
- ✓ describe people and objects.
- ✓ write about what someone has done.
- ✓ identify sections of newspapers and magazines.
- ✓ relate two events in the past.
- ✓ discuss a radio broadcast.
- ✓ talk about soccer.
- ✓ add emphasis to a description.
- ✓ express wishes.

I can also...
- ✓ read in Spanish about life in Uruguay and Paraguay.
- ✓ identify opportunities to read and listen to authentic Spanish in the newspaper and on television.
- ✓ use prefixes in Spanish to add emphasis.

¿Cuál de ellos es el portero?

Las
vacaciones

In this chapter you will be able to:

- seek and provide personal information
- plan vacations
- talk about the future
- express emotion
- talk about everyday activities
- express uncertainty or probability
- make travel and lodging arrangements
- identify people and items associated with travel
- state wishes and preferences
- talk about schedules
- use the twenty-four-hour clock
- express logical conclusions
- write about hopes and dreams

323

Lección 15

Las próximas vacaciones

¿Tortilla?

la maleta

GRACIELA: ¿Adónde irás las próximas vacaciones?

CAMILA: Vamos a ir a España. Quiero **saborear**° unas tortillas e ir a una **corrida**° de toros.

GRACIELA: Pero las tortillas son mexicanas.

CAMILA: No todas. En España llaman tortilla a lo que en México llaman **omelet.**

GRACIELA: ¡Ah, comprendo! Y, ¿ya han hecho los planes para el viaje?

CAMILA: Sí. La otra semana vamos a ir a la **agencia de viajes** para comprar los **pasajes.**° Estoy tan **emocionada**° que ya estoy haciendo las **maletas.**

GRACIELA: ¡Olé, amiga! ¡Qué **dicha**° la tuya!

saborear *to taste, to savor* **corrida** *bullfight* **pasajes** *tickets* **emocionada** *excited* **dicha** *happiness*

1 ¿Qué comprendiste?

1. ¿Adónde va a ir Camila en las próximas vacaciones?
2. ¿Qué quiere saborear Camila?
3. ¿A qué llaman tortilla en España?
4. ¿Adónde van a ir Camila y su familia la otra semana?
5. ¿Qué van a comprar allí?
6. ¿Está Graciela muy emocionada?
7. ¿Qué está haciendo Camila ya?

¡Matador!

Enrique Ponce, matador español.

Conexión Cultural

La tortilla española

Has visto que muchas veces las palabras cambian de significado, según dónde se usan en el mundo. Saber las diferencias de significado cuando viajas te puede ayudar a expresarte correctamente. La palabra *tortilla* es un buen ejemplo de este fenómeno. En México, las *tortillas* se hacen de masa de maíz o de masa de trigo. Frecuentemente, con ellas se envuelven carne y verduras, como se hace con un pan para hacer un sandwich. En cambio, en España, la palabra *tortilla* se refiere a un omelet. Aquí tienes una receta para hacer una tortilla tradicional que es muy popular en España.

LA TORTILLA ESPAÑOLA

(ingredientes para cuatro personas)
1 patata grande **pelada** y cortada en **pedazos**
1 cebolla grande cortada en pedazos

4 **cucharadas** de aceite de oliva
5 huevos **batidos**
un poco de sal

Preparación
1. **Caliente** el aceite en una **sartén.**
2. Añada la patata y la cebolla y cocínelas hasta que estén suaves.
3. Ponga la sal.
4. Añada los huevos batidos lentamente, 1/3 a la vez; levante la tortilla tan pronto como **vaya endureciendo** para permitir que más huevos vayan **debajo.**
5. Cocine hasta que el **fondo** esté firme.
6. Para cocinar la parte de encima, invierta un plato sobre la tortilla y voltee la sartén. Luego, ponga la tortilla en la sartén otra vez.
7. Cocine hasta que el fondo esté **dorado.**
8. Se puede comer fría o caliente.

pelada *peeled* **pedazos** *pieces* **cucharadas** *tablespoonfuls* **batidos** *beaten* **Caliente** *Heat* **sartén** *frying pan* **vaya endureciendo** *begins to thicken* **debajo** *underneath* **fondo** *bottom* **dorado** *golden*

Cruzando fronteras

¿Qué sabes sobre la tortilla española? Di si cada una de las siguientes oraciones es *verdad* o *falsa*.

1. Las palabras no cambian nunca de significado de un país a otro.
2. Las tortillas en México se hacen de arroz y de frutas.
3. En las tortillas mexicanas se envuelven carne y verduras.
4. En España, la palabra *tortilla* quiere decir *omelet*.
5. La tortilla española se hace de patata (papa), cebolla, pollo, carne y aceite.
6. La tortilla española se puede comer fría o caliente.

Las próximas vacaciones (continuación)

el príncipe   la reina   el rey   la princesa

GRACIELA:	Un viaje a España debe tener muchos **gastos,**° ¿verdad?
CAMILA:	Sí, tiene demasiados gastos, pero mis padres me van a ayudar.
GRACIELA:	Qué **suerte°** tienes. Espero que **goces°** mucho.
CAMILA:	**A lo mejor°** no regresamos y decidimos vivir allá.
GRACIELA:	Sí, no me digas, y vivirás con un **príncipe** español y tú serás su **princesa.**
CAMILA:	**Puede ser.°** Luego, seremos el **rey** y la **reina.**
GRACIELA:	¡Estás **soñando!°**
CAMILA:	Soñar no cuesta nada. Anoche soñé que yo iba a volver a **nacer°** en España y....
GRACIELA:	¡Qué dices! Creo que mejor me voy. Chao.

gastos *expenses* **suerte** *luck* **goces** *you enjoy* **a lo mejor** *maybe* **Puede ser** A lo mejor **soñando** *dreaming* **nacer** *to be born*

3 ¿Qué comprendiste?

1. ¿Quién tiene la suerte de viajar?
2. ¿Qué espera Graciela?
3. ¿Qué piensa Camila que a lo mejor va a pasar?
4. ¿Con quién dice Graciela que Camila va a vivir?
5. ¿Qué cree Camila que ella va a ser después de ser una princesa?
6. ¿Qué soñó anoche Camila?

4 Charlando

1. ¿Adónde irás en tus próximas vacaciones?
2. ¿Te gusta soñar? Explica.
3. ¿Has visto una corrida de toros? ¿Dónde?
4. ¿Cuál ha sido tu dicha más grande?
5. ¿Qué gastos tienes cuando vas de viaje?
6. ¿Has oído hablar de algún rey o de alguna reina? ¿De dónde?

¿A qué hora va a salir el avión?

El futuro con *ir a*

Do you recall how to state what is going to happen using the present tense of *ir* followed by *a* and an infinitive? Look at the following:

Nosotros vamos a comprar los pasajes el viernes.	We are going to buy the tickets on Friday.
El avión va a llegar en una hora.	The plane is going to arrive in one hour.

5 En Madrid

Imagina que estás en el Aeropuerto Internacional de Barajas, en Madrid. Di adónde van a ir de vacaciones las siguientes personas y a qué hora van a salir de España, combinando palabras y expresiones de las tres columnas. Añade las palabras que sean necesarias.

 Tú vas a ir a Panamá y vas a salir a las siete de la mañana.

A	B	C
la familia Guerra	Puerto Rico	7:00 A.M.
Leonor y Miguel	Argentina	8:40 A.M.
don Rubén	México	10:20 P.M.
nosotros	Costa Rica	2:15 P.M.
la señorita Torres	Paraguay	3:50 P.M.
tú	Panamá	4:30 P.M.
los señores Robleda	Venezuela	9:45 P.M.

6 Haciendo planes

Trabajando en parejas, alterna con tu compañero/a de clase en preguntarse los planes para las próximas vacaciones (adónde van a ir, cuándo van a ir, con quién, qué van a hacer, qué lugares van a visitar, etc.). Puedes inventar los planes si quieres. Trata de usar las expresiones que has aprendido en esta lección.

> **A:** ¿Adónde vas a ir de vacaciones?
> **B:** Voy a ir a Barcelona, España.
> **A:** ¿Qué vas a hacer allá?
> **B:** Voy a ir a comer tortillas.
> **A:** ¿Cuándo vas a ir?
> **B:** Voy a ir el seis de septiembre.

Viajaré a Sevilla.

IDIOMA

El futuro

As you have seen, the present tense of a verb is often used in conversation in order to refer to the future.

> ***Vamos** a Málaga mañana.*   **We're going** to Málaga tomorrow.

You also have learned to talk about the future using the construction *ir + a +* infinitive.

> *¿**Van a ir** en avión?*   **Are you going to go** by plane?

Spanish also has a true future tense *(el futuro)* that may be used to tell what will happen. It is usually formed by adding the endings *-é, -ás, -á, -emos, -éis* and *-án* to the infinitive form of the verb.

viajar		comer		abrir	
viajaré	viajar**emos**	comeré	comer**emos**	abriré	abrir**emos**
viajarás	viajar**éis**	comerás	comer**éis**	abrirás	abrir**éis**
viajará	viajar**án**	comerá	comer**án**	abrirá	abrir**án**

Look at these examples:

> *Yo **viajaré** a Valencia mañana.*   I'll **travel** to Valencia tomorrow.
> *Nosotros **iremos** en tren.*   We'll **go** by train.
> *El avión **llegará** a las tres.*   The plane **will arrive** at three o'clock.

7 ¿Qué harán?

Di estas oraciones de otra manera para ver qué van a hacer las siguientes personas.

Rodrigo va a comer un omelet en el almuerzo.
Rodrigo comerá un omelet en el almuerzo.

1. Luz y Liliana, muy emocionadas, van a preparar su viaje a España.
2. Yo voy a subir las maletas que están en el sótano.
3. Mauricio e Isabel van a saborear unas ricas tortillas españolas.
4. Carolina va a ir al aeropuerto.
5. Tú vas a recoger unos pasajes en la agencia de viajes.
6. Nosotros vamos a ver al rey, a la reina y a los príncipes de España por la televisión.

8 Los planes de Camila

Completa el siguiente párrafo con el futuro de los verbos indicados para saber cuáles son los planes de Camila para mañana.

Mañana yo *1. (ir)* temprano a la agencia de viajes y *2. (comprar)* el pasaje para mi viaje a España. Luego, *3. (regresar)* a casa y *4. (preparar)* un omelet para el almuerzo. Después del almuerzo, mi hermano y yo *5. (conducir)* hasta una tienda en el centro de la ciudad donde él *6. (mirar)* una maleta que quiere comprar. En la tarde, mis padres y yo *7. (hablar)* de los gastos de mi viaje. Van a ser muchos, pero por suerte mi padre los *8. (cubrir)* casi todos. Finalmente en la noche, yo *9. (ver)* mi programa favorito de televisión, "Nacer y vivir", y *10. (comer)* una tortilla antes de ir a dormir.

9 Las próximas vacaciones

Imagina que tú y tus amigos hacen planes para las próximas vacaciones. Completa las siguientes oraciones con la forma del futuro de los verbos indicados.

Claudia *(conocer)* la América del Sur.
Claudia *conocerá* la América del Sur.

1. Uds. *(escribir)* cartas para sus amigos.
2. Mi familia y yo *(ir)* a Acapulco, México.
3. Juan Manuel y Fernando *(trabajar)* en una agencia de viajes.
4. Tú *(esquiar)* en Chile.
5. Yo *(viajar)* a la casa de mis tíos en Acapulco.
6. Álvaro y Patricia *(visitar)* el parque de atracciones.
7. Norberto *(ir)* a las corridas de toros en España.
8. Nosotros *(comer)* omelets en el D.F.

¿Irás a Acapulco algún día?

10 ¿Qué pasará?

Imagina que tú y tu familia van a hacer un viaje a España en una semana. Haz oraciones completas para decir qué pasará en los próximos días, usando las indicaciones que se dan. Añade las palabras que sean necesarias.

1. nosotros/estar/Madrid por un mes
2. mi hermano/saborear unas tortillas
3. mis padres/ir/una corrida de toros y/gritar olé
4. la dicha/no ser muy grande en un mes porque nosotros/volver/casa
5. mi papá/cubrir todos los gastos

11 ¿Adónde irán en Madrid?

Trabajando en parejas, alterna con tu compañero/a de clase en preguntar y contestar a qué lugares irán cada una de las siguientes personas, según el mapa y las indicaciones que se dan.

Natalia y sus tíos/52
A: ¿Adónde irán Natalia y sus tíos?
B: Natalia y sus tíos irán al Edificio España.

1. Lorenzo y yo/30
2. don Joaquín/20
3. Martín y su hermana/12
4. Gloria/55

5. Adriana y su esposo/40
6. tú/18
7. yo/39
8. Uds./16

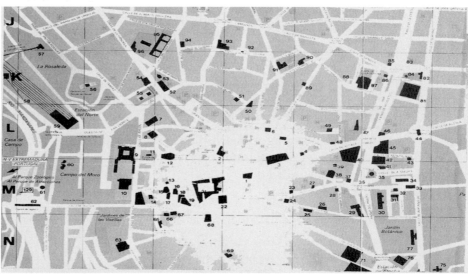

CORRESPONDENCIA CON LA ENUMERACION EN EL PLANO DE MADRID
MONUMENTOS, MUSEOS Y LUGARES DE INTERES GENERAL

1. Sede de la Comunidad de Madrid
2. Convento de las Descalzas Reales
3. Real Casa de la Aduana y Real Academia de Bellas Artes
4. Las Calatravas
5. Oratorio del Caballero de Gracia
6. Telefónica
7. Palacio del Senado y Museo del Pueblo Español
8. Convento de la Encarnación
9. Palacio Real
10. Nuestra Sra. de la Almudena
11. Estatua de Felipe IV
12. Teatro Real
13. Patronato Municipal de Turismo
14. Santísimo Sacramento y Capitanía General
15. Ayuntamiento
16. Torre de los Lujanes
17. Casa de Cisneros
18. Iglesia Pontificia de San Miguel
19. San Justo

20. Oficina Municipal de Turismo
21. Conjunto de la Plaza Mayor
22. Ministerio de Asuntos Exteriores
23. Teatro Español
24. Cámara de Comercio
25. Real Academia de la Historia
26. Convento de las Trinitarias
27. Ateneo de Madrid
28. Dirección Gral. de Turismo Comunidad de Madrid (Oficina de Turismo)
29. Ministerio de Sanidad y Seguridad Social
30. Museo del Prado
31. San Jerónimo el Real
32. Real Academia de la Lengua Española
33. Casón del Buen Retiro (Arte Moderno – "Guernica")
34. Museo del Ejército
35. Obelisco al Dos de Mayo
36. Fuente de Neptuno
37. Palacio de Villahermosa (Museo de Pinturas)

38. Congreso de los Diputados
39. Teatro de la Zarzuela
40. Banco de España
41. Bolsa de Madrid
42. Ministerio de la Marina
43. Museo de Artes Decorativas
44. Puerta de Alcalá
45. Palacio de Comunicaciones
46. Palacio de Linares
47. Fuente de Cibeles y Palacio de Buenavista
48. San José
49. Casa de las Siete Chimeneas
50. San Antonio de los Alemanes
51. San Plácido
52. Edificio España
53. San Marcos
54. Torre de Madrid y Oficina de Turismo
55. Monumento a Cervantes

Algo más

El futuro de probabilidad

The future tense also may be used in Spanish to express uncertainty in questions and probability in answers that refer to the present. Compare the following:

*¿A qué hora **llegará**?*	**I wonder** what time it will arrive.
*Él **saldrá** en el próximo tren.*	**He is probably (He must be) leaving** on the next train.
***Comerán** tortillas ahora.*	**I imagine they are eating** tortillas.
*Ellos **estarán** en la playa.*	**They probably are (must be)** at the beach.

Ellos estarán en la playa. (Mallorca, España.)

12 Una opinión

Expresa una opinión sobre cada una de las siguientes situaciones, usando el futuro de probabilidad.

Javier está en una agencia de viajes.
Comprará un pasaje.

1. Son las once y Eliana todavía está durmiendo.
2. Esteban y Miguel están en una piscina.
3. Jorge y su mujer están en el aeropuerto con maletas.
4. Tú estás viendo a un matador y a un toro.
5. Ana y su esposo están en la cocina y tienen los ingredientes para preparar tortillas.
6. A Camila le gustan los huevos, las patatas (las papas) y las cebollas, y está en un restaurante en Madrid.

13 Ahora mismo

Di dónde piensas que estarán las siguientes personas ahora mismo, según lo que hacen y las indicaciones que se dan.

Camila está durmiendo y soñando con su viaje a España. (cuarto)
Estará en el cuarto.

1. La tía de Camila está preparando omelets. (cocina)
2. Wilson y Daniel están consiguiendo dinero para pagar los gastos del viaje. (banco)
3. Graciela y su hermano están saboreando unas tortillas. (restaurante español)
4. La familia Perdomo está viendo una corrida de toros. (plaza de toros)
5. Teresa está comprando unas maletas. (almacén)
6. Camila está comprando los pasajes. (agencia de viajes)
7. Elena y su prima están viendo al Rey Juan Carlos y a la Reina Sofía. (Madrid)

Si están en el Palacio Real de Madrid, estarán viendo al Rey Juan Carlos y a la Reina Sofía.

14 ¿Qué te preguntas?

Expresa las siguientes ideas con una pregunta, usando el futuro de probabilidad. Sigue el modelo.

Me pregunto cuánto cuestan los pasajes.
¿Cuánto costarán los pasajes?

1. Me pregunto dónde están los príncipes de España ahora.
2. Me pregunto qué llevo de ropa para mi viaje.
3. Me pregunto cuál es la temperatura en Madrid.
4. Me pregunto quién cubre nuestra visita a Madrid para el periódico.
5. Me pregunto cómo prepara mi tía las tortillas.
6. Me pregunto dónde están los pasajes.
7. Me pregunto quién viaja también a España.

¿Dónde estará el Príncipe Felipe de España?

Las reservaciones

AGENTE: Buenos días, ¿en qué las puedo ayudar?

YOLANDA: Hace dos semanas hice unas **reservaciones**, y quiero comprar los pasajes ahora.

AGENTE: Permítame, miro en la **pantalla**. ¿Cuál es su **nombre°** completo?

YOLANDA: Es Yolanda Giraldo de Hernández.

AGENTE: Sí, aquí está. ¿Son cuatro pasajes para un viaje **sencillo...?°**

YOLANDA: No, señor. Son cuatro **de ida y vuelta.°** ¡Queremos regresar!

CAMILA: ¡Ay, mamá, yo no! Yo **me mudaré°** para allá.

AGENTE: Sí, señora, con **destino** a Madrid, en **tarifa°** económica. La **salida°** es el 15 de junio y la **llegada°** a Madrid es al día siguiente. El regreso es el 17 de julio.

CAMILA: ¿Saldremos temprano el quince?

AGENTE: No, el **vuelo°** saldrá a las cinco de la tarde. Es el último que hará esa **compañía aérea** ese día. ¿Pagan a crédito o con **cheque?°**

YOLANDA: A crédito. **Cargue°** todo en esta tarjeta, por favor.

nombre *name* **sencillo** *one-way* **de ida y vuelta** *round-trip* **me mudaré** *I will move* **tarifa** *fare* **salida** *departure* **llegada** *arrival* **vuelo** *flight* **cheque** *check* **cargue** *charge*

15 ¿Qué comprendiste?

1. ¿Qué hizo Yolanda hace dos semanas?
2. ¿En dónde mira el agente la información?
3. ¿Cuál es el nombre completo de Yolanda?
4. ¿Los pasajes que van a comprar son para un viaje sencillo o para un viaje de ida y vuelta?
5. ¿Cuál es el destino del viaje?
6. ¿Cuál es la tarifa de los pasajes?
7. ¿Cuándo es la salida y cuándo es la llegada a España?
8. ¿En qué vuelo de la compañía aérea viajan Yolanda y Camila?

Aquí puedes hacer reservaciones y comprar pa

71	N.º BD 348681					BILLETE + RESERVA		EL	001	

RENFE
C. I. F.: G-28016749
0113264D6483 31215

DE ⟶ A	CLASE	30 FECHA	HORA SALIDA	TIPO DE TREN	COCHE	N.º PLAZA	DEPARTA
M.ATCH.AVE SEVILLA SJ	1	21.09	16.00	TALGO	0011	005V	NO
HORA DE LLEGADA--->:		19.40		CLIMATIZ.			

Tarifa   002 RESERVA DE PLAZAS
Forma de pago METALICO   Pesetas   ****233000

16 Charlando

1. ¿Cuál es tu nombre completo?
2. ¿Has hecho algún viaje sencillo? ¿Adónde?
3. ¿Cuál fue tu destino en tu último viaje? ¿Fue a algún lugar donde se habla español?
4. ¿Te gustaría mudarte de donde vives? ¿A qué lugar te gustaría mudarte?
5. ¿Crees que cargar gastos en una tarjeta de crédito es mejor que pagar en efectivo? ¿Por qué?

PARAti

Otras palabras y expresiones

el asiento	seat
el billete	ticket
la cancelación	cancellation
la clase económica	coach class
la confirmación	confirmation
el cupo	space available
el pase a bordo	boarding pass
la primera clase	first class
la ventanilla	window

¿A qué hora sale el tren con destino a Toledo?

Próximas Salidas

...adas				Regionales y L. Recorrido			
...orrido	Cercanías						
Vía	Hora	Destino	Vía	Hora	Destino	Vía	Tren
2		FUENLABRADA	9	13:50	ALBACETE	5	R EXP
5		MOSTOL/SOTO	8	14:03	SEGOVIA	2	REGIO
5	13:48	PARLA	6	14:15	ALICANTE	5	TALGO
5	13:52	GUADALAJARA	3	14:25	TOLEDO	4	REGIO
4	13:53	CHAMAR/P PI	2	15:20	BILBO/HENDA	5	TALGO
5	13:55	ARANJUEZ	4	15:30	CACE/BADAJO	5	TALGO
	13:55	P PIO/ROZAS	7	15:58	SANTANDER	5	TALGO
	13:57	TRES CANTOS	2	16:03	SEGOVIA	2	REGIO

Algo más

El futuro: los verbos reflexivos

Form the future tense of reflexive verbs in the same way you have learned to form the present tense of nonreflexive verbs. The reflexive pronoun must agree with the subject and must precede the verb.

Nos sentaremos a descansar en Toledo. (Toledo, España.)

Me despertaré temprano para llegar a tiempo al aeropuerto.
I will wake up early to arrive at the airport on time.

Ellos se bañarán antes de salir para el aeropuerto.
They will take a bath before going to the airport.

17 En un programa para estudiantes extranjeros

Mañana vas a ir a España para estudiar en un programa para estudiantes extranjeros. Trabajando en parejas, alterna con tu compañero/a de clase en preguntar y en contestar a qué hora harás *(you will do)* las siguientes actividades para prepararte.

acostarte
A: ¿A qué hora te acostarás?
B: Me acostaré a las nueve.

1. despertarte
2. levantarte
3. bañarte
4. desayunarte
5. peinarte
6. despedirte de todos nosotros

18 ¿Cuándo?

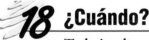

Trabajando en parejas, alterna con tu compañero/a de clase en hacer preguntas y contestarlas para saber cuándo las siguientes personas harán *(will do)* las cosas indicadas.

mi mamá/maquillarse (cuando tú salgas del baño)
A: ¿Cuándo se maquillará mi mamá?
B: Se maquillará cuando tú salgas del baño.

1. Ud./vestirse (cuando termine de planchar el pantalón)
2. yo/cepillarse el pelo (cuando consigas el cepillo)
3. ellos/afeitarse (cuando lleguen a Madrid)
4. los tíos/levantarse (cuando estemos listos para salir)
5. nosotros/irnos para el aeropuerto (cuando pongamos las maletas en el carro)
6. la familia/mudarse para España (cuando nos aburramos de vivir aquí)
7. Camila/desayunarse (cuando todos estén listos)
8. tú/bañarse (cuando mi hermana salga del baño)

¿A qué hora se peinará Julieta?

IDIOMA

El futuro de los verbos irregulares

Some verbs use a modified form of the infinitive in the future tense. However, their endings remain the same as for regular verbs. The following verbs drop the letter *e* from the infinitive ending:

caber	poder	querer	saber
cabré	podré	querré	sabré
cabrás	podrás	querrás	sabrás
cabrá	podrá	querrá	sabrá
cabremos	podremos	querremos	sabremos
cabréis	podréis	querréis	sabréis
cabrán	podrán	querrán	sabrán

The vowel of the infinitive endings *-er* and *-ir* changes to *d* in these verbs:

poner	salir	tener	venir
pondré	saldré	tendré	vendré
pondrás	saldrás	tendrás	vendrás
pondrá	saldrá	tendrá	vendrá
pondremos	saldremos	tendremos	vendremos
pondréis	saldréis	tendréis	vendréis
pondrán	saldrán	tendrán	vendrán

The letters *e* and *c* are dropped from the infinitives *decir* and *hacer* before adding the future-tense endings.

decir	hacer
diré	haré
dirás	harás
dirá	hará
diremos	haremos
diréis	haréis
dirán	harán

Haremos nuestra tarea juntas.

19 Hablando del viaje

Completa las siguientes oraciones con la forma apropiada del futuro de los verbos indicados.

 Las tías (podrán) cargar todos sus gastos en sus tarjetas de crédito. (poder)

1. Alejandro y Santiago (1) que pagar los pasajes con cheque. (tener)
2. Cuando regresemos de España, (2) en una compañía aérea diferente. (venir)
3. Yo (3) que Uds. me traigan algo de España. (querer)
4. Tanta ropa no (4) en una maleta. (caber)
5. ¿(5) tú toda tu ropa en dos maletas? (poner)
6. El viernes, a lo mejor nosotros (6) a las nueve de la mañana. (salir)
7. Javier (7) las reservaciones del hotel mañana. (hacer)
8. El agente no (8) si hay vuelos sin mirar en la pantalla. (saber)
9. ¿Cuándo (9) Mauricio su nombre completo y la otra información que necesitan a los señores de la agencia? (decirles)

Podremos ir al Parque del Buen Retiro. (Madrid, España.)

20 ¡A España!

Imagina que viajas mañana a España con algunos miembros de tu familia. Haz oraciones completas, tomando elementos de cada columna, usando el futuro. Puedes inventar la información que quieras.

 Mis hermanos pondrán sus cosas en sus maletas.

A	B	C
mis hermanos	venir	pagar los pasajes con cheque
todos nosotros	tener	cargar todo en su tarjeta
el vuelo	saber	un vuelo con destino a Madrid
mis abuelos	salir	la hora de salida
yo	poner	a tiempo
mi papá	poder	reservaciones de ida y vuelta
mis tíos	hacer	sus cosas en sus maletas
mi mamá	querer	de Miami en el primer vuelo

21 El adivino

Ramón fue a ver a un adivino *(fortune-teller)* ayer. Haz oraciones completas para saber lo que el adivino le dice a Ramón que va a pasar, usando las indicaciones que se dan. Añade las palabras que sean necesarias.

tu vuelo/salir/muy tarde/martes
Tu vuelo saldrá muy tarde el martes.

Sólo IBERIA une 19 ciudades de América con 27 destinos europeos, vía Madrid.

Asunción. Bogotá. Buenos Aires. Cancún. Caracas. Guatemala. La Habana. Lima. Managua. México. Montevideo. Panamá. Quito. Río de Janeiro. San José. San Juan. Santiago de Chile. Santo Domingo. Sao Paulo.

1. tu hermanita/no querer ir/viaje a última hora
2. tus tías/poder conseguir/sólo un pasaje de ida/vuelta
3. tú/no tener/reservaciones listas
4. tú y tu familia/decir/sus nombres completos cuando lleguen/hotel
5. a tu hermano/no caberle/toda la ropa/una maleta
6. tus padres/tener/mucha paz/sus vacaciones
7. tus abuelos/venir/día antes/viaje
8. el agente/no saber/tarifas para un viaje/Madrid

22 Las vacaciones del señor Gómez

Cuando el señor Gómez está pensando en voz alta *(aloud)* acerca de lo que hará durante las vacaciones, su secretaria entra a su oficina. Completa el siguiente párrafo con el futuro del verbo indicado para saber lo que pasa.

SR. GÓMEZ: Mañana es mi primer día de vacaciones. ¡Por fin, *1. (poder)* descansar! *2. (Levantarse)* al mediodía. *3. (Ponerse)* un pantalón y una camisa requetecómodos, ¡nada de trajes!, y unos zapatos deportivos. *4. (Desayunarse)* sin tener que mirar el reloj cada dos segundos. *5. (Leer)* ese libro que hace meses está en mi cuarto. Y, lo mejor de todo ¡no *6. (tener)* que ir a reuniones a ninguna parte! *7. (Hacer)* exactamente lo que quiera todos los días.

SECRETARIA: Buenos días, Sr. Gómez. Su mujer está al teléfono.

SR. GÓMEZ: Gracias.... Hola, Pilar, ¿pasa algo?

PILAR: No, te llamo para decirte que no hagas planes para mañana. A las ocho y media, nosotros *8. (llevar)* a Robertico al médico. Luego, *9. (ir)* al zoológico. Se lo prometí a los niños. A la una, *10. (comer)* en casa de tus padres. Y a las cinco, mi hermana y sus hijos *11. (venir)* a ver una película.

SR. GÓMEZ: ¡Oh, no! Pero amor, ¿y mis vacaciones?

Oportunidades

En la agencia de viajes

If you are traveling within a Spanish-speaking country, you may have to go to a travel agency to confirm your reservations for the airplane and hotels scheduled in your itinerary. Perhaps you also will need to make new arrangements to include additional interesting sites you want to visit.
Take that opportunity to practice all you have learned in Spanish and see if you can acquire new words that you did not know.

23 Haciendo reservaciones

¿Cómo llegamos a la plaza de toros?

Imagina que estás en una agencia de viajes, hablando con el agente para arreglar todos los detalles de tu viaje. Trabajando en parejas, alterna con tu compañero/a de clase en hacer preguntas y en contestarlas. Usa el futuro y las indicaciones que se dan.

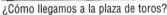

> cuál/ser/su destino final (Granada)
> **A:** ¿Cuál será su destino final?
> **B:** Mi destino final será Granada.

1. cuándo/tener Ud./listas mis reservaciones (en cinco minutos)
2. cuándo/saber Ud./si hay más vuelos para Granada el viernes (tan pronto como tenga la información en la pantalla)
3. qué compañía aérea/poder/darnos tarifas más económicas (ninguna otra compañía aérea)
4. cuándo/salir el vuelo (tarde en la noche)
5. a qué hora/ser/la llegada a Granada (a las seis de la mañana)
6. cómo/poder yo/conseguir el nombre completo del hotel al que vamos (si habla con aquella señorita)

Su destino final será Barcelona, ¿verdad?

En la agencia de viajes

vence *expires*   folletos *brochures*

24 En la agencia de viajes

Contesta las siguientes preguntas.

1. ¿Qué le pide don Augusto a la agente?
2. ¿Tiene la agente lo que don Augusto le pide? ¿Qué tiene ella?
3. ¿Necesita Alberto una visa para el país adonde va a viajar?
4. ¿Cuándo se vence el pasaporte de Blanca?
5. ¿Tienes un pasaporte? ¿Cuándo se vence?
6. ¿Cómo sabes si se necesita una visa?
7. Si hicieras un viaje a España, ¿qué itinerario te gustaría hacer?

¿Cuál folleto quieres ver?

25 Los preparativos

Haz oraciones en el futuro, para saber lo que las siguientes personas dicen acerca de los preparativos de su viaje.

Luz/hacer/reservaciones para un viaje de ida y vuelta
Luz hará reservaciones para un viaje de ida y vuelta.

1. José y Carmen/necesitar/una guía turística de Barcelona
2. nosotros/tener/suerte si podemos viajar esta semana
3. mi pasaporte/vencerse/en dos años
4. ellas/tener/que conseguir una visa
5. yo/poder/conseguir mañana folletos de Toledo
6. el agente/saber/el mejor itinerario para visitar España
7. tú/querer/hacer un viaje sencillo
8. Graciela/venir/mañana para hablar del viaje

26 Preparaciones de un viaje

Imagina que harás un viaje por varios países con un miembro de tu familia y ahora están hablando de lo que será importante recordar para el viaje. Trabajando en parejas, hablen del viaje y de lo que tendrán que hacer para prepararse.

A: ¿Tienes folletos de España?
B: No. Tendré que conseguir algunos.
A: Bueno, yo tengo unas guías turísticas pero son viejas.
B: Entonces tendremos que ir a la agencia de viajes.

España

BARCELONA

Autoevaluación. Como repaso y autoevaluación, responde lo siguiente:

1. What ingredients does a Spanish tortilla have?
2. Where are you going for your next vacation? Describe what you will do and see.
3. Where do you dream going?
4. Name three things that you will do in the future.
5. Imagine that you have a job interview *(entrevista)* tomorrow. Name three things that you will do to prepare yourself for the interview.
6. List three things that you will have or do in ten years.
7. What do you know about Spain?

¡La práctica hace al maestro!

A Comunicación

Working with a partner, pretend you are in a travel agency and play the parts of a travel agent and a client planning a vacation. Discuss such things as departure time *(hora de salida)*, arrival time *(hora de llegada)*, destination *(destino)*, schedule *(horario)*, what you will see and so forth. Make reservations (you may wish to call an airline or a travel agent to obtain the actual information). Add any other details you wish.

¿Quiere Ud. hacer reservaciones para un viaje a la República Dominicana?

B Conexión con la tecnología

Imagine you are going to Spain for your next vacation. You will fly with *Iberia Airlines* and will depart from Miami, Florida. Search the Internet for the web page for *Iberia* and find flight information in Spanish. Make sure to have the dates you plan to travel, the time you would like to depart and the type of seats you want. Print out the information you get and report to the class on what you found. What are the expenses for your trip?

VOCABULARIO

¿Dónde estará la oficina de turismo?

Las vacaciones

aéreo,-a
la agencia de viajes
el agente, la agente
la compañía
de ida y vuelta
el destino
el folleto
el gasto
la guía
el itinerario
la llegada
la maleta
el pasaje
el pasaporte
la reservación
la salida
sencillo,-a
la tarifa
turístico,-a
la visa
el vuelo

La familia real

la princesa
el príncipe
la reina
el rey

Verbos

cargar
gozar
mudar(se)
nacer
saborear
soñar
vencer

Expresiones y otras palabras

a lo mejor
adonde
el cheque
completo,-a
la corrida
la dicha
emocionado,-a
el nombre
el omelet
la pantalla
puede ser
la suerte

Soñé que volví a nacer y vivía en este edificio. (Plaza de Cibeles, Madrid.)

Lección 16

En el mostrador de la aerolínea

el maletín

IBERIA

el pasajero
la pasajera

CAMILA:	Allí está el **mostrador°** de la **aerolínea.**
RODRIGO:	Ah, sí. Esperen aquí mientras yo voy con Sergio a **registrar°** y **entregar°** el **equipaje.°**
SEÑOR:	Buenas tardes. ¿Cuántos **pasajeros** son?
RODRIGO:	Somos cuatro.
SEÑOR:	Me permiten ver sus pasaportes.
RODRIGO:	Sí, señor, aquí están. Preferiríamos estar en la **sección** de no fumar.
SEÑOR:	No hay problema. ¿Cuántas **piezas°** de equipaje llevan?
RODRIGO:	Llevamos cinco maletas y dos **maletines** como **equipaje de mano.°**
SERGIO:	¿A qué hora sale el avión?
SEÑOR:	Su avión saldrá a las dieciséis horas. Deben **abordar°** por el **muelle°** internacional, puerta de salida número ocho, pero tendrán que pasar primero por **emigración.** Feliz viaje.

mostrador *counter* **registrar** *to check in* **entregar** *to hand in* **equipaje** *luggage* **piezas** *pieces*
equipaje de mano *carry-on luggage* **abordar** *board* **muelle** *concourse, pier*

¿Qué comprendiste?

1. ¿Adónde van Rodrigo y Sergio a registrar y entregar el equipaje?
2. ¿Cuántos son los pasajeros en la familia de Rodrigo?
3. ¿En qué sección del avión no quieren viajar Rodrigo y su familia?
4. ¿Cuántas piezas de equipaje llevan ellos?
5. ¿A qué hora sale el avión de ellos?
6. ¿Por cuál muelle deben abordar el avión?
7. ¿Por dónde tendrán ellos que pasar primero?

Charlando

1. ¿En qué sección del avión te gusta viajar?
2. ¿Cuántas maletas llevas cuando vas de viaje?
3. ¿Cuántas piezas de equipaje de mano llevas cuando vas de viaje?
4. ¿Has pasado por emigración alguna vez? ¿Qué hiciste allí?

¿Dónde se entrega el equipaje?

Algo más

La hora de veinticuatro horas

Schedules sometimes are written using a twenty-four-hour clock. As you travel in the Spanish-speaking parts of the world, you will often encounter schedules for trains, planes, ships, movies and television programs that appear unrecognizable to someone who is not familiar with this cultural point. Actually, the twenty-four-hour clock is quite simple and can be helpful in determining if an event occurs during the daytime or at night. Look at the following and compare the times as they would be stated using a twenty-four-hour clock:

9:15	*Son las nueve y cuarto de la mañana.*
15:30	*Son las tres y media de la tarde.* (15:30 - 12:00 = 3:30)
22:55	*Son las once menos cinco de la noche.* (22:55 - 12:00 = 10:55)

¿Qué hora es?

Trabajando en el mostrador de una aerolínea

Imagina que trabajas en el mostrador de una aerolínea en el aeropuerto Barajas de Madrid, contestando el teléfono de información sobre salidas de vuelos. Trabajando en parejas, alterna con tu compañero/a de clase en preguntar la hora de salida de los vuelos y en contestar, diciendo la hora y el muelle de donde salen. Sigue el modelo.

A: ¿A qué hora sale el vuelo ciento cincuenta y cinco para Sevilla?
B: El vuelo ciento cincuenta y cinco sale a las dos y media de la tarde por el muelle nacional.

SALIDAS

Ciudad	Vuelos	Hora	Muelle
Sevilla	155	14:30	Nacional
Barcelona	270	15:00	Nacional
Buenos Aires	015	16:45	Internacional
Nueva York	310	17:15	Internacional
Granada	068	20:00	Nacional

4 Trenes Renfe

¿A qué hora saldrán los trenes de Madrid para estas ciudades? Trabajando en parejas, alterna con tu compañero/a de clase en hacer y contestar preguntas, según las horas de salida.

La estación de trenes Atocha en Madrid, España.

Horario de trenes Renfe De Madrid a:

Ciudad	Horas de salida						
La Coruña	06:15	21:50					
Salamanca	00:15	04:45	08:00	11:15	17:45	21:00	
Murcia	06:10	22:55					
Toledo	06:00	08:30	11:00	16:00	21:00	23:30	
Córdoba	06:05	08:50	11:35	18:50	21:35		
San Sebastián	00:15	04:45	08:00	11:15	17:45	21:00	23:30
Zaragoza	01:15	04:15	16:15	23:15			
Granada	05:55	08:50	11:45	14:40	17:35	20:30	
Sevilla	06:05	21:35	24:00				

Oportunidades

En el aeropuerto

Airports can be excellent places to practice a world language since many people from different parts of the world travel through them. If you are traveling to or from a Spanish-speaking city or country, it is possible that you will meet people who speak Spanish. Test your skills and chat with someone. When you are checking in at an airport where Spanish is spoken, chances are that the airline agent will speak to you in Spanish as well.

¿Me permite ver su pasaporte?

Conexión *Cultural*

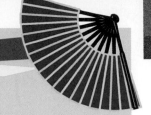

España

La historia de España es muy rica y fascinante. La geografía española ha contribuido a la diversidad de la nación. La España de hoy y sus cuarenta millones de habitantes son como un espejo que reflejan la historia y la geografía del país.

Madrid, la capital, es la ciudad más grande del país y es el centro del gobierno. También allí está la corona española, representada por los reyes de España. La ciudad está ubicada aproximadamente en el centro del país. La ciudad ofrece algunas de las muestras más importantes de arte del mundo en el Museo del Prado. La cosmopolita ciudad de Barcelona, el puerto más grande del país, está situada en la costa este de España en la región más rica y poblada del país. La arquitectura de Antonio Gaudí se ve en varios lugares de esta ciudad. La tercera ciudad en población de España, Valencia, está ubicada en la costa mediterránea, al sur de Barcelona. Esta área es famosa tanto por su producción industrial como por sus productos agrícolas. En contraste directo con estas ciudades grandes y cosmopolitas, España también tiene numerosas ciudades pequeñas y pueblos donde la vida tiene un ritmo más lento.

El Museo del Prado.

Al sur de Madrid, en la región de Castilla-La Mancha, los veranos son muy calientes y los inviernos muy fríos. El clima es muy diferente en la región pesquera y agrícola de Galicia, que está en la parte noroeste del país. Aunque esta región sólo representa un séptimo del tamaño del país, recibe un tercio de la lluvia anual de España.

Una calle de Madrid, España.

Algunas personas creen que el corazón y el alma de España están representados por la región de Andalucía, al sur del país. Allí uno puede ver la arquitectura mora que quedó de la ocupación musulmana de la ciudad de Sevilla. Otras ciudades de la región de Andalucía donde se ve reflejada la historia musulmana de España son Málaga, Córdoba y Granada.

Ella baila flamenco, un baile típico español.

EspañA

Cruzando fronteras

¿Qué sabes sobre España? Contesta las siguientes preguntas.

1. ¿Cuál es la capital de España?
2. ¿Qué museo importante está en la capital de España?
3. ¿De quién es la arquitectura que se ve en varios lugares de Barcelona?
4. ¿En qué región española los veranos son muy calientes y los inviernos muy fríos?
5. ¿En dónde creen algunas personas que está representado el corazón y el alma de España?

La Casa Batlló fue diseñada por Antonio Gaudí. (Barcelona, España.)

IDIOMA

El condicional

Just as the future tense in Spanish is used to tell what will happen, the conditional tense *(el condicional)* tells what would happen or what someone would do (under certain conditions). It is usually formed by adding the endings *-ía, -ías, -ía, -íamos, -íais* and *-ían* to the infinitive form of the verb.

viajar	
viajaría	viajaríamos
viajarías	viajaríais
viajaría	viajarían

comer	
comería	comeríamos
comerías	comeríais
comería	comerían

abrir	
abriría	abriríamos
abrirías	abriríais
abriría	abrirían

Look at the following examples:

Me gustaría ir a la ciudad de Toledo.
I **would like** to go to the city of Toledo.

¿Viajarías allí pronto?
Would you **travel** there soon?

¡Sería maravilloso!
That **would be** marvellous!

¿Irías tú en tren o en avión?
Would you **go** by train or by plane?

¿Te gustaría viajar a Segovia?

6 ¿Qué dijeron todos?

Completa las siguientes oraciones con la forma del condicional de los verbos indicados, para saber lo que dijeron en el mostrador de la aerolínea las siguientes personas.

 Rodrigo dijo que él <u>preferiría</u> llevar sólo un maletín como equipaje de mano. (preferir)

1. La señorita nos dijo que sólo <u>(1)</u> dos piezas de equipaje por cada pasajero. (registrar)
2. Un señor nos dijo que nosotros <u>(2)</u> abordar el avión en quince minutos. (deber)
3. Unas mujeres dijeron que <u>(3)</u> a alguien que las ayude con sus maletas. (necesitar)
4. Camila y Yolanda dijeron que <u>(4)</u> en la cafetería mientras Rodrigo hace el registro. (estar)
5. Dije que yo <u>(5)</u> ir primero a emigración. (preferir)
6. Camila dijo que le <u>(6)</u> sentarse en el corredor. (gustar)
7. Rodrigo y Yolanda dijeron que <u>(7)</u> viajar en la sección de no fumar. (preferir)

7 Volver a nacer

Di lo que a las siguientes personas les gustaría hacer si volvieran a nacer, usando el condicional. Añade las palabras que sean necesarias.

 Graciela y su hermano/ser/príncipes
Graciela y su hermano serían principes.

1. tú/aprender/volar un avión
2. yo/escribir/libro sobre cómo ser feliz
3. Camila/nacer/España
4. Sergio/trabajar/agencia de viajes
5. Yolanda/vivir/reyes de España
6. nosotros/conocer/más gente interesante
7. Rodrigo/viajar/todo el mundo
8. Mónica e Inés/gustarles/trabajar como agente de viajes

¿AGENCIA DE VIAJES?

Si volvieran a nacer, serían princesa y príncipe.

8 ¿Qué harían?

Di lo que harían las siguientes personas en cada una de las siguientes situaciones, usando las indicaciones que se dan.

Paloma olvidó su equipaje de mano en la casa. (viajar en otro vuelo)
Viajaría en otro vuelo.

1. Tienes que abordar en cinco minutos por el muelle nacional, pero estás en el muelle internacional. (correr al muelle nacional)
2. Tengo un problema para salir del país y estoy en el aeropuerto. (ir a la oficina de emigración)
3. No llegamos a tiempo al aeropuerto y perdemos nuestro avión a Toledo. (esperar para tomar el siguiente vuelo)
4. Los chicos no pueden registrar todo su equipaje. (dejar una maleta con sus padres)
5. Felipe tiene mucha ropa para llevar. (poner todo en dos maletas)
6. Doña Isabel tiene que llevar cinco maletas. (pedir ayuda a alguien)

9 Dando consejos

Imagina que tú eres una persona con experiencia en viajar a España y todos te hacen preguntas para pedirte consejos. Trabajando en parejas, alterna con tu compañero/a de clase en hacer preguntas y en contestarlas, usando el condicional y la información que sea apropiada.

Iría a Segovia para ver el Alcázar.

dónde/comprar los pasajes
A: ¿Dónde comprarías los pasajes?
B: Compraría los pasajes en la agencia de viajes.

1. cuántas piezas de equipaje/llevar
2. en qué sección del avión/viajar
3. adónde/no ir
4. en qué aerolínea/volar
5. a qué hora/estar en el aeropuerto
6. qué ciudades/visitar

Proverbios y dichos
Plan ahead and do things when you are able to because you never can be certain there will be enough time tomorrow. Try to complete what you can today and do not postpone tasks. Do not procrastinate. As the saying goes: *No dejes para mañana lo que puedas hacer hoy* (Do not put off for tomorrow what can be done today).

10 ¡No dejes para mañana lo que puedas hacer hoy!

Lorenzo siempre promete muchas cosas pero nunca las cumple porque es perezoso. Completa el siguiente párrafo con la forma apropiada del condicional para ver lo que no hizo.

Lorenzo les prometió a sus padres y a su novia que haría muchas cosas durante el verano. Le dijo a su padre que *1. (buscar)* un trabajo, *2. (cortar)* el césped y *3. (lavar)* el carro cada semana. No lo hizo. Le dijo a su madre que *4. (levantarse)* temprano y la *5. (ayudar)* en el jardín. Tampoco lo hizo. Le prometió a su novia que los dos *6. (ir)* a la playa, *7. (ver)* buenas películas y *8. (jugar)* al tenis. No hicieron ninguna de estas cosas. ¡Ahora, parece que nadie quiere ayudarlo a él! Ayer, le pidió dinero a su padre, y su padre le contestó: "Mañana". Le preguntó a su madre si le *9. (comprar)* ropa nueva y ella respondió: "Un día de éstos". Cuando le dijo a su novia que le *10. (gustar)* invitarla a cenar, ella le contestó: "¡Nunca más!". Ahora Lorenzo entiende por qué se dice: *¡No dejes para mañana lo que puedas hacer hoy!*

Bienvenidos a su vuelo número 108

tripulación *crew* **bienvenida** *welcome* **escalas** *stopover* **aterrizar** *to land* **despegar** *to take off* **abrocharse** *to fasten* **colocar** poner **respaldares** *seat-back*

11 Viajando en avión

Contesta las siguientes preguntas.

1. ¿Has viajado en avión alguna vez? ¿Cuándo?
2. ¿Hizo el avión alguna escala? ¿Dónde?
3. ¿Te gustaría ser miembro de la tripulación de un avión? ¿Qué te gustaría ser?
4. ¿Te gusta más cuando un avión despega o cuando aterriza? ¿Por qué?
5. ¿Crees que las medidas de seguridad que se toman en un avión son buenas? Explica.

IBERIA **B**
LINEAS AEREAS DE ESPAÑA
GRUPO

Algo más

El condicional de los verbos irregulares

Verbs that are irregular in the future tense have identical irregular stems in the conditional. However, their endings remain the same as for regular verbs.

- Verbs that drop the letter *e* from the infinitive ending:

  caber → **cabría**   *poder* → **podría**   *querer* → **querría**   *saber* → **sabría**

- Verbs that change the vowel of the infinitive endings *-er* and *-ir* to *d*:

  poner → **pondría**   *salir* → **saldría**   *tener* → **tendría**   *venir* → **vendría**

- Drop the letters *e* and *c* from the infinitives of *decir* and *hacer* before adding the future-tense endings.

  decir → **diría**   *hacer* → **haría**

Podrías visitar al rey y a la reina aquí en su palacio. (Madrid, España.)

12 ¿Qué cosas harías en el avión?

Haz oraciones completas, usando el condicional. Añade las palabras que sean necesarias.

poder/dormir durante todo/vuelo
Podría dormir durante todo el vuelo.

1. jugar/ajedrez sobre/mesita de la silla
2. hablar/con toda/tripulación
3. colocar/el respaldar/posición vertical
4. poner/el equipaje de mano/compartimiento
5. tener/un poco de miedo/aterrizar
6. abrocharme/el cinturón de seguridad/despegar
7. querer/volar en el avión con el piloto
8. decirle/al piloto que me deje volar/avión

EN SU VIAJE DE NEGOCIOS O DE PLACER ...
Somos su mejor compañía para ir a España

Siendo la primera línea aérea alimentadora en México que cubre Rutas Internacionales y en conjunto con Mexicana de Aviación, Aeromonterrey responde a las necesidades del demandante mercado de la región noreste de México y el Estado de Texas en Los Estados Unidos, con Servicios Aéreos de Excelente Calidad. Al volar con nosotros confirmará que Aeromonterrey es su mejor compañía!

13 ¿Qué no harían?

Di lo que no harían *(would not do)* nunca las siguientes personas, usando el condicional. Luego, di lo que preferirían hacer.

Yo le contaría chistes al auxiliar de vuelo.

yo
(Yo) Nunca entregaría todo mi equipaje en el mostrador. Preferiría siempre llevar conmigo un equipaje de mano con algunas cosas personales.

1. el profesor/la profesora
2. mis amigos/amigas y yo
3. el cantante Enrique Iglesias
4. el presidente de los Estados Unidos
5. la actriz Jennifer López
6. mis padres
7. mi mejor amigo/amiga
8. tú

14 Con cinco millones de dólares...

Imagina que has ganado cinco millones de dólares. Trabajando en parejas, alterna con tu compañero/a de clase en hacer preguntas y en contestarlas para saber seis cosas que cada uno/a haría con ese dinero.

A: ¿Qué sería lo primero que tú harías con cinco millones de dólares?

B: Haría un viaje por todo el mundo.

En taxi al hotel

SEÑOR:	¿Van a **alojarse**° en algún **parador?**°
RODRIGO:	No, señor. Por favor, llévenos al **hotel** *Novotel.*
SEÑOR:	Con gusto.
YOLANDA:	¡Fue un viaje muy largo! ¿A qué hora llegamos?
RODRIGO:	Llegamos a las seis de la mañana, hora de Madrid y ya son las siete y media.
SERGIO:	Lo bueno fue que nos **revisaron**° rápido las maletas en la **aduana.**°
YOLANDA:	Sí, tuvimos suerte. ¿En qué piensas, Camila?
CAMILA:	Pienso si Graciela iría ayer a la casa para darle de comer a mi perro.
YOLANDA:	¡Claro! No te preocupes. Tu perro estará bien.

alojarse *to stay, to lodge* **parador** *inn* **revisaron** *checked* **aduana** *customs*

Por favor, llévenos al hotel.

15 ¿Qué comprendiste?

1. ¿Van Rodrigo y su familia a alojarse en un parador?
2. ¿Cómo van ellos al hotel?
3. ¿A qué hora llegaron a su destino?
4. ¿Qué fue lo bueno, según Sergio?
5. ¿Qué se pregunta Camila?

16 En el aeropuerto

Todos en el aeropuerto hacen preguntas. Trabajando en parejas, alterna con tu compañero/a de clase en preguntar y en contestar a qué hora ocurrirán las siguientes cosas. Usa las pistas que se dan.

aterrizar/el próximo avión (1:30 P.M.)
A: ¿A qué hora aterrizará el próximo avión?
B: Aterrizará a la una y media de la tarde.

1. llegar/Pedro y Lucía a Madrid (10:30 A.M.)
2. servir el desayuno/ellos (6:30 A.M.)
3. alojarse/tus amigos en el hotel (8:00 P.M.)
4. despegar/tu avión (2:00 P.M.)
5. estar/Graciela en la aduana (4:15 P.M.)
6. salir/el piloto (1:50 P.M.)
7. ser/la bienvenida en el hotel (8:30 P.M.)

¿A qué hora?
Remember to ask when something is going to occur (or has already occurred) using the question *¿A qué hora...?* Answer using *a la/las* followed by the time.

¿A qué hora llegaron a Madrid? | Llegamos **a las** seis.

¿A qué hora estarán en el hotel? | Vamos a estar en el hotel en una hora, **a las** siete.

En la recepción del hotel

el recepcionista — el botones — la recepcionista

Si dudas, pregunta.

Ajuntament de Barcelona

RODRIGO: Buenos días. Tenemos una reservación.
SEÑOR: Sus **apellidos**,° por favor.
RODRIGO: Hernández Rojas.
SEÑOR: Señor Hernández, Ud. tiene una reservación para una **habitación**° con una cama **doble** y dos **sencillas**,° por cinco noches, ¿verdad?
RODRIGO: Sí, y preferiríamos una habitación donde no escuchemos el **ruido**° de la calle.
SEÑOR: ¡Cómo no! Señor Hernández, ¿podría **firmar**° aquí?
RODRIGO: Sí, claro.
YOLANDA: Perdón, señor, ¿tiene la habitación agua **potable**° y **servicio al cuarto**?
SEÑOR: Sí, señora. Aquí está su llave. **En seguida**° el **botones** los llevará a su habitación. ¡Bienvenidos al hotel! Es un **placer**° tenerlos aquí.

apellidos *last names, surnames* **habitación** *room* **sencillas** *single* **ruido** *noise* **firmar** *to sign*
potable *drinkable* **En seguida** *Immediately* **placer** *pleasure*

17 ¿Qué comprendiste?

1. ¿En qué parte del hotel está la familia Hernández?
2. ¿Cuáles son los apellidos de Rodrigo?
3. ¿Cómo es la reservación de la familia Hernández?
4. ¿Cómo preferirían la habitación?
5. Además de servicio al cuarto, ¿qué más tiene la habitación?
6. ¿Quién los llevará a la habitación?
7. ¿Qué es un placer para el recepcionista?

¿En qué parte del hotel están ellos?

Algo más

¿Dónde nos alojamos?

As you travel, you will find a wide range of places to lodge. For example, you may wish to stay in a government-run *parador,* a *pensión* (which offers both lodging and meals for one price) or you may instead decide to stay at any of a wide selection of private hotels.

El parador de Alarcón es un antiguo castillo. (Cuenca, España.)

Hotels often are rated according to their cleanliness, amenities offered, price range and so forth. In some Spanish-speaking countries, hotels may be classified as follows: *de lujo* (luxury), *de primera clase* (first-class), *de segunda clase* (second-class) and *de tercera clase* (third-class). Elsewhere, hotels may be ranked in categories according to the number of stars *(estrellas)* they are awarded. For example, *cinco estrellas* (five stars) is an expensive hotel that has very strict standards and offers many amenities to guests.

18 Charlando

1. ¿Cuál es tu apellido?
2. ¿Es tu cama doble o sencilla?
3. Cuando viajas, ¿en qué clase de hoteles te gusta alojarte?
4. ¿Cómo era el último hotel donde estuviste? ¿Dónde estaba?

Oportunidades

Los hoteles

Traveling to Spanish-speaking countries is a great opportunity to practice your skills in the language. A hotel may be one of the first places you will have the chance to speak in Spanish. Do not be shy and miss that opportunity. Encourage yourself to see how much you can understand and what you can say. You probably will find out that many employees at large hotels speak English, but do not let that stop you from practicing your Spanish. Give it your best effort and do not worry about making mistakes.

19 En Novotel

Imagina cómo sería la vida en el hotel Novotel. Lee el aviso del hotel, y luego contesta las preguntas que siguen.

1. ¿Qué tendrías en la habitación?
2. ¿Cuántos canales tendrías en la televisión?
3. ¿Cómo sería el desayuno, además de variado?
4. ¿Hasta qué hora tendrías tiempo para ir a comer al restaurante Le Grill?
5. ¿En cuántos hoteles de la misma compañía podrías alojarte en España?

En Novotel
no tenemos habitaciones con número.
Tenemos clientes con nombre.

La sonrisa es la mejor forma de expresar la calidad del servicio. Ningún cliente se siente extraño en NOVOTEL.

La comodidad es nuestro éxito.

Habitaciones con todas las comodidades, TV (6 canales), radio-despertador, minibar... para que su estancia sea más confortable.

El más variado y completo desayuno buffet para iniciar su jornada.

Restaurante "LE GRILL" abierto desde las 6.00 h. hasta las 24.00 h. ininterrumpidamente para degustar desde el plato más simple hasta la más elaborada recomendación del chef.

En NOVOTEL cuidamos los detalles.

Novotel. Para vivirlo

NOVOTEL MADRID
Albacete,1. 28027 MADRID
Tel.(91) 405 46 00. Telex 41862 NOVMD
TELEFAX (91) 404 11 05

NOVOTEL GERONA
Autopista A-7, salida 8
Riudellots de la Selva- GERONA
Tel. (972) 47 71 00 Telex 57238
Telefax (972) 47 72 96

NOVOTEL COSTA DEL SOL-MIJAS
Ctra. Mijas a Fuengirola, Km. 4.
29650 Mijas. (MALAGA)
Tel. (952) 48 64 00. Telex 79696

Conexión *Cultural*

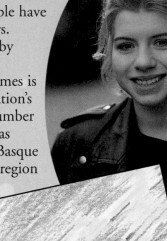

Ella es española y rubia.

La diversidad cultural española

Spain is a country of contrasts. Many Spaniards are fair and blond because their ancestors were Celts. Other people have dark complexions because their ancestors were Moors. Spain's diversity is reflected in the languages spoken by Spaniards in different parts of the country, as well.

Although Spanish (which sometimes is referred to as *castellano)* is the nation's official language, a significant number of people speak other languages as well. For example, many of the Basque people who live in the northern region of *el País Vasco* speak *eusquera.* Likewise, people who live in the northeastern region of *Cataluña* speak *catalán.*

Soy del País Vasco
y hablo eusquera.

Se habla catalán en Barcelona.

Soy de Andalucía, al sur de España.

20 Cruzando fronteras

Haz un mapa de España y añade el nombre de la capital del país, las ciudades principales, las montañas, los lagos, los ríos y otros puntos geográficos que puedas. Luego, colorea los lugares donde se habla eusquera y catalán. Puedes consultar el mapa de España que está en este libro, o un atlas, si lo deseas.

21 Organizando un viaje

Imagina que irás de viaje a España. ¿En qué orden *(order)* ocurrirían las siguientes situaciones?

1. Revisarían el equipaje en la aduana.
2. Abordaría el avión en el muelle internacional.
3. Entregaría el equipaje.
4. Conseguiría un pasaporte.
5. Me abrocharía el cinturón.
6. Me alojaría en un parador.
7. Haría la reservación de una habitación con una cama sencilla.
8. El botones me llevaría a la habitación.
9. Compraría un pasaje de ida y vuelta.
10. Iría a una agencia de viajes.
11. El avión aterrizaría.
12. Iría al mostrador de la aerolínea.
13. Querría ir a España.
14. El avión despegaría.
15. Pondría mi ropa en una maleta.

Algo más

El condicional de probabilidad

Just as the future tense is used in Spanish to express uncertainty or probability in the present, the conditional tense expresses what was uncertain or probable in the past. Compare the following:

Serían las seis cuando salieron.	**It must have been** (**probably was**) six when they left.
Sergio hablaría a su novia.	**Sergio was probably talking** to his girlfriend.
Irían solos.	**They probably went** (**must have gone**) alone.

22 ¿Qué fue probable?

Catalina no está segura de que muchas cosas pasaron. Usa el condicional de probabilidad para indicar lo que fue probable, según Catalina, de acuerdo con la información que se da.

 Mi hermano me dijo que iba a salir temprano para el aeropuerto.
Mi hermano me dijo que saldría temprano para el aeropuerto.

1. Mis padres me dijeron que iban a salir para Madrid a las tres.
2. Dijo que iba a tener las habitaciones listas.
3. Una persona me dijo que el vuelo de mis tías iba a salir a tiempo.
4. El recepcionista me dijo que las habitaciones de mis parientes iban a tener agua potable.
5. El botones dijo que iba a llevar todas las maletas a la habitación.
6. Mi papá dijo que iba a firmar algún papel en la recepción del hotel.

23 No contestan

Cuando Graciela llamó a su amiga Camila al hotel a diferentes horas durante el día, ni ella ni su familia contestaban el teléfono de la habitación. Haz oraciones completas, usando las indicaciones que se dan para saber lo que piensa Graciela.

 Camila no estaba a las 8:30 A.M. (desayunarse en el restaurante)
Camila se desayunaría en el restaurante.

1. Su papá no estaba a las 10:00 A.M. (hablar con el botones en la recepción)
2. Su mamá no estaba a las 10:30 A.M. (tomar agua potable en la cocina del hotel)
3. Sus padres no estaban a las 11:00 A.M. (broncearse en la playa)
4. Todos no estaban a las 12:00 P.M. (almorzar en el restaurante porque no había servicio al cuarto)
5. Su hermano no estaba a las 3:00 P.M. (nadar en la piscina)
6. Sus padres no estaban a las 4:45 P.M. (dar un paseo por la ciudad)
7. Camila no estaba a las 9:45 P.M. (salir con sus nuevos amigos)

La Plaza Mayor de Salamanca, España.

¿Te gustaría visitar el Museo del Prado?

Esta catedral, La Sagrada Familia, fue diseñada por Antonio Gaudí.
¿En qué ciudad crees que está?

Autoevaluación. Como repaso y autoevaluación, responde lo siguiente:
1. Describe your last experience in an airport.
2. List what time you do the following activities using the twenty-four-hour clock: wake up in the morning, go to school, eat lunch, return home, eat dinner, study.
3. Describe what you would do if you won a large sum of money.
4. How would you ask an airline agent what time the plane will arrive?
5. If you could build a hotel, what would it be like? What kind of people would stay there?
6. How would you say in Spanish that it probably was five o'clock when the flight attendant brought the food?
7. What do you know about Spain?

¡La práctica hace al maestro!

A Comunicación

Working in pairs, plan the ideal trip to Spain. Discuss where and when you would like to go, where you would like to stay, what you would like to do and anything else that would make the trip perfect!

A: ¿Adónde te gustaría ir en España?
B: Primero, querría visitar Andalucía porque quiero ver la Alhambra. ¿Adónde te alojarías tú?
A: Preferiría alojarme en un parador.

B Conexión con la tecnología

Part of planning a trip to Spain is choosing the hotel in which you will stay. Using the Internet, find information about at least five hotels in one of the cities you plan to visit. Find out the rates of each hotel, including the rates for different types of rooms, and note any special offers and amenities. Print out the information and share it with the class. Describe all of the hotel options you found. Then tell the class which hotel you would prefer to stay in, and why.

JUNTA DE ANDALUCIA
Consejería de Cultura y Medio Ambiente
Patronato de la Alhambra
y Generalife

Alcazaba
Palacios Nazaries
Baño de Comares y Lindaraja
Partal y Torres
Generalife

Billete individual para visita diurna, por una sola vez en el día que se expende y el siguiente para continuarla en los Recintos no visitados.

Precio: 525 pts.

Consérvese hasta la salida.   Nº 798146

Granada,
El Patronato tiene la facultad de modificar itinerarios o suprimir espacios visitables por razones organizativas y/o de conservación.

El parador de Granada tiene un restaurante excelente.

VOCABULARIO

En el aeropuerto
la aduana
la aerolínea
la emigración
el equipaje
el equipaje de mano
la escala
el maletín
el mostrador
el muelle

En el avión
el auxiliar de vuelo,
  la auxiliar de vuelo
el compartimiento
la mesita
el pasajero
el piloto
el respaldar
la tripulación

En el hotel
el botones
la habitación
el hotel
el lujo
el parador
la recepción
el recepcionista,
  la recepcionista
servicio al cuarto

Verbos
abordar
abrochar(se)
alojar(se)
aterrizar
colocar
despegar
entregar
firmar
registrar
revisar

Expresiones y otras palabras
el apellido
la bienvenida
la clase
doble
en seguida
la pieza
el placer
la posición
potable
el ruido
sencillo,-a
el servicio
vertical

Están abordando el avión.

Le presento al piloto de su vuelo.

¿Podríamos ayudarlo con su equipaje?

a leer

Estrategia

Preparación

Estrategia para leer: *utilizing a combination of reading strategies*

When you read in Spanish, it is not necessary to translate word for word. Instead, combine several reading strategies you have already learned. First, scan the passage for clues about its probable content. Then, skim the paragraphs looking for the main ideas and for cognates to aid your comprehension. Also, when you encounter new words, use the context to guess their possible meanings. Try these reading strategies as you begin the following passage taken from Spanish literature.

Como preparación para la lectura, primero lee rápidamente *(skim)* la historia de Lázaro. Luego di si las siguientes oraciones son verdaderas o falsas.

1. El personaje principal es un niño que se llama Lázaro.
2. Toda la acción ocurre en el sur de España.
3. La acción tiene lugar en el pasado.
4. Lázaro es de una familia rica.
5. Lázaro tiene una vida muy feliz.

Lázaro cuenta su vida y de quién fue hijo

Pues sepa vuestra **merced** que a mí me llaman Lázaro de Tormes, hijo de Tomé González y de Antona Pérez, naturales de Tejares, **aldea** de Salamanca. Mi **nacimiento** fue **dentro del** río Tormes por la cual causa tomé el **sobrenombre,** y fue de esta manera.

aceña

Mi padre, a quien **Dios** perdone, tenía como trabajo el **proveer** una *aceña* que está a la **orilla** de aquel río, en el cual fue **molinero** más de quince años; estando mi madre una noche en el **molino** le llegó la hora y me **parió** a mí allí; de manera que con verdad me puedo decir nacido en el río.

Pues siendo yo niño de ocho años mi padre fue **preso.** En este tiempo **se hizo cierta armada contra** los **moros** en la cual fue mi padre, que en este tiempo ya estaba **fuera** de la **cárcel,** y sirviendo a su señor perdió la vida. Espero en Dios que esté en la gloria.

Mi **viuda madre** como **se viese** sola y sin marido, decidió acercarse a los buenos e irse a vivir a la ciudad. Allí hacía la comida a ciertos estudiantes y lavaba la ropa a ciertos **mozos de caballos** del Comendador de la Magdalena. Allí conoció a un hombre moreno, este hombre venía algunas veces a nuestra casa, y se iba por la mañana; otras veces llegaba de día a comprar *huevos* y entraba en casa. Yo al principio tenía miedo de él viéndole el color y el **mal gesto** que siempre tenía, pero cuando vi que con su **venida** era mejor el comer, empecé a quererlo bien porque siempre traía pan, pedazos de carne y en el invierno *leños* a los que **nos calentábamos.**

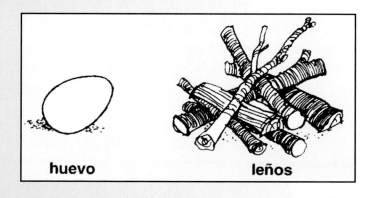

huevo   leños

Sucedió todo de manera que mi madre vino a darme un hermano, un negrito muy bonito, con el que yo jugaba. Y me acuerdo que estando el negro de mi padrastro jugando con el niño, como éste veía a mi madre y a mí blancos, y a él no, **huía** de él con miedo y se iba a donde estaba mi madre y señalándole con el dedo decía: «Madre, **coco**».

Yo, aunque era pequeño todavía, **noté** aquella palabra de mi hermanito y dije para mí: «¡Cuántos de éstos debe de haber en el mundo que **huyen** de otros porque no se ven a sí mismos!».

Quiso nuestra mala fortuna que llegara a saberse que mi padrastro se llevaba la **mitad** de la *cebada* que le daban para los caballos a casa de mi madre para después venderla y que también hacía perdidas las **mantas** de los caballos. Con todo esto ayudaba a mi madre para **criar** a mi hermanito. **Se probó** todo esto que digo y aún más, porque a mí me preguntaban, **amenazándome,** y como niño que era respondía y descubría, con el mucho miedo que tenía, todo cuanto sabía. Mi padrastro fue preso y a mi madre le dijeron que no **entrase** más en la casa de **dicho** Comendador. Entonces ella se fue a servir a los que vivían en el **Mesón** de la Solana y allí, pasando muchos trabajos, crió a mi hermanito hasta que supo andar y a mí hasta ser buen **mozuelo** que iba a buscar **vino** y **todo lo demás** que me mandaban los que vivían en el mesón.

cebada

En este tiempo llegó al mesón un viejo, era un **ciego,** el cual pensando que yo sería bueno para guiarle, le pidió a mi madre que me **dejase** ir con él. Mi madre lo hizo diciéndole cómo yo era hijo de un buen hombre el cual había muerto en la **batalla** de los Gelves por defender la **fe** y que ella esperaba en Dios que yo no sería peor hombre que mi padre y que le **rogaba** que me **tratase** bien, pues era **huérfano.**

El ciego respondió que lo haría así y que me recibía no como mozo sino como hijo. Y así empecé a servir y a guiar a mi nuevo y viejo **amo.**

Estuvimos en Salamanca algunos días, pero a mi amo la **ganancia** le pareció poca y decidió irse de allí. Cuando íbamos a **partir** yo fui a ver a mi madre, y, **ambos llorando,** me dio su **bendición** y me dijo:

—Hijo, ya sé que no te veré más; sé bueno, y Dios te guíe; yo te he criado y te he puesto con buen amo, así que **válete por ti solo.** Y me fui hacia donde estaba mi amo, que me estaba esperando.

Salimos de Salamanca y llegando al puente hay a la **entrada** de él un animal de **piedra,** que tiene forma de toro, el ciego me mandó que me **llegase** cerca del animal y puesto allí me dijo:

—Lázaro, **acerca** el oído a ese toro y oirás un gran ruido dentro de él.

Yo lo hice creyendo que sería así; cuando el ciego sintió que tenía la cabeza junto a la piedra me dio tal **golpe** con su mano contra el toro que el dolor me duró más de tres días, y me dijo:

—Aprende que el mozo de ciego un punto ha de saber más que el **diablo.**

Y se rió mucho.

Me pareció que en ese momento desperté de la **simpleza** en que como niño dormido estaba. Y dije para mí: «Verdad dice éste, pues soy solo, tengo que ver y pensar cómo me sepa valer».

Empezamos nuestro camino y en muy pocos días me enseñó **jerigonza** y como viese que yo tenía buen **ingenio** estaba muy contento y me decía: «Yo no te puedo dar oro ni plata, pero te mostraré muchos consejos para vivir». Y fue así, que después de Dios, éste me dio la vida y, siendo ciego, me **alumbró** y guió en la **carrera** de vivir. Le cuento a vuestra merced estas cosas para mostrar cuánta **virtud** es que los hombres pobres y bajos sepan subir y cuánto **vicio** es el que los hombres siendo ricos y altos se dejen bajar.

Mi amo en su **oficio** era un *águila:* sabía de memoria más de cien **oraciones,** tenía un tono bajo y tranquilo que hacía **resonar** la iglesia donde **rezaba** y cuando rezaba ponía un **rostro devoto.**

Además de esto tenía otras mil formas de sacarle el dinero a la gente. Sabía oraciones para todo, a las mujeres que iban a parir les

águila

decía si iba a ser hijo o hija y decía que **Galeno** no supo la mitad de lo que él sabía para curar toda clase de **enfermedades.**

A todo el que le decía que sufría de algún mal, le decía mi amo:

«Haced esto, haréis lo otro». Con todo esto la gente andaba siempre detrás de él, especialmente las mujeres que creían todo cuanto les decía. De las mujeres sacaba mucho dinero y ganaba más en un mes que cien ciegos en un año.

Pero también quiero que sepa vuestra merced que con todo lo que tenía jamás vi un hombre tan **avariento,** tanto que me **mataba** de hambre y no me daba **ni siquiera** lo necesario. Digo verdad: si **yo no hubiera sabido** valerme por mí mismo, muchas veces **hubiera muerto** de hambre; pero con todo su saber, las más de las veces yo llevaba lo mejor. Para esto le hacía **burlas,** de las cuales contaré algunas.

(continuará)

merced *grace* **aldea** *village* **nacimiento** *birth* **dentro del** *in* **sobrenombre** *surname* **Dios** *God* **proveer** *taking care of* **orilla** *shore* **molinero** *miller* **molino** *mill* **parió** *gave birth to* **preso** *jailed* **se hizo cierta armada contra** *raised a certain navy against* **moros** *Moors* **fuera** *outside* **cárcel** *jail* **viuda madre** *widowed mother* **se viese** *found herself* **mozos de caballos** *stableboys* **mal gesto** *poor appearance* **venida** *arrival* **nos calentábamos** *warmed ourselves* **Sucedió todo** *Everything happened* **huía** *fled* **coco** *boogeyman* **noté** *I noticed* **huyen** *flee* **mitad** *half* **mantas** *blankets* **criar** *to raise* **Se probó** *was proven* **amenazándome** *threatening me* **no entrase** *he not enter* **dicho** *said* **Mesón** *Inn* **mozuelo** *youngster* **vino** *wine* **todo lo demás** *everything else* **ciego** *blind (man)* **dejase** *let* **batalla** *battle* **fe** *faith* **rogaba** *she begged* **tratase** *treat* **huérfano** *orphan* **amo** *master* **ganancia** *earnings* **partir** *leave* **ambos llorando** *both crying*

bendición *blessing* **válete por ti solo** *take care of yourself* **entrada** *entrance* **piedra** *stone* **llegase** *got* **acerca** *put close* **golpe** *blow* **diablo** *devil* **simpleza** *innocence* **jerigonza** *a slang (of thieves)* **ingenio** *intelligence* **alumbró** *enlightened* **carrera** *road* **virtud** *virtue* **vicio** *vice* **oficio** *work* **oraciones** *prayers* **resonar** *resonate* **rezaba** *prayed* **rostro devoto** *devout face* **Galeno** *famous Greek doctor (131-201 B.C.)* **enfermedades** *illnesses* **avariento** *greedy* **mataba** *killed* **ni siquiera** *not even* **si yo no hubiera sabido** *if I had not known* **hubiera muerto** *I would have died* **burlas** *tricks*

¿Qué comprendiste?

1. ¿Dónde nació Lazarillo?
2. ¿Qué hacía la mamá de Lazarillo en la ciudad después de que su esposo murió?
3. ¿Cómo era el hombre para el cual Lazarillo servía de guía?
4. ¿Qué forma tenía el animal que Lazarillo encontró en un puente cuando salía de Salamanca?
5. ¿Qué le dijo el ciego a Lazarillo que no le podía dar?
6. ¿Qué le dijo el ciego a Lazarillo que sí le podía dar?
7. ¿Qué ganaba el ciego diciendo mentiras?

Charlando

1. ¿Has servido alguna vez de guía para alguien? ¿Para quién y por qué?
2. ¿Qué crees que es lo más importante que alguien te puede dar en la vida?
3. ¿Quién es la persona que te ha dado más consejos en la vida?
4. ¿Has ganado algún dinero en la vida? ¿Cómo lo has ganado?
5. ¿Qué piensas de las personas que dicen muchas mentiras?

a escribir

Estrategia

Estrategia para escribir: *arranging an itinerary in chronological order*

When you are writing the itinerary for a trip, it is a good idea to arrange the text in a chronological sequence. That is, you should present the events in the order they will occur, using words like: *primero, segundo, entonces, después* and *por último*. To make clear divisions in the sequence of events, use numbers, bullets or bold print.

It is a tradition at your high school for seniors to take a trip after graduation (*el viaje de graduación*). List the itinerary for your ideal graduation trip or cruise. State when the trip will occur and where you will go. Then describe what you will see, and name some of the things you will do. Conclude the composition by discussing your feelings about the upcoming trip.

Primero, iremos a Toledo.

Luego, visitaremos la Plaza Mayor de Madrid.

repaso

Now that I have completed this chapter, I can...

✔ seek and provide personal information.
✔ plan vacations.
✔ talk about the future.
✔ express emotion.
✔ talk about everyday activities.
✔ express uncertainty or probability.
✔ make travel and lodging arrangements.
✔ identify people and items associated with travel.
✔ state wishes and preferences.
✔ talk about schedules.
✔ use the twenty-four-hour clock.
✔ express logical conclusions.
✔ write about hopes and dreams.

I can also...

✔ identify the ingredients in a Spanish tortilla.
✔ read in Spanish about life in Spain.
✔ identify opportunities to use Spanish while traveling.
✔ read about various classes of hotels in Spain.

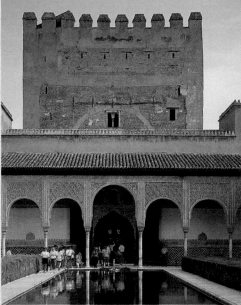

Para las próximas vacaciones, me gustaría visitar la Alhambra. (Granada, España.)

Hablando del futuro

CAPÍTULO 9

In this chapter you will be able to:

- discuss the future
- express uncertainty
- talk about hopes and dreams
- seek and provide information about careers
- express events in the past
- relate two events in the past
- express doubt
- advise and suggest
- state wishes and preferences
- express emotion
- identify and locate some countries
- write about the future

Lección 17

Asistir a la universidad

el hombre de negocios

la mujer de negocios

*Verónica, una chica de Nueva York, habla con sus padres sobre su **futuro**.*

PABLO: Es importante que, al terminar el colegio, hayas decidido qué **carrera**° estudiar en la **universidad**.

VERÓNICA: Ya lo he pensado, pero no sé si quiero **asistir a**° una universidad después de terminar el colegio. Creo que tengo otras **aspiraciones**.

SILVIA: ¡Cómo! ¿No vas a asistir a la universidad? Hoy en cualquier parte del mundo es necesario tener una carrera.

VERÓNICA: No, no mamá. Sí, quiero ir a la universidad, pero me gustaría primero trabajar para poder ganar algún dinero y **experiencia** en la vida **real**. Mi **sueño**° es ser una **mujer de negocios**° y viajar por todo el mundo.

SILVIA: Eso está muy bien, pero tu papá y yo queremos que, al terminar el colegio, tú empieces una carrera en la universidad.

PABLO: Sí, amor. Te aconsejo que busques un **empleo**° para el verano y, luego, en el otoño empiezas la universidad.

VERÓNICA: Eso es una buena idea. Entonces, empezaré a buscar un trabajo de verano en alguna **empresa**° de negocios. Así, espero que, al terminar el colegio, ya haya sido **aceptada**° y pueda mostrar que soy una buena **empleada.**°

carrera *career* **asistir a** *to attend* **sueño** *dream* **mujer de negocios** *businesswoman* **empleo** *job*
empresa *business* **aceptada** *accepted* **empleada** *employee*

1 ¿Qué comprendiste?

1. ¿Qué es importante que Verónica haya decidido al terminar el colegio?
2. ¿Qué no sabe Verónica?
3. ¿Qué le gustaría hacer primero a Verónica?
4. ¿Cuál es el sueño de Verónica?
5. ¿Qué quieren los padres de Verónica que ella haga al terminar el colegio?
6. ¿Qué le aconseja Pablo a Verónica?
7. ¿Dónde empezará Verónica a buscar un trabajo de verano?
8. ¿En qué espera que ya haya sido aceptada Verónica al terminar el colegio?

2 Charlando

1. ¿Cuáles son tus aspiraciones después de terminar el colegio?
2. ¿Crees que estudiar una carrera es importante para tener un mejor futuro? Explica.
3. ¿Tienes algún sueño especial? ¿Cuál?
4. ¿Tienes algún empleo? ¿Cuál? ¿En qué empresa?
5. ¿Crees que la experiencia es importante para conseguir un empleo? ¿Por qué?

Las carreras

Many careers can be expanded to the international market if you are bilingual. In addition, speaking a second language can enhance your salary and reduce the field of candidates competing in the same job market. If you are interested in a particular career, you may want to investigate the job opportunities for that career in the global market.

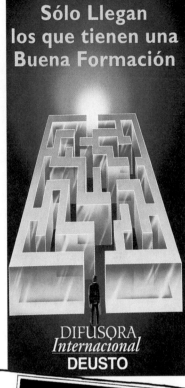

Sólo Llegan
los que tienen una
Buena Formación

DIFUSORA
Internacional
DEUSTO

Trabajan en negocios internacionales.

Conexión *Cultural*

Nuestros sueños para el planeta

Soñar con nuestro futuro tiene relación directa con los sueños para nuestro planeta y su población. Es seguro que siempre queremos lo mejor para el mundo pero, a veces, es difícil evitar *(avoid)* problemas como la guerra, la pobreza y los desastres naturales. En estos casos, será importante que nosotros, y toda la comunidad mundial, ayudemos a las víctimas de estas tragedias en la reconstrucción de sus vidas.

Sin embargo, hay problemas que sí podemos evitar o tratar de controlar mejor. Pero primero será preciso que respetemos más nuestro planeta, conservando nuestros recursos naturales *(natural resources)*, reduciendo la contaminación del agua y del aire y buscando otras formas de energía. También sería buena idea participar en una organización que beneficie a la comunidad y al mundo. ¿Qué más puede uno hacer para que nuestro futuro y el del mundo sean lo mejor posible?

La pobreza...

la contaminación...

y la guerra...

...son problemas internacionales.

Cruzando fronteras

Haz una lista de algunos de los problemas que existen en el mundo. Selecciona uno y lee sobre su origen y su evolución, y lo que se está haciendo hoy para solucionarlo. Busca información en la biblioteca o en la Internet, si es necesario. Luego, presenta la información a la clase.

Ayudando a solucionar los problemas del mundo

If you are interested in devoting a period of time in your future to assist people in the world community who need help, there are many organizations you could contact. Local community service groups and churches often need volunteers. In addition, many national organizations need Spanish-speaking volunteers. Friends of the Americas (_www.amigoslink.org_) is one such charitable organization, dedicated to providing medical, spiritual, educational and disaster relief assistance to Hispanic countries. Other nonprofit volunteer organizations include International Volunteer Opportunities (_www.interaction.org_), the United Nations Volunteer Program (_www.un.org_) and the Peace Corps (_www.peacecorps.gov_). When you have experienced a disaster, you understand the importance of giving back to the world community.

Ayudamos a las víctimas del huracán en Honduras.

**CORPUS CHRISTI
DIA DE LA CARIDAD**

La **solidaridad** da **sentido** a tu **vida.** ¡¡**practícala**!!

✚ TRABAJAMOS por la JUSTICIA

Cáritas
DONATIVOS: DON REMONDO, 15-TLF. 4217836 O EN TU PARROQUIA

ACCION
CONTRA EL
HAMBRE

c/ Barceló 13 1º izq. 28004 Madrid Tlf.: (91) 593 90 00

Los empleos

la bombera

el carpintero

el chofer

el fotógrafo

la mecánica

la peluquera

el programador

el secretario

la veterinaria

Algo **más**

Más sobre los empleos

el abogado, la abogada	*lawyer*
el agricultor, la agricultora	*farmer*
el artista, la artista	*artist*
el bibliotecario, la bibliotecaria	*librarian*
el escritor, la escritora	*writer*
el gerente, la gerente	*manager*
el ingeniero, la ingeniera	*engineer*
el obrero, la obrera	*worker*
el profesor, la profesora	*teacher*
el taxista, la taxista	*taxi driver*
el vendedor, la vendedora	*salesperson*

Soy ingeniera ambiental.

SE HACEN REFORMAS COMPLETAS
ALBAÑILERIA
FONTANERIA
ELECTRICIDAD
PINTURA
CARPINTERIA

PARA ti

Más empleos

el biólogo marino/la bióloga marina	*marine biologist*
el contador/la contadora	*accountant*
el corredor/la corredora de bolsa	*stock broker*
el director/la directora de mercadeo	*marketing director*
el diseñador/la diseñadora de páginas web	*web page designer*
el economista/la economista	*economist*
el ingeniero/la ingeniera ambiental	*environmental engineer*
el ingeniero/la ingeniera de sistemas	*systems engineer*
el sicólogo/la sicóloga	*psychologist*
el técnico/la técnica de computación	*computer technician*

4 Los empleos

Di la palabra que no es un empleo en cada uno de los siguientes grupos de cuatro palabras.

1. recepcionista	bibliotecario	empresa	escritor
2. mecánico	hablado	secretario	veterinaria
3. aceptada	obrero	agricultor	vendedora
4. artista	piloto	carrera	gerente
5. taxista	agente	universidad	fotógrafa
6. bombero	carpintero	peluquera	experiencia
7. abogado	asistir	ingeniero	programador

5 Las profesiones

Di lo que les gustaría ser a las siguientes personas, combinando palabras de las tres columnas. Haz los cambios y añade las palabras que sean necesarias.

 A Yolanda le gustaría ser artista.

A	B	C
Alberto	gustar	ingeniero
Yolanda		profesor
Elena y Verónica		agricultor
Sofía		fotógrafo
tú		abogado
ellos		bombero
Nicolás y Ricardo		deportista
Diego		carpintero
Ud.		artista
nosotros		veterinario
Silvia y Ernesto		programador
yo		escritor

A Yolanda le gustaría ser artista.

6 Todos tienen carreras diferentes

Di lo que las siguientes personas son, según las ilustraciones.

 Raquel
Ella es abogada.

1. Armando y Susana

2. Silvia

3. Enrique y Benjamín

4. Susana

5. Sergio

6. Eduardo y Juan

7. Paula

8. Pablo

9. Miguel y Rafael

10. María

7 ¿Qué empleo tienen?

Di qué empleo tienen las siguientes personas, de acuerdo con las descripciones de lo que cada uno de ellos hace.

 Don Alfonso enseña historia en una universidad.
Don Alfonso es profesor.

1. Victoria trabaja en un banco y hace muchos negocios.
2. María dirige el trabajo de muchas personas en una empresa grande.
3. Virginia maneja un carro y lleva a personas de un lugar a otro.
4. Hernán prepara comidas en un restaurante argentino.
5. Carlos arregla carros.
6. Diego hace casas de ladrillo.
7. Doña Mercedes arregla los dientes de las personas.
8. Martín entrega y recibe libros en la biblioteca.
9. Antonio corta el pelo.
10. Lucía recoge verduras y frutas en una finca.

¿Qué empleo tienen ellos?

8 ¿Qué les gustaría ser?

Trabajando en grupos pequeños, hagan una lista de lo que a cada uno le gustaría ser en la vida. Un estudiante debe dar un resumen a la clase.

 A Felipe le gustaría ser futbolista, a Marcela le gustaría ser médica, a Camila le gustaría ser abogada, a Andrés le gustaría ser veterinario y a mí me gustaría ser escritor.

¿Les gustaría ser futbolistas?

9 ¿Quién es?

Trabajando en parejas, alterna con tu compañero/a de clase en describir a alguien, diciendo lo que hace en su empleo. Luego, tu compañero/a debe adivinar quién es.

 A: Esta persona es un deportista dominicano. Corre y juega al béisbol muy bien. ¿Quién es?
B: Es Sammy Sosa.

10 ¿Qué hacen tus parientes?

Trabajando en parejas, alterna con tu compañero/a de clase en preguntar y contestar sobre los empleos de diferentes miembros de sus familias.

 A: ¿Cuál es el empleo de tu papá?
B: Mi papá es escritor. ¿Cuál es el empleo de tu papá?
A: Mi papá es abogado.

Sammy Sosa es beisbolista.

Rigoberta Menchú es una escritora y activista guatemalteca.

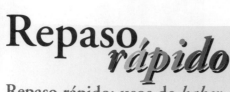

Repaso *rápido*

Repaso rápido: usos de *haber*

The verb *haber* is used in various tenses as an impersonal expression: *hay* (there is, there are), *había* (there was, there were), *hubo* (there was, there were). Compare the following:

*¿**Hay** una universidad donde vives?*	**Is there** a university where you live?
***Había** mucho que aprender.*	**There was** a lot to learn.
*Oí que **hubo** una cena elegante en la universidad la semana pasada.*	I heard **there was** an elegant dinner at the university last week.

The present tense of *haber* may be combined with a past participle to form the present perfect tense *(el pretérito perfecto)*, which often is used to describe something that has happened recently or to describe something that has occurred over a period of time and that continues today.

*He **pensado** ser ingeniero.*	**I have thought** about becoming an engineer.
*¿A qué universidad **has decidido** asistir?*	Which university **have you decided** to attend?

The imperfect tense of *haber* may be combined with a past pasticiple to form the past perfect tense *(el pluscuamperfecto)*, which is used to describe an event in the past that had happened prior to another event.

***Había terminado** de comer cuando llamaste.*	**I had finished** eating when you called.
*Ya **habían comido** cuando sus amigas llegaron.*	**They had** already **eaten** when their friends arrived.

11 La composición de Guillermo

Guillermo escribió una composición corta sobre lo que él y sus amigos piensan hacer después de terminar el colegio. Completa el siguiente párrafo con la forma apropiada del pretérito perfecto de los verbos entre paréntesis.

En mi clase somos veinte estudiantes. Todos nosotros 1. (asistir) al mismo colegio por dos años. Algunos de mis compañeros ya 2. (decidir) qué hacer después de terminar el colegio. Yo todavía no 3. (decidir) si quiero estudiar o trabajar. La idea de estudiar una carrera en la universidad me parece una aspiración muy importante. Alberto 4. (decidir) estudiar para ser cocinero. A él le gusta mucho la comida. Claudia y Mónica 5. (pensar) estudiar una carrera, pero no saben cuál. Juanita 6. (pensar) trabajar para ganar algo de experiencia antes de asistir a una universidad. Ella ya 7. (visitar) algunas empresas para buscar un empleo, pero todavía no 8. (oír) nada de ellas. Y tú, ¿9. (trabajar) alguna vez? ¿10. (pensar) qué hacer después de terminar el colegio? ¿Qué te gustaría hacer en el futuro?

12 ¿Qué empleo tienen hoy?

Imagina que las siguientes personas tienen hoy un empleo en algo diferente de la carrera que habían estudiado. Di la carrera que habían estudiado y el empleo que tienen hoy, usando las pistas que se dan. Sigue el modelo.

Julia/veterinario/profesor
Julia había estudiado una carrera para ser veterinaria, pero hoy tiene un empleo como profesora.

1. Marcela/peluquero/secretario
2. Enrique/abogado/vendedor
3. Santiago y Carolina/
   programador/escritor
4. tú/fotógrafo/carpintero
5. Luis y su amigo/mecánico/bombero
6. Marta/ingeniero/artista

VETERINARIA DEL PACIFICO

CLINICA-CIRUGIA-RAYOS X
HOSPITALIZACION-PENSION
FARMACIA-PELUQUERIA
VENTA DE MASCOTAS Y
ACCESORIOS

82-67-27

Río Baluarte 1034,
Col. Palos Prietos
a Espaldas de
C. Camionera

IDIOMA

Julia había estudiado para ser veterinaria, pero hoy es profesora.

El pretérito perfecto del subjuntivo

You have learned several circumstances that require the subjunctive. When the *pretérito perfecto* is in the subjunctive, its formation is quite simple: Combine the present subjunctive forms of *haber* with the past participle of a verb.

hablar	hacer	vestirse (i, i)
haya hablado	haya hecho	me haya vestido
hayas hablado	hayas hecho	te hayas vestido
haya hablado	haya hecho	se haya vestido
hayamos hablado	hayamos hecho	nos hayamos vestido
hayáis hablado	hayáis hecho	os hayáis vestido
hayan hablado	hayan hecho	se hayan vestido

Look at the following examples:

*Espero que él ya **haya decidido** qué hacer al terminar el colegio.*

I hope he **has** already **decided** what to do after finishing school.

*No creo que ella **haya empezado** a estudiar en la universidad.*

I doubt that she **has begun** to study at the university.

13 ¿Qué crees?

Haz oraciones completas para decir si crees o no que las siguientes personas han decidido qué estudiar, según las indicaciones. Sigue el modelo.

 Armando/sí
Creo que Armando ya ha decidido qué estudiar en la universidad.

Gabriela/no
No creo que Gabriela haya decidido todavía qué estudiar en la universidad.

1. ella/sí
2. Manuel y Cristina/sí
3. Lorenzo/sí
4. Francisco y David/no
5. Paloma/no
6. Sara/no
7. Dolores y Margarita/no
8. tú/no

14 Todo es posible

Muchas veces puedes decir lo que una persona es, de acuerdo con las cosas que hace. Mira las ilustraciones y di lo que es posible que las siguientes personas hayan estudiado, según lo que hacen.

 Rogelio
Es posible que él haya estudiado para ser carpintero.

1. Inés y Juan   2. Uds.   3. Ernesto y Rodolfo   4. Elisa

5. Ud.   6. tú   7. Marta   8. Rosa y María

15 Cuando el tiempo pasa

Cambia las siguientes oraciones al pretérito perfecto del subjuntivo.

 Es probable que Guillermo consiga el empleo.
Es probable que Guillermo haya conseguido el empleo.

1. Es probable que Ud. no piense mucho acerca del futuro.
2. Espero que Verónica vaya a la universidad.
3. Espero que tú decidas qué carrera estudiar en la universidad.
4. No creo que ellos tengan mucha experiencia como mecánicos.
5. Es posible que mis amigos y yo busquemos trabajo en una empresa de negocios.
6. Es posible que Raquel y Luis estudien para ser abogados.
7. No creo que Jairo se cambie de camisa para ir a buscar empleo.

Es posible que hayan pensado estudiar en la Universidad de Salamanca.

16 Hablando con papá

Juan habla con su papá acerca del futuro. Completa el siguiente diálogo con la forma apropiada del pretérito perfecto del subjuntivo de los verbos entre paréntesis.

PAPÁ: Espero que ya *1. (pensar)* muy bien qué estudiar en la universidad.

JUAN: Bueno, no creo que yo *2. (tener)* mucho tiempo para hacerlo.

PAPÁ: Pero, mijito, ¿por qué?

JUAN: Siempre he estado muy ocupado haciendo mis tareas.

PAPÁ: No creo yo que siempre te *3. (ver)* haciendo tareas. Muchos días te he visto perdiendo el tiempo con tus amigos en la Internet.

JUAN: Ay, papá, no perdemos el tiempo en la Internet.

PAPÁ: No creo que Uds. alguna vez *4. (buscar)* algo importante en la Internet.

JUAN: Qué exagerado eres, papá. Es una lástima que tú no *5. (ver)* lo que buscamos mis amigos y yo la semana pasada.

PAPÁ: ¿Qué buscaron?

JUAN: Buscamos artículos sobre los problemas del país y del mundo.

PAPÁ: ¡Qué bueno! Eso es importante. Pero creo que deben empezar a buscar universidades. En la Internet hay mucha información.

JUAN: Bueno, creo que empezaré a buscar algo de eso.

PAPÁ: Me alegro de que *6. (entender)* lo que te he dicho.

17 En la cafetería

Tú y tus amigos hablan en la cafetería. Haz oraciones completas para decir lo que las siguientes personas dicen. Sigue el modelo.

 Carmenza/tener la oportunidad de estudiar una carrera (no creo)
No creo que Carmenza haya tenido la oportunidad de estudiar una carrera.

1. Uds./registrarse para tomar la clase de historia (dudo)
2. Andrés/nacer para ser artista (no pienso)
3. nosotros/pasar el examen de historia (es importante)
4. María/conseguir un empleo (espero)
5. tú/decidir ir a la universidad (es importante)
6. yo/no preguntarme antes qué hacer en el futuro (es una lástima)
7. Pedro y Marisol/ganar alguna experiencia después de su viaje a la América del Sur (es posible)

Es posible que ellos hayan pensado qué van a hacer en el futuro.

18 Todos opinan algo

Espero que vayamos a la misma universidad.

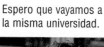

Escoge la forma apropiada del verbo *haber* para completar lógicamente las siguientes oraciones.

 No creo que ella (ha/haya) ido a la empresa ayer.
No creo que ella <u>haya</u> ido a la empresa ayer.

1. Josefina cree que su hermanastro (había/ha) sido aceptado en la universidad donde él quiere estudiar.
2. El año pasado no (hubo/habíamos) muchos estudiantes que querían ser abogados.
3. En el sueño que tuve anoche yo (he/había) terminado mi carrera como ingeniero con mucho éxito.
4. En esta empresa (hay/haya) más de cinco empleados con aspiraciones para ser gerentes.
5. Esteban y Fernando (hayan/han) decidido trabajar por un tiempo primero.
6. Espero que él (ha/haya) conseguido el empleo que estaba buscando.
7. No creo que todos nosotros (hemos/hayamos) estudiado en el mismo colegio en los últimos cuatro años.
8. Alicia no (ha/habías) decidido todavía a qué universidad quiere asistir.

Amigos por correspondencia

Santo Domingo, 15 de abril

Estimada° Elena:

Vi tu carta en una revista. Siempre he querido tener amigos por **correspondencia. Ojalá°** que podamos tener una buena **amistad.°**

Te cuento que me llamo Santiago García Robleda, vivo en Santo Domingo, República Dominicana, y soy estudiante del Colegio Colón. Me gustan los deportes **acuáticos. Practico** el **buceo,** el **esquí** y la **pesca.** También me gusta mucho la música y el **baile.** Tengo una gran **colección** de CDs de merengue. Mi padre siempre quiere que escuche la música bien **suave.°** El próximo año es mi último año en el colegio. Al terminar quizás **lo extrañe°** mucho. Todavía no sé lo que voy a hacer después de terminar el colegio. Mi sueño es tener una familia, **fuerte°** y **unida,°** y poder ser un padre estupendo. Me gustaría tener dos hijos. Quizás ellos sean como yo. Creo que ser padre será lo más **hermoso°** de esta vida. ¿Qué crees tú?

Bueno, ojalá escribas pronto. Puedes hacerlo a mi e-mail. Mi dirección es santiago@caribe.satel.com. Me gustaría saber cuáles son tus aspiraciones, lo que te gusta y lo que piensas hacer al terminar el colegio.

Atentamente,°

Santiago

Estimada *Dear* **Ojalá** *Would that, If only, I hope* **amistad** *friendship* **suave** *soft* **lo extrañe** *I'll miss it* **fuerte** *strong* **unida** *united, connected* **hermoso** *beautiful, lovely* **Atentamente** *Respectfully, Yours truly*

19 ¿Qué comprendiste?

1. ¿Qué ha querido tener siempre Santiago?
2. ¿Qué desea Santiago al escribir la carta?
3. ¿Qué deportes acuáticos practica Santiago?
4. ¿Qué le gusta mucho a Santiago?
5. ¿Cómo quiere el padre de Santiago que él escuche la música?
6. ¿Qué va a ser probable que Santiago extrañe mucho?
7. ¿Cómo quiere Santiago que sea su familia?
8. ¿Qué dice Santiago acerca de ser padre?

20 Charlando

1. ¿Tienes amigos por correspondencia? ¿Por e-mail? ¿De dónde?
2. ¿Crees que tener una buena amistad es fácil o difícil? ¿Por qué?
3. ¿Practicas deportes acuáticos? ¿Cuáles?
4. ¿Tienes alguna colección? ¿De qué?
5. ¿Crees que es importante que una familia sea fuerte y unida? Explica.

¿Crees que es importante que una familia sea fuerte y unida?

IDIOMA

Más sobre el subjuntivo

You have learned to use the subjunctive mood in many different situations: indirect commands, after verbs of emotion, after certain impersonal expressions, etc. In addition, some words and expressions must be followed by the subjunctive when they suggest an element of doubt, indefiniteness or hope.

- **como**

  Va a hacerlo como quiera.   He/She is going to do it **however he/she wants.**

- **cualquiera**

  Cualquiera que escojas está bien conmigo.   **Whichever one you choose** is okay with me.

- **dondequiera**

  Dondequiera que estudies, vas a tener que estudiar mucho.   **Wherever you study,** you are going to have to study a lot.

- **lo que**

  Uds. pueden estudiar lo que quieran.   You can study **whatever you want.**

- **ojalá (que)**
  ¡Ojalá (que) estudies en la universidad!

  I hope you study at the university!

- **quienquiera**
  Quienquiera que trabaje mucho puede trabajar aquí.

  Whoever works a lot can work here.

- **quizás (quizá)**
  Quizás él esté estudiando ingeniería.

  Perhaps he is studying engineering.

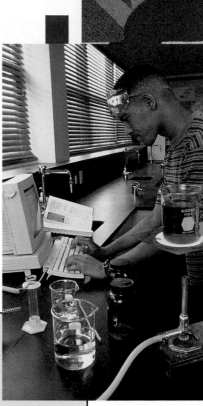

Quizás él esté estudiando química.

21 Un amigo por correspondencia

Silvia tiene un amigo por correspondencia en España. Completa su carta con la forma apropiada del subjuntivo de los verbos indicados para saber lo que ella le cuenta.

Lima, 6 de mayo

Estimado Antonio:

Hola, ¿cómo estás? Espero que tú *1. (estar)* muy bien. Ésta es la primera carta que yo le escribo a alguien de España. Espero que no *2. (ser)* la última. Ojalá que *3. (poder)* conocerte pronto.

Quiero que tú *4. (saber)* que mi nombre completo es Silvia Vega Jiménez. Vivo en Lima, Perú, y soy estudiante del Colegio Champagnat. El próximo año es mi último año de colegio. Al terminar quizás *5. (extrañarlo)* mucho. Todavía no sé qué carrera estudiar, pero creo que cualquiera que *6. (escoger)* va a ser importante para mi futuro. Siempre he sido un poco perezosa para estudiar y a veces pienso que es mejor que *7. (ponerme)* a trabajar. Mis padres siempre me dicen que debo estudiar como *8. (ser)* y que también puedo estudiar lo que *9. (querer)*.

De mi familia te cuento que tengo un hermano que siempre me toma el pelo, pero él es muy simpático. Espero que quienquiera que *10. (vivir)* contigo no te tome mucho el pelo.

Bueno, ojalá *11. (escribir)* pronto. Quisiera saber de ti y de lo que quieres hacer en el futuro.

Atentamente,

Silvia

Todavía no sé qué carrera estudiar.

22 Una reunión mañana

Completa las siguientes oraciones con la forma apropiada de los verbos indicados.

   Quizás (yo) te <u>vea</u> mañana. (ver)

1. Ven a la empresa como tú (1). (preferir)
2. Te encontraré dondequiera que (2). (estar)
3. Ojalá que nosotros (3) a tiempo. (llegar)
4. Pablo, Diana y Mercedes pueden hacer lo que ellos (4) mientras estamos asistiendo a la reunión mañana. (querer)
5. Quizás nosotros no (5) que estar allí todo el día. (tener)
6. Puedes volver conmigo o quedarte, como te (6) mejor. (convenir)
7. Quienquiera que (7) el empleo está bien conmigo. (conseguir)

Quizás yo las vea el sábado.

23 Información personal

Completa las siguientes oraciones con información que sea posible para tu futuro.

   Como <u>sea, asistiré a la universidad.</u>

1. Ojalá que....
2. Quienquiera que....
3. Quizás mi familia....
4. Espero que....
5. Voy a hacer lo que....
6. Dondequiera que yo y mi familia....
7. Es probable que....
8. Cualquiera....

24 ¿Qué dicen?

Haz oraciones completas, usando las pistas que se dan para saber lo que algunas personas dicen.

> quizás/ellas/practicar/el esquí y el buceo
> Quizás ellas practiquen el esquí y el buceo.

1. ojalá/tú/tener/amistades para toda la vida
2. lo que/tú/hacer/hazlo bien
3. dondequiera/tú/ir/debes de ser siempre el mismo
4. cualquiera/ser/la música que tú/escuchar/ debes escucharla bien suave
5. ojalá/tú/poder/escribirme pronto
6. cualquiera/saber/dónde es el baile debe decírnolo ahora
7. quienquiera/despertarse/primero mañana debe despertarnos a todos

Quizás ella practique el esquí acuático.

25 Sueños y aspiraciones

Trabajando en parejas, hablen de sus sueños o aspiraciones, usando las siguientes palabras: *como, dondequiera, lo que, ojalá (que)* y *quizás.*

> A: Ojalá sea un abogado famoso.
> B: Quizás pueda ayudar con los problemas del mundo.

Ojalá que yo sea entrenador de un equipo.

Autoevaluación. Como repaso y autoevaluación, responde lo siguiente:

1. What are some of your plans after graduation?
2. Name two problems you see in the world.
3. What careers have you considered for your future? Could you use Spanish in your career choice?
4. Name two things that you have done to help your parents this week.
5. Name something you hope people have learned from one of the problems in the world.
6. What three things would you write about yourself in a letter to a pen pal?
7. Imagine that your friend is going on vacation to a place where you have been before. Advise your friend of several things to do or see there.

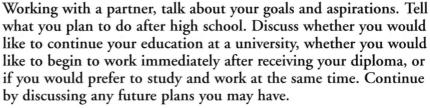

¡La práctica hace al maestro!

A Comunicación

Working with a partner, talk about your goals and aspirations. Tell what you plan to do after high school. Discuss whether you would like to continue your education at a university, whether you would like to begin to work immediately after receiving your diploma, or if you would prefer to study and work at the same time. Continue by discussing any future plans you may have.

B Conexión con la tecnología

Use the Internet to contact the Web site for a company or corporation where you might like to work. Then follow their prompts to see what employment opportunities they offer that use Spanish. Find out what the prerequisites are, where the openings are and what the salary range is. Print out the results of your job search to share with the rest of the class.

Hemos encontrado mucha información sobre las carreras.

VOCABULARIO

Los empleos

el abogado, la abogada
el agricultor, la agricultora
el artista, la artista
el bibliotecario, la
  bibliotecaria
el bombero, la bombera
el carpintero, la carpintera
el chofer, la chofer
el empleado, la empleada
el empleo
el escritor, la escritora
el fotógrafo, la fotógrafa
el gerente, la gerente
el hombre de negocios
el ingeniero, la ingeniera
el mecánico, la mecánica
la mujer de negocios
el obrero, la obrera
el peluquero, la peluquera
el programador, la
  programadora
el secretario, la secretaria
el taxista, la taxista
el vendedor, la vendedora
el veterinario, la veterinaria

la colección
la correspondencia
dondequiera
la empresa
estimado,-a
el esquí
la experiencia
fuerte
el futuro
hermoso,-a
el negocio
ojalá
la pesca
quienquiera
real
suave
el sueño
unido,-a
la universidad

Verbos

asistir a
extrañar
practicar

Expresiones y otras palabras

aceptado,-a
acuático,-a
la amistad
la aspiración
atentamente
el baile
el buceo
la carrera

G.C. ASESORES GERENCIALES

SOLICITA

2 Contadores(as)
Lic. en Contaduría, experiencia mínima 8 años, sueldo Bs. 40/50.000

1 Gerente de Tienda
Caballeros, Exp. indispensable en electrodomésticos, electrónica. Sueldo Bs. 25/30.000, más bonos.

2 Jefes de Reaseguro y Coaseguros
Caballeros, experiencia mínima de 3 años. Bs. 35/40.000

1 Supervisor de Producción
Exp. empresas avícolas, manejo de personal, control de calidad, empaque. Bs. 35/40.000

4 Analistas en Ramo de Personas
Exp. en H.C.M., cálculos, emisiones y reclamos. Bs. 18/20.000

6 Representantes de Ventas
Caballeros, Exp. en ventas de pinturas, con vehículo. Bs. 25.000 más comisiones de 3% y gastos de vehículo

5 Promotores de Ventas
T.S.U. en Mercadeo y Publicidad, con experiencia y vehículo, para importante empresa de Servicio Automotor. Bs. 27.000, más comisiones de 3% y gastos de vehículo

3 Asistentes Administrativos
Estudiantes de Administración, damas y caballeros. Exp. indispensable, manejo micros, ventas. Bs. 25/30.000

... de Cobranzas
... experiencia mínima de 2 años. Bs. 18/20.000

... Contables
Caballeros, Exp. transcripción de asientos contables, conciliar... costos. Bs. 15/18.000

... scriptoras de Datos
Manejo contabilidad, facturación, manejo de micros o Macintosh. ...18.000

... Secretarias Ejecutivas
Exp. nivel gerencial, manejo wordstar, zonas, centro, Las Mercedes. ... Bs. 22/25.000

... Secretarias Dpto. Ventas
... cargo similar, atender vendedores, clientes. Bs. 18/20.000

Secretaria Contable
Exp. llevar libros bancos, conciliaciones, retenciones. Bs. 20.000

2 Secretarias Dpto. Computación
Manejo de Wordstar, Lotus, paquetes contables, micros o Macintosh. Bs. 20/22.000

5 Secretarias Mecanógrafas
Con conocimientos generales de oficinas, buena mecanógrafa. Bs. 15/18.000

2 Oficinistas Aduaneros
Conocimientos básicos de aranceles, manejo de cargas y emisiones de guías aéreas. Bs. 15/17.000

5 Recepcionistas o Centralistas
Mecanógrafas con experiencia, de excelente presencia, mínimo 3er año, edad 18/25, zonas: Macaracuay, C.C.C.T., Chacao, Los Ruces, Centro Comercial Cedíaz. Bs. 12/14.000

Presentarse con currículum y foto a la avenida Casanova, Centro Comercial Cedíaz, Torre Este, P. 2, Ofic. E.23, Sabana Grande. De lunes a viernes, en horario de 8 am - 12 m y 1 pm a 5 pm. Información teléfonos: 761.3520 - 761.3810.

Se Necesita el Siguiente Personal

Mecánico
Técnico Mecánico, 2 años de experiencia (mínimo), sólidos conocimientos de bombas, equipos industriales y de la utilización de los equipos inherentes al cargo.

Electricista
Técnico Electricista, 2 años de experiencia (mínimo), conocimientos en tableros de control, detección de fallas y lectura de planos.

Auxiliar Técnico 1
Egresado INCE en mecánica industrial, conocimientos generales de plomería y aire acondicionado.

Auxiliar Técnico 2
Egresado INCE en Electricidad Industrial, conocimientos en motores eléctricos y tableros.

Chofer
Licencia de 4a., con experiencia en la zona metropolitana, en cuanto a compra de repuestos y equipos industriales.

Mantenimiento
Sexo masculino, mayor de 30 años, experiencia como aseador preferiblemente en el Área de Hoteles y/o clínicas.
Los interesados pueden enviar su currículum vitae o información al Apartado Nº 60039 de Chacao, Atención Sr. César Reyes.

¿Puedes identificar qué empleo tiene cada uno de ellos?

Lección 18

¡Qué suerte tienes!

TERESA: En un mes visitaré **Francia** e **Inglaterra** y todavía no lo puedo creer. Ése ha sido uno de mis sueños más grandes y, **por fin,**° será **realidad.**

LAURA: ¡Qué suerte tienes! Mi gran sueño es o vivir en una **isla en medio del**° **océano** donde pueda ver todas las mañanas el **mar**° o tener una casita a la **orilla**° de un **río. Sin embargo,**° parece que nunca será realidad ninguno de estos sueños.

TERESA: Algún día tu sueño será realidad. Debes **mantener**° una **actitud** positiva. **A propósito,**° ¿sabías que Mateo estudiará en una universidad en **Italia?**

LAURA: **¡No me digas!**°

TERESA: Sí, asistirá a la **Facultad**° de Economía y quizás se quede a vivir allá.

LAURA: ¡Qué bueno! **Siempre se sale con la suya.**°

TERESA: Conviene que le **organicemos**° una fiesta de **despedida.**°

LAURA: ¡Qué **magnífica** idea! Bueno, yo te llamo mañana para organizarla.

TERESA: Sí, llámame.

por fin *finally* **en medio del** *in the middle (center) of* **mar** *sea* **orilla** *shore* **Sin embargo** *Nevertheless* **mantener** *to keep, to maintain* **A propósito** *By the way* **¡No me digas!** *You don't say!* **Facultad** *School (of a university)* **Siempre se sale con la suya.** *He always gets his way.* **organicemos** *we should organize* **despedida** *farewell, good-bye*

1 ¿Qué comprendiste?

1. ¿Cuál es el sueño que por fin será realidad para Teresa?
2. ¿Cuál es el gran sueño de Laura?
3. ¿Qué debe mantener Laura para hacer su sueño realidad, según Teresa?
4. ¿Quién se sale siempre con la suya?
5. ¿Qué quieren organizarle Teresa y Laura a Mateo?
6. ¿Cuál es una magnífica idea, según Laura?
7. ¿Qué le dice con la mano Laura a Teresa que ella va a hacer mañana?

2 Charlando

1. ¿Por qué crees que es bueno mantener una buena actitud?
2. ¿Has organizado alguna fiesta de despedida para algún amigo/a? ¿Para quién? ¿Adónde iba tu amigo/a?
3. ¿Has tenido algún sueño que se te haya hecho realidad? Explica.
4. ¿Usas las manos para hablar? Explica.

IBERIA: Nº 1 en Iberoamérica

Piense qué ciudad de Europa le gustaría conocer hoy.

Amsterdam · Atenas · Berlin · Zurich · Bruselas · Viena · Copenhague · Roma · Dublin · Paris · Düsseldorf · Oporto · Estambul · Niza · Estocolmo · Munich · Frankfurt · Moscú · Ginebra · Milán · Hamburgo · Marsella · Lisboa · Manchester · Lyon · Luxemburgo · Londres

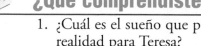

Estrategia

Para hablar mejor: *using body language*

How much can you say without speaking? Think about it, when you are talking with someone in English your facial expressions, gestures and even your posture or proximity to a person communicate a lot. For example, your friends and family can probably tell immediately when you are angry simply by looking at you. In addition, you can describe something that is very small just by putting your thumb and forefinger together to signal how small the object is.

Learning body language is an important part of improving your fluency in Spanish, as well. Observe native Spanish speakers as they talk and begin to imitate the gestures they use. Watch a speaker's face and learn to interpret non-spoken cues that tell what the person is thinking or feeling. Then begin to use body language to speak Spanish without saying a word.

¿Qué está diciendo ella?

El lenguaje del cuerpo

Martín

Marisol

Paula

Héctor

Yolanda

Joaquín

 3 **¿Qué dicen?**

Di lo que crees que cada una de las personas de la ilustración está diciendo con su cuerpo.

 Martín dice que tenga cuidado.

Repaso *rápido*

El futuro

Use the future tense to tell what will happen. The endings are the same for all verbs.

é	emos
ás	éis
á	án

Look at the following:

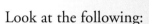
Estarán en Ecuador.

Él viajará mañana a Francia.   **He will travel** tomorrow to France.
Yo estudiaré en Inglaterra.   **I'll study** in England.

The future tense also can be used in Spanish to indicate what is probable at the present time.

Estarán en Ecuador ahora.   **I imagine they are** in Ecuador now.
Ella llegará ahora mismo.   **She is probably arriving** right now.

The following verbs have irregular stems:

caber: **cabr**	poder: **podr**	querer: **querr**	saber: **sabr**	decir: **dir**
poner: **pondr**	salir: **saldr**	tener: **tendr**	venir: **vendr**	hacer: **har**

---

4   La despedida para Mateo

Laura y Teresa organizan la fiesta de despedida para Mateo. Completa las siguientes oraciones con la forma del futuro de los verbos indicados.

   Mi hermano *(encargarse)* de mantener ocupado a Mateo.
Mi hermano se encargará de mantener ocupado a Mateo.

1. Teresa *(preparar)* la lista de invitados.
2. Yo *(tener)* que ir al supermercado para comprar algunos refrescos y comida.
3. Juanita *(conseguir)* la música para el baile.
4. Fernando *(venir)* con Mateo el viernes a las nueve para empezar la fiesta.
5. Laura *(llamar)* a todos los invitados.
6. Tú *(hacer)* un pastel bien grande.
7. Carlos y Sara *(escribir)* una señal que diga: ¡Buena suerte!
8. Nosotros *(poner)* todos los muebles en su lugar después de la fiesta.

5 Tu vida en el futuro

Imagina cómo será tu vida en el futuro. Trabajando en parejas, alterna con tu compañero/a de clase en hacer preguntas y en contestarlas para saber algunas cosas del futuro.

en qué/trabajar (en una oficina como programador)

A: ¿En qué trabajarás?
B: Trabajaré en una oficina como programador.

1. dónde/pasar vacaciones en un año (en una isla en medio del océano)
2. qué/mantener siempre (una buena actitud)
3. cuánto dinero/hacer (mucho dinero)
4. qué/extrañar en veinte años (jugar al fútbol con mis amigos)
5. dónde/vivir (en Francia)
6. qué/tener en diez años (una casa magnífica a la orilla de un río)
7. cómo/ser tu familia (grande y unida)

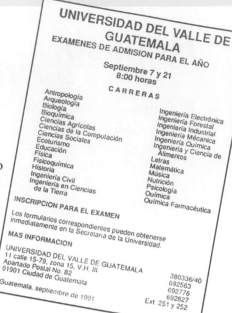

IDIOMA

Te aconsejo que estudies en España.

El subjuntivo: un resumen

Remember to use the subjunctive mood in the following circumstances:

- as an indirect/implied command

  ¡Que lo haga Teresa! — Let Teresa do it!
  ¡Quiero que Paula lo haga! — I want Paula to do it!

- after causal verbs if there is a change of subject

  Te aconsejo que estudies en España. — I advise you to study in Spain.
  Prefiero que tu hermanastra vaya a Francia. — I prefer that your stepsister go to France.

- after verbs that indicate emotion or doubt

  Nos alegra de que pienses asistir a la universidad. — It pleases us that you are thinking about attending the university.
  Dudo que ella haya llegado a Italia todavía. — I doubt she has arrived in Italy yet.

- after impersonal expressions that imply doubt, emotion or uncertainty

  Es probable que (ella) compre una   It's probable that she will buy a
  casa a la orilla del mar.   house on the seashore.
  Es importante que empieces a pensar   It is important that you begin to
  en tu futuro.   think about your future.

- after the expressions *como, cualquiera, dondequiera, lo que, ojalá (que), quienquiera* and *quizá(s)* when they suggest an element of doubt, indefiniteness or hope

  Quizás (yo) estudie en la Facultad   Perhaps I'll study in the School
  de Economía.   of Economics.
  Ojalá que ella se salga con la suya.   I hope she gets her way.

6 · Todos dicen algo

FACULTAD CIENCIAS EXACTAS FISICA MATEMATICAS

Haz oraciones completas, usando el subjuntivo para saber lo que dicen los siguientes miembros de la familia de Eva.

JUAN: (querer/que Eva/estudiar/en Inglaterra)
JUAN: Quiero que Eva estudie en Inglaterra.

1. SUSANA: (preferir/que todos nosotros/asistir/a una universidad de aquí)
2. RICARDO: (ser/probable que yo/decidir/estudiar en la Facultad de Química)
3. ARMANDO: (ojalá que tú/no cambiar/de opinión)
4. GABRIELA: (convenir/que/nosotros/organizarle/una fiesta de despedida a Eva)
5. EVA: (mamá, que mi hermanita/no decir/nada)
6. PEDRO: (dudar/que ella/querer/ir tan lejos)
7. CLARA: (no creer/que ella/tener/nada que hacer allá)

Quiero que estudies en Inglaterra.

7 ¿Se necesita o no?

Decide si se necesita o no el subjuntivo en cada una de las siguientes oraciones. Si se necesita, di la forma apropiada.

> Es importante que tú *(mantener)* una buena actitud.
> Es importante que tú <u>mantengas</u> una buena actitud.
>
> Es necesario *(organizarle)* una fiesta de despedida a Mateo.
> No se necesita.

1. Por fin, mis sueños van a *(ser)* realidad.
2. Mi padre me permite que yo *(ir)* a Inglaterra este verano.
3. Creo que *(pescar)* a la orilla de un río es mi pasatiempo favorito.
4. Los dejo *(trabajar)* todo el tiempo que quieran.
5. Mis padres quieren que yo *(pensar)* en el futuro.
6. Lo que ellos quieren *(hacer)* es jugar al fútbol.
7. Quiero *(tener)* una casa en una isla en medio del océano.
8. Quizás ellos *(salirse)* con la suya.
9. Mi padre dice que yo *(asistir)* a la Facultad de Economía de la Universidad Nacional.

Es importante que mantengas una buena actitud.

8 ¡Hablando con tus hijos!

Imagina que ya eres padre o madre y hablas con tus hijos para darles consejos o decirles lo que piensas. Haz oraciones completas, usando el subjuntivo para saber lo que les dices a tus hijos.

> querer/ir/a la universidad
> Quiero que vayan a la universidad.

1. aconsejarles/mantener/una buena actitud en la vida
2. querer/siempre decir/la verdad
3. insistir en/siempre buscar/buenas amistades
4. esperar/no tratar/de salirse siempre con la suya
5. esperar/siempre ser/buenos estudiantes
6. pedirles/siempre organizar/su cuarto antes de salir
7. prefiero/practicar/deportes como la pesca o el buceo

9 En camino al volcán

José es el guía de un grupo de turistas que van a caminar por una selva en Costa Rica para llegar a un volcán. Completa el siguiente diálogo, usando la forma apropiada del subjuntivo, el indicativo o el infinitivo de los verbos indicados.

JOSÉ: Bueno, aquí empieza el camino que va hasta el volcán apagado. Antes de comenzar a caminar, quiero 1. *(decirles)* unas cuantas cosas. Primero, es muy probable que 2. *(llover)* muy pronto. Así que conviene que Uds. 3. *(ponerse)* las botas y que 4. *(llevar)* un impermeable de plástico en las mochilas *(backpacks)*. Segundo, no creo que nosotros 5. *(tardar)* más de dos horas en llegar al volcán. Allí, podemos hacer lo que 6. *(querer)*: bañarnos en el laguito, tomar una siesta, comer, etc. Recuerden, es importantísimo que todos nosotros 7. *(quedarse)* con el grupo para no perdernos. ¿Tienen alguna pregunta?

NIÑA: Señor, ¿hay aquí leones salvajes que 8. *(comer)* a la gente?

JOSÉ: *(riéndose)* No, no te preocupes. Aquí no hay nada que te 9. *(poder)* hacer daño.

SEÑOR: ¿Cree Ud. que nosotros 10. *(ir)* a ver algunos animales?

JOSÉ: Es casi seguro que nosotros 11. *(ver)* serpientes, monos y pájaros de muchos colores diferentes. Bueno, si no hay más preguntas, ¡adelante! ¡Ojalá que todos Uds. 12. *(divertirse)* y que 13. *(sacar)* muy buenas fotos!

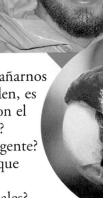

Quiero que me sigan para que no se pierdan.

Ojalá que haya pájaros de muchos colores.

10 De tu vida personal

Completa las siguientes oraciones lógicamente para hablar de tu futuro. Usa el subjuntivo, el indicativo o el infinitivo, según sea necesario.

  Espero que....
Espero que pueda viajar por todo el mundo.

1. Estoy seguro de que....
2. Quizás....
3. Ojalá que....
4. No creo que....
5. Mi aspiración más grande es....
6. Mi gran sueño es....
7. Será importante que....
8. Creo que me gustaría....

Espero que lleguemos a lo más alto.

Conexión *Cultural*

El mundo

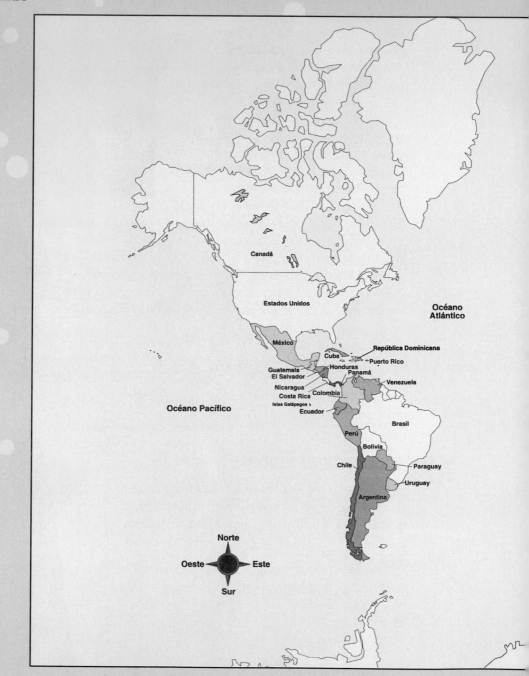

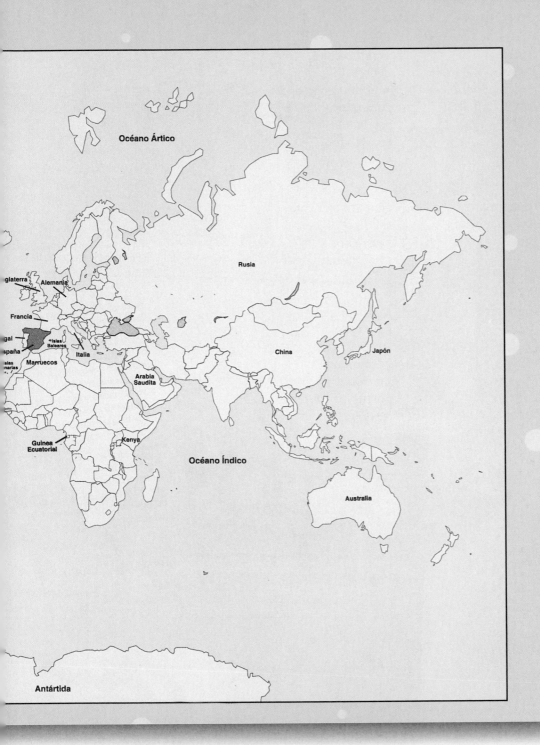

Océano Ártico

Rusia

glaterra Alemania

Francia

Portugal ★Islas Baleares

España Italia

Islas Canarias Marruecos

Arabia Saudita

Guinea Ecuatorial Kenya

Océano Índico

China

Japón

Australia

Antártida

Algo **más**

¿Adónde te gustaría viajar?

el África	africano,-a
la América	americano,-a
la América Central	centroamericano,-a
la América del Norte	norteamericano,-a
la América del Sur	suramericano,-a
el Asia	asiático,-a
Australia	australiano, -a
Europa	europeo,-a

Algunos países del mundo

Alemania	alemán, alemana
Arabia Saudita	saudita
el Brasil	brasileño,-a
el Canadá	canadiense
la China	chino,-a
Francia	francés, francesa
Inglaterra	inglés, inglesa
Italia	italiano,-a
el Japón	japonés, japonesa
Kenya	kenyano,-a
Marruecos	marroquí
Portugal	portugués, portuguesa
Rusia	ruso,-a

Me gustaría ir a la Patagonia, una región de la América del Sur.

Más países del mundo

Camboya	*Cambodia*
Croacia	*Croatia*
Egipto	*Egypt*
Iraq	*Iraq*
Irán	*Iran*
Irlanda	*Ireland*
Israel	*Israel*
Jordania	*Jordan*
Libia	*Libya*
Siria	*Syria*
Turquía	*Turkey*
Vietnam	*Vietnam*

¿Te gustaría ir a Alemania?

11 Cruzando fronteras

Identifica en español los lugares indicados, según los números.

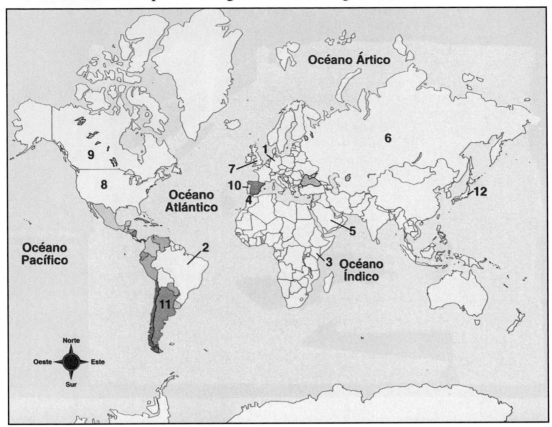

12 Las nacionalidades

Di de qué nacionalidad son las siguientes personas, según el país donde nacieron.

   Roberto/Italia
Es italiano.

1. João/el Portugal
2. Carolyn/Australia
3. Boris/Rusia
4. Hassan/Marruecos
5. Alí/Arabia Saudita
6. Marcelo y Mario/Chile
7. Hua/la China
8. Pablo/México
9. Hiroshi/el Japón
10. Jomo/Kenya
11. Sophie y Marie/Francia
12. Charles/Inglaterra
13. Raquel/el Brasil
14. Thom/el Canadá
15. Markus/Alemania

Roberto es italiano.

13 De todo el mundo

Imagina que estudiantes de diferentes partes del mundo visitarán tu ciudad para una reunión internacional. Tú y tu amigo/a leen una lista y tratan de adivinar de qué países son y cuáles son sus nacionalidades de acuerdo con los nombres de cada uno de ellos. Trabajando en parejas, alterna con tu compañero/a de clase en hacer preguntas y en contestarlas. Sigue el modelo.

Yamid/Japón (Arabia Saudita)
> A: ¿Será Yamid del Japón?
> B: No creo que Yamid sea japonés. Creo qué él es saudita.

1. George/Estados Unidos (Inglaterra)
2. Claudette y Laure/Italia (Francia)
3. Vasco dos Santos/Brasil (Portugal)
4. Mijael y Boris/Australia (Rusia)
5. Michiko/China (Japón)
6. Mogo/Marruecos (Kenya)
7. Beatrix y Hans/Francia (Alemania)
8. Michael/Inglaterra (Canadá)
9. Frank y Sydney/Canadá (Australia)
10. Mohamed/Arabia Saudita (Marruecos)
11. Raquel/Chile (Brasil)
12. Franchesco y Giovanni/Portugal (Italia)

No creo que Mike sea brasileño. Creo que él es australiano.

14 Dicen que...

Las siguientes personas han viajado por varios países del mundo. Trabajando en parejas, alterna con tu compañero/a de clase en decir que has oído que estas personas han visitado los siguientes países y en decir que dudas que los hayan visitado. Usen cualquiera de las expresiones de duda que conocen, escogiendo una de las siguientes: *dudar, no creer, no pensar, no estar seguro/a de, es difícil, es dudoso, no es probable, no es claro, no es evidente, no es seguro* y *no es verdad*.

el señor y la señora Torres/Italia
> A: El señor y la señora Torres dicen que han visitado Italia.
> B: Dudo que hayan visitado Italia.

1. los abuelos de Santiago/Australia
2. Miguel y Carlos/China
3. el padre de Diana y Carolina/Portugal
4. el presidente de la empresa/Arabia Saudita
5. los tíos de Susana/Rusia
6. Graciela/Marruecos
7. Felipe/Rusia
8. Esteban/Alemania

¿Dudas que hayan visitado Italia?

Preguntas personales

Contesta las siguientes preguntas en español.

1. ¿Cuáles son los tres países del mundo que más te gustaría visitar?
2. ¿En qué país del mundo diferente del tuyo te gustaría vivir?
3. ¿Te gustaría estudiar en una universidad de otro país? Explica.
4. ¿Tienes amigos o amigas por correspondencia de otros países del mundo? ¿De dónde?
5. ¿Conoces a alguna persona que sea de otro país y que viva en donde tú vives? ¿De dónde es? ¿Cómo se llama?
6. ¿Has estado en algún país europeo, africano o asiático? ¿En cuál?
7. ¿Has estado en la América Central o en la América del Sur? ¿En dónde?

 Tu futuro

Contesta las siguientes preguntas, usando el tiempo futuro o el subjuntivo.

1. ¿Dónde vivirás en el año 2005?
2. ¿Qué países visitarás en los próximos diez años?
3. ¿Cuándo comprarás tu primera casa?
4. ¿Qué clase será de más ayuda para ti en el futuro?
5. ¿Irás a una universidad después de terminar tus estudios en el colegio? Explica.
6. ¿Dónde estarás en cinco años?
7. ¿Qué empleo tendrás en diez años?

  Encuesta sobre el futuro

 Haz una encuesta a cuatro compañeros/as de tu clase para saber lo que contestaron a las preguntas de la actividad anterior. Luego, trabajando en parejas preparen un informe con la información obtenida *(collected)* y preséntenlo a la clase.

Cinco estudiantes piensan que vivirán en el mismo lugar en el año 2005.

En el año 2005 viviré en el sur de Francia.

Autoevaluación. Como repaso y autoevaluación, responde lo siguiente:

1. Sketch two uses of body language you could use in a Spanish-speaking city to communicate with someone.
2. List three things to describe how your life will be in five years.
3. Use three suggestions your parents gave you to advise a friend.
4. Imagine you are a travel agent creating a travel brochure. Write what activities and sites will be featured on the tour to three countries.

¡La práctica hace al maestro!

A Comunicación

Working in groups of four students, talk about what the world will be like in the future. You may wish to include some of the following in your discussion: possible problems and their solutions; your hopes and dreams for the future and how they can be accomplished; how the world will change.

B Conexión con la tecnología

Plan a vacation to another country this summer, selecting from any of the places you have learned in this lesson. Search the Internet for information about the country you have chosen and possible travel packages to that place or to some site in a part of the world you have always wanted to see. Print out the information on the packages that interest you the most and that offer the best prices. Share your findings with the rest of the class. Tell which trip you would choose, how much it would cost and what is included in the price. Illustrate your presentation with information you downloaded and printed out.

SEMANA SANTA en...

RIO DE JANEIRO Y BUZIOS
3 al 10 ABRIL
DESDE USD 1.065*
INCLUYE: Pasaje Aéreo Santiago/Río/Santiago vía VARIG.
Alojamiento en **Rio**, HOTEL LEME PALACE. En **Buzios**, Hotel 5 estrellas COLONNA PARK. Desayunos brasileros. 5 cenas en diferentes restaurants de Buzios. Traslados.

O PAULO •BUENOS AIRES •PUNTA DEL ESTE •MONTEVIDEO

Plan Revista Suramericana
El plan ideal para Navidad y año Nuevo !
INCLUYE: Cena Especial de Navidad en Rio, Cena y Fiesta de Año Nuevo en Buenos Aires.
OPCIONAL: Lima y Cuzco.

CREDITO:
Con o sin cuota inicial
Hasta 24 meses de plazo
SALIDA: Diciembre 20

Informes e inscripciones:

mayatur s.a.
Av. 19 No. 6-68 Int. 5 B
Tel: 2819800 Bogotá

OPERADOR TERRESTRE
mel-inter

Viajes Melia
Colombia
Calle 100 No. 20-10 Tel: 2181155
Bogotá. Colombia

Avianca
La Aerolínea de Colombia

VIÑA DEL MAR

•BARILOCHE •PUERTO MONTT •SANTIAGO •VIÑA

Países y regiones
    Alemania
    Arabia Saudita
    el Asia
    Australia
    el Brasil
    el Canadá
    la China
    Europa
    Francia
    Inglaterra
    Italia
    el Japón
    Kenya
    Marruecos
    Portugal
    Rusia

Nacionalidades
    alemán, alemana
    asiático,-a
    australiano,-a
    brasileño,-a
    canadiense
    centroamericano,-a
    chino,-a
    europeo,-a
    francés, francesa
    inglés, inglesa
    italiano,-a
    japonés, japonesa
    kenyano,-a
    marroquí
    norteamericano,-a
    portugués, portuguesa
    ruso,-a
    saudita
    suramericano,-a

Verbos
    mantener
    organizar

Expresiones y otras palabras
    la actitud
    a propósito
    la despedida
    en medio de
    la facultad
    la isla
    magnífico,-a
    el mar
    el medio
    ¡no me digas!
    el océano
    la orilla
    por fin
    la realidad
    el río
    siempre salirse con
     la suya
    sin embargo

Ling es china.

Omondi es de Kenya. Es kenyano.

¿Te gustaría viajar a Rusia? (Moscú, Rusia.)

a leer

Estrategia

Preparación

Estrategia para leer: *using accompanying visuals to predict content*

Illustrations do more than just attract the reader's attention. Visuals that accompany a reading often depict what takes place in the selected text and can enhance your comprehension.

Mira las ilustraciones de la lectura y, luego, contesta las siguientes preguntas como preparación para la lectura.

1. ¿En dónde pone el ciego su comida y sus cosas?
2. ¿Qué utiliza el ciego para cerrar el fardel?
3. ¿En dónde pone el ciego el vino?
4. ¿Qué usa Lázaro para tomar vino en secreto?

Lázaro cuenta su vida y de quién fue hijo (continuación)

El ciego llevaba el pan y todas las otras cosas que le daban en un *fardel* de tela que por la boca se cerraba con una *argolla* con su *candado* y llave. **Metía** las cosas y las sacaba con tanto cuidado que no era posible quitarle una **migaja**. Pero yo tomaba lo poco que me daba y lo comía en dos **bocados**. Después que cerraba el fardel con el candado se quedaba tranquilo pensando que yo estaba haciendo otras cosas, pero yo por un lado del fardel que muchas veces **descosía** y volvía a **coser** le sacaba el pan y la *longaniza*.

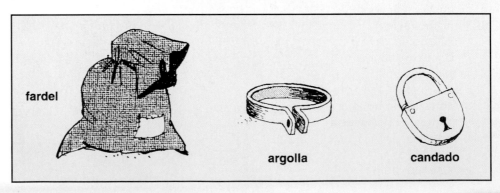

fardel

argolla

candado

Solía poner junto a sí un *jarrillo* de **vino** cuando comíamos. Yo lo **cogía** y **bebía** de él sin hacer ruido y lo volvía a poner en su lugar. Pero esto me **duró** poco, porque al ir a beber el ciego conocía la **falta** del vino y así por guardar el vino, nunca **soltaba** el *jarro* y lo tenía siempre **cogido** por el *asa.* Pero yo con una *paja,*

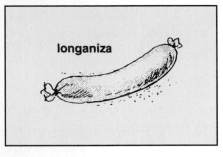

longaniza

que para ello tenía hecha, metiéndola por la *boca* del jarro, dejaba al viejo sin nada. Pero pienso que me sintió y desde entonces ponía el jarro entre las piernas y le **tapaba** con la mano y de esta manera bebía seguro.

Yo, como me gustaba el vino, moría por él; y viendo que la paja ya **no me aprovechaba** ni valía, decidí hacer en el **fondo** del jarro un **agujero** y taparlo con un poco de **cera.** Al tiempo de comer, me ponía entre las piernas del ciego, como si **tuviera** frío, para **calentarme** en la pobre *lumbre* que teníamos; al calor de la lumbre se deshacía la cera y comenzaba el vino a caerme en la boca y yo la ponía de tal manera que no se perdía ni una **gota.**

asa

jarrillo (jarro)

paja   boca

lumbre

Cuando el pobre ciego iba a beber no encontraba nada. **Se desesperaba** no sabiendo qué podía ser.

—No diréis, tío, que os lo bebo yo—decía—pues no soltáis el jarro de la mano.

Tantas **vueltas** le dio al jarro que encontró el agujero, al poner el dedo en él, comprendió el **engaño,** pero aunque él supo lo que era, hizo como si **no hubiera visto** nada. Y al otro día, me puse como **de costumbre,** sin pensar lo que el ciego me estaba preparando, y creyendo que el mal ciego no me sentía. Y estando recibiendo aquellas dulces gotas, mi cara puesta hacia el cielo, un poco cerrados los ojos para mejor gustar del vino, el **desesperado** ciego, levantando con toda la **fuerza** de sus manos el jarro, le dejó caer sobre mi boca, ayudándose como digo con todo su poder, de manera que yo, pobre Lázaro, que nada de esto esperaba, sentí como si el cielo con todo lo que hay en él, me **hubiese caído** encima.

Fue tal el **golpe** que me hizo perder el **sentido** y el **jarrazo** tan fuerte que los **pedazos** del jarro se me metieron en la cara rompiéndomela en muchos lugares y rompiéndome también los dientes, sin los cuales hasta hoy me quedé.

Desde aquella hora quise mal al ciego, y aunque él me quería y me cuidaba bien, bien vi que se había alegrado mucho con el cruel **castigo.** Me lavó con vino las **heridas** que me había hecho con los pedazos del jarro y riéndose decía:

—¿Qué te parece, Lázaro? Lo que te **enfermó** te pone **sano** y te da la **salud.**

Cuando estuve bueno de los golpes, aunque yo quería perdonarle lo del jarrazo, no podía por el mal **trato** que desde entonces me hizo el mal ciego: me **castigaba** sin causa ni razón y cuando alguno le decía que por qué me **trataba** tan mal contaba lo del jarro, diciendo:

—¿Pensáis que este mi mozo es bueno? Pues oíd.

Y los que le oían decían:

—¡Mirad! ¿Y quién pensaría que un muchacho tan pequeño era tan malo? **Castigadlo,** castigadlo.

Y él al oír lo que la gente le decía otra cosa no hacía.

Yo por hacerle mal y **daño** siempre le llevaba por los peores caminos; si había piedras le llevaba por ellas. Con estas cosas mi amo me **tentaba** la cabeza con la parte alta de su **palo** de ciego que siempre llevaba con él. Yo tenía la cabeza llena de las **señales** de sus manos y aunque yo le **juraba** que no lo hacía por causarle mal sino por encontrar mejor camino, él no me lo creía: tal era el grandísimo entender de aquel mal ciego.

Y porque vea vuestra merced hasta dónde llegaba el **ingenio** de este hombre le contaré un **caso** de los muchos que con él me **sucedieron.**

Cuando salimos de Salamanca su idea fue venir a **tierras** de Toledo porque decía que la gente era más rica, aunque no era amiga de dar muchas **limosnas.** Fuimos por los mejores pueblos, si encontraba mucha **ganancia** nos quedábamos, si no la encontrábamos al tercer día nos íbamos.

Sucedió que llegando a un lugar que llaman Almorox, en el tiempo de las *uvas* le dieron un gran *racimo* de ellas. Como el racimo se le **deshacía** en las manos, decidió comerlo, por contentarme, pues aquel día me había dado muchos golpes. Nos sentamos y me dijo:

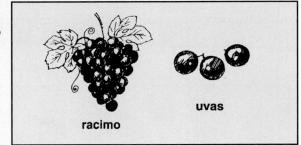

racimo

uvas

—Lázaro, ahora quiero que los dos comamos este racimo de uvas y que tengas de él tanta parte como yo. Será de esta manera: tú **cogerás** una uva y yo otra, pero sólo una, hasta que lo acabemos.

Dicho esto, comenzamos a comer, pero a la segunda vez el mal ciego cambió de idea y comenzó a coger de dos en dos pensando que yo estaba haciendo lo mismo. Como vi que él hacía esto, yo hacía más: comía de dos en dos o de tres en tres.

Cuando acabamos de comer las uvas me dijo:

—Lázaro, me has **engañado.** Tú has comido las uvas de tres en tres.

—No comí—dije yo—pero, ¿por qué lo piensa así vuestra merced?

—¿Sabes en qué veo que comiste las uvas de tres en tres?—respondió él. En que yo las comía de dos en dos y tú **callabas.**

Yo me reía, y aunque muchacho bien comprendí que mi **amo** era hombre que conocía el mundo.

Pero por no ser **prolijo,** dejo de contar aquí muchas cosas que me sucedieron con este mi primer amo y quiero decir cómo me despedí de él.

Estábamos en el mesón de Escalona y me dio un pedazo de longaniza para que se la **asase,** después me dio dinero y me **mandó** a buscar vino. **Mas** el demonio quiso que cuando salía a buscar el vino **viese** en el suelo un *nabo* pequeño, largo y malo, que alguien había dejado en el suelo por ser tan malo y como **estuviésemos** solos el ciego y yo, teniendo yo dentro el **olor** de la longaniza y sabiendo que había de **gozar** sólo del olor, no mirando lo que me podía suceder, mientras el ciego me daba el dinero para comprar el vino, saqué la longaniza del *asador* y metí en él el nabo. Mi amo tomó el asador y empezó a darle vueltas al fuego, queriendo **asar** al que por malo nadie había querido comer.

Yo fui a buscar el vino con el cual no tardé en comer la longaniza y cuando volví vi que mi amo tenía el nabo entre dos *rebanadas* de pan, el cual no había conocido porque no había tocado con la mano. Al morder en las rebanadas de pan, pensando morder también la longaniza, se encontró con el nabo frío y dijo:

A leer

—¿Qué es esto, Lazarillo?

—¡Pobre de mí!—dije yo—Yo ¿no vengo de comprar el vino? Alguno que estaba aquí ha hecho esta **burla**.

—No, no,—dijo él—que yo no he dejado de la mano el asador ni un solo momento; no es posible.

Yo juraba y volvía a jurar que estaba libre de aquello, pero poco me aprovechó pues al **maldito** ciego nada **se le escondía**.

Se levantó, me cogió la cabeza con sus manos, me abrió la boca y metió en ella su larga *nariz*. Con esto, como la longaniza no había hecho asiento aún en el estómago, salió de él por mi boca al mismo tiempo que su nariz, dándole en ella.

—¡Oh gran Dios, quién **estuviera** en aquella hora de muerto! Fue tal su **coraje** que si **no acudiera** gente al ruido y me **sacara** de sus manos, que estaban llenas de los pocos *pelos* que yo tenía, pienso que **hubiera dejado** allí la vida.

Contaba el maldito ciego a todos los que allí llegaban lo del jarro y lo del racimo. La **risa** de todos era tan grande que la gente que pasaba por la calle entraba a ver la fiesta.

La **mesonera** y los demás que allí estaban nos hicieron amigos y con el vino que había ido a comprar para beber, me lavaron la cara. El ciego se reía y decía:

—De verdad este **mozo** me **gasta** en lavarle más vino en un año que el que yo bebo en dos.

Y volviéndose a mí me decía:

—En verdad, Lázaro, más le debes al vino que a tu padre, porque aquél una vez te dio la vida, mas el vino mil veces te la ha dado. Y contaba, riendo, cuántas veces me había **herido** la cara y me la había **curado** con vino.

Y los que me estaban lavando la cara reían mucho. Sin embargo yo muchas veces me acuerdo de aquel hombre y **me pesa de** las burlas que le hice, aunque también es verdad que bien lo pagué.

Visto todo esto y el mal trato que me daba yo había decidido dejarle, como lo hice. Y fue así, que luego otro día anduvimos por la calle pidiendo limosna. Era un día en que llovía mucho y como la noche iba llegando me dijo:

—Lázaro, esta agua no deja de caer, y cuando sea más de noche, la *lluvia* será más fuerte. Vámonos a la posada con tiempo.

Para ir a la posada había que pasar un *arroyo* que con la mucha lluvia era bastante grande entonces.

Yo le dije:

—Tío, el arroyo va muy **ancho,** pero si así lo queréis, veo un **sitio** por donde podremos pasar más pronto sin **mojarnos** porque allí el arroyo es más estrecho y saltando no nos mojaremos.

Le pareció bien y dijo:

—Piensas bien, por eso te quiero. Llévame a ese lugar por donde el arroyo **se estrecha**

que ahora es invierno y **sabe** mal el agua, y peor sabe llevar los pies mojados.

Yo lo llevé derecho a un *poste* de **piedra** que había en la plaza y le dije:

—Tío, éste es el **paso** más estrecho que hay en el arroyo.

Como llovía mucho y él se mojaba, con la prisa que llevábamos por salir del agua que nos caía encima y, lo más principal, porque Dios le **cegó** el **entendimiento** y creyó en mí dijo:

—Ponme bien derecho y salta tú el arroyo.

Yo le puse bien derecho **enfrente** del poste, di un salto y me puse detrás del poste. Desde allí le dije:

—Salte vuestra merced todo lo que pueda.

Apenas lo había acabado de decir cuando el pobre ciego saltó con tal fuerza que dio con la cabeza en el poste y cayó luego **para atrás medio** muerto y con la cabeza rota.

Yo le dije:

—¿Cómo **olió** vuestra merced la longaniza y no el poste? ¡Oled! ¡Oled!

Y le dejé con mucha gente que había ido a ayudarle. Antes de que la noche **llegase**, llegué yo a Torrijos. No supe nunca lo que hizo Dios con el ciego, ni me ocupé nunca de saberlo.

Metía *He put (inside);* **migaja** *crumb;* **bocados** *mouthfuls;* **descosía** *unraveled;* **coser** *sew;* **vino** *wine;* **cogía** *took;* **bebía** *drank;* **duró** *lasted;* **falta** *lack;* **soltaba** *let go of;* **cogido** *held;* **tapaba** *covered;* **no me aprovechaba** *was of no use to me;* **fondo** *bottom;* **agujero** hole; **cera** *wax;* **tuviera** *I were;* **calentarme** *warm myself;* **gota** *drop;* **Se desesperaba** *He got upset;* **vueltas** *turns;* **engaño** *trick;* **no hubiera visto** *he had not seen;* **de costumbre** *as usual;* **desesperado** *exasperated;* **fuerza** *strength;* **hubiese caído** *would have fallen;* **golpe** *hit;* **sentido** *consciousness;* **jarrazo** *blow (from a pitcher);* **pedazos** *pieces;* **castigo** *punishment;* **heridas** *wounds;* **enfermó** *made you sick;* **sano** *well;* **salud** *health;* **trato** *treatment;* **castigaba** *he punished;* **trataba** *he treated;* **Castigadlo** *Punish him;* **daño** *harm;* **tentaba** *hit;* **palo** *stick;* **señales** *signs;* **juraba** *swore;* **ingenio** *ingenuity;* **caso** *case;* **sucedieron** *happened;* **tierras** *lands;* **limosnas** *alms;* **ganancia** *earnings;* **deshacía** *came apart;* **cogerás** *will take;* **engañado** *tricked;* **callabas** *kept quiet;* **amo** *master;* **prolijo** *wordy;* **asase** *roast;* **mandó** *sent;* **Mas** *But;* **viese** *I would see;* **estuviésemos** *we were;* **olor** *smell;* **gozar** *to enjoy;* **asar** *roast;* **burla** *trick;* **maldito** *evil;* **se le escondía** *could be kept from him;* **estuviera** *was;* **coraje** *rage;* **no acudiera** *hadn't come;* **sacara** *to take (out);* **hubiera dejado** *would have left;* **risa** *laughter;* **mesonera** *innkeeper's wife;* **mozo** *boy;* **gasta** *costs;* **herido** *wounded;* **curado** *cured;* **me pesa de** *I regret;* **ancho** *wide;* **sitio** *place;* **mojarnos** *getting ourselves wet;* **se estrecha** *becomes narrow;* **sabe** *tastes;* **piedra** *stone;* **paso** *strait;* **cegó** *blinded;* **entendimiento** *understanding;* **enfrente** *in front of;* **Apenas** *Hardly;* **para atrás** *backwards;* **medio** *half;* **olió** *smelled;* **¡Oled!** *Sniff, Smell!;* **llegase** *arrived*

 ¿Qué comprendiste?

1. ¿A quién trataba mal el ciego?
2. ¿Qué le quitaba Lazarillo al ciego todo el tiempo de su jarro?
3. ¿Qué le rompió el ciego a Lazarillo con el jarro?
4. ¿Qué fruta comieron el ciego y Lazarillo en Almorox?
5. ¿Cómo se llamaba el lugar donde el ciego quería comer longaniza?
6. ¿Cómo estaba el tiempo el último día que Lazarillo estuvo con el ciego?

 Charlando

1. ¿Qué piensas de la forma en que el ciego trataba a Lazarillo?
2. ¿Crees que el ciego era una persona buena o mala? Explica.
3. ¿Piensas que Lazarillo era un niño feliz? ¿Por qué?
4. ¿Cómo crees que será la vida de Lazarillo en el futuro? Explica.

a escribir

Estrategia

Estrategia para escribir: *using graphic organizers*

When you begin the writing process, one way to get started is to brainstorm ideas about your topic. Then to make sure your ideas flow in a logical sequence, it is helpful to use a graphic organizer. Venn diagrams, concept maps and time lines can help you visualize different aspects of your theme.

Draw a time line that shows how you think your life will evolve over the next twenty years. Then write a composition based on the time line of your life. Be sure to tell where you will live and what you will be doing. Include your personal goals and tell some of the things you will do to attain them. Remember to use connecting words to make your sentences flow together smoothly. To make your composition more visually appealing, illustrate your time line and include it at the bottom of your paper.

Cuando tenga veinte años, estudiaré en Inglaterra.

repaso

Now that I have completed this chapter, I can...

✓ discuss the future.
✓ express uncertainty.
✓ talk about hopes and dreams.
✓ seek and provide information about careers.
✓ express events in the past.
✓ relate two events in the past.
✓ express doubt.
✓ advise and suggest.
✓ state wishes and preferences.
✓ express emotion.
✓ identify and locate some countries.
✓ write about the future.

I can also...

✓ read about world problems in Spanish.
✓ talk about pastimes.
✓ use body language to communicate.
✓ talk about my life in Spanish.
✓ use technology to find information.

Espero que pueda ayudar a solucionar algunos de los problemas del mundo.

Un nuevo mundo

CAPÍTULO 10

OFICINA UNIVERSITARIA
UNIVERSIDAD COMPLUTENSE
Central Hispano 20

UNIVERSIDAD AUTONOMA DE YUCATAN
FACULTAD DE CIENCIAS ANTROPOLOGICAS
AÑO ESCOLAR

ALUMNO JENNIFER ANDERSON

CARRERA LIC. EN CIENCIAS
ANTROPOLOGICAS

CURSO 3er. AÑO   GRUPO B

MATRICULA ESTUDIANTE ESPECIAL

DIRECCION 23 No.180-A x 8 y 10 G. GINERES

In this chapter you will be able to:

- express past actions and events
- discuss everyday activities
- write about everyday life
- talk about contemporary Hispanic culture
- talk about the future
- express emotion
- state wishes and preferences

421

Lección 19

Un amigo por e-mail

Teresa, una chica de Chicago, le escribe un e-mail a su amigo Francisco de Buenos Aires, Argentina.

Archivo Editar Buzón Mensaje Transferir Especial Herramientas Ventana Ayuda

Enviar

A:	franciscogt@telecom.com.ar
De:	Teresa Herrera <terehe@windytel.com>
Asunto:	El fin de otro año
Copias a:	
Anexos:	Foto Teresa

¡Hola, Francisco!

¿Cómo has estado? Otro año escolar casi ha terminado. ¿Qué hiciste durante este año? Yo hice muchas cosas. En la escuela aprendí mucho y conocí a una nueva amiga, Catalina. Ella vive en el mismo barrio donde yo vivo. Siempre estudiamos juntas.

Al comenzar el año estuve un poco enferma porque pesqué un resfriado. Después me cuidé mucho y no tuve más problemas. Este año ha sido maravilloso porque he estado más tiempo con mi familia. Durante la primavera visité a unas tías que viven en Miami. Allí fuimos al zoológico y a los parques de atracciones. Durante los fines de semana fui de compras con mis amigas y claro, ayudé a mis padres con los quehaceres de la casa.

En este año navegué más que nunca en la Internet. Hace dos meses encontré la página web de fans de Ricky Martin, mi cantante favorito. Ahora estoy en su club de fans. ¿Qué te parece? Ahora busco en la Web universidades para estudiar en otro país. En el futuro, quiero ir a estudiar a Madrid.

Bueno, ya te conté sobre mi año, ahora cuéntame sobre el tuyo. ¿Te gustaría estudiar aquí en los Estados Unidos o piensas estudiar en Buenos Aires? Recuerda, mi casa es tu casa.

Cuídate mucho,

Teresa

¿Qué comprendiste?

1. ¿A quién conoció Teresa en su escuela?
2. ¿Dónde vive Catalina?
3. ¿Cómo estuvo Teresa al comenzar el año?
4. ¿Por qué ha sido un año maravilloso para Teresa?
5. ¿A quién visitó en la primavera?
6. ¿Qué hizo Teresa este año más que nunca?
7. ¿Qué busca Teresa ahora en la red?

2 Charlando

1. ¿Tienes amigos por e-mail? ¿De dónde son?
2. ¿Conociste a nuevos amigos en la escuela este año? ¿A quiénes?
3. ¿Cuál fue la clase que más te gustó?
4. ¿Perteneces a algún club de fans? ¿A cuál?
5. ¿Te gusta navegar por la Internet?
6. ¿Piensas estudiar en otro país en el futuro?

3 ¿Qué hiciste este año?

Trabajando en parejas, alterna con tu compañero/a de clase en hacer preguntas y contestarlas sobre lo que hicieron o lo que pasó durante el año.

A: ¿Estuviste enfermo/a este año?
B: Sí, (No, no) estuve enfermo/a.

Conexión Cultural

E-mail, la aplicación más popular del mundo

Hasta hace poco tiempo, mucha gente perdía amigos que vivían en otros lugares muy lejos, pero con la llegada del e-mail enviar mensajes se volvió algo muy fácil y hasta divertido.

Algunos datos (*facts*) que confirman la importancia del correo electrónico son los siguientes: hay casi doscientos sesenta y tres millones de direcciones de correo electrónico en el mundo, y cada usuario recibe al día un promedio (*average*) de 30 mensajes diarios, según la compañía Yankee Group; lo primero que hace el 70 por ciento de los usuarios al conectarse a la Internet es consultar su correo, según Jupiter Communications; el 69 por ciento de los usuarios considera que el correo es la aplicación más importante de la Internet, según Cyberatlas.

Eso quiere decir que el correo electrónico se convirtió en algo indispensable para la vida social y de trabajo de los internautas. Sin embargo, no

El correo electrónico es indispensable para la vida social.

todos esos mensajes son de interés para el destinatario (*addressee*). Algunas compañías que conocen el potencial del correo electrónico han convertido a los usuarios en destinatarios de muchos mensajes publicitarios de todo tipo.

[Tomado del artículo *Correo electrónico, la aplicación más popular* de la revista *Enter*; Santa Fe de Bogotá, Colombia.]

CONEXIONES

4 Cruzando fronteras

Haz una lista de cinco inventos *(invention)* tecnológicos que tú piensas han sido indispensables para la vida del ser humano en el último siglo y explica por qué. Busca información en tu libro de ciencias, en la biblioteca o en la Internet si es necesario. Luego, comparte la información con la clase.

¿Es indispensable el teléfono?

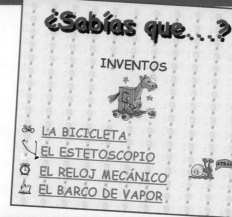

¿Sabías que...?

INVENTOS

🚲 LA BICICLETA
🩺 EL ESTETOSCOPIO
🕐 EL RELOJ MECÁNICO
⛴ EL BARCO DE VAPOR

5 Un nuevo mundo

Trabajando en grupos pequeños hablen sobre nuevos inventos tecnológicos que piensan van a haber en veinte años. Luego, una persona del grupo debe presentar las conclusiones a la clase.

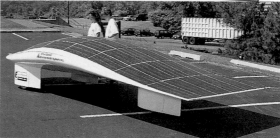
En el futuro, todos los carros usarán energía solar.

Oportunidades

Amigos en el cyberespacio

La tecnología del e-mail ha hecho posible que hoy en día podamos hacer amigos en todo el mundo. Nuevos amigos, especialmente de otros países, pueden ampliar tu conocimiento de otras culturas y enriquecer la percepción del planeta que todos compartimos. Aún mas, tener y mantenerse en contacto con amigos de otros países, especialmente de habla hispana, te ayudará a mejorar tus habilidades para expresarte en español, así como también a tener buenas amistades.

El e-mail nos permite hacer nuevos amigos en todas partes del mundo.

6 Buscando amigos

Usando un motor de búsqueda, encuentra una página web en donde puedas contactar chicos y chicas por e-mail de algún país de habla hispana. Selecciona a alguien que te interese y escríbele un e-mail diciéndole quién eres, de dónde eres y contándole que te gustaría ser su amigo/a por correo electrónico.

Repaso *rápido*

El pretérito perfecto y el participio

Remember to use the present perfect tense to refer to the past in a general sense or to talk about something specific that **has happened** recently. It is formed from the present tense of the helping verb *haber* (to have) and the past participle *(participio)* of a verb.

(Santiago, Chile.)

he	hemos		
has	habéis	**+**	past participle
ha	han		

Form the past participle of regular *-ar* verbs by changing the *-ar* of the infinitive to *-ado*. For regular *-er* and *-ir* verbs, change the infinitive ending *-er* or *-ir* to *-ido*.

organizar	→	*organizado* (organized)
conocer	→	*conocido* (known)
asistir	→	*asistido* (attended)
ir	→	*ido* (gone)

Look at these examples:

¿Has organizado un club de fans? **Have you organized** a fan club?
He conocido a mucha gente. **I have known** a lot people.
Nosotros hemos asistido a la misma escuela. **We have attended** the same school.
¿Han ido Uds. a Chile alguna vez? **Have you** ever **gone** to Chile?

¿Has ido a Chile alguna vez?

Hemos asistido a la misma escuela.

(Isla de Pascua, Chile.)

7 ¿Qué han aprendido este año?

Todos han estudiado y aprendido mucho este año. Di lo que las siguientes personas han aprendido, usando las indicaciones que se dan.

Gabriel/muchos proverbios
Gabriel ha aprendido muchos proverbios.

1. Sandra y David/sobre los animales salvajes
2. Clara/mucho sobre los países de habla hispana
3. tú/mucho sobre tecnología
4. Pablo/sobre los problemas del mundo
5. Ud./a hacer tortillas españolas
6. nosotros/mucho español

Proverbios y dichos
Once you learn something thoroughly it remains in your memory beyond any test you will take in school. There are many things in life that you will learn, such as a second language that will be with you for a long time to come. As the saying goes, *Lo que bien se aprende nunca se olvida.* (Something well-learned is not easily forgotten).

8 Tus actividades favoritas

Navegar en la Internet ha sido una de las actividades favoritas de Teresa durante el año. Trabajando en parejas, alterna con tu compañero/a de clase en hacer preguntas y contestarlas para decir si las siguientes actividades han sido sus favoritas durante este año.

navegar en la Internet
A: ¿Ha sido navegar en la Internet una de tus actividades favoritas este año?
B: Sí, (No, no) ha sido una de mis actividades favoritas este año.

los partidos de fútbol
A: ¿Han sido los partidos de fútbol una de tus actividades favoritas este año?
B: Sí, (No, no) han sido una de mis actividades favoritas este año.

Montar en bicicleta ha sido una de nuestras actividades favoritas.

1. los viajes
2. escribir e-mails
3. los picnics
4. el básquetbol
5. ir al cine
6. las fiestas
7. el camping
8. ver televisión
9. estudiar español
10. el tenis

9 El club de fans de Ricky Martin

Lee esta información que Teresa consiguió en la página web de Ricky Martin. Luego, contesta las preguntas que siguen.

1. ¿De dónde es Ricky Martin?
2. ¿Cuándo cumplió años Ricky Martin?
3. A los veintiocho años, ¿cuál ha sido su comida favorita?
4. ¿Quién es su actor favorito?
5. ¿Has escuchado alguna canción de Fito Páez?
6. ¿Has visto un concierto de Charly García?
7. ¿Has pensado estudiar para ser cantante o actor/actriz?
8. ¿Te gustaría estar en el club de fans de Ricky Martin?

Nació en... **Hato Rey, Puerto Rico.**
Cumple... **24 de diciembre.**
Edad... **28 años.**
Signo... **Capricornio.**
Comida favorita... **puertorriqueña, cubana e italiana.**
Mejor actor... **Robert de Niro.**
Músicos que admira... **Fito Páez, Charly García.**

10 ¡A escribir!

Escribe un e-mail de dos párrafos en español al amigo/la amiga que conseguiste en la actividad 6, contándole algunas de las cosas que hiciste o que han pasado durante el año. Sé creativo/a.

Para hablar mejor: usando proverbios y dichos

Las personas nativas de habla hispana escuchan proverbios y dichos a lo largo de sus vidas y los usan en sus conversaciones diarias como parte del ambiente que los rodea (*surrounds them*). Tú has aprendido algunos de estos proverbios y dichos en *Somos así LISTOS*, ¿cuántos de estos recuerdas? ¿Los usas? ¿Puedes adivinar el significado de los que aparecen abajo? El uso de los proverbios y dichos añadirá carácter y fluidez a tu español.

Siempre se sale con la suya.

Te está tomando el pelo.

Más vale tarde que nunca.

Me costó un ojo de la cara.

No lo tome a pecho.

¡Habla hasta por los codos!

¡Si lo sabré yo!

Eso es chino para mí.

11 ¿Qué dirías?

Conecta lógicamente las situaciones de la columna *A* con las expresiones de la columna *B* para saber lo que dirías en cada caso.

A

1. Bromeando, Juan le dice a Rosario que su casa salió volando por el cielo.
2. Tu papá te pidió lavar la ropa por la mañana, pero lo olvidaste y lo hiciste por la tarde.
3. Después de insistir mucho, Teresa consiguió el empleo que quería.
4. Carolina fue a una tienda a comprar una blusa que le costó muchísimo dinero.
5. César le hizo una broma a su amiga, pero a ella no le gustó mucho.
6. Tú y tu familia están visitando Arabia Saudita y tus padres te piden que les traduzcas unas señales que están en árabe.
7. Tienes algunos problemas con la computadora y tu amigo te viene a contar lo difícil que son las computadoras para él.
8. Conoces a una persona que habla muchísimo.

B

A. No lo tome a pecho.
B. Más vale tarde que nunca.
C. ¡Habla hasta por los codos!
D. Eso es chino para mí.
E. Le está tomando el pelo.
F. ¡Si lo sabré yo!
G. Le costó un ojo de la cara.
H. Siempre se sale con la suya.

Me costó un ojo de la cara.

12 ¡Una obra de arte!

Crea una pintura *(painting)* o un dibujo que represente una actividad o un evento, de la familia o del colegio, que haya sido importante para ti durante el año. Usa la técnica que quieras.

Mis pinturas representan mis experiencias de la vida.

¿Crees que algún día todos
tendremos un teléfono con video?

¡Nuestra actividad favorita este año
ha sido el volibol!

Este año he tomado muchos exámenes.

Autoevaluación. Como repaso y autoevaluación, responde lo siguiente:
1. Di cinco cosas que hiciste este año en el colegio.
2. ¿Qué información sabes sobre el e-mail?
3. Di dos inventos tecnológicos que existen hoy y un invento que piensas va a haber en el futuro.
4. ¿Qué información acerca de ti puedes escribirle en español a tu amigo/a de correo electrónico?
5. Di tres cosas que has aprendido este año.
6. ¿Cuál ha sido tu actividad favorita este año?
7. Di un proverbio que hayas leído en español este año y escribe una corta explicación acerca de él.

¡La práctica hace al maestro!

A Comunicación

Working with a partner, take turns interviewing one another about your lives during the year. The information may be about classes this year, family activities, favorite activities you have done with friends, daily lives, etc. Be imaginative! Take notes about what is being said and prepare a written report about your interview.

El beisbolista Alex Rodríguez.

B Conexión con la tecnología

Search the World Wide Web to find a home page that provides information about clubs for any Hispanic actor, singer or athlete. Write an e-mail to one of its members and tell him/her about you and your life. Finally, tell the person why you like that particular actor, singer or athlete and ask for some interesting background information that you would like to know about the celebrity.

■ Antonio Banderas

El actor Antonio Banderas quiere dedicarse a las grandes regatas. Se va a comprar un velero que cuesta 25 millones de pesetas y ya está enrolando a una tripulación perfectamente preparada para las competiciones. Se trata de un barco galardonado en varias ocasiones en concursos de vela. En la compra, realizada por el hermano del actor, no hubo problemas de dinero.

Lección 20

Un nuevo mundo

Los siguientes chicos de los Estados Unidos dicen en qué ciudad y país de habla hispana les gustaría estudiar una carrera o trabajar.

Me gustaría estudiar veterinaria en Madrid, España.

Yo quiero trabajar en negocios internacionales en Buenos Aires, Argentina.

Mary Parker, Miami

Quisiera estudiar ingeniería en Caracas, Venezuela.

Julie Stilp, Minneapolis

Paul Morales, Chicago

Me gustaría estudiar para ser diseñadora de páginas web en Santiago, Chile.

Yo quiero trabajar como profesor en San José, Costa Rica.

Antonio Herrera, Los Ángeles

Quisiera trabajar como médico en Santo Domingo, República Dominicana.

Scott Peterson, Dallas

Nancy Martínez, Nueva York

1 ¿Qué comprendiste?

1. ¿En dónde quiere estudiar Mary?
2. ¿Qué quiere estudiar Julie en España?
3. ¿En qué quiere trabajar Paul?
4. ¿Quién quiere estudiar para ser diseñador de páginas web en Chile?
5. ¿En dónde quiere Antonio trabajar como médico?
6. ¿En qué quiere trabajar Scott?

2 Charlando

1. ¿En que país de habla hispana te gustaría estudiar después de terminar el colegio?
2. ¿Te gustaría trabajar en otro país? ¿En cuál?
3. ¿Piensas que estudiar o trabajar en otro país es algo bueno para tu futuro? Explica.

¿Te gustaría estudiar en Santiago, Chile?

Conexión Cultural

¿Dónde puedo seguir estudiando?

Una vez que hayas decidido qué estudiar o qué tipo de trabajo quieres hacer, debes buscar las instituciones o compañías donde quieres estudiar o trabajar, ya sea en los Estados Unidos o en el extranjero. Si es fuera del país, debes decidir en qué país de habla hispana quieres estudiar o trabajar y conseguir información para saber cómo es la vida allí. Hoy existen muchas universidades y muchas compañías multinacionales que ofrecen programas de intercambio *(exchange)* o trabajos internacionales en todo el mundo.

Para estudiar, puedes escoger entre hacer la carrera que quieres seguir en una universidad del país o del extranjero, o hacer un programa de intercambio para estudiar en otro país por un período corto de tiempo y luego regresar. Para trabajar, puedes escoger entre hacer una práctica de trabajo en una compañía de otro país mientras eres estudiante, o buscar un trabajo permanente con una compañía aquí o en el extranjero.

Para recibir más información puedes consultar con tu consejero o consejera *(counselor)* en el colegio al que asistes, la consejería de educación de la embajada del país que te interese o en la Web.

¿Quisieras estudiar en la UNAM, en México, D.F.?

3 Cruzando fronteras

Haz una lista de tres países hispanos donde te gustaría estudiar o trabajar. Luego di dos cosas que sabes de cada país. Presenta la información a la clase.

¿Quisieras estudiar en Buenos Aires, Argentina?

4 Conexión con la tecnología

Escoge un país de la lista que hiciste en la actividad anterior. Busca información sobre ese lugar en la Internet. Averigua cómo es la vida en ese país para saber si es similar o diferente a la vida en tu comunidad. Luego, busca datos de interés, como festivales, fiestas, sitios turísticos y restaurantes. Finalmente, busca mapas de la ciudad donde quieres vivir e imprímelos *(print them)*. Presenta la información a la clase.

5 Estudiar en otro país

Trabajando en grupos pequeños, hablen de las ventajas y desventajas de estudiar en otro país. Escriban las conclusiones y, luego, una persona del grupo debe presentar un resumen a la clase.

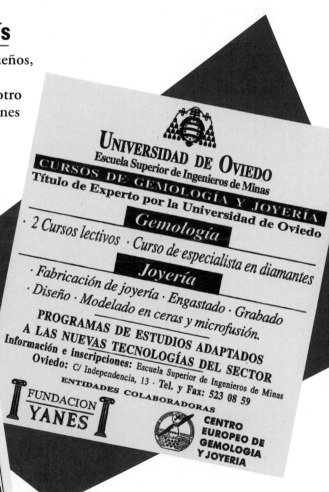

UNIVERSIDAD DE OVIEDO
Escuela Superior de Ingenieros de Minas
CURSOS DE GEMOLOGÍA Y JOYERÍA
Título de Experto por la Universidad de Oviedo

Gemología
· 2 Cursos lectivos · Curso de especialista en diamantes

Joyería
· Fabricación de joyería · Engastado · Grabado
· Diseño · Modelado en ceras y microfusión.

PROGRAMAS DE ESTUDIOS ADAPTADOS A LAS NUEVAS TECNOLOGÍAS DEL SECTOR
Información e inscripciones: Escuela Superior de Ingenieros de Minas
Oviedo: C/ Independencia, 13 · Tel. y Fax: 523 08 59

ENTIDADES COLABORADORAS

FUNDACION YANES

CENTRO EUROPEO DE GEMOLOGIA Y JOYERIA

UNIVERSIDAD DE OVIEDO
DERECHO PUBLICO
CAJA DE ASTURIAS
Cajastur

Oportunidades

Sin límites

Si alguna vez le has dicho a alguien que estás aprendiendo español y la respuesta ha sido "¿por qué?", es probable que esa persona no sepa de la gran cantidad de oportunidades de trabajo disponibles (*available*) para las personas bilingües. No importa si eres bombero o abogado, saber español te ayudará a mejorar tus probabilidades de tener éxito en el futuro. Además, tus habilidades para comunicarte en español te abrirán muchas puertas y te ayudarán a hacer cualquier trabajo que escojas.

Podrías usar tu español trabajando como médico.

6 Trabajos internacionales

Lee el siguiente aviso de una página web, y luego, contesta las preguntas que siguen.

Internet

http://www.profesionales.com

Netscape
Netcenter

Información para profesionales bilingües
Trabajos Internacionales es una compañía de membresía que sirve como un intermediario importante entre sus miembros y empresas, y reclutadores en busca de profesionales bilingües (español e inglés).

Esta página tiene información disponible para miembros y nomiembros indistintamente. Si usted está en busca de un trabajo en el que requieran de sus idiomas, lo invitamos a que explore nuestros beneficios.

Listas de trabajo
Al registrarse en nuestras listas de trabajo usted va a recibir avisos de trabajo por e-mail todos los meses. Ofrecemos listas de trabajo en cuarenta campos.

Ofrecemos empleos en los siguientes países:

Argentina	Colombia	España	México
Chile	Costa Rica	Guatemala	Puerto Rico

---

1. ¿Qué tipo de profesionales pueden estar interesados en esta página web?
2. ¿Se necesita ser miembro para usar los servicios de esta compañía?
3. Si te registras en sus listas de trabajo, ¿qué vas a recibir?
4. ¿En cuántos tipos de trabajo ofrecen listas?
5. ¿En cuántos países de habla hispana ofrecen trabajos?

7 Una entrevista

Trabajando en parejas, pregúntale a tu compañero/a de clase la siguiente información para saber sobre sus planes para el futuro. Averigua cualquier otra información que necesites. Después de la entrevista, escribe un párrafo sobre los planes que tiene para el futuro tu compañero/a.

lo que piensa estudiar al terminar el colegio
A: ¿Qué piensas estudiar al terminar el colegio?
B: Pienso estudiar para ser artista.

1. lugar donde quiere estudiar
2. si le gustaría estudiar en otro país
3. trabajo que le gustaría tener
4. lugar donde preferiría tener su trabajo
5. si le gustaría trabajar en otro país

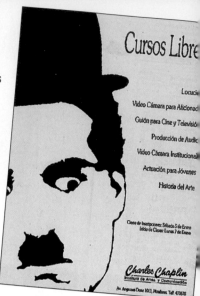

Cursos Libres

Locucie
Video Cámara para Aficionad
Guión para Cine y Televisió
Producción de Audio
Video Cámara Institucional
Actuación para Jóvenes
Historia del Arte

Clase de Inscripciones: Sábado 5 de Enero
Inicio de Clases: Lunes 7 de Enero

Charles Chaplin
Instituto de Artes y Comunicación
Av. Angamos Oeste 1013, Miraflores. Telf. 473678

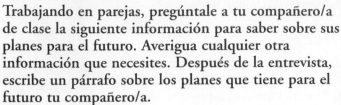

Estudiando en un país de habla hispana

Hasta este momento tu has aprendido mucho sobre otras culturas y has mejorado tus habilidades para hablar español a través de diferentes medios como la televisión internacional, el e-mail, la Internet, etc. Pero ninguna de estas formas se puede comparar con la oportunidad de estudiar en el exterior y poder estar inmerso completamente en un ambiente auténtico de habla hispana. Estudiando en un país de habla hispana a través de un programa de intercambio, por ejemplo, te da la oportunidad de seguir estudiando, mientras aprendes en un ambiente en el que a la vez puedes experimentar la cultura y la lengua de primera mano.

SED MAGIS AMICA VERITAS

Universidad Autónoma de Centro América

Unos estudiantes en la Universidad Católica, Quito, Ecuador.

8 Cruzando fronteras

Lee el siguiente aviso sobre un programa de intercambio. Después, contesta las preguntas.

CAMPUS COLIMA MÉXICO

Vivimos en un mundo de gran variedad cultural, en el cual el tener una visión internacional es cada vez más indispensable para el éxito profesional. El Programa de Intercambio Internacional es una inversión que puedes hacer durante tu vida de estudiante, la cual podrá llegar a ser un factor importante para abrirte muchas puertas en el aspecto profesional.

Estudiar en el extranjero es culturalmente enriquecedor y profesionalmente una gran recompensa.

¿Quiénes pueden participar?
Todos los estudiantes que reúnan las siguientes condiciones:

- Estar en 3°, 4°, 5°, 6° o 7° semestre de su carrera al momento de entregar la solicitud. Es importante aclarar que la recepción de solicitudes es únicamente al inicio de cada semestre, por lo que se deberá considerar esto al momento de entregar la solicitud.
- Tener un promedio global en la carrera igual o superior a 83 o su equivalente.
- Hablar español, francés o alemán según el país al que se viaje.

1. ¿Qué es importante para tener éxito en el mundo de hoy, según el aviso?
2. ¿Cómo se llama el programa que ofrecen?
3. ¿Por qué participar en este programa puede ser un factor importante?
4. ¿Qué es muy enriquecedor, según el artículo?
5. ¿Cuáles son las condiciones que se deben tener para participar?

9 Buscando universidad

¿Qué buscarías en una universidad donde quieres estudiar en el futuro? Haz una lista de las características más importantes que buscarías en ese lugar.

 Que tenga estudiantes de todo el mundo.

UNIVERSIDAD GABRIELA MISTRAL

ADMISIÓN

CARRERAS:
- DERECHO
- INGENIERIA COMERCIAL
- PSICOLOGIA
- EDUCACION: BÁSICA Y PARVULARIA
- CONTADOR AUDITOR (PROGRAMA DE LA TARDE)
- BACHILLERATO EN CIENCIAS SOCIALES
- PERIODISMO

10 Un trabajo

Trabajando en parejas, hablen de las características más importantes que buscarían en un trabajo. Escriban sus conclusiones y, luego, compártanlas con otra pareja de estudiantes de la clase.

> Queremos un trabajo que sea en español.

11 Consejos para ingresar a una universidad

El siguiente artículo te da algunos consejos que debes seguir una vez que hayas decidido qué carrera estudiar en la universidad. Léelo y, luego, contesta las preguntas que siguen.

Consejos para un proceso de admisión con éxito

Ya pasaste lo más difícil: la elección de la carrera con la que inicias tu formación profesional. Ahora sigue el proceso de admisión. De su buen plan y desarrollo dependerán tu tranquilidad y tu puesto en el nuevo salón de clase.

Elección de la universidad. Al escoger una universidad es muy importante tener en cuenta los siguientes factores: prestigio y seriedad de la institución, registros oficiales correspondientes, perfil de la carrera, orientación ideológica de la institución, características del personal docente, existencia de convenios con instituciones del país y/o el extranjero. Ojo con: los costos, las condiciones para pagar y las fechas de inscripción.

Papeleo. Para no tener que dar vueltas y no tener dolores de cabeza, haz una lista de todos los formularios, cartas, fotografías y certificados requeridos. Recoléctalos con tiempo, teniendo en cuenta la fecha de entrega. Antes de salir de tu casa comprueba, lista en mano, si llevas todo lo necesario. Si vas a estudiar en el extranjero, sé doblemente cuidadoso con todo lo que te piden. En lo que respecta al envío de documentos, escoge una compañía seria y ten en cuenta los tiempos de entrega del correo.

¡Ojo!
As you know, the word *ojo* means **eye**, but not in all circumstances. *Ojo* can be used in Spanish as an expression to say **watch out** or **stay alert**.

1. ¿Qué es lo más difícil, según el artículo?
2. ¿Son el prestigio y la seriedad factores importantes al escoger una universidad, según el artículo?
3. ¿Qué se debe hacer para no tener dolores de cabeza?
4. ¿Cuándo se debe tener mucho cuidado con lo que piden?
5. ¿Qué es importante tener en cuenta al enviar documentos?

12 En resumen

Escribe una composición de dos párrafos sobre tus planes para el futuro. Describe si piensas ir a la universidad o buscar un trabajo, o cualquier otro plan que tengas después de terminar el colegio.

Colegio Hispánico
MIGUEL DE UNAMUNO
SALAMANCA - SANTANDER
ESPAÑOL PARA EXTRANJEROS

13 ¿Eres cantante?

Escribe una canción en español sobre algún tema que describa tu futuro. Después, puedes leer o cantar tu canción para la clase.

En el futuro, pienso asistir a la universidad.

Canto una canción sobre mi futuro.

Autoevaluación. Como repaso y autoevaluación, responde lo siguiente:

1. Si pudieras escoger un país de habla hispana donde podrías seguir estudiando o trabajando, ¿cuál escogerías?
2. Escribe un aviso de trabajo corto para algún puesto donde se busca a alguien que sea bilingüe.
3. ¿Cuáles son tus planes para el futuro?
4. Di tres cosas que son importantes para ti al escoger una universidad.
5. Imagina que has estado buscando por diez años una carrera para estudiar después de terminar el colegio. ¿Qué consejo le darías a un estudiante que esté buscando una carrera para estudiar después del colegio?
6. Haz una lista de dos universidades que ofrezcan programas de estudios en el exterior a las cuales te gustaría asistir.

En el futuro, podrías jugar al fútbol en España.

¡La práctica hace al maestro!

A Comunicación

Working in groups of three, talk in Spanish about how you think your life is going to be in ten years. Consider any decisions you may have made recently or plan to make in the near future and discuss how they might affect your life in the future years.

¿Cómo va a ser tu vida en diez años?

B Conexión con la tecnología

Complete an Internet search for on-line information about study abroad programs in Spanish-speaking countries. Select a university or an institution in a country you would like to study and live in. Print out all the information concerning requirements for enrollment in that place and share them with the rest of the class. Make a bulletin board to display your findings.

Ellas están viendo la página web de una universidad.

1.

2.

3.

4.

5.

6.

_a_ leer

Estrategia

Preparación

Estrategia para leer: _recognizing related words_
Many words are similar in meaning and spelling because they are related to a base word such as a verb or a noun. When you are reading an unfamiliar text, you can figure out the meaning of new words by combining what you already know about a base word with clues you gather from the context of the related word.

Como preparación para la lectura, lee la siguiente lista de palabras y sus palabras relacionadas. Luego, di qué crees que significan en inglés las palabras relacionadas.

1. cambiar → el intercambio
2. participar → el/la participante
3. preferir → la preferencia
4. vender → la venta
5. encargar → el/la encargado/a

Oportunidades para el futuro

¡Bienvenido a Worldwide Classroom!

Durante los últimos 28 años hemos trabajado para incrementar la educación e intercambios culturales para jóvenes y adultos. Worldwide Classroom es hoy la mayor fuente de información para estudiantes que están buscando un programa internacional.

¿Tiene problemas para encontrar su programa internacional? Díganos lo que busca y podemos ayudarle a usted. Aquí, usted puede encontrar más de 10.000 instituciones participantes en más de 92 países. Estas instituciones participantes incluyen universidades, institutos técnicos, centros culturales, etc. Estamos seguros que usted puede encontrar el programa perfecto en el país de su preferencia y en la ciudad que usted desee. Consulte ya nuestra página web: worldwideclass.com

Estudiantes Internacionales

La Universidad San Francisco de Quito considera que el intercambio cultural es excelente para el desarrollo intelectual de las personas.

Los estudiantes internacionales cuyo idioma natal no sea el español y que deseen estudiar en la USFQ deben haber estudiado como mínimo un año de español en la universidad de origen.

Se puede aplicar a la USFQ por medio de los programas de intercambio establecidos entre nuestra universidad y otras instituciones en el exterior.

Todos los estudiantes internacionales al llegar a Quito toman un examen de español para ser ubicados en el curso correspondiente del idioma. Aquellos estudiantes internacionales que no pertenezcan a un programa establecido por la USFQ y otra universidad extranjera, deberán solicitar el paquete de admisiones a la Oficina de Programas Internacionales.

La Oficina de Programas Internacionales facilita la información necesaria con respecto al tipo de visa que requieran los estudiantes internacionales quienes tienen los mismos deberes y derechos que los estudiantes regulares de la USFQ. Todos los estudiantes internacionales tienen un tutor asignado por el Director de Programas Internacionales, que es el encargado de guiar al estudiante en asuntos académicos durante su estadía en el USFQ.

Fechas de aplicación: para tramitar las visas de estudiante, la Oficina de Programas Internacionales aceptará las solicitudes de admisión hasta estas fechas:

Primer semestre: hasta el 15 de julio.

Segundo semestre: hasta el 15 de noviembre.

Orientación para estudiantes internacionales

En la semana anterior al inicio de clases se realiza la Semana de Orientación, en la cual los estudiantes internacionales, en grupos pequeños, participan con estudiantes nacionales y miembros de la facultad, en un seminario para familiarizarse con la USFQ y la cultura ecuatoriana. Durante esta semana se les hará el examen de español para saber su ubicación apropiada en el nivel correspondiente.

Vivienda para estudiantes internacionales

Los estudiantes internacionales viven con familias ecuatorianas. Este programa está diseñado para que los estudiantes se sientan parte activa de la comunidad durante su estadía en el Ecuador. El vivir con una familia ecuatoriana le da al estudiante la oportunidad de compartir la cultura, intercambiar ideas y establecer lazos de amistad internacional.

YAHOO en español

Busca personas bilingües (español-inglés) para trabajar como navegantes de red. Las funciones principales son revisar páginas web para incluirlas en bases de datos, ordenarlas de acuerdo con las categorías que ya existen y ayudar a controlar la evolución de esas categorías. El/la candidato/a debe ser una persona muy motivada, que demuestre capacidad en la toma de decisiones, habilidad para trabajar en equipo y orientación de servicio al cliente. Es importante que el/la candidato/a conozca las culturas de Latinoamérica y España, sea fluido en español escrito y oral y hable inglés. Otras calificaciones adicionales son: experiencia en trabajo con la Internet, atención a los detalles, abundancia de sentido común y excelentes habilidades de organización. Se prefieren personas con BS o BA. Al aplicar incluir carta de presentación.

FUNDACIÓN UNIVERSIDAD DE BOGOTÁ
JORGE TADEO LOZANO

Arquitectura

Comunicación Social

Publicidad

Derecho

Mercadeo

Biología marina

Ingeniería

Técnico agrícola

Técnico electricista

Inscripciones abiertas hasta el 15 de noviembre

Informes e inscripciones:
Carrera 8 No. 23-68, Of. 305
Santa Fe de Bogotá
Teléfono: 3341515

PONTIFICIA UNIVERSIDAD CATÓLICA DEL ECUADOR

La PUCE ofrece a la comunidad estudiantil internacional una sesión de verano de junio 15 a agosto 6.

Este curso consiste de tres áreas relacionadas:

1. Aprendizaje del español
    De lunes a jueves, de 9 A.M. a 12 P.M.
    (junio 15 - julio 22)
2. Ecología
    De lunes a jueves, 3 P.M. a 7 P.M.
    (junio 15 - julio 22)
3. Trabajo de campo
    Viernes, de 9 A.M. a 7 P.M.
    (junio 15 - julio 22)

Costo: $1900 dólares

Para mayor información, escribir e-mail a:
puce@edu.ec

REP de Ventas

Compañía clasificada 4A1 por Dun & Bradstreet busca vendedor(a) para expander su territorio. Gran oportunidad para ascender en la compañía. Líneas de productos incluyen: regalos, accesorios para mujer, productos importados, flores artificiales, productos de cuidado personal, relojes, etc. Bilingüe, inglés/español preferible. Necesita experiencia en ventas. Salario basado en comisiones e incluye gastos para viajar y un plan de seguro. Es necesario tener vehículo. Fax hoja de vida a:

The Gerson Company.

CODATEL

Se busca Programador Bilingüe.

Lugar del trabajo: Ciudad de México, México

Requisitos: Profesional en sistemas, que hable español e inglés y tenga un año de experiencia en programación.
Excelente presentación.
Buena organización.

Salario: Competente.

Enviar hoja de vida a:

codatel@recurhum.mex

Agencia de Publicidad Internacional

Importante agencia internacional de publicidad necesita:

Cargo: Asistente de Márketing bilingüe para trabajar en Miami en el diseño de publicidad dirigida a la población hispana.

Requisitos: Tener título en Publicidad o Márketing, ser fluido en español e inglés y tener conocimiento en el manejo de computadoras.

Experiencia: No se requiere.

Enviar hoja de vida con carta de presentación y salario deseado a: 2080 Coralview Av., Miami, FL 33035.

A ¿Qué comprendiste?

1. ¿Qué clase de institutos hay en el programa de Worldwide Classroom?
2. ¿Qué tipo de empleado/a busca Gerson Company?
3. ¿Hasta qué fecha se pueden presentar solicitudes para estudiar durante el segundo semestre en la Universidad San Francisco de Quito?
4. ¿A qué universidad debe aplicar una persona si quiere estudiar durante el verano en Ecuador?
5. ¿A qué aviso debe responder una persona que le guste mucho la Internet?
6. ¿En qué universidad se puede estudiar para ser técnico electricista?
7. ¿En qué ciudad se ofrece un trabajo como programador?
8. ¿En qué trabajo no se necesita experiencia?

B Charlando

1. ¿Te gustaría participar en un programa internacional? Explica.
2. ¿Qué buscas en una universidad a la que quieres asistir?
3. ¿A qué programa de los anteriores te gustaría ir?
4. ¿Has buscado empleos en la Internet? ¿De qué tipo?
5. ¿Hay una feria de empleos o de universidades en tu ciudad?
6. ¿En qué tipo de trabajo tienes experiencia?

a escribir

Estrategia

Estrategia para escribir: *using similes, metaphors and symbols*

Poems use words to paint scenes from your world. To create an image with only a few words, you can make use of symbols, metaphors and similes. Some words can represent more than one idea when they are used in a symbolic way. You can compare things with fewer words when you employ similes, which are comparisons that use *como* (like, as), or metaphors, which are comparisons that do not use *como*.

Write an *I used to be* poem. Choose two objects to symbolize yourself. One object symbolizes how you used to see, hear, feel, live, think, etc., and the other one represents how you are going to see, hear, feel, live, think, etc. Once you have chosen your symbols, study the sample below, then follow the steps to complete your poem.

El arco iris
Antes me sentía
como un rayo de luz.
Pasaba por la vida
sin una percepción clara.
Perdido en un mundo
brillante.

Pero, por fin pasé
por el prisma del
conocimiento.
Ahora voy a ser un arco
iris,
ilustrado por mis
experiencias.
Preparado para vencer
la tempestad de la vida.
(Pepa)

Step 1: For the first line of your poem, form a verb in the imperfect tense to express how you "used to" be, see, hear, feel, live, think, etc.

Step 2: For the second line, name the object that symbolizes what you used to be or do.

Step 3: Use the next several lines to describe something about the object you just named that caused it to represent you.

Step 4: Start the next line with "*Un día voy a* (+ infinitive)" or "*Pronto voy a* (+ infinitive)."

Step 5: For the next line, name the object you chose to represent how you are going to be or what you are going to do.

Step 6: Use the next several lines to describe something about the object you just mentioned that makes it symbolize how you are going to be or what you are going to do.

repaso

Now that I have completed this chapter, I can...
- ✓ express past actions and events.
- ✓ discuss everyday ctivities.
- ✓ write about everyday life.
- ✓ talk about contemporary Hispanic culture.
- ✓ talk about the future.
- ✓ express emotion.
- ✓ state wishes and preferences.

¿Adónde irá tu camino?

I can also...
- ✓ use e-mail to communicate in Spanish.
- ✓ read web pages in Spanish.
- ✓ talk about technology.
- ✓ use proverbs and sayings to flavor speech.
- ✓ do a Web search.
- ✓ discuss various career opportunities.
- ✓ read about exchange programs in Spanish.

Appendices

Appendix A

Grammar Review

Definite articles

	Singular	Plural
Masculine	el	los
Feminine	la	las

Indefinite articles

	Singular	Plural
Masculine	un	unos
Feminine	una	unas

Adjective/noun agreement

	Singular	Plural
Masculine	El chico es alto.	Los chicos son altos.
Feminine	La chica es alta.	Las chicas son altas.

Pronouns

Singular	Subject	Direct object	Indirect object	Object of preposition	Reflexive
1st person	yo	me	me	mí	me
2nd person	tú	te	te	ti	te
3rd person	Ud.	lo/la	le	Ud.	se
	él	lo	le	él	se
	ella	la	le	ella	se
Plural					
1st person	nosotros	nos	nos	nosotros	nos
	nosotras	nos	nos	nosotras	nos
2nd person	vosotros	os	os	vosotros	os
	vosotras	os	os	vosotras	os
3rd person	Uds.	los/las	les	Uds.	se
	ellos	los	les	ellos	se
	ellas	las	les	ellas	se

Demonstrative pronouns

Singular		Plural		
Masculine	**Feminine**	**Masculine**	**Feminine**	**Neuter forms**
éste	ésta	éstos	éstas	esto
ése	ésa	ésos	ésas	eso
aquél	aquélla	aquéllos	aquéllas	aquello

Possessive pronouns

Singular	Singular form	Plural form
1st person	el mío la mía	los míos las mías
2nd person	el tuyo la tuya	los tuyos las tuyas
3rd person	el suyo la suya	los suyos las suyas
Plural	**Singular form**	**Plural form**
1st person	el nuestro la nuestra	los nuestros las nuestras
2nd person	el vuestro la vuestra	los vuestros las vuestras
3rd person	el suyo la suya	los suyos las suyas

Interrogatives

qué	*what*
cómo	*how*
dónde	*where*
cuándo	*when*
cuánto, -a, -os, -as	*how much, how many*
cuál/cuáles	*which (one)*
quién/quiénes	*who, whom*
por qué	*why*
para qué	*why, what for*

Demonstrative adjectives

Singular		Plural	
Masculine	**Feminine**	**Masculine**	**Feminine**
este	esta	estos	estas
ese	esa	esos	esas
aquel	aquella	aquellos	aquellas

Possessive adjectives: short form

Singular	Singular nouns	Plural nouns
1st person	mi hermano mi hermana	mis hermanos mis hermanas
2nd person	tu hermano tu hermana	tus hermanos tus hermanas
3rd person	su hermano su hermana	sus hermanos sus hermanas
Plural	**Singular nouns**	**Plural nouns**
1st person	nuestro hermano nuestra hermana	nuestros hermanos nuestras hermanas
2nd person	vuestro hermano vuestra hermana	vuestros hermanos vuestras hermanas
3rd person	su hermano su hermana	sus hermanos sus hermanas

Possessive adjectives: long form

Singular	Singular nouns	Plural nouns
1st person	un amigo mío una amiga mía	unos amigos míos unas amigas mías
2nd person	un amigo tuyo una amiga tuya	unos amigos tuyos unas amigas tuyas
3rd person	un amigo suyo una amiga suya	unos amigos suyos unos amigas suyas
Plural	**Singular nouns**	**Plural nouns**
1st person	un amigo nuestro una amiga nuestra	unos amigos nuestros unas amigas nuestras
2nd person	un amigo vuestro una amiga vuestra	unos amigos vuestros unas amigas vuestras
3rd person	un amigo suyo una amiga suya	unos amigos suyos unas amigas suyas

Appendix B
Verbs

Present tense (indicative)

Regular present tense		
hablar *(to speak)*	hablo hablas habla	hablamos habláis hablan
comer *(to eat)*	como comes come	comemos coméis comen
escribir *(to write)*	escribo escribes escribe	escribimos escribís escriben

Present tense of reflexive verbs (indicative)

lavarse *(to wash oneself)*	me lavo te lavas se lava	nos lavamos os laváis se lavan

Present tense of stem-changing verbs (indicative)

Stem-changing verbs are identified in this book by the presence of vowels in parentheses after the infinitive. If these verbs end in *-ar* or *-er,* they have only one change. If they end in *-ir,* they have two changes. The stem change of *-ar* and *-er* verbs and the first stem change of *-ir* verbs occur in all forms of the present tense, except *nosotros* and *vosotros.*

cerrar *(ie)* *(to close)*	e → ie	cierro cierras cierra	cerramos cerráis cierran

Verbs like **cerrar:** apretar *(to tighten),* atravesar *(to cross),* calentar *(to heat),* comenzar *(to begin),* despertar *(to wake up),* despertarse *(to awaken),* empezar *(to begin),* encerrar *(to lock up),* negar *(to deny),* nevar *(to snow),* pensar *(to think),* quebrar *(to break),* recomendar *(to recommend),* regar *(to water),* sentarse *(to sit down),* temblar *(to tremble),* tropezar *(to trip)*

contar *(ue)* *(to tell)*	o → ue	cuento cuentas cuenta	contamos contáis cuentan

Verbs like **contar:** acordar *(to agree),* acordarse *(to remember),* acostar *(to put to bed),* acostarse *(to lie down),* almorzar *(to have lunch),* colgar *(to hang),* costar *(to cost),* demostrar *(to demonstrate),* encontrar *(to find, to meet someone),* mostrar *(to show),* probar *(to taste, to try),* recordar *(to remember),* rogar *(to beg),* soltar *(to loosen),* sonar *(to ring, to sound),* soñar *(to dream),* volar *(to fly),* volcar *(to spill, to turn upside down)*

jugar *(ue)* *(to play)*	u → ue	juego juegas juega	jugamos jugáis juegan

perder *(ie)* *(to lose)*	e → ie	pierdo pierdes pierde	perdemos perdéis pierden

Verbs like **perder**: defender *(to defend)*, descender *(to descend, to go down)*, encender *(to light, to turn on)*, entender *(to understand)*, extender *(to extend)*, tender *(to spread out)*

volver *(ue)* *(to return)*	o → ue	vuelvo vuelves vuelve	volvemos volvéis vuelven

Verbs like **volver**: devolver *(to return something)*, doler *(to hurt)*, llover *(to rain)*, morder *(to bite)*, mover *(to move)*, resolver *(to resolve)*, soler *(to be in the habit of)*, torcer *(to twist)*

pedir *(i, i)* *(to ask for)*	e → i	pido pides pide	pedimos pedís piden

Verbs like **pedir**: conseguir *(to obtain, to attain, to get)*, despedirse *(to say good-bye)*, elegir *(to choose, to elect)*, medir *(to measure)*, perseguir *(to pursue)*, repetir *(to repeat)*, seguir *(to follow, to continue)*, vestirse *(to get dressed)*

sentir *(ie, i)* *(to feel)*	e → ie	siento sientes siente	sentimos sentís sienten

Verbs like **sentir**: advertir *(to warn)*, arrepentirse *(to regret)*, convertir *(to convert)*, convertirse *(to become)*, divertirse *(to have fun)*, herir *(to wound)*, invertir *(to invest)*, mentir *(to lie)*, preferir *(to prefer)*, requerir *(to require)*, sugerir *(to suggest)*

dormir *(ue, u)* *(to sleep)*	o → ue	duermo duermes duerme	dormimos dormís duermen

Another verb like **dormir**: morir *(to die)*

Present participle of regular verbs

The present participle of regular verbs is formed by replacing the *-ar* of the infinitive with *-ando* and the *-er* or *-ir* with *-iendo*.

Present participle of stem-changing verbs

Stem-changing verbs that end in *-ir* use the second stem change in the present participle.

dormir *(ue, u)*	durmiendo
seguir *(i, i)*	siguiendo
sentir *(ie, i)*	sintiendo

Progressive tenses

The present participle is used with the verbs *estar, continuar, seguir, andar* and some other motion verbs to produce the progressive tenses. They are reserved for recounting actions that are or were in progress at the time in question.

Regular command forms

	Affirmative		Negative
-ar verbs	habla	(tú)	no hables
	hablad	(vosotros)	no habléis
	hable Ud.	(Ud.)	no hable Ud.
	hablen Uds.	(Uds.)	no hablen Uds.
	hablemos	(nosotros)	no hablemos
-er verbs	come	(tú)	no comas
	comed	(vosotros)	no comáis
	coma Ud.	(Ud.)	no coma Ud.
	coman Uds.	(Uds.)	no coman Uds.
	comamos	(nosotros)	no comamos
-ir verbs	escribe	(tú)	no escribas
	escribid	(vosotros)	no escribáis
	escriba Ud.	(Ud.)	no escriba Ud.
	escriban Uds.	(Uds.)	no escriban Uds.
	escribamos	(nosotros)	no escribamos

Commands of stem-changing verbs (indicative)

The stem change also occurs in *tú, Ud.* and *Uds.* commands, and the second change of *-ir* stem-changing verbs occurs in the *nosotros* command and in the negative *vosotros* command, as well.

cerrar **(to close)**	cierra	(tú)	no cierres
	cerrad	(vosotros)	no cerréis
	cierre Ud	(Ud.)	no cierre Ud.
	cierren Uds.	(Uds.)	no cierren Uds.
	cerremos	(nosotros)	no cerremos
volver **(to return)**	vuelve	(tú)	no vuelvas
	volved	(vosotros)	no volváis
	vuelva Ud.	(Ud.)	no vuelva Ud.
	vuelvan Uds.	(Uds.)	no vuelvan Uds.
	volvamos	(nosotros)	no volvamos
dormir **(to sleep)**	duerme	(tú)	no duermas
	dormid	(vosotros)	no durmáis
	duerma Ud.	(Ud.)	no duerma Ud.
	duerman Uds.	(Uds.)	no duerman Uds.
	durmamos	(nosotros)	no durmamos

Preterite tense (indicative)

hablar *(to speak)*	hablé	hablamos
	hablaste	hablasteis
	habló	hablaron
comer *(to eat)*	comí	comimos
	comiste	comisteis
	comió	comieron
escribir *(to write)*	escribí	escribimos
	escribiste	escribisteis
	escribió	escribieron

Preterite tense of stem-changing verbs (indicative)

Stem-changing verbs that end in *-ar* and *-er* are regular in the preterite tense. That is, they do not require a spelling change, and they use the regular preterite endings.

pensar *(ie)*	
pensé	pensamos
pensaste	pensasteis
pensó	pensaron

volver *(ue)*	
volví	volvimos
volviste	volvisteis
volvió	volvieron

Stem-changing verbs ending in *-ir* change their third-person forms in the preterite tense, but they still require the regular preterite endings.

sentir *(ie, i)*	
sentí	sentimos
sentiste	sentisteis
sintió	sintieron

dormirse *(ue, u)*	
me dormí	nos dormimos
te dormiste	os dormisteis
se durmió	se durmieron

Imperfect tense (indicative)

hablar *(to speak)*	hablaba	hablábamos
	hablabas	hablabais
	hablaba	hablaban
comer *(to eat)*	comía	comíamos
	comías	comíais
	comía	comían
escribir *(to write)*	escribía	escribíamos
	escribías	escribíais
	escribía	escribían

Future tense (indicative)

hablar *(to speak)*	hablaré hablarás hablará	hablaremos hablaréis hablarán
comer *(to eat)*	comeré comerás comerá	comeremos comeréis comerán
escribir *(to write)*	escribiré escribirás escribirá	escribiremos escribiréis escribirán

Conditional tense (indicative)

hablar *(to speak)*	hablaría hablarías hablaría	hablaríamos hablaríais hablarían
comer *(to eat)*	comería comerías comería	comeríamos comeríais comerían
escribir *(to write)*	escribiría escribirías escribiría	escribiríamos escribirías escribirían

Past participle

The past participle is formed by replacing the *-ar* of the infinitive with *-ado* and the *-er* or *-ir* with *-ido*.

hablar	hablado
comer	comido
vivir	vivido

Irregular past participles

abrir	abierto
cubrir	cubierto
decir	dicho
escribir	escrito
hacer	hecho
morir	muerto
poner	puesto
romper	roto
volver	vuelto
ver	visto

Present perfect tense (indicative)

The present perfect tense is formed by combining the present tense of *haber* and the past participle of a verb.

hablar *(to speak)*	he hablado has hablado ha hablado	hemos hablado habéis hablado han hablado
comer *(to eat)*	he comido has comido ha comido	hemos comido habéis comido han comido
vivir *(to live)*	he vivido has vivido ha vivido	hemos vivido habéis vivido han vivido

Pluperfect tense (indicative)

hablar *(to speak)*	había hablado habías hablado había hablado	habíamos hablado habíais hablado habían hablado

Preterite perfect tense (indicative)

hablar *(to speak)*	hube hablado hubiste hablado hubo hablado	hubimos hablado hubisteis hablado hubieron hablado

Future perfect tense (indicative)

hablar *(to speak)*	habré hablado habrás hablado habrá hablado	habremos hablado habréis hablado habrán hablado

Conditional perfect tense (indicative)

hablar *(to speak)*	habría hablado habrías hablado habría hablado	habríamos hablado habríais hablado habrían hablado

Present tense (subjunctive)

hablar *(to speak)*	hable hables hable	hablemos habléis hablen
comer *(to eat)*	coma comas coma	comamos comáis coman
escribir *(to write)*	escriba escribas escriba	escribamos escribáis escriban

Imperfect tense (subjunctive)

hablar *(to speak)*	hablara (hablase) hablaras (hablases) hablara (hablase)	habláramos (hablásemos) hablarais (hablaseis) hablaran (hablasen)
comer *(to eat)*	comiera (comiese) comieras (comieses) comiera (comiese)	comiéramos (comiésemos) comierais (comieseis) comieran (comiesen)
escribir *(to write)*	escribiera (escribiese) escribieras (escribieses) escribiera (escribiese)	escribiéramos (escribiésemos) escribierais (escribieseis) escribieran (escribiesen)

Present perfect tense (subjunctive)

hablar *(to speak)*	haya hablado hayas hablado haya hablado	hayamos hablado hayáis hablado hayan hablado

Pluperfect tense (subjunctive)

hablar *(to speak)*	hubiera (hubiese) hablado hubieras (hubieses) hablado hubiera (hubiese) hablado	hubiéramos (hubiésemos)) hablado hubieramos (hubieseis) hablado hubieran (hubiesen) hablado

Verbs with irregularities

The following charts provide some frequently used Spanish verbs with irregularities.

abrir *(to open)*	
past participle	abierto
Similar to:	cubrir *(to cover)*

andar *(to walk, to ride)*	
preterite	anduve, anduviste, anduvo, anduvimos, anduvisteis, anduvieron

buscar *(to look for)*	
preterite	busqué, buscaste, buscó, buscamos, buscasteis, buscaron
present subjunctive	busque, busques, busque, busquemos, busquéis, busquen
Similar to:	acercarse *(to get close, to approach)*, arrancar *(to start a motor)*, colocar *(to place)*, criticar *(to criticize)*, chocar *(to crash)*, equivocarse *(to make a mistake)*, explicar *(to explain)*, marcar *(to score a point)*, pescar *(to fish)*, platicar *(to chat)*, practicar *(to practice)*, sacar *(to take out)*, tocar *(to touch, to play an instrument)*

caber *(to fit into, to have room for)*

present	quepo, cabes, cabe, cabemos, cabéis, caben
preterite	cupe, cupiste, cupo, cupimos, cupisteis, cupieron
future	cabré, cabrás, cabrá, cabremos, cabréis, cabrán
present subjunctive	quepa, quepas, quepa, quepamos, quepáis, quepan

caer *(to fall)*

present	caigo, caes, cae, caemos, caéis, caen
preterite	caí, caíste, cayó, caímos, caísteis, cayeron
present participle	cayendo
present subjunctive	caiga, caigas, caiga, caigamos, caigáis, caigan
past participle	caído

conducir *(to drive, to conduct)*

present	conduzco, conduces, conduce, conducimos, conducís, conducen
preterite	conduje, condujiste, condujo, condujimos, condujisteis, condujeron
present subjunctive	conduzca, conduzcas, conduzca, conduzcamos, conduzcáis, conduzcan
Similar to:	traducir *(to translate)*

conocer *(to know)*

present	conozco, conoces, conoce, conocemos, conocéis, conocen
present subjunctive	conozca, conozcas, conozca, conozcamos, conozcáis, conozcan
Similar to:	complacer *(to please),* crecer *(to grow, to increase),* desaparecer *(to disappear),* nacer *(to be born),* ofrecer *(to offer)*

construir *(to build)*

present	construyo, construyes, construye, construimos, construís, construyen
preterite	construí, construiste, construyó, construimos, construisteis, construyeron
present participle	construyendo
present subjunctive	construya, construyas, construya, construyamos, construyáis, construyan

continuar *(to continue)*

present	continúo, continúas, continúa, continuamos, continuáis, continúan

convencer *(to convince)*

present	convenzo, convences, convence, convencemos, convencéis, convencen
present subjunctive	convenza, convenzas, convenza, convenzamos, convenzáis, convenzan
Similar to:	vencer *(to win, to expire)*

cubrir *(to cover)*

past participle	cubierto
Similar to:	abrir *(to open)*, descubrir *(to discover)*

dar *(to give)*

present	doy, das, da, damos, dais, dan
preterite	di, diste, dio, dimos, disteis, dieron
present subjunctive	dé, des, dé, demos, deis, den

decir *(to say, to tell)*

present	digo, dices, dice, decimos, decís, dicen
preterite	dije, dijiste, dijo, dijimos, dijisteis, dijeron
present participle	diciendo
command	di (tú)
future	diré, dirás, dirá, diremos, diréis, dirán
present subjunctive	diga, digas, diga, digamos, digáis, digan
past participle	dicho

dirigir *(to direct)*

present	dirijo, diriges, dirige, dirigimos, dirigís, dirigen
present subjunctive	dirija, dirijas, dirija, dirijamos, dirijáis, dirijan

empezar *(to begin, to start)*

present	empiezo, empiezas, empieza, empezamos, empezáis, empiezan
present subjunctive	empiece, empieces, empiece, empecemos, empecéis, empiecen
Similar to:	almorzar *(to eat lunch)*, aterrizar *(to land)*, comenzar *(to begin)*, gozar *(to enjoy)*, realizar *(to attain, to bring about)*

enviar *(to send)*

present	envío, envías, envía, enviamos, enviáis, envían
present subjunctive	envíe, envíes, envíe, enviemos, enviéis, envíen
Similar to:	esquiar *(to ski)*

escribir *(to write)*

past participle	escrito
Similar to:	describir *(to describe)*

escoger *(to choose)*

present	escojo, escoges, escoge, escogemos, escogéis, escogen
Similar to:	coger *(to pick),* recoger *(to pick up)*

estar *(to be)*

present	estoy, estás, está, estamos, estáis, están
preterite	estuve, estuviste, estuvo, estuvimos, estuvisteis, estuvieron
present subjunctive	esté, estés, esté, estemos, estéis, estén

haber *(to have)*

present	he, has, ha, hemos, habéis, han
preterite	hube, hubiste, hubo, hubimos, hubisteis, hubieron
future	habré, habrás, habrá, habremos, habréis, habrán
present subjunctive	haya, hayas, haya, hayamos, hayáis, hayan

hacer *(to do, to make)*

present	hago, haces, hace, hacemos, hacéis, hacen
preterite	hice, hiciste, hizo, hicimos, hicisteis, hicieron
command	haz (tú)
future	haré, harás, hará, haremos, haréis, harán
present subjunctive	haga, hagas, haga, hagamos, hagáis, hagan
past participle	hecho
Similar to:	deshacer *(to undo)*

ir *(to go)*

present	voy, vas, va, vamos, vais, van
preterite	fui, fuiste, fue, fuimos, fuisteis, fueron
imperfect	iba, ibas, iba, íbamos, ibais, iban
present participle	yendo
command	ve (tú)
present subjunctive	vaya, vayas, vaya, vayamos, vayáis, vayan

leer *(to read)*

preterite	leí, leíste, leyó, leímos, leísteis, leyeron
present participle	leyendo
past participle	leído
Similar to:	creer *(to believe)*

llegar *(to arrive)*

preterite	llegué, llegaste, llegó, llegamos, llegasteis, llegaron
present subjunctive	llegue, llegues, llegue, lleguemos, lleguéis, lleguen
Similar to:	agregar *(to add),* apagar *(to turn off),* colgar *(to hang up),* despegar *(to take off),* entregar *(to hand in),* jugar *(to play),* pagar *(to pay for)*

morir *(to die)*

past participle	muerto

oír *(to hear, to listen)*

present	oigo, oyes, oye, oímos, oís, oyen
preterite	oí, oíste, oyó, oímos, oísteis, oyeron
present participle	oyendo
present subjunctive	oiga, oigas, oiga, oigamos, oigáis, oigan
past participle	oído

poder *(to be able)*

present	puedo, puedes, puede, podemos, podéis, pueden
preterite	pude, pudiste, pudo, pudimos, pudisteis, pudieron
present participle	pudiendo
future	podré, podrás, podrá, podremos, podréis, podrán
present subjunctive	pueda, puedas, pueda, podamos, podáis, puedan

poner *(to put, to place, to set)*

present	pongo, pones, pone, ponemos, ponéis, ponen
preterite	puse, pusiste, puso, pusimos, pusisteis, pusieron
command	pon (tú)
future	pondré, pondrás, pondrá, pondremos, pondréis, pondrán
present subjunctive	ponga, pongas, ponga, pongamos, pongáis, pongan
past participle	puesto

proteger *(to protect)*

present	protejo, proteges, protege, protegemos, protegéis, protegen
present subjunctive	proteja, protejas, proteja, protejamos, protejáis, protejan

querer *(to wish, to want, to love)*

present	quiero, quieres, quiere, queremos, queréis, quieren
preterite	quise, quisiste, quiso, quisimos, quisisteis, quisieron
future	querré, querrás, querrá, querremos, querréis, querrán
present subjunctive	quiera, quieras, quiera, querramos, querráis, quieran

reír *(to laugh)*

present	río, ríes, ríe, reímos, reís, ríen
preterite	reí, reíste, rió, reímos, reísteis, rieron
present participle	riendo
present subjunctive	ría, rías, ría, ríamos, riáis, rían
Similar to:	freír *(to fry),* sonreír *(to smile)*

romper *(to break)*

past participle	roto

saber *(to know, to know how)*

present	sé, sabes, sabe, sabemos, sabéis, saben
preterite	supe, supiste, supo, supimos, supisteis, supieron
future	sabré, sabrás, sabrá, sabremos, sabréis, sabrán
present subjunctive	sepa, sepas, sepa, sepamos, sepáis, sepan

salir *(to leave)*

present	salgo, sales, sale, salimos, salís, salen
command	sal (tú)
future	saldré, saldrás, saldrá, saldremos, saldréis, saldrán
present subjunctive	salga, salgas, salga, salgamos, salgáis, salgan

seguir *(to follow, to continue)*

present	sigo, sigues, sigue, seguimos, seguís, siguen
present participle	siguiendo
present subjunctive	siga, sigas, siga, sigamos, sigáis, sigan
Similar to:	conseguir *(to obtain, to attain, to get)*

ser *(to be)*

present	soy, eres, es, somos, sois, son
preterite	fui, fuiste, fue, fuimos, fuisteis, fueron
imperfect	era, eras, era, éramos, erais, eran
command	sé (tú)
present subjunctive	sea, seas, sea, seamos, seáis, sean

tener *(to have)*

present	tengo, tienes, tiene, tenemos, tenéis, tienen
preterite	tuve, tuviste, tuvo, tuvimos, tuvisteis, tuvieron
command	ten (tú)
future	tendré, tendrás, tendrá, tendremos, tendréis, tendrán
present subjunctive	tenga, tengas, tenga, tengamos, tengáis, tengan
Similar to:	contener *(to contain)*, detener *(to stop)*, mantener *(to maintain)*, obtener *(to obtain)*

torcer *(to twist)*

present	tuerzo, tuerces, tuerce, torcemos, torcéis, tuercen
present subjunctive	tuerza, tuerzas, tuerza, torzamos, torzáis, tuerzan

traer *(to bring)*

present	traigo, traes, trae, traemos, traéis, traen
preterite	traje, trajiste, trajo, trajimos, trajisteis, trajeron
present participle	trayendo
present subjunctive	traiga, traigas, traiga, traigamos, traigáis, traigan
past participle	traído
Similar to:	atraer *(to attract)*

valer *(to be worth)*

present	valgo, vales, vale, valemos, valéis, valen
preterite	valí, valiste, valió, valimos, valisteis, valieron
future	valdré, valdrás, valdrá, valdremos, valdréis, valdrán
present subjunctive	valga, valgas, valga, valgamos, valgáis, valgan

venir *(to come)*	
present	vengo, vienes, viene, venimos, venís, vienen
preterite	vine, viniste, vino, vinimos, vinisteis, vinieron
present participle	viniendo
command	ven (tú)
future	vendré, vendrás, vendrá, vendremos, vendréis, vendrán
present subjunctive	venga, vengas, venga, vengamos, vengáis, vengan
Similar to:	convenir *(to suit, to agree)*

ver *(to see)*	
present	veo, ves, ve, vemos, veis, ven
preterite	vi, viste, vio, vimos, visteis, vieron
imperfect	veía, veías, veía, veíamos, veíais, veían
present subjunctive	vea, veas, vea, veamos, veáis, vean
past participle	visto

volver *(to return)*	
past participle	vuelto
Similar to:	resolver *(to solve)*

Appendix C

Numbers

Ordinal numbers

1—primero,-a (primer)	6—sexto,-a
2—segundo,-a	7—séptimo,-a
3—tercero,-a (tercer)	8—octavo,-a
4—cuarto,-a	9—noveno,-a
5—quinto,-a	10—décimo,-a

Cardinal numbers 0-1.000

0—cero	13—trece	26—veintiséis	90—noventa
1—uno	14—catorce	27—veintisiete	100—cien/ciento
2—dos	15—quince	28—veintiocho	200—doscientos,-as
3—tres	16—dieciséis	29—veintinueve	300—trescientos,-as
4—cuatro	17—diecisiete	30—treinta	400—cuatrocientos,-as
5—cinco	18—dieciocho	31—treinta y uno	500—quinientos,-as
6—seis	19—diecinueve	32—treinta y dos	600—seiscientos,-as
7—siete	20—veinte	33—treinta y tres, etc.	700—setecientos,-as
8—ocho	21—veintiuno	40—cuarenta	800—ochocientos,-as
9—nueve	22—veintidós	50—cincuenta	900—novecientos,-as
10—diez	23—veintitrés	60—sesenta	1.000—mil
11—once	24—veinticuatro	70—setenta	
12—doce	25—veinticinco	80—ochenta	

Appendix D
Syllabification

Spanish vowels may be weak or strong. The vowels *a, e* and *o* are strong, whereas *i* (and sometimes *y*) and *u* are weak. The combination of one weak and one strong vowel or of two weak vowels produces a diphthong, two vowels pronounced as one.

A word in Spanish has as many syllables as it has vowels or diphthongs.

  al gu nas   lue go   pa la bra

A single consonant (including *rr*) between two vowels accompanies the second vowel and begins a syllable.

  a mi ga   fa vo ri to   ca rro

Two consonants (except for the letter combinations *ch* and *ll*) are divided, the first going with the previous vowel and the second going with the following vowel.

  an tes   quin ce   ter mi nar

A consonant plus *l* or *r* is inseparable except for *rl, sl* and *sr.*

  ma dre   pa la bra   com ple tar   Car los   is la

If three consonants occur together, the last, or any inseparable combination, accompanies the following vowel to begin another syllable.

  es cri bir   som bre ro   trans por te

Prefixes should remain intact.

  re es cri bir

Appendix E
Accentuation

Words that end in *a, e, i, o, u, n* or *s* are pronounced with the major stress on the next-to-the-last syllable. No accent mark is needed to show this emphasis.

  octubre   refresco   señora

Words that end in any consonant except *n* or *s* are pronounced with the major stress on the last syllable. No accent mark is needed to show this emphasis.

  escribir   papel   reloj

Words that are not pronounced according to the above two rules need a written accent mark.

  lógico   canción   después   lápiz

An accent mark may be necessary to distinguish identical words with different meanings.

  dé/de   qué/que   sí/si   sólo/solo

An accent mark is often used to divide a diphthong into two separate syllables.

  día   frío   Raúl

Vocabulary Spanish/English

This section provides a summary of the vocabulary for *Somos así EN SUS MARCAS* and *Somos así LISTOS*. The number following an entry indicates the lesson in which an item is first actively used in *Somos así LISTOS*. The vocabulary from *Somos así EN SUS MARCAS* and additional words and expressions are included for reference and have no number. Obvious cognates and expressions that occur as passive vocabulary for recognition only have been excluded from this end vocabulary.

Abbreviations:

d.o. direct object *i.o.* indirect object *pl.* plural
f. feminine *m.* masculine *s.* singular

A

a to, at, in; *a caballo* on horseback; *a causa de* because of, due to; *a crédito* on credit; *a cuadros* plaid, checkered *10*; *a favor (de)* in favor (of) *14*; *a fin de que* so that; *a la derecha* to the right *5*; *a la izquierda* to the left *5*; *a la(s)...* at... o'clock; *a lo mejor* maybe *15*; *a pie* on foot; *a propósito* by the way *18*; *¿a qué hora?* at what time?; *a rayas* striped *10*; *a tiempo* on time *12*; *a veces* sometimes, at times; *a ver* let's see, hello (telephone greeting)
abajo downstairs, down *11*
abierto,-a open; *vocales abiertas* open vowels
el **abogado, la abogada** lawyer *17*
abordar to board *16*
abran: see *abrir*
el **abrazo** hug
abre: see *abrir*
la **abreviatura** abbreviation
el **abrigo** coat
abril April
abrir to open; *abran (Uds.* command) open; *abre (tú* command) open *4*
abrochar(se) to fasten *16*
la **abuela** grandmother
el **abuelo** grandfather
aburrido,-a bored, boring
aburrir to bore *13*
acabar to finish, to complete, to terminate; *acabar de (+ infinitive)* to have just

el **accidente** accident *13*
el **aceite** oil
la **aceituna** olive
el **acento** accent
la **acentuación** accentuation
aceptado,-a accepted *17*
la **acera** sidewalk *6*
acerca de about *14*
aclarar to make clear, to explain
aconsejar to advise, to suggest *10*
el **acontecimiento** event, happening *13*
acordar(se) (de) (ue) to remember *9*
acostar (ue) to put (someone) in bed *3*; *acostarse* to go to bed, to lie down *3*
acostumbrar(se) to get used to *4*
el **acróbata, la acróbata** acrobat *8*
la **actitud** attitude *18*
la **actividad** activity *13*
el **actor** actor (male) *13*
la **actriz** actor (female), actress *13*
acuático,-a aquatic, pertaining to water *17*
el **acuerdo** accord; *de acuerdo* agreed, okay; *estar de acuerdo* to agree *13*
adelante ahead, farther on *5*
además besides, furthermore *10*
adentro inside *11*
el **aderezo** seasoning, flavoring, dressing *10*
adiós good-bye
adivinar to guess
el **adjetivo** adjective; *adjetivo posesivo* possessive adjective
adonde where *15*

¿adónde? (to) where?
adornar to decorate
la **aduana** customs *16*
el **adverbio** adverb
aéreo,-a air, pertaining to air *15*
los **aeróbicos** aerobics; *hacer aeróbicos* to do aerobics
la **aerolínea** airline *16*
el **aeropuerto** airport *5*
afeitar(se) to shave *3*; *crema de afeitar* shaving cream *3*
el **aficionado, la aficionada** fan *14*
el **África** Africa *7*
africano,-a African *7*
afuera outside *11*
la **agencia** agency; *agencia de viajes* travel agency *15*
el **agente, la agente** agent *15*
agosto August
agradable nice, pleasing, agreeable *10*
agradar to please *10*
agregar to add *10*
el **agricultor, la agricultora** farmer *17*
el **agua** *(f.)* water; *agua mineral* mineral water
el **aguacate** avocado
ahora now; *ahora mismo* right now
ahorrar to save
el **aire** air *11*; *aire acondicionado* air conditioning *11*; *al aire libre* outdoors *11*
el **ajedrez** chess
el **ajo** garlic
al to the; *al aire libre* outdoors *11*; *al lado de* next to, beside
la **alarma** alarm *6*, alarm clock *11*; *alarma de incendios* fire alarm, smoke alarm *12*
el **álgebra** algebra

alegrar (de) to make happy 12; *alegrarse (de)* to be glad 12

alegre happy, merry, lively

alemán, alemana German 18

Alemania Germany 18

el **alfabeto** alphabet

la **alfombra** carpet, rug 11

el **álgebra** algebra

algo something, anything

el **algodón** cotton

alguien someone, anyone, somebody, anybody

algún, alguna some, any

alguno,-a some, any

allá over there

allí there

el **almacén** department store, grocery store 5; warehouse

la **almeja** clam 9

almorzar (ue) to have lunch, to eat lunch 3

el **almuerzo** lunch

aló hello (telephone greeting)

alojar(se) to lodge 16; *alojarse* to stay 16

alquilar to rent

alrededor de around 14

alterna (*tú* command) alternate

el **alto** stop 6

alto,-a tall, high

amable kind, nice

amarillo,-a yellow

ambiguo,-a ambiguous

la **América** America 7; *América Central* Central America 7; *América del Norte* North America 7; *América del Sur* South America 7

americano,-a American; *fútbol americano* football

el **amigo, la amiga** friend; *amigo/a por correspondencia* pen pal

la **amistad** friendship 17

el **amor** love

anaranjado,-a orange (color)

andar to walk, to go 9; to be 9

andino,-a Andean, of the Andes Mountains

el **anillo** ring

el **animal** animal 7

anoche last night 9

anochecer to get dark, to turn to dusk 10

anteayer the day before yesterday

anterior preceding

antes de before

antiguo,-a antique, ancient, old 7

el **anuncio** announcement, advertisement 13; *anuncio comercial* commercial announcement, commercial, advertisement 13

añade: see *añadir*

añadir to add; *añade* (*tú* command) add

el **año** year; *Año Nuevo* New Year's (Day); *¿Cuántos años tienes?* How old are you?; *cumplir años* to have a birthday; *tener (+ number) años* to be (+ number) years old

apagar to turn off

el **aparato** appliance, apparatus 12

el **apartamento** apartment 5

el **apellido** last name, surname 16

el **apodo** nickname

aprender to learn

apropiado,-a appropriate

apunta: see *apuntar*

apuntar to point; *apunta* (*tú* command) point (at); *apunten* (*Uds.* command) point (at)

apunten: see *apuntar*

apurado,-a in a hurry

apurar(se) to hurry up 10

aquel, aquella that (far away)

aquél, aquélla that (one) 3

aquello that 3

aquellos, aquellas those (far away)

aquéllos, aquéllas those (ones) 11

aquí here; *Aquí se habla español.* Spanish is spoken here.

árabe Arab

Arabia Saudita Saudi Arabia 18

el **árbitro, la árbitro** referee, umpire 14

el **árbol** tree 8; *árbol genealógico* family tree

la **arena** sand

el **arete** earring

la **Argentina** Argentina

argentino,-a Argentinean 7

el **armario** closet, wardrobe 11; cupboard

el **arte** art

el **artículo** article 14

el **artista, la artista** artist 17

arreglar to arrange, to straighten, to fix

arriba upstairs, up, above 11

la **arroba** at (the symbol @ used for e-mail addresses) 1

el **arroz** rice

el **ascensor** elevator

así thus, that way 3

el **Asia** Asia 18

asiático,-a Asian 18

la **asignatura** subject 1

asistir a to attend 17

la **aspiración** aspiration, hope 17

la **aspiradora** vacuum; *pasar la aspiradora* to vacuum

atentamente respectfully, yours truly 17

aterrizar to land 16

el **ático** attic 11

el **Atlántico** Atlantic Ocean

la **atracción** attraction 7; (amusement) ride 7; *parque de atracciones* amusement park

atravesado,-a crossed

el **aumento** increase

aun even

aunque although 12

Australia Australia 18

australiano,-a Australian 18

el **autobús** bus; *estación de autobuses* bus station 11

el **autógrafo** autograph 13

automático,-a automatic; *escalera automática* escalator

el **auxiliar de vuelo, la auxiliar de vuelo** flight attendant 16

el **ave** fowl, bird 9

la **avenida** avenue

el **avión** airplane

el **aviso** printed advertisement 14

¡ay! oh!

ayer yesterday

la **ayuda** help

ayudar to help

el **azafrán** saffron

la **azotea** flat roof 11

los **aztecas** Aztecs

el **azúcar** sugar

la **azucarera** sugar bowl 10

azul blue

B

bailar to dance

el **baile** dance, dancing 17

bajar (un programa) to download (a software program) 1

bajo under

bajo,-a short (not tall), low; *planta baja* ground floor; *zapato bajo* low-heel shoe

balanceado,-a balanced

el **baloncesto** basketball

el **banco** bank

la **banda** band 8

bañar(se) to bathe 3

el **baño** bathroom; *baño de los caballeros* men's restroom; *cuarto de baño* bathroom; *traje de baño* swimsuit

barato,-a cheap

el **barco** boat, ship

barrer to sweep

el **barril** barrel

el **barrio** neighborhood 6

basado,-a based

el **básquetbol** basketball

el **basquetbolista, la basquetbolista** basketball player

bastante rather, fairly, sufficiently; enough, sufficient

la **basura** garbage

el **baúl** trunk 6

la **bebida** drink

el **béisbol** baseball

las **bermudas** bermuda shorts 2

el **beso** kiss 11

la **biblioteca** library

el **bibliotecario, la bibliotecaria** librarian 17

la **bicicleta** bicycle, bike

bien well; *quedarle bien a uno* to fit, to be becoming

la **bienvenida** welcome 16

bienvenido,-a welcome 7

la **billetera** wallet

la **biología** biology

la **bisabuela** great-grandmother 11

el **bisabuelo** great-grandfather 11

blanco,-a white

la **blusa** blouse

la **boca** mouth 4

la **boda** wedding

el **boleto** ticket 8

el **bolígrafo** pen

Bolivia Bolivia

boliviano,-a Bolivian 7

el **bolso** handbag, purse

el **bombero, la bombera** fire fighter 17

la **bombilla** light bulb 11

bonito,-a pretty, good-looking, attractive

borra: see *borrar*

el **borrador** eraser

borrar to erase; *borra (tú* command) erase; *borren (Uds.* command) erase

borren: see *borrar*

el **bosque** forest 8

bostezar to yawn 13

la **bota** boot

el **bote** boat 2

el **botones** bellhop 16

el **Brasil** Brazil 18

brasileño,-a Brazilian 18

el **brazo** arm

la **broma** joke 11

broncear(se) to tan 4

el **buceo** scuba diving 17

buen good (form of *bueno* before a *m., s.* noun); *hace buen tiempo* the weather is nice

bueno well, okay (pause in speech); hello (telephone greeting)

bueno,-a good; *buena suerte* good luck; *buenas noches* good night; *buenas tardes* good afternoon; *buenos días* good morning

la **bufanda** scarf

el **burro** burro, donkey 8

buscar to look for

C

el **caballero** gentleman 5; *baño de los caballeros* men's restroom

el **caballo** horse; *a caballo* on horseback

caber to fit (into) 9

la **cabeza** head

cada each, every

la **cadena** chain

caer(se) to fall (down) 4

café brown (color)

el **café** coffee

la **cafetera** coffee pot, coffee maker 12

la **cafetería** cafeteria

la **caja** cashier's desk

el **cajero, la cajera** cashier 10

el **calcetín** sock

el **calendario** calendar

la **calidad** quality

caliente hot

la **calle** street

calmar(se) to calm down 3

el **calor** heat; *hace calor* it is hot; *tener calor* to be hot

calvo,-a bald

la **cama** bed

la **cámara** camera 7

el **camarero, la camarera** food server 5

el **camarón** shrimp 9

cambiar to change 12

el **cambio** change; *en cambio* on the other hand

el **camello** camel 7

caminar to walk

el **camino** road, path

el **camión** truck 9

la **camisa** shirt

la **camiseta** t-shirt 2; jersey, polo shirt, undershirt 14

el **campeonato** championship 14

el **camping** camping 2

el **Canadá** Canada 18

canadiense Canadian 18

el **canal** channel 13

la **canción** song

el **cangrejo** crab 9

canoso,-a white-haired

cansado,-a tired

el **cantante, la cantante** singer 13

cantar to sing

la **cantidad** quantity

la **capital** capital

el **capitán** captain

el **capítulo** chapter

el **capó** hood 6

la **cara** face 4

la **característica** characteristic, trait; *características de personalidad* personality traits; *características físicas* physical traits

¡caramba! wow!

cargar to charge 15

el **Caribe** Caribbean

cariñoso,-a affectionate

el **carnaval** carnival

la **carne** meat; *carne de res* beef 9

la **carnicería** meat market, butcher shop 5

caro,-a expensive

el **carpintero, la carpintera** carpenter 17

la **carta** letter; playing card

la **carrera** career 17

la **carretera** highway 5

el **carro** car; *en carro* by car

la **casa** home, house; *en casa* at home

el **casete** cassette

casi almost

la **catarata** waterfall

la **catástrofe** catastrophe 13

la **catedral** cathedral 5

catorce fourteen

la **cebolla** onion

la **cebra** zebra 7

la **celebración** celebration *13*
celebrar to celebrate
el **celular** cellular phone *1*
la **cena** dinner, supper *3*
cenar to have dinner, to have supper *3*
el **centavo** cent
el **centro** downtown, center; *centro comercial* shopping center, mall
centroamericano,-a Central American *18*
cepillar(se) to brush *3*
el **cepillo** brush *3*
la **cerca** fence *11*
cerca (de) near
el **cereal** cereal *9*
cero zero
cerrado,-a closed; *vocales cerradas* closed vowels
la **cerradura** lock *12*
cerrar (ie) to close; *cierra (tú* command) close; *cierren (Uds.* command) close
el **césped** lawn, grass *6*
el **cesto de papeles** wastebasket, wastepaper basket
el **champú** shampoo *3*
chao good-bye
la **chaqueta** jacket
charlando talking, chatting
el **cheque** check *15*
la **chica** girl
el **chico** boy, man, buddy
Chile Chile
chileno,-a Chilean *7*
la **chimenea** chimney, fireplace *11*
la **China** China *18*
chino,-a Chinese *18*
el **chisme** gossip *2*
el **chiste** joke *9*
chistoso,-a funny *7*
el **chocolate** chocolate
el **chofer, la chofer** chauffeur, driver *17*
el **chorizo** sausage (seasoned with red peppers)
el **cielo** sky *8*
cien one hundred
la **ciencia** science
ciento one hundred (when followed by another number)
cierra: see *cerrar*
cierren: see *cerrar*
el **cigarrillo** cigarette *4*
cinco five
cincuenta fifty
el **cine** movie theater
el **cinturón** belt; *cinturón de seguridad* seat belt, safety belt *6*

el **circo** circus *8*
la **ciruela** plum *9*
la **cita** appointment, date *4*
la **ciudad** city
la **civilización** civilization
claro,-a clear *12*
¡claro! of course!
la **clase** class *16*
clasificar to classify
el **claxon** horn *6*
el **clima** climate
el **club** club *12*
la **cocina** kitchen
cocinar to cook
el **cocinero, la cocinera** cook *10*
el **coche** car *6*; *en coche* by car
el **codo** elbow *4*
el **cognado** cognate
la **colección** collection *17*
el **colegio** school
colgar (ue) to hang
la **colina** hill
el **collar** necklace
colocar to put, to place *16*
Colombia Colombia
colombiano,-a Colombian *7*
la **colonia** colony
el **color** color
la **columna** column *14*
combinar to combine
la **comedia** comedy, play *13*
el **comedor** dining room
el **comentarista, la comentarista** commentator *14*
comenzar (ie) to begin, to start *12*
comer to eat; *dar de comer* to feed
comercial commercial *13*; *anuncio comercial* commercial announcement, commercial, advertisement *13*; *centro comercial* shopping center, mall
comerse to eat up, to eat completely *4*
cómico,-a comical, funny
la **comida** food; dinner *3*
como like, since; such as *7*
¿cómo? how?, what?; *¿Cómo? What (did you say)?; ¿Cómo está (Ud.)?* How are you (formal)?; *¿Cómo están (Uds.)?* How are you (pl.)?; *¿Cómo estás (tú)?* How are you (informal)?; *¡Cómo no!* Of course!; *¿Cómo se dice...?* How do you

say...?; *¿Cómo se escribe...?* How do you write (spell)...?; *¿Cómo se llama (Ud./él/ella)?* What is (your/his/her) name?; *¿Cómo te llamas?* What is your name?
cómodo,-a comfortable
el **compañero, la compañera** classmate, partner
la **compañía** company *15*
comparando comparing
el **compartimiento** compartment *16*
compartir to share
la **competencia** competition
complacer to please *12*
completa: see *completar*
completar to complete; *completa (tú* command) complete
completo,-a complete *15*
la **compra** purchase; *ir de compras* to go shopping
comprar to buy
comprender to understand; *comprendo* I understand
comprendo: see *comprender*
la **computadora** computer (machine)
la **comunicación** communication *1*
con with; *con (mucho) gusto* I would be (very) glad to; *con permiso* excuse me (with your permission), may I; *siempre salirse con la suya* to always get one's way *18*
el **concierto** concert
el **concurso** contest, competition *13*; *programa de concurso* game show
conducir to drive, to conduct, to direct *6*
conectado,-a connected *1*
el **conejo** rabbit *8*
la **conjunción** conjunction
conmigo with me
conocer to know, to be acquainted with, to be familiar with *6*; to meet
conocido,-a known, famous
conseguir (i, i) to obtain, to attain, to get *1*
el **consejo** advice *10*
el **consultorio** doctor's office
la **contaminación** contamination, pollution *1*; *contaminación

ambiental environmental pollution *1*

contar (ue) to tell (a story); *cuenta* (*tú* command) tell; *cuenten* (*Uds.* command) tell

contener to contain *1*

contento,-a happy, glad; *estar contento,-a (con)* to be satisfied (with)

contesta: see *contestar*

contestar to answer; *contesta* (*tú* command) answer; *contesten* (*Uds.* command) answer

contesten: see *contestar*

el **contexto** context

contigo with you (*tú*)

continúa: see *continuar*

continuar to continue; *continúa* (*tú* command) continue; *continúen* (*Uds.* command) continue

continúen: see *continuar*

la **contracción** contraction

el **control remoto** remote control

convenir to be fitting, to agree *12*

copiar to copy

el **corazón** heart *4*; honey (term of endearment)

la **corbata** tie

cortar to cut, to mow *11*

la **cortesía** courtesy

la **cortina** curtain *11*

corto,-a short (not long)

correcto,-a right, correct

el **corredor** corridor, hallway *11*

el **corredor, la corredora** runner

el **correo** mail; *correo electrónico* electronic mail *1*; *oficina de correos* post office *11*

correr to run

la **correspondencia** correspondence *17*

la **corrida** bullfight *15*

la **cosa** thing

la **costa** coast

Costa Rica Costa Rica

costar (ue) to cost

costarricense Costa Rican *7*

la **costilla** rib *9*

la **costura** sewing

crear to create

crecer to grow

el **crédito** credit; *a crédito* on credit; *tarjeta de crédito* credit card

creer to believe *2*

la **crema** cream *9*; *crema de afeitar* shaving cream *3*

el **crucero** cruise ship *2*

cruzar to cross

el **cuaderno** notebook

la **cuadra** city block *5*

el **cuadro** square *10*; picture, painting *11*; *a cuadros* plaid, checkered *10*

¿cuál? which?, what?, which one?; (*pl. ¿cuáles?*) which ones?

la **cualidad** quality

cualquier, cualquiera any *10*

cualquiera any at all *12*

cuando when

¿cuándo? when?

¿cuánto,-a? how much?; (*pl. ¿cuántos,-as?*) how many?; *¿Cuánto* (+ time expression) *hace que* (+ present tense of verb)...? How long...?; *¿Cuántos años tienes?* How old are you?

cuarenta forty

el **cuarto** quarter; room, bedroom; *cuarto de baño* bathroom; *cuarto de charla* chat room *1*; *menos cuarto* a quarter to, a quarter before; *servicio al cuarto* room service *16*; *y cuarto* a quarter after, a quarter past

cuarto,-a fourth

cuatro four

cuatrocientos,-as four hundred

Cuba Cuba

cubano,-a Cuban *7*

los **cubiertos** silverware

cubrir to cover *13*

la **cuchara** tablespoon

la **cucharita** teaspoon

el **cuchillo** knife

el **cuello** neck *4*

la **cuenta** bill, check *10*

cuenta: see *contar*

el **cuerno** horn *8*

el **cuero** leather

el **cuerpo** body

el **cuidado** care *11*; *tener cuidado* to be careful *11*

cuidar(se) to take care of *4*

culto,-a cultured, well-read *14*

la **cultura** culture, knowledge *14*

el **cumpleaños** birthday; *¡Feliz cumpleaños!* Happy birthday!

cumplir to become, to become (+ number) years old, to reach; *cumplir años* to have a birthday

la **curva** curve *6*

cuyo,-a of which, whose

D

la **dama** lady

las **damas** checkers; *baño de las damas* women's restroom

dar to give; *dar de comer* to feed; *dar un paseo* to take a walk; *dé* (*Ud.* command) give

de from, of; *de acuerdo* agreed, okay; *de cerca* close up, from a short distance *6*; *¿de dónde?* from where?; *¿De dónde eres?* Where are you from?; *¿De dónde es (Ud./él/ella)?* Where are you (formal) from?, Where is (he/she/it) from?; *de habla hispana* Spanish-speaking; *de ida y vuelta* round-trip *15*; *de la mañana* in the morning, A.M.; *de la noche* at night, P.M.; *de la tarde* in the afternoon, P.M.; *de nada* you are welcome, not at all; *de todos los días* everyday; *¿de veras?* really?; *¿Eres (tú) de...?* Are you from...?

dé: see *dar*

deber should, to have to, must, ought (expressing a moral duty)

decidir to decide *10*

décimo,-a tenth

decir to tell, to say; *¿Cómo se dice...?* How do you say...?; *di* (*tú* command) tell, say *4*; *díganme* (*Uds.* command) tell me; *dime* (*tú* command) tell me; *¡no me digas!* you don't say! *18*; *¿Qué quiere decir...?* What is the meaning (of)...?; *querer decir* to mean; *quiere decir* it means; *se dice* one says

el **dedo** finger, toe

el **defensor, la defensora** defender *14*

dejar (de) to leave; to stop, to quit *4*; to let, to allow *11*

del of the, from the

el **delantero, la delantera** forward *14*

delgado,-a thin
delicioso,-a delicious *10*
demasiado too (much)
demasiado,-a too many, too much *9*
la **democracia** democracy
la **demora** delay *6*
el **dentista, la dentista** dentist
el **departamento** department
el **dependiente, la dependiente** clerk *10*
el **deporte** sport
el **deportista, la deportista** athlete
deportivo,-a sporty *6*
la **derecha** right *5; a la derecha* to the right *5*
derecho straight ahead *5*
derecho,-a right *4*
desaparecido,-a missing
el **desastre** disaster
desayunar(se) to have breakfast *3*
el **desayuno** breakfast *3*
descansar to rest, to relax *4*
describe: see *describir*
describir to describe *9; describe (tú command)* describe
desde since, from; *desde luego* of course *3*
desear to wish
el **deseo** wish
el **desfile** parade *7*
el **desierto** desert
el **desodorante** deodorant *3*
la **despedida** farewell, good-bye *18*
despedir(se) (i, i) to say good-bye *4*
despegar to take off *16*
despertar(se) (ie) to wake up *3*
después afterwards, later, then; *después de* after
destacar(se) to stand out
desteñido,-a faded *10*
el **destino** destination *15; destiny, fate*
la **destreza** skill, expertise *8*
desvestir(se) to undress
detrás de behind, after *8*
di: see *decir*
el **día** day; *buenos días* good morning; *de todos los días* everyday; *todos los días* every day
el **diálogo** dialog
diario,-a daily
dibuja: see *dibujar*
dibujar to draw, to sketch; *dibuja (tú command)*

draw; *dibujen (Uds. command)* draw
dibujen: see *dibujar*
el **dibujo** drawing, sketch
diciembre December
el **dictado** dictation
la **dicha** happiness *15*
diecinueve nineteen
dieciocho eighteen
dieciséis sixteen
diecisiete seventeen
el **diente** tooth *4*
diez ten
la **diferencia** difference
diferente different *10*
difícil difficult, hard; *ser difícil que* to be unlikely that *12*
diga hello (telephone greeting)
dígame tell me, hello (telephone greeting)
díganme: see *decir*
dime: see *decir*
el **dinero** money
la **dirección** instruction, guidance *5;* address *6;* direction *6*
el **director, la directora** director
dirigir to direct
el **disco** record, disc; *disco compacto* compact disc, CD-ROM
discutir to argue, to discuss *12*
el **diskette** diskette
divertido,-a fun
divertir (ie, i) to amuse *4; divertirse* to have fun *4*
doblar to turn (a corner) *6*
doble double *16*
doce twelve
el **doctor, la doctora** doctor (abbreviation: *Dr., Dra.*) *4*
el **dólar** dollar
doler (ue) to hurt *4*
domingo Sunday; *el domingo* on Sunday
dominicano,-a Dominican *7*
don title of respect used before a man's first name
donde where
¿dónde? where?; *¿de dónde?* from where?; *¿De dónde eres?* Where are you from?; *¿Dónde está...?* Where are you (formal)...?, Where is...?
dondequiera wherever *17*
doña title of respect used before a woman's first name

dormir (ue, u) to sleep; *dormirse* to fall asleep *4*
dos two
doscientos,-as two hundred
Dr. abbreviation for *doctor*
Dra. abbreviation for *doctora*
la **ducha** shower *3*
duchar(se) to shower *3*
dudar to doubt *12*
dudoso,-a doubtful *12*
dulce sweet
el **dulce** candy *5*
la **dulcería** candy store *5*
durante during *8*
el **durazno** peach *9*

E

e and (used before a word beginning with *i* or *hi*)
la **ecología** ecology *1*
la **economía** economy *14*
económico,-a economic *14*
el **Ecuador** Ecuador
ecuatoriano,-a Ecuadorian *7*
la **edad** age
el **edificio** building *5*
el **editorial** editorial *14*
la **educación física** physical education
el **efectivo** cash; *en efectivo* in cash
egoísta selfish
el **ejemplo** example; *por ejemplo* for example
el **ejercicio** exercise *4*
el the *(m., s.)*
él he; him (after a preposition); *Él se llama....* His name is....
El Salvador El Salvador
eléctrico,-a electric
el **elefante** elephant *7*
elegante elegant *9*
ella she; her (after a preposition); *Ella se llama....* Her name is....
ello it, that (neuter form)
ellos,-as they; them (after a preposition)
el **e-mail** e-mail *1*
la **emigración** emigration *16*
la **emisora** radio station *14*
emocionado,-a excited *15*
emocionante exciting *8*
empatados: see *empate*
empatar to tie (the score of a game) *14*
el **empate** tie; *partidos empatados* games tied
empezar (ie) to begin, to start

el **empleado, la empleada** employee *17*

el **empleo** job *17*

la **empresa** business *17*

en in, on, at; *en (+ vehicle)* by (+ vehicle); *en cambio* on the other hand; *en carro* by car; *en casa* at home; *en coche* by car; *en cuanto* as soon as *12*; *en efectivo* in cash; *en medio de* in the middle of, in the center of *18*; *en resumen* in short; *en seguida* immediately *16*; *en vivo* live *14*

encantado,-a delighted, the pleasure is mine

encantar to enchant, to delight *12*

encargar (de) to make responsible (for), to put in charge (of) *11*; *encargarse (de)* to take care of, to take charge (of) *11*

encender (ie) to light, to turn on (a light)

la **enchilada** enchilada *5*

encima de above, over, on top of *8*

encontrar (ue) to find *1*

la **encuesta** survey, poll *14*

enero January

el **énfasis** emphasis

el **enfermero, la enfermera** nurse *4*

enfermo,-a sick

engordar to make fat *10*; *engordarse* to get fat *10*

la **ensalada** salad

enseñar to teach, to show

enterar(se) de to find out, to become aware, to learn about *14*

entonces then

entrar to go in, to come in

entre between, among

entregar to hand in *16*

la **entrevista** interview *14*

enviar to send

el **equipaje** luggage *16*; *equipaje de mano* carry-on luggage *16*

el **equipo** team

equivocar(se) to make a mistake *4*

eres: see *ser*

es: see *ser*

la **escala** stopover *16*

la **escalera** stairway, stairs; *escalera automática* escalator

escapar(se) to escape *8*

la **escena** scene

la **escoba** broom *11*

escoger to choose; *escogiendo* choosing

escogiendo: see *escoger*

escriban: see *escribir*

escribe: see *escribir*

escribir to write; *¿Cómo se escribe...?* How do you write (spell)...?; *escriban (Uds. command)* write; *escribe (tú command)* write; *se escribe* it is written

el **escritor, la escritora** writer *17*

el **escritorio** desk

escucha: see *escuchar*

escuchar to hear, to listen (to) *14*; *escucha (tú command)* listen; *escuchen (Uds. command)* listen

escuchen: see *escuchar*

la **escuela** school

ese, esa that

ése, ésa that (one) *3*

eso that (neuter form) *3*

esos, esas those

ésos, ésas those (ones) *3*

el **espacio** space

la **espalda** back *4*

España Spain

el **español** Spanish (language); *Aquí se habla español.* Spanish is spoken here.; *Se habla español.* Spanish is spoken.

español, española Spanish *7*

especial special

especializado,-a specialized

el **espectáculo** show

el **espectador, la espectadora** spectator *14*

el **espejo** mirror *3*

esperar to wait (for) *3*; to hope *12*

la **esposa** wife, spouse

el **esposo** husband, spouse

el **esquí** skiing *17*

el **esquiador, la esquiadora** skier

esquiar to ski

la **esquina** corner *5*

está: see *estar*

el **establo** stable *8*

la **estación** season; station *5*; *estación de autobuses* bus station *5*; *estación del*

metro subway station *5*; *estación del tren* train station *5*

el **estadio** stadium

el **Estado Libre Asociado** Commonwealth

los **Estados Unidos** United States of America

estadounidense something or someone from the United States *7*

están: see *estar*

estar to be; *¿Cómo está (Ud.)?* How are you (formal)?; *¿Cómo están (Uds.)?* How are you (pl.)?; *¿Cómo estás (tú)?* How are you (informal)?; *¿Dónde está...?* Where are you (formal)...?, Where is...?; *está* you (formal) are, he/she/it is; *está nublado,-a* it is cloudy; *está soleado,-a* it is sunny; *están* they are; *estar contento,-a (con)* to be satisfied (with); *estar de acuerdo* to agree *13*; *estar en oferta* to be on sale; *estar listo,-a* to be ready; *estás* you (informal) are; *estoy* I am

estás: see *estar*

este well, so (pause in speech)

el **este** east *6*

este, esta this; *esta noche* tonight

éste, ésta this (one) *3*

el **estéreo** stereo

estimado,-a dear *17*

esto this *3*

el **estómago** stomach *4*

estos, estas these

éstos, éstas these (ones) *3*

estoy: see *estar*

estrecho,-a narrow

la **estrella** star *8*

la **estructura** structure

estudia: see *estudiar*

el **estudiante, la estudiante** student

estudiar to study; *estudia (tú command)* study; *estudien (Uds. command)* study

estudien: see *estudiar*

el **estudio** study

la **estufa** stove

estupendo,-a wonderful, marvellous

Europa Europe *18*
europeo,-a European *18*
evidente evident *12*
exagerar to exaggerate *11*
el **examen** exam, test
excelente excellent
el **excusado** toilet *3*
la **exhibición** exhibition *6*
exigente demanding *6*
el **éxito** success *13; tener éxito* to be successful, to be a success *13*
la **experiencia** experience *17*
explica: see *explicar*
la **explicación** explanation, reason
explicar to explain*; explica (tú* command) explain
el **explorador, la exploradora** explorer
la **exportación** exportation
exportador, exportadora exporting
expresar to express
la **expresión** expression
la **extensión** extension
extranjero,-a foreign *13*
extrañar to miss *17*

F

fácil easy; *ser fácil que* to be likely that *12*
la **facultad** school (of a university) *18*
la **falda** skirt
falso,-a false
la **familia** family
famoso,-a famous *13*
fantástico,-a fantastic, great
el **faro** headlight *6*; lighthouse
fascinante fascinating *7*
fascinar to fascinate *12*
el **favor** favor; *por favor* please
favorito,-a favorite
el **fax** fax *1*
febrero February
la **fecha** date
felicitaciones congratulations
feliz happy *(pl. felices); ¡Feliz cumpleaños!* Happy birthday!
femenino,-a feminine
feo,-a ugly
feroz fierce, ferocious *(pl. feroces) 7*
el **ferrocarril** railway, railroad
la **fiesta** party
la **fila** line, row *8*
el **filete** fillet, boneless cut of beef or fish *9*

el **filmar** to film *13*
la **filosofía** philosophy
el **fin** end; *a fin de que* so that *12; fin de semana* weekend; *por fin* finally *18*
la **finca** ranch, farm *8*
firmar to sign *16*
la **física** physics
el **flamenco** flamingo *7*; type of dance
el **flan** custard *9*
la **flauta** flute
la **flor** flower
la **florcita** small flower
la **florería** flower shop *5*
el **folleto** brochure *15*
la **forma** form
la **foto(grafía)** photo
el **fotógrafo, la fotógrafa** photographer *17*
fracasar to fail *13*
francés, francesa French *18*
Francia France *18*
la **frase** phrase, sentence
el **fregadero** sink
freír (i, i) to fry *9*
el **freno** brake *6*
la **fresa** strawberry
el **fresco** cool; *hace fresco* it is cool
fresco,-a fresh, chilly
el **frío** cold; *hace frío* it is cold; *tener frío* to be cold
frío,-a cold
la **fruta** fruit
la **frutería** fruit store *5*
fue: see *ser*
el **fuego** fire; *fuegos artificiales* fireworks *7*
fueron: see *ser*
fuerte strong *17*
fumar to smoke *4*
fundar to found
el **fútbol** soccer; *fútbol americano* football
el **futbolista, la futbolista** soccer player
el **futuro** future *17*

G

las **gafas de sol** sunglasses *2*
la **galleta** cookie, biscuit *6*
la **gallina** hen *8*
el **gallo** rooster *8*
la **gana** desire; *tener ganas de* to feel like
ganados: see *ganar*
ganar to win, to earn *11; los partidos ganados* games won
el **garaje** garage
la **garganta** throat *4*

el **gasto** expense *15*
el **gato, la gata** cat
el **género** gender
generoso,-a generous
la **gente** people
la **geografía** geography
la **geometría** geometry
el **gerente, la gerente** manager *17*
el **gerundio** present participle
el **gesto** gesture
el **gimnasio** gym
el **globo** balloon *7*; globe *7*
el **gobernador, la gobernadora** governor
el **gobierno** government
el **gol** goal *14*
la **golosina** sweets *7*
gordo,-a fat
el **gorila** gorilla *7*
la **gorra** cap (baseball) *2*
gozar to enjoy *15*
la **grabadora** tape recorder (machine)
grabar to record *13*
gracias thanks; *muchas gracias* thank you very much
el **grado** degree
gran big (form of *grande* before a *m., s.* noun); great *8*
grande big
el **grifo** faucet *3*
la **gripe** flu *4*
gris gray
gritar to shout *7*
el **grupo** group; *grupo musical* musical group
el **guante** glove
guapo,-a good-looking, attractive, handsome, pretty
el **guardabarros** fender *6*
Guatemala Guatemala
guatemalteco,-a Guatemalan *7*
la **guía** guidebook *15*
el **guía, la guía** guide *7*
el **guisante** pea
la **guitarra** guitar
gustar to like, to be pleasing to; *me/te/le/nos/os/les gustaría...* I/you/he/she/it/we/they would like...
gustaría: see *gustar*
el **gusto** pleasure; *con (mucho) gusto* I would be (very) glad to; *el gusto es mío* the pleasure is mine; *¡Mucho gusto!* Glad to meet you!; *Tanto gusto.* So glad to meet you.

H

haber to have (auxiliary verb) *13*
había there was, there were *7*
la **habichuela** green bean
la **habitación** room *16*; bedroom
el **habitante, la habitante** inhabitant
habla: see *hablar*
el **habla** *(f.)* speech, speaking; *de habla hispana* Spanish-speaking
hablar to speak; *Aquí se habla español.* Spanish is spoken here.; *habla (tú command)* speak; *hablen (Uds. command)* speak; *Se habla español.* Spanish is spoken.
hablen: see *hablar*
hace: see *hacer*
hacer to do, to make; *¿Cuánto (+ time expression) hace que (+ present tense of verb)...?* How long...?; *hace buen (mal) tiempo* the weather is nice (bad); *hace fresco* it is cool; *hace frío (calor)* it is cold (hot); *hace (+ time expression) que* ago; *hace sol* it is sunny; *hace viento* it is windy; *hacer aeróbicos* to do aerobics; *hacer falta* to be necessary, to be lacking; *hacer una pregunta* to ask a question; *hagan (Uds. command)* do, make; *haz (tú command)* do, make; *haz el papel* play the part; *hecha* made; *La práctica hace al maestro.* Practice makes perfect.; *¿Qué temperatura hace?* What is the temperature?; *¿Qué tiempo hace?* How is the weather?
hacia toward *6*
hagan: see *hacer*
el **hambre** *(f.)* hunger; *tener hambre* to be hungry
hasta until, up to, down to; *hasta la vista* so long, see you later; *hasta luego* so long, see you later; *hasta mañana* see you tomorrow; *hasta pronto* see you soon

hay there is, there are; *hay neblina* it is *misty; hay sol* it is sunny
haz: see *hacer*
hecha: see *hacer*
la **heladería** ice cream parlor *5*
el **helado** ice cream
la **herencia** heritage; inheritance
la **hermana** sister
la **hermanastra** stepsister *11*
el **hermanastro** stepbrother *11*
el **hermano** brother
hermoso,-a beautiful, lovely *17*
el **hielo** ice; *patinar sobre hielo* to ice-skate
la **hija** daughter
el **hijo** son
el **hipopótamo** hippopotamus *7*
hispano,-a Hispanic; *de habla hispana* Spanish-speaking
la **historia** history
el **hogar** home *11*
la **hoja** sheet; *hoja de papel* sheet of paper
hola hi, hello
el **hombre** man; *hombre de negocios* businessman *17*
el **hombro** shoulder *4*
Honduras Honduras
hondureño,-a Honduran *7*
la **hora** hour; *¿a qué hora?* at what time?; *¿Qué hora es?* What time is it?
el **horario** schedule
el **horno** oven *12*; *horno microondas* microwave oven *12*
horrible horrible
el **hotel** hotel *16*
hoy today
hubo there was, there were *9*
el **huevo** egg
el **huracán** hurricane *13*

I

la **idea** idea
ideal ideal
la **iglesia** church *5*
ignorar to not know
la **iguana** iguana *7*
imagina: see *imaginar(se)*
la **imaginación** imagination
imaginar(se) to imagine *7*; *imagina (tú command)* imagine
el **imperio** empire
el **impermeable** raincoat
implicar to imply

importante important
importar to be important, to matter
imposible impossible *12*
los **incas** Incas
el **incendio** fire *12*; *alarma de incendios* fire alarm, smoke alarm *12*
indefinido,-a indefinite
la **independencia** independence
indica: see *indicar*
la **indicación** cue
indicado,-a indicated
indicar to indicate; *indica (tú command)* indicate
indígena native
la **información** information *1*
informar to inform *13*
el **informe** report
el **ingeniero, la ingeniera** engineer *17*
Inglaterra England *18*
el **inglés** English (language)
inglés, inglesa English *18*
el **ingrediente** ingredient
inicial initial
inmenso,-a immense
insistir (en) to insist (on) *11*
la **inspiración** inspiration
instalar to install *2*
inteligente intelligent
interesante interesting
interesar to interest *12*
internacional international *14*
la **Internet** Internet *1*
interrogativo,-a interrogative
el **invierno** winter
la **invitación** invitation
invitar to invite *11*
ir to go; *ir a (+ infinitive)* to be going to (do something); *ir a parar* to end up *8*; *ir de compras* to go shopping; *irse* to leave, to go away *4*; *irse de viaje* to go away on a trip *4*; *¡vamos!* let's go!; *¡vamos a (+ infinitive)!* let's (+ infinitive)!; *vayan (Uds. command)* go to; *ve (tú command)* go to
la **isla** island *18*
Italia Italy *18*
italiano,-a Italian *18*
el **itinerario** itinerary *15*
la **izquierda** left *5*; *a la izquierda* to the left *5*
izquierdo,-a left *4*

J

el **jabón** soap *3*
el **jamón** ham
el **Japón** Japan *18*
    japonés, japonesa Japanese *18*
el **jardín** garden *7; jardín zoológico* zoo, zoological garden *7*
la **jaula** cage *8*
la **jirafa** giraffe *7*
    joven young
la **joya** jewel *10*
la **joyería** jewelry store *10*
el **juego** game
    jueves Thursday; *el jueves* on Thursday
el **jugador, la jugadora** player
    jugar (ue) to play; *jugar a (+ sport/game)* to play (+ sport/game)
el **jugo** juice *5*
    julio July
    junio June
    junto,-a together

K

    Kenya Kenya *18*
    kenyano,-a Kenyan *18*
el **kilo(gramo)** kilo(gram) *9*

L

    la the *(f., s.)*; her, it, you *(d.o.)*; *a la una* at one o'clock
el **lado** side; *al lado de* next to, beside; *por todos lados* everywhere
    ladrar to bark *8*
el **ladrillo** brick *11*
el **lago** lake *4*
la **lámpara** lamp
la **lana** wool
la **langosta** lobster
el **lápiz** pencil *(pl. lápices)*
    largo,-a long
    las the *(f., pl.)*; them, you *(d.o.)*; *a las...* at...o'clock
la **lástima** shame, pity *12; ¡Qué lástima!* What a shame!, Too bad!
    lastimar(se) to injure, to hurt *13*
la **lata** can
el **lavabo** bathroom sink *3*
el **lavadero** laundry room *11*
el **lavaplatos eléctrico** dishwasher (machine)
    lavar(se) to wash *3*
    le (to, for) him, (to, for) her, (to, for) it, (to, for) you (formal) *(i.o.)*

    lean: see *leer*
la **lección** lesson
la **lectura** reading
la **leche** milk
la **lechería** milk store, dairy (store) *5*
la **lechuga** lettuce
    lee: see *leer*
    leer to read; *lean (Uds.* command) rcad; *lee (tú* command) read
    lejos (de) far (from)
la **lengua** tongue *4*; language
    lento,-a slow
el **león** lion *7*
    les (to, for) them, (to, for) you *(i.o.)*
la **letra** letter
    levantar to raise, to lift *3; levantarse* to get up *3; levántate (tú* command) get up; *levántense (Uds.* command) get up
    levántate: see *levantarse*
    levántense: see *levantarse*
la **libertad** liberty, freedom
la **libra** pound
    libre free; *al aire libre* outdoors *11*
la **librería** bookstore
el **libro** book
la **licuadora** blender *12*
el **líder** leader
    limitar to limit
el **limón** lemon, lime *9*
el **limpiaparabrisas** windshield wiper *6*
    limpiar to clean
    limpio,-a clean
    lindo,-a pretty
la **lista** list
    listo,-a ready; smart; *estar listo,-a* to be ready; *ser listo,-a* to be smart
la **literatura** literature
    llama: see *llamar*
    llamar to call, to telephone; *¿Cómo se llama (Ud./él/ella)?* What is (your/his/her) name?; *¿Cómo te llamas?* What is your name?; *llamaron* they called (preterite of *llamar); llamarse* to be called *3; me llamo* my name is; *se llaman* their names are; *te llamas* your name is; *(Ud./Él/Ella) se llama....* (Your [formal]/His/Her) name is....

    llamaron: see *llamar*
    llamas: see *llamar*
    llamo: see *llamar*
la **llanta** tire *6*
la **llave** key *12*
la **llegada** arrival *15*
    llegar to arrive; *llegó* arrived (preterite of *llegar)*
    llegó: see *llegar*
    lleno,-a full *10*
    llevar to take, to carry; to wear; to bring *14; llevarse* to take away, to get along *4*
    llover (ue) to rain
la **lluvia** rain
    lo him, it, you *(d.o.)*; *a lo mejor* maybe *15; lo (+ adjective/adverb)* how (+ adjective/adverb) *8; lo más (+ adverb) posible* as (+ adverb) as possible; *lo menos (+ adverb) posible* as (+ adverb) as possible; *lo que* what, that which; *lo siento* I am sorry; *lo siguiente* the following; *por lo menos* at least
    loco,-a crazy
    lógicamente logically
    lógico,-a logical
    los the *(m., pl.)*; them, you *(d.o.)*
    luego then, later, soon; *desde luego* of course *11; hasta luego* so long, see you later; *luego que* as soon as *12*
el **lugar** place
el **lujo** luxury *16*
la **luna** moon *8*
    lunes Monday; *el lunes* on Monday
la **luz** light *(pl. luces)*

M

la **madera** wood *11*
la **madrastra** stepmother *11*
la **madre** mother
    maduro,-a ripe
el **maestro, la maestra** teacher, master; *La práctica hace al maestro.* Practice makes perfect.
    magnífico,-a magnificent *18*
el **maíz** corn
    mal badly; bad; *hace mal tiempo* the weather is bad
la **maleta** suitcase *15*
el **maletín** overnight bag, handbag, small suitcase, briefcase *16*
    malo,-a bad

la **mamá** mother, mom *11*
mandar to order *11*
manejar to drive *6*
la **manera** manner, way
la **mano** hand; *equipaje de mano* carry-on luggage *16*
el **mantel** tablecloth
mantener to keep, to maintain *18*
la **mantequilla** butter
la **manzana** apple
mañana tomorrow; *hasta mañana* see you tomorrow; *pasado mañana* the day after tomorrow
la **mañana** morning; *de la mañana* A.M., in the morning; *por la mañana* in the morning
el **mapa** map
el **maquillaje** makeup *3*
maquillar to put makeup on (someone) *3*; *maquillarse* to put on makeup *3*
la **maquinita** little machine, video game
el **mar** sea *18*
maravilloso,-a marvellous, fantastic *7*
el **marcador** score *14*
marcar to score *14*
mariachi popular Mexican music and orchestra
el **marido** husband *11*
el **marisco** seafood *9*
martes Tuesday; *el martes* on Tuesday
marzo March
marroquí Moroccan *18*
Marruecos Morocco *18*
más more, else; *el/la/los/las (+ noun) más (+ adjective)* the most (+ adjective); *lo más (+ adverb) posible* as (+ adverb) as possible; *más de* more than *7*; *más (+ noun/adjective/adverb) que* more (+ noun/adjective/adverb) than; *más vale que* it is better that *12*
masculino,-a masculine
las **matemáticas** mathematics
el **material** material
máximo,-a maximum *14*; *pena máxima* penalty *14*
maya Mayan
los **mayas** Mayans
mayo May

la **mayonesa** mayonnaise *10*
mayor older, oldest; greater, greatest
la **mayoría** majority
la **mayúscula** capital letter
me (to, for) me *(i.o.)*; me *(d.o.)*; *me llaman* they call me; *me llamo* my name is
el **mecánico, la mecánica** mechanic *17*
la **medianoche** midnight; *Es medianoche.* It is midnight.
la **medicina** medicine *4*
el **médico, la médica** doctor
el **medio** means; middle, center *18*; *en medio de* in the middle of, in the center of *18*
medio,-a half; *y media* half past
el **mediocampista, la mediocampista** midfielder *14*
el **mediodía** noon; *Es mediodía.* It is noon.
mejor better; *a lo mejor* maybe *15*; *el/la/los/las mejor/mejores (+ noun)* the best (+ noun)
mejorar to improve
el **melón** melon, cantaloupe *9*
menor younger, youngest; lesser, least
menos minus, until, before, to (to express time); less; *el/la/los/las (+ noun) menos (+ adjective)* the least (+ adjective + noun); *lo menos (+ adverb) posible* as (+ adverb) as possible; *menos (+ noun/adjective/adverb) que* less (+ noun/adjective/adverb) than; *menos cuarto* a quarter to, a quarter before; *por lo menos* at least
mentir (ie, i) to lie
la **mentira** lie
el **menú** menu *9*
el **mercado** market
el **merengue** merengue (dance music)
el **mes** month
la **mesa** table; *mesa de planchar* ironing board *12*; *poner la mesa* to set the table; *recoger la mesa* to clear the table
el **mesero, la mesera** food server *10*

la **mesita** tray table *16*
el **metro** subway; *estación del metro* subway station *11*
mexicano,-a Mexican *5*
México Mexico
mi my; *(pl. mis)* my
mí me (after a preposition)
el **micrófono** microphone *14*
el **miedo** fear; *tener miedo de* to be afraid of
el **miembro** member *11*
mientras (que) while *6*
miércoles Wednesday; *el miércoles* on Wednesday
mil thousand
mínimo,-a minimum
la **minúscula** lowercase
el **minuto** minute
mío,-a my, (of) mine *8*; *el gusto es mío* the pleasure is mine
mira: see *mirar*
mirar to look (at); *mira (tú command)* look; *mira* hey, look (pause in speech); *miren (Uds. command)* look; *miren* hey, look (pause in speech)
miren: see *mirar*
mismo right (in the very moment, place, etc.); *ahora mismo* right now
mismo,-a same
el **misterio** mystery *13*
el **modelo** model
moderno,-a modern *6*
molestar to bother *7*
la **moneda** coin, money *5*
el **mono** monkey *7*
la **montaña** mountain *7*; *montaña rusa* roller coaster *7*
montar to ride
el **monumento** monument *5*
morder (ue) to bite *13*
moreno,-a brunet, brunette, dark-haired, dark-skinned
morir(se) (ue, u) to die *13*; *morirse de la risa* to die laughing *13*
la **mostaza** mustard *10*
el **mostrador** counter *16*
mostrar (ue) to show *13*
la **moto(cicleta)** motorcycle
el **motor** motor, engine *6*; *motor de búsqueda* search engine *1*
la **muchacha** girl, young woman
el **muchacho** boy, guy

muchísimo very much, a lot

mucho much, a lot, very, very much

mucho,-a much, a lot of, very; *(pl. muchos,-as)* many; *con (mucho) gusto* I would be (very) glad to; *muchas gracias* thank you very much; *¡Mucho gusto!* Glad to meet you!

mudar(se) to move *15*

el **mueble** piece of furniture *11*

el **muelle** concourse, pier *16*

la **mujer** woman; wife *11*; *mujer de negocios* businesswoman *17*

el **mundo** world *1; todo el mundo* everyone, everybody *2*

la **muralla** wall

el **muro** (exterior) wall *11*

el **museo** museum

la **música** music

muy very

N

nacer to be born *15*

la **nación** nation

nacional national *13*

nada nothing; *de nada* you are welcome, not at all

nadar to swim

nadie nobody

la **naranja** orange

la **nariz** nose *4*

narrar to announce, to narrate *14*

navegar to surf *1*

la **Navidad** Christmas

la **neblina** mist; *hay neblina* it is misty

necesario,-a necessary *9*

necesitar to need

negativo,-a negative

los **negocios** business *17; hombre de negocios* businessman *17; mujer de negocios* businesswoman *17*

negro,-a black

nervioso,-a nervous

nevar (ie) to snow

ni not even; *ni...ni* neither...nor

Nicaragua Nicaragua

nicaragüense Nicaraguan *7*

la **nieta** granddaughter

el **nieto** grandson

la **nieve** snow

ningún, ninguna none, not any

ninguno,-a none, not any

el **niño, la niña** child *4*

el **nivel** level

no no; *¡Cómo no!* Of course!; *No lo/la veo.* I do not see him (it)/her (it).; *¡no me digas!* you don't say! *18; No sé.* I do not know.

la **noche** night; *buenas noches* good night; *de la noche P.M.,* at night; *esta noche* tonight; *por la noche* at night

el **nombre** name *15*

el **noreste** northeast *6*

normal normal *13*

el **noroeste** northwest *6*

el **norte** north *6; América del Norte* North America *11*

norteamericano,-a North American *18*

nos (to, for) us *(i.o.);* us *(d.o.)*

nosotros,-as we; us (after a preposition)

la **noticia** news *2*

novecientos,-as nine hundred

noveno,-a ninth

noventa ninety

la **novia** girlfriend *2*

noviembre November

el **novio** boyfriend *2*

nublado,-a cloudy; *está nublado* it is cloudy

nuestro,-a our, (of) ours *8*

nueve nine

nuevo,-a new; *Año Nuevo* New Year's (Day)

el **número** number; *número de teléfono* telephone number

nunca never

O

o or; *o...o* either...or

la **obra** work, play

el **obrero, la obrera** worker *17*

obvio,-a obvious *12*

la **ocasión** occasion *13*

el **océano** ocean *18*

octavo,-a eighth

octubre October

ocupado,-a busy, occupied

ocupar to occupy

ocurrir to occur *8*

ochenta eighty

ocho eight

ochocientos,-as eight hundred

la **odisea** odyssey

el **oeste** west *6*

la **oferta** sale; *estar en oferta* to be on sale

oficial official

la **oficina** office; *oficina de correos* post office *5*

ofrecer to offer *6*

el **oído** (inner) ear *4*; sense of hearing

oigan hey, listen (pause in speech)

oigo hello (telephone greeting)

oír to hear, to listen (to); *oigan* hey, listen (pause in speech); *oigo* hello (telephone greeting); *oye* hey, listen (pause in speech)

ojalá would that, if only, I hope *17*

el **ojo** eye *4*

olé bravo

la **olla** pot, saucepan

olvidar(se) to forget *4*

el **omelet** omelet *15*

la **omisión** omission

once eleven

opinar to give an opinion *13;* to form an opinion *13*

la **oportunidad** opportunity *14*

el **opuesto** opposite

la **oración** sentence

el **orden** order

ordenar to order *5*

la **oreja** (outer) ear *4*

la **organización** organization

organizar to organize *18*

el **órgano** organ

la **orilla** shore *18*

el **oro** gold

os (to, for) you (Spain, informal, *pl., i.o.*), you (Spain, informal, *pl., d.o.*)

el **oso** bear *8; oso de peluche* teddy bear *8*

el **otoño** autumn

otro,-a other, another *(pl. otros,-as); otra vez* again, another time

la **oveja** sheep *8*

oye hey, listen (pause in speech)

P

el **Pacífico** Pacific Ocean

el **padrastro** stepfather *11*

el **padre** father; *(pl. padres)* parents

la **paella** paella (traditional Spanish dish with rice, meat, seafood and vegetables)

pagar to pay

la **página** page

el **país** country *2*

el **paisaje** landscape, scenery
el **pájaro** bird *8*
la **palabra** word; *palabra interrogativa* question word; *palabras antónimas* antonyms, opposite words
el **pan** bread
la **panadería** bakery *5*
Panamá Panama
panameño,-a Panamanian *7*
el **pantalón** pants
la **pantalla** screen *15*
la **pantera** panther *7*
las **pantimedias** pantyhose, nylons
la **pantufla** slipper *2*
el **pañuelo** handkerchief, hanky
la **papa** potato
el **papá** father, dad *11*
los **papás** parents
la **papaya** papaya *9*
el **papel** paper; role; *haz el papel* play the role; *hoja de papel* sheet of paper
la **papelería** stationery store *5*
para for, to, in order to; *para que* so that, in order that
el **parabrisas** windshield *6*
el **parador** inn *16*
el **paraguas** umbrella
el **Paraguay** Paraguay
paraguayo,-a Paraguayan *7*
parar to stop *5*; *ir a parar* to end up *10*
parecer to seem; *¿Qué (te/le/les) parece?* What do/does you/he/she/they think? *10*
la **pared** wall
la **pareja** pair, couple
el **pariente, la pariente** relative
el **parque** park; *parque de atracciones* amusement park
la **parte** place, part *9*
participar to participate *13*
el **partido** game, match; *partidos empatados* games tied; *partidos ganados* games won; *partidos perdidos* games lost
el **párrafo** paragraph
pasado,-a past, last; *pasado mañana* the day after tomorrow
el **pasaje** ticket *15*
el **pasajero** passenger *16*
pásame: see *pasar*
el **pasaporte** passport *15*
pasar to pass, to spend (time); to happen, to occur; *pásame* pass me;

pasar la aspiradora to vacuum; *¿Qué te pasa?* What is wrong with you?
el **pasatiempo** pastime, leisure activity
la **Pascua** Easter
el **paseo** walk, ride, trip; *dar un paseo* to take a walk
el **pastel** cake, pastry *12*
la **pata** paw *8*
el **patinador, la patinadora** skater
patinar to skate; *patinar sobre hielo* to ice-skate; *patinar sobre ruedas* to in-line skate
el **patio** courtyard, patio, yard
el **pato** duck *8*
el **pavo** turkey *8*
el **payaso** clown *8*
la **paz** peace *3*
el **pecho** chest *4*
pedir (i, i) to ask for, to order, to request; *pedir perdón* to say you are sorry; *pedir permiso (para)* to ask for permission (to do something); *pedir prestado,-a* to borrow
peinar(se) to comb *3*
el **peine** comb *3*
la **película** movie, film
pelirrojo,-a red-haired
el **pelo** hair *3*; *tomar el pelo* to pull someone's leg *10*
la **pelota** ball *14*
el **peluquero, la peluquera** hairstylist *17*
la **pena** punishment, pain, trouble; *pena máxima* penalty *14*
pensar (ie) to think, to intend, to plan; *pensar de* to think about (i.e., to have an opinion); *pensar en* to think about (i.e., to focus one s thoughts on); *pensar en* (+ infinitive) to think about (doing something)
peor worse; *el/la/los/las peor/peores* (+ noun) the worst (+ noun)
pequeño,-a small
la **pera** pear *9*
perder (ie) to lose; *partidos perdidos* games lost
perdidos: see *perder*
perdón excuse me, pardon me; *pedir perdón* to say you are sorry

perezoso,-a lazy
perfecto,-a perfect
el **perfume** perfume
el **periódico** newspaper
el **periodista, la periodista** journalist *13*
el **período** period
la **perla** pearl
el **permiso** permission, permit; *con permiso* excuse me (with your permission), may I; *pedir permiso (para)* to ask for permission (to do something)
permitir to permit
pero but
la **persona** person
el **personaje** character *13*
personal personal; *pronombre personal* subject pronoun
el **Perú** Peru
peruano,-a Peruvian *7*
el **perro, la perra** dog
la **pesca** fishing *17*
el **pescado** fish
pescar to fish *4*; *pescar (un resfriado)* to catch (a cold) *4*
el **petróleo** oil
el **piano** piano
el **picnic** picnic *2*
el **pie** foot; *a pie* on foot
la **pierna** leg
la **pieza** piece *16*
el **pijama** pajamas
el **piloto** pilot *16*
el **pimentero** pepper shaker *10*
la **pimienta** pepper (seasoning)
el **pimiento** bell pepper
pintar to paint *2*
la **piña** pineapple *9*
la **pirámide** pyramid
la **piscina** swimming pool
el **piso** floor; *primer piso* first floor
la **pista** clue
la **pizarra** blackboard
la **placa** license plate *6*
el **placer** pleasure *16*
el **plan** plan *12*
la **plancha** iron *12*
planchar to iron *12*; *mesa de planchar* ironing board *12*
la **planta** plant; *planta baja* ground floor
el **plástico** plastic *7*
la **plata** silver
el **plátano** banana
el **plato** dish, plate; *plato de sopa* soup bowl

la **playa** beach
la **plaza** plaza, public square
la **pluma** feather 8; pen
la **población** population
pobre poor 8
poco,-a not very, little; *un poco* a little (bit)
poder (ue) to be able
el **policía, la policía** police (officer) 5
políticamente politically
el **pollo** chicken
el **polvo** dust 2
poner to put, to place, to turn on (an appliance); *poner la mesa* to set the table; *poner(se)* to put on 3
popular popular
un **poquito** a very little (bit)
por for; through, by; in; along; *por ejemplo* for example; *por favor* please; *por fin* finally 18; *por la mañana* in the morning; *por la noche* at night; *por la tarde* in the afternoon; *por teléfono* by telephone, on the telephone; *por todos lados* everywhere
¿por qué? why?
porque because
el **portero, la portera** goaltender, goalie 14
el **Portugal** Portugal 18
portugués, portuguesa Portuguese 18
la **posibilidad** possibility
posible possible 10; *lo más (+ adverb) posible* as (+ adverb) as possible; *lo menos (+ adverb) posible* as (+ adverb) as possible
la **posición** position 16
el **postre** dessert
potable drinkable 16
la **práctica** practice; *La práctica hace al maestro.* Practice makes perfect.
practicar to practice, to do 17
el **precio** price
preciso,-a necessary 12
preferir (ie, i) to prefer
la **pregunta** question; *hacer una pregunta* to ask a question
preguntar to ask; *preguntarse* to wonder, to ask oneself 4
el **premio** prize 13
la **prenda** garment 10
preocupar(se) to worry 3
preparar to prepare

el **preparativo** preparation
la **presentación** introduction
presentar to introduce, to present; *le presento a* let me introduce you (formal, *s.*) to; *les presento a* let me introduce you (*pl.*) to; *te presento a* let me introduce you (informal, *s.*) to
presente present
presento: see *presentar*
prestado,-a on loan; *pedir prestado,-a* to borrow
prestar to lend
la **primavera** spring
primer first (form of *primero* before a *m., s.* noun); *primer piso* first floor
primero first (adverb)
primero,-a first
el **primo, la prima** cousin
la **princesa** princess 15
principal principle, main 9
el **príncipe** prince 15
la **prisa** rush, hurry, haste; *tener prisa* to be in a hurry
probable probable 9
probar(se) (ue) to try (on) 10; to test, to prove
el **problema** problem
el **produce** produces
el **producto** product
el **profe** teacher
el **profesor, la profesora** teacher
el **programa** program, show 1; *bajar un programa* to download a program 1; *programa de concurso* game show
el **programador, la programadora** computer programmer 17
prometer to promise
el **pronombre** pronoun; *pronombre personal* subject pronoun
el **pronóstico** forecast
pronto soon, quickly; *hasta pronto* see you soon
la **pronunciación** pronunciation
la **propina** tip 10
el **propósito** aim, purpose; *a propósito* by the way 18
la **protesta** protest 13
la **publicidad** publicity
el **público** audience 13
público,-a public
puede ser maybe 15

el **puente** bridge 5
el **puerco** pig 8; pork 8
la **puerta** door
el **puerto** port
Puerto Rico Puerto Rico
puertorriqueño,-a Puerto Rican 7
pues thus, well, so, then (pause in speech)
el **pulpo** octopus, squid 9
la **pulsera** bracelet
el **punto** dot, point 1
la **puntuación** punctuation
el **pupitre** desk
puro,-a pure, fresh 11

Q

que that, which; *lo que* what, that which; *más (+ noun/adjective/adverb) que* more (+ noun/adjective/adverb) than; *que viene* upcoming, next
¿qué? what?; *¿a qué hora?* at what time?; *¿Qué comprendiste?* What did you understand?; *¿Qué hora es?* What time is it?; *¿Qué quiere decir...?* What is the meaning (of)...?; *¿Qué tal?* How are you?; *¿Qué (te/le/les) parece?* What do/does you/he/she/they think? 10; *¿Qué quiere decir...?* What is the meaning (of)...?; *¿Qué te pasa?* What is wrong with you?; *¿Qué temperatura hace?* What is the temperature?; *¿Qué (+ tener)?* What is wrong with (someone)?; *¿Qué tiempo hace?* How is the weather?
¡qué (+ adjective)! how (+ adjective)!
¡qué (+ noun)! what a (+ noun)!; *¡Qué lástima!* What a shame!, Too bad!; *¡Qué (+ noun) tan (+ adjective)!* What (a) (+ adjective) (+ noun)! 8
quedar(se) to remain, to stay 3; *quedarle bien a uno* to fit, to be becoming
el **quehacer** chore
quemar to burn 3; *quemarse* to get burned 3

querer (ie) to love, to want, to like; *¿Qué quiere decir...?* What is the meaning (of)...?; *querer decir* to mean; *quiere decir* it means; *quiero* I love; I want

querido,-a dear

el **queso** cheese

quien who, whom *13*

¿quién? who?; *(pl. ¿quiénes?)* who?

quienquiera whoever *17*

quiere: see *querer*

quiero: see *querer*

la **química** chemistry

quince fifteen

quinientos,-as five hundred

quinto,-a fifth

quisiera would like *2*

quitar(se) to take off *3*

quizás perhaps

R

el **rabo** tail *8*

el **radio** radio (apparatus)

la **radio** radio (broadcast)

rápidamente rapidly

rápido,-a rapid, fast

el **rascacielos** skyscraper

el **ratón** mouse *8*

la **raya** stripe *10*; *a rayas* striped *10*

rayado,-a scratched, striped *11*

la **razón** reason *10*; *tener razón* to be right *10*

real royal; real *17*

la **realidad** reality *18*

realizar to attain, to bring about

la **recepción** reception desk *16*

el **recepcionista, la recepcionista** receptionist *16*

la **receta** recipe

recibir to receive

el **recibo** receipt *10*

recoger to pick up; *recoger la mesa* to clear the table

recordar (ue) to remember

la **Red Mundial de Información** World Wide Web *1*

redondo,-a round

referir(se) (ie, i) to refer *11*

el **refresco** soft drink, refreshment

el **refrigerador** refrigerator

el **regalo** gift

regañar to scold

regatear to bargain, to haggle

registrar to check in *16*

la **regla** ruler; rule *12*

regresar to return, to go back, to come back *12*

regular average, okay, so-so, regular

la **reina** queen *15*

reír(se) (i, i) to laugh *9*

la **reja** wrought iron window grill *11*; wrought iron fence *11*

relacionado,-a related

el **reloj** clock, watch

remoto,-a remote

repasar to reexamine, to review

el **repaso** review

repetir (i, i) to repeat; *repitan (Uds. command)* repeat; *repite (tú command)* repeat

repitan: see *repetir*

repite: see *repetir*

reportando reporting

el **reportero, la reportera** reporter *13*

la **República Dominicana** Dominican Republic

resbaloso,-a slippery *13*

la **reservación** reservation *15*

el **resfriado** cold *4*; *pescar un resfriado* to catch a cold

resolver (ue) to resolve, to solve

el **respaldar** seat-back *16*

responder to answer

la **respuesta** answer

el **restaurante** restaurant

el **resumen** summary; *en resumen* in short

la **reunión** meeting, reunion *13*

reunir(se) to get together *4*

revisar to check *16*

la **revista** magazine

el **rey** king *15*

rico,-a rich, delicious *10*

el **riel** rail

el **río** river *18*

la **risa** laugh *13*; *morirse de la risa* to die laughing *13*

el **ritmo** rhythm

el **robo** robbery *13*

la **rodilla** knee *4*

rojo,-a red

romper to break, to tear *13*

la **ropa** clothing; *ropa interior* underwear

rosado,-a pink

el **rubí** ruby *10*

rubio,-a blond, blonde

la **rueda** wheel *6*

el **rugido** roar *8*

rugir to roar *8*

el **ruido** noise *16*

Rusia Russia *18*

ruso,-a Russian *18*; *montaña rusa* roller coaster *11*

la **rutina** routine

S

sábado Saturday; *el sábado* on Saturday

saber to know; *No sé.* I do not know.; *sabes* you know; *sé* I know

sabes: see *saber*

el **sabor** flavor *10*

saborear to taste, to savor *15*

saca: see *sacar*

el **sacapuntas** pencil sharpener

sacar to take out; *saca (tú command)* stick out *4*

la **sal** salt

la **sala** living room

la **salchicha** sausage *9*

el **salero** salt shaker *10*

la **salida** departure, exit *15*

salir to go out; *siempre salirse con la suya* to always get one's way *18*

la **salsa** salsa (dance music); *salsa de tomate* ketchup *10*

saltar to jump *8*

saludar to greet, to say hello

el **saludo** greeting

salvadoreño,-a Salvadoran *7*

salvaje wild *7*

el **sandwich** sandwich *9*

la **sangre** blood

el **santo** saint's day; *Todos los Santos* All Saints' Day

saudita Saudi, Saudi Arabian *18*

el **saxofón** saxophone

se *¿Cómo se dice...?* How do you say...?; *¿Cómo se escribe...?* How do you write (spell)...?; *¿Cómo se llama (Ud./él/ella)?* What is (your/his/her) name?; *se considera* it is considered; *se dice* one says; *se escribe* it is written; *Se habla español.* Spanish is spoken.; *se llaman* their names are; *(Ud./Él/Ella) se llama....* (Your [formal]/His/Her) name is....

la **sección** section *14*

el **secretario, la secretaria** secretary *17*

el **secreto** secret *10*

la **sed** thirst; *tener sed* to be thirsty

la **seda** silk

seguir (i, i) to follow, to continue, to keep, to go on, to pursue *1; sigan* (*Uds.* command) follow; *sigue* (*tú* command) follow

según according to

el **segundo** second

segundo,-a second

la **seguridad** safety *6; cinturón de seguridad* seat belt, safety belt *6*

seguro,-a sure *12*

seis six

seiscientos,-as six hundred

selecciona (*tú* command) select

la **selva** jungle *7; selva tropical* tropical rain forest

la **semana** week; *fin de semana* weekend; *Semana Santa* Holy Week

sentar (ie) to seat (someone) *3; sentarse* to sit down *3; siéntate* (*tú* command) sit down *4; siéntense* (*Uds.* command) sit down

sentir (ie, i) to be sorry, to feel sorry, to regret; *lo siento* I am sorry; *sentir(se)* to feel *10*

la **señal** sign *6*

señalar to point to, to point at, to point out; *señalen* (*Uds.* command) point to

señalen: see *señalar*

sencillo,-a one-way *15*; single *16*

el **señor** gentleman, sir, Mr.

la **señora** lady, madame, Mrs.

la **señorita** young lady, Miss

septiembre September

séptimo,-a seventh

ser to be; *eres* you are; *¿Eres (tú) de...?* Are you from...?; *es* you (formal) are, he/she/it is; *es la una* it is one o'clock; *Es medianoche.* It is midnight.; *Es mediodía.* It is noon.; *fue* you (formal) were, he/she/it was (preterite of *ser*); *fueron* you (*pl.*) were, they were (preterite of *ser*); *puede ser* maybe *15*;

¿Qué hora es? What time is it?; *sea* it is; *ser difícil que* to be unlikely that *12; ser fácil que* to be likely that *12; ser listo,-a* to be smart; *son* they are; *son las* (+ number) it is (+ number) o'clock; *soy* I am

serio,-a serious *13*

la **serpiente** snake *7*

el **servicio** service *16; servicio al cuarto* room service *16*

la **servilleta** napkin

servir (i, i) to serve *10*

sesenta sixty

setecientos,-as seven hundred

setenta seventy

sexto,-a sixth

los **shorts** shorts *2*

si if

sí yes

siempre always; *siempre salirse con la suya* to always get one's way *18*

siéntate: see *sentar*

siéntense: see *sentar*

siento: see *sentir*

siete seven

sigan: see *seguir*

el **siglo** century

los **signos de puntuación** punctuation marks

sigue: see *seguir*

siguiente following; *lo siguiente* the following

la **silabificación** syllabification

el **silencio** silence

la **silla** chair

el **sillón** armchair, easy chair *11*

el **símbolo** symbol

similar alike, similar

simpático,-a nice, pleasant

sin without; *sin embargo* however, nevertheless *18*

sino but (on the contrary), although, even though *6*

sintético,-a synthetic

la **situación** situation

sobre on, over; about

la **sobrina** niece

el **sobrino** nephew

el **sol** sun; *hace sol* it is sunny; *hay sol* it is sunny

solamente only

soleado,-a sunny; *está soleado* it is sunny

soler (ue) to be accustomed to, to be used to *10*

solo,-a alone *2*

sólo only, just

la **sombrerería** hat store *5*

el **sombrero** hat

son: see *ser*

el **sondeo** poll

el **sonido** sound

sonreír(se) (i, i) to smile *12*

soñar to dream *15*

la **sopa** soup; *plato de sopa* soup bowl

la **sorpresa** surprise

el **sótano** basement *11*

soy: see *ser*

Sr. abbreviation for *señor*

Sra. abbreviation for *señora*

Srta. abbreviation for *señorita*

su, sus his, her, its, your (*Ud./Uds.*), their

suave smooth, soft *17*

el **subdesarrollo** underdevelopment

subir to climb, to go up, to go up stairs, to take up, to bring up, to carry up; to get in *6*

el **suceso** event, happening *13*

sucio,-a dirty

el **sueño** sleep; dream *17; tener sueño* to be sleepy

la **suerte** luck *15; buena suerte* good luck

el **suéter** sweater

el **supermercado** supermarket

el **sur** south *6; América del Sur* South America *11*

suramericano,-a South American *18*

el **sureste** southeast *6*

surfear to surf *1*

el **suroeste** southwest *6*

el **surtido** assortment, supply, selection *10*

el **sustantivo** noun

suyo,-a his, (of) his, her, (of) hers, its, your, (of) yours, their, (of) theirs *8; siempre salirse con la suya* to always get one's way *18*

T

la **tabla** chart *14*

el **taco** taco *5*

tal such, as, so; *¿Qué tal?* How are you?

el **tamal** tamale

el **tamaño** size

también also, too

el **tambor** drum

tampoco either, neither

tan so; *¡Qué* (+ noun) *tan* (+ adjective)!* What (a) (+ adjective) (+ noun)! *10*; *tan* (+ adjective/adverb) *como* (+ person/item) as (+ adjective/adverb) as (+ person/item)

tanto,-a so much; *tanto,-a* (+ noun) *como* (+ person/item) as much/many (+ noun) as (+ person/item); *tanto como* as much as; *Tanto gusto.* So glad to meet you.

la **tapa** tidbit, appetizer

la **taquilla** box office, ticket office *8*

tardar to delay *6*; *tardar en* (+ infinitive) to be long, to take a long time *6*

la **tarde** afternoon; *buenas tardes* good afternoon; *de la tarde P.M.,* in the afternoon; *por la tarde* in the afternoon

tarde late *3*

la **tarea** homework

la **tarifa** fare *15*

la **tarjeta** card; *tarjeta de crédito* credit card

el **taxista, la taxista** taxi driver *17*

la **taza** cup

te (to, for) you (*i.o.*); you (*d.o.*); *¿Cómo te llamas?* What is your name?; *te llamas* your name is

el **té** tea *9*

el **teatro** theater

el **techo** roof *11*

la **tecnología** technology *1*

la **tela** fabric, cloth *10*

el **teléfono** telephone; *número de teléfono* telephone number; *por teléfono* by telephone, on the telephone; *teléfono público* public telephone

la **telenovela** soap opera

la **televisión** television; *ver (la) televisión* to watch television

el **televisor** television set

el **tema** theme, topic

el **temblor** tremor *13*

temer to fear *12*

la **temperatura** temperature; *¿Qué temperatura hace?* What is the temperature?

temprano early

el **tenedor** fork

tener to have; *¿Cuántos años tienes?* How old are you?; *¿Qué* (+ *tener*)? What is wrong with (person)?; *tener calor* to be hot; *tener cuidado* to be careful *11*; *tener éxito* to be successful, to be a success *13*; *tener frío* to be cold; *tener ganas de* to feel like; *tener hambre* to be hungry; *tener miedo de* to be afraid; *tener* (+ number) *años* to be (+ number) years old; *tener prisa* to be in a hurry; *tener que* to have to; *tener razón* to be right *10*; *tener sed* to be thirsty; *tener sueño* to be sleepy; *tengo* I have; *tengo* (+ number) *años* I am (+ number) years old; *tiene* it has; *tienes* you have

tengo: see *tener*

el **tenis** tennis

el **tenista, la tenista** tennis player

tercer third (form of *tercero* before a *m., s.* noun)

tercero,-a third

terminar to end, to finish

la **ternera** veal *9*

ti you (after a preposition)

la **tía** aunt

el **tiempo** time; weather; verb tense; period, half *14*; *a tiempo* on time *12*; *hace buen (mal) tiempo* the weather is nice (bad); *¿Qué tiempo hace?* How is the weather?

la **tienda** store

tiene: see *tener*

tienes: see *tener*

la **tierra** land, earth

el **tigre** tiger *7*

la **tina** bathtub *3*

el **tío** uncle

típico,-a typical

el **tipo** type, kind *10*

tirar to throw away *6*

el **tiro** shot *14*

el **titular** headline *14*

la **tiza** chalk

la **toalla** towel *3*

toca: see *tocar*

el **tocadiscos** record player

el **tocador** dresser *9*

tocar to play (a musical instrument); to touch; *toca* (*tú* command) touch *4*; *toquen* (*Uds.* command) touch

el **tocino** bacon *9*

todavía yet; still

todo everything *11*

todo,-a all, every, whole, entire; *de todos los días* everyday; *por todos lados* everywhere; *todo el mundo* everyone, everybody; *todos los días* every day

todos,-as everyone, everybody

tolerante tolerant

tomar to drink, to have; to take; *tomar el pelo* to pull someone's leg *10*

el **tomate** tomato; *salsa de tomate* ketchup *10*

tonto,-a silly

el **tópico** theme

toquen: see *tocar*

el **toro** bull *8*

la **toronja** grapefruit *9*

la **tortilla** cornmeal pancake (Mexico) *5*; omelet (Spain) *5*

la **tortuga** turtle *7*

la **torre** tower *5*

trabajar to work; *trabajando en parejas* working in pairs

el **trabajo** work

traducir to translate *6*

traer to bring

el **tráfico** traffic *6*

el **traje** suit; *traje de baño* swimsuit

la **transmisión** transmission, broadcast *14*

el **transporte** transportation

tratar (de) to try (to do something)

trece thirteen

treinta thirty

treinta y uno thirty-one

el **tren** train; *estación del tren* train station *11*

tres three
trescientos,-as three hundred
la tripulación crew *16*
triste sad
el trombón trombone
la trompeta trumpet
tu your (informal); *(pl. tus)* your (informal)
tú you (informal)
la tumba tomb
el turismo tourism
el turista, la turista tourist
turístico,-a tourist *15*
tuyo,-a your, (of) yours *8*

U

u or (used before a word that starts with *o* or *ho*)
ubicado,-a located
Ud. you (abbreviation of *usted*); you (after a preposition); *Ud. se llama....* Your name is....
Uds. you (abbreviation of *ustedes*); you (after a preposition)
último,-a last *2*
un, una a, an, one; *a la una* at one o'clock
único,-a only, unique
unido,-a united, connected *17*
la universidad university *17*
uno one; *quedarle bien a uno* to fit, to be becoming
unos, unas some, any, a few
urgente urgent *12*
el Uruguay Uruguay
uruguayo,-a Uruguayan *7*
usar to use
usted you (formal, *s.*); you (after a preposition)
ustedes you *(pl.)*; you (after a preposition)
la uva grape

V

la vaca cow *8*
las vacaciones vacation
la vainilla vanilla *9*
valer to be worth *12*; *más vale que* it is better that *12*
¡vamos! let's go!; *¡vamos a (+ infinitive)!* let's (+ infinitive)!
la variedad variety *10*

varios,-as several
el vaso glass
vayan: see *ir*
ve: see *ir*
el vecino, la vecina neighbor *6*
veinte twenty
veinticinco twenty-five
veinticuatro twenty-four
veintidós twenty-two
veintinueve twenty-nine
veintiocho twenty-eight
veintiséis twenty-six
veintisiete twenty-seven
veintitrés twenty-three
veintiuno twenty-one
vencer to expire *15*
el vendedor, la vendedora salesperson *17*
vender to sell
venezolano,-a Venezuelan *7*
Venezuela Venezuela
vengan: see *venir*
venir to come; *vengan (Uds.* command) come
la ventana window
el ventilador fan *11*
veo: see *ver*
ver to see, to watch; *a ver* let's see, hello (telephone greeting); *No lo/la veo.* I do not see him (it)/her (it).; *veo* I see; *ver (la) televisión* to watch television; *ves* you see
el verano summer
el verbo verb
verdad true
¿verdad? right?
la verdad truth
verde green
la verdura greens, vegetables
vertical vertical *16*
ves: see *ver*
el vestido dress
el vestidor fitting room *10*
vestir (i, i) to dress (someone) *3*; *vestirse* to get dressed *3*
el veterinario, la veterinaria veterinarian *17*
la vez time *(pl. veces)*; *a veces* sometimes, at times; (number +) *vez/veces al/a la* (+ time expression) (number +) time(s) per (+ time expression); *otra vez* again, another time
viajar to travel

el viaje trip; *agencia de viajes* travel agency *15*; *irse de viaje* to go away on a trip *10*
la vida life
viejo,-a old
el viento wind; *hace viento* it is windy
viernes Friday; *el viernes* on Friday
el vinagre vinegar
el vínculo link *1*
la visa visa *15*
la visita visit *7*
visitar to visit *4*
la vista view; *hasta la vista* so long, see you later
la vitrina store window *5*; glass showcase *5*
vivir to live
el vocabulario vocabulary
la vocal vowel; *vocales abiertas* open vowels; *vocales cerradas* closed vowels
el volante steering wheel *6*
volar (ue) to fly *8*
el volibol volleyball
volver (ue) to return, to go back, to come back
vosotros,-as you (Spain, informal, *pl.*); you (after a preposition)
la voz voice *(pl. voces)*
el vuelo flight *15*; *auxiliar de vuelo* flight attendant *16*
vuestro,-a,-os,-as your (Spain, informal, *pl.*)

W

la Web (World Wide)Web *1*

Y

y and; *y cuarto* a quarter past, a quarter after; *y media* half past
ya already; now *14*
yo I

Z

la zanahoria carrot
la zapatería shoe store *5*
el zapato shoe; *zapato bajo* low-heel shoe; *zapato de tacón* high-heel shoe
el zoológico zoo *11*; *jardín zoológico* zoological garden *11*

Vocabulary English/Spanish

A

a un, una; *a few* unos, unas; *a little (bit)* un poco; *a lot (of)* mucho, muchísimo; *a very little (bit)* un poquito
about sobre; acerca de *14*
above encima de *8*, arriba *11*
accent el acento
accepted aceptado,-a *17*
accident el accidente *13*
according to según
acrobat el acróbata, la acróbata *8*
activity la actividad *13*
actor el actor, la actriz *13*
actress la actriz *13*
to add añadir; agregar *10*
address la dirección *6*
advertisement el anuncio (comercial) *13*; *printed advertisement* el aviso *14*
advice el consejo *10*
to advise aconsejar *10*
aerobics los aeróbicos; *to do aerobics* hacer aeróbicos
affectionate cariñoso,-a
afraid asustado,-a; *to be afraid of* tener miedo de
Africa el África *7*
African africano,-a *7*
after después de; detrás de *8*; *a quarter after* y cuarto; *the day after tomorrow* pasado mañana
afternoon la tarde; *good afternoon* buenas tardes; *in the afternoon* de la tarde, por la tarde
afterwards después
again otra vez
age la edad
agency la agencia; *travel agency* la agencia de viajes *15*
agent el agente, la agente *15*
ago hace (+ *time expression*) que
to agree convenir *12*, estar de acuerdo *13*
agreeable agradable *10*
agreed de acuerdo

ahead adelante *5*; *straight ahead* derecho *5*
air aéreo,-a *15*
air el aire *11*; *air conditioning* el aire acondicionado *11*; *pertaining to air* aéreo,-a *15*
airline la aerolínea *16*
airplane el avión; *by airplane* en avión
airport el aeropuerto *5*
alarm la alarma *6*; *alarm (clock)* la alarma *11*; *fire alarm* la alarma de incendios *12*; *smoke alarm* la alarma de incendios *12*
algebra el álgebra
all todo,-a; *any at all* cualquiera *12*
to allow dejar (de) *11*
almost casi
alone solo,-a *2*
along por; *to get along* llevarse *4*
already ya
also también
although sino *6*, aunque *12*
always siempre; *to always get one's way* siempre salirse con la suya *18*
America la América *7*; *Central America* la América Central *7*; *North America* la América del Norte *5*; *South America* la América del Sur *5*; *United States of America* los Estados Unidos
American americano,-a; *Central American* centroamericano,-a *18*; *North American* norteamericano,-a *18*; *South American* suramericano,-a *18*
to amuse divertir (ie, i) *4*
amusement la atracción; *amusement park* el parque de atracciones; *(amusement) ride* la atracción *7*

an un, una
ancient antiguo,-a *7*
and y; (*used before a word beginning with* i *or* hi) e
animal el animal *7*
to announce narrar *14*
announcement el anuncio *13*; *commercial announcement* el anuncio comercial *13*
another otro,-a; *another time* otra vez
answer la respuesta
to answer contestar
antique antiguo,-a *7*
any unos, unas; alguno,-a, algún, alguna; cualquier, cualquiera *8*; *any at all* cualquiera *10*; *not any* ninguno,-a, ningún, nunguna
anybody alguien
anyone alguien
anything algo
apartment el apartamento *5*
apparatus el aparato *12*
apple la manzana
appliance el aparato *12*; *to turn on (an appliance)* poner
appointment la cita *4*
April abril
aquatic acuático,-a *17*
Arab árabe
Argentina la Argentina
Argentinean argentino,-a *7*
to argue discutir *12*
arm el brazo
armchair el sillón *11*
around alrededor de *14*
to arrange arreglar
arrival la llegada *15*
to arrive llegar
art el arte
article el artículo *14*
artist el artista, la artista *17*
as tal, como; *as (+ adverb) as possible* lo más/menos (+ *adverb*) posible; *as (+ adjective/adverb) as (+ person/item)* tan (+ *adjective/adverb*) como

(+ *person/item*); *as much as* tanto como; *as much/many* (+ *noun*) *as* (+ *person/item*) tanto,-a (+ *noun*) como (+ *person/item*); *as soon as* en cuanto *12*, luego que *12*

Asia el Asia *18*

Asian asiático,-a *18*

to **ask** preguntar; *to ask a question* hacer una pregunta; *to ask for* pedir (*i, i*); *to ask for permission* (*to do something*) pedir permiso (*para*); *to ask oneself* preguntarse *4*

aspiration la aspiración *17*

assortment el surtido *10*

at en; *at* (*the symbol @ used for e-mail addresses*) arroba *1*; *at home* en casa; *at night* de la noche, por la noche; *at...o'clock* a la(s)...; *at times* a veces; *at what time?* ¿a qué hora?

athlete el deportista, la deportista

to **attain** conseguir (*i, i*); realizar

to **attend** asistir a *17*

attic el ático *11*

attitude la actitud *18*

attraction la atracción *7*

attractive bonito,-a, guapo,-a

audience el público *13*

August agosto

aunt la tía

Australia Australia *18*

Australian australiano,-a *18*

autograph el autógrafo *13*

automatic automático,-a

autumn el otoño

avenue la avenida

average regular

avocado el aguacate

B

back la espalda *4*

bacon el tocino *9*

bad malo,-a; *Too bad!* ¡Qué lástima!

bakery la panadería *5*

bald calvo,-a

ball la pelota *14*

balloon el globo *7*

banana el plátano

band la banda *8*

bank el banco

to **bargain** regatear

to **bark** ladrar *8*

baseball el béisbol

basement el sótano *11*

basketball el básquetbol, el baloncesto; *basketball player* el basquetbolista, la basquetbolista

to **bathe** bañar(se) *3*

bathroom el baño, el cuarto de baño; *bathroom sink* el lavabo *3*

bathtub la tina *3*

to **be** ser; andar *9*; *to be a success* tener éxito *13*; *to be able to* poder (*ue*); *to be accustomed to* soler (*ue*) *10*; *to be acquainted with* conocer *6*; *to be afraid of* tener miedo de; *to be born* nacer *15*; *to be called* llamarse *3*; *to be careful* tener cuidado *11*; *to be cold* tener frío; *to be familiar with* conocer *6*; *to be fitting* convenir *12*; *to be glad* alegrarse (de) *12*; *to be going to* (*do something*) ir a (+ *infinitive*); *to be hot* tener calor; *to be hungry* tener hambre; *to be important* importar; *to be in a hurry* tener prisa; *to be lacking* hacer falta; *to be likely that* ser fácil que *12*; *to be long* tardar en (+ *infinitive*) *6*; *to be necessary* hacer falta; *to be* (+ *number*) *years old* tener (+ *number*) años; *to be on sale* estar en oferta; *to be pleasing to* gustar; *to be ready* estar listo,-a; *to be right* tener razón *10*; *to be satisfied* (*with*) estar contento,-a (con); *to be sleepy* tener sueño; *to be smart* ser listo,-a; *to be sorry* sentir (*ie, i*); *to be successful* tener éxito *13*; *to be thirsty* tener sed; *to be unlikely that* ser difícil que *12*; *to be used to* soler (*ue*) *10*; *to be worth* valer *12*

beach la playa

bear el oso *8*; *teddy bear* el oso de peluche *8*

beautiful hermoso,-a *17*

because porque; *because of* a causa de

to **become** cumplir; *to become aware* enterar(se) de *14*; *to become* (+ *number*) *years old* cumplir

bed la cama; *to go to bed* acostarse (*ue*) *3*; *to put* (*someone*) *in bed* acostar (*ue*) *3*

bedroom el cuarto, la habitación

beef la carne de res *9*; *boneless cut of beef* el filete *9*

before antes de; *a quarter before* menos cuarto; *the day before yesterday* anteayer

to **begin** empezar (*ie*); comenzar (*ie*) *12*

behind detrás de *8*

to **believe** creer *2*

bellhop el botones *16*

belt el cinturón; *safety belt* el cinturón de seguridad *6*; *seat belt* el cinturón de seguridad *6*

bermuda shorts las bermudas *2*

beside al lado (de)

besides además *10*

best mejor; *the best* (+ *noun*) el/la/los/las mejor/mejores (+ *noun*)

better mejor; *it is better that* más vale que *12*

between entre

bicycle la bicicleta

big grande; (*form of* grande *before a m., s. noun*) gran

bike la bicicleta

bill la cuenta *10*

biology la biología

bird el pájaro *8*, el ave *9*

birthday el cumpleaños; *Happy birthday!* ¡Feliz cumpleaños!; *to have a birthday* cumplir años

biscuit la galleta *6*

to **bite** morder (*ue*) *13*

black negro,-a

blackboard la pizarra

blender la licuadora *12*

blond, blonde rubio,-a

blouse la blusa

blue azul

to board abordar *16*

boat el barco, el bote *2*

body el cuerpo

Bolivia Bolivia

Bolivian boliviano,-a *7*

boneless cut of beef or fish el filete *9*

book el libro

bookstore la librería

boot la bota

to bore aburrir *13*

bored aburrido,-a

boring aburrido,-a

to borrow pedir prestado,-a

to bother molestar *7*

box office la taquilla *8*

boy el chico, el muchacho

boyfriend el novio *2*

bracelet la pulsera

brake el freno *6*

bravo olé

Brazil el Brasil *18*

Brazilian brasileño,-a *18*

bread el pan

to break romper *13*

breakfast el desayuno *3*; *to have breakfast* desayunar(se) *3*

brick el ladrillo *11*

bridge el puente *5*

briefcase el maletín *16*

to bring traer; llevar *14*; *to bring about* realizar; *to bring up* subir

broadcast la transmisión *14*

brochure el folleto *15*

broom la escoba *11*

brother el hermano

brown *(color)* café

brunet, brunette moreno,-a

brush el cepillo *3*

to brush cepillar(se) *3*

building el edificio *5*

bull el toro *8*

bullfight la corrida *15*

to burn quemar *3*

burro el burro *8*

bus el autobús; *bus station* la estación de autobuses *5*

business la empresa, los negocios *17*

businessman el hombre de negocios *17*

businesswoman la mujer de negocios *17*

busy ocupado,-a

but pero; *but (on the contrary)* sino *6*

butcher shop la carnicería *5*

butter la mantequilla

to buy comprar

by por; *by airplane* en avión; *by car* en carro, en coche; *by (+ vehicle)* en (+ vehicle); *by telephone* por teléfono; *by the way* a propósito *18*

C

cafeteria la cafetería

cage la jaula *8*

cake el pastel *12*

calendar el calendario

to call llamar

to calm down calmar(se) *3*

camel el camello *7*

camera la cámara *7*

camping el camping *2*

can la lata

Canada el Canadá *18*

Canadian canadiense *18*

candy el dulce *5*; *candy store* la dulcería *5*

cantaloupe el melón *9*

cap (baseball) la gorra *2*

capital la capital; *capital letter* la mayúscula

car el carro; el coche *6*; *by car* en carro, en coche

card la tarjeta; *credit card* la tarjeta de crédito; *playing card* la carta

care el cuidado *11*; *to take care of* cuidar(se) *4*, encargarse (de) *11*

career la carrera *17*

Caribbean el Caribe

carpenter el carpintero, la carpintera *17*

carpet la alfombra *11*

carrot la zanahoria

to carry llevar; *to carry up* subir

carry-on luggage el equipaje de mano *16*

cash el efectivo; *in cash* en efectivo

cashier el cajero, la cajera *10*; *cashier's desk* la caja

cassette el casete

cat el gato, la gata

catastrophe la catástrofe *13*

to catch coger; *to catch (a cold)* pescar (un resfriado) *4*

cathedral la catedral *5*

CD-ROM el disco compacto

to celebrate celebrar

celebration la celebración *13*

cellular phone el celular *1*

center el centro; el medio *18*; *in the center of* en medio de *18*; *shopping center* el centro comercial

Central America la América Central *7*

Central American centroamericano,-a *18*

century el siglo

cereal el cereal *9*

chain la cadena

chair la silla; *easy chair* el sillón *11*

chalk la tiza

championship el campeonato *14*

change el cambio

to change cambiar *12*

channel el canal *13*

character el personaje *13*

to charge cargar *15*

chart la tabla *14*

chat charla; *chat room* cuarto de charla *1*

chauffeur el chofer, la chofer *17*

cheap barato,-a

check la cuenta *10*, el cheque *15*

to check revisar *16*; *to check in* registrar *16*

checkered a cuadros *10*

checkers las damas

cheese el queso

chemistry la química

chess el ajedrez

chest el pecho *4*

chicken el pollo

child el niño, la niña *4*

Chile Chile

Chilean chileno,-a *7*

chilly fresco,-a

chimney la chimenea *11*

China la China *18*

Chinese chino,-a *18*

chocolate el chocolate

to choose escoger

chore el quehacer

Christmas la Navidad

church la iglesia *5*

cigarette el cigarrillo *4*

circus el circo *8*

city la ciudad; *city block* la cuadra *5*

clam la almeja 9
class la clase 16
to classify clasificar
classmate el compañero, la compañera
clean limpio,-a
to clean limpiar
clear claro,-a 12
to clear limpiar; *to clear the table* recoger la mesa
clerk el dependiente, la dependiente 10
to climb subir
clock el reloj; *(alarm) clock* la alarma 11
to close cerrar *(ie)*
close up de cerca 6
closed cerrado,-a
closet el armario 11
cloth la tela 10
clothing la ropa
cloudy nublado,-a; *it is cloudy* está nublado
clown el payaso 8
club el club 12
coat el abrigo
coffee el café; *coffee maker* la cafetera 12; *coffee pot* la cafetera 12
coin la moneda 5
cold frío,-a
cold el frío; el resfriado 4; *it is cold* hace frío; *to be cold* tener frío; *to catch (a cold)* pescar (un resfriado) 4
collection la colección 17
Colombia Colombia
Colombian colombiano,-a 7
color el color
column la columna 14
comb el peine 3
to comb peinar(se) 3
to combine combinar
to come venir; *to come back* regresar 12, volver *(ue)*; *to come in* entrar
comedy la comedia 13
comfortable cómodo,-a
comical cómico,-a
commentator el comentarista, la comentarista 14
commercial comercial 13; *commercial (announcement)* el anuncio comercial 13
communication la comunicación 1

compact disc el disco compacto; *compact disc player* el tocadiscos
company la compañía 15
compartment el compartimiento 16
competition la competencia; el concurso 13
complete completo,-a 15
to complete completar, acabar
computer la computadora; *computer programmer* el programador, la programadora 17
concert el concierto
concourse el muelle 16
to conduct conducir 6
to connect conectar(se)
connected conectado,-a 1; unido,-a 17
to contain contener 1
contest el concurso 13
to continue continuar, seguir *(i, i)* 1
cook el cocinero, la cocinera 10
to cook cocinar
cookie la galleta 6
cool el fresco; *it is cool* hace fresco
to copy copiar
corn el maíz
corner la esquina 5; *to turn (a corner)* doblar 6
cornmeal pancake *(Mexico)* la tortilla 5
correct correcto,-a
correspondence la correspondencia 17
corridor el corredor 5
to cost costar *(ue)*
Costa Rica Costa Rica
Costa Rican costarricense 7
cotton el algodón
counter el mostrador 16
country el país 2
couple la pareja
courtyard el patio
cousin el primo, la prima
to cover cubrir 13
cow la vaca 8
crab el cangrejo 9
crazy loco,-a
cream la crema 9; *ice cream* el helado; *ice cream parlor* la heladería 5; *shaving cream* la crema de afeitar 3

to create crear
credit el crédito; *credit card* la tarjeta de crédito; *on credit* a crédito
crew la tripulación 16
to cross cruzar
crossed atravesado,-a
cruise el crucero 2
Cuba Cuba
Cuban cubano,-a 7
culture la cultura 14
cultured culto,-a 14
cup la taza
cupboard el armario
curtain la cortina 11
curve la curva 6
custard el flan 9
customs la aduana 16
to cut cortar 11

D

dad el papá 11
dairy (store) la lechería 5
dance el baile 17
to dance bailar
dancing el baile 17
dark obscuro,-a; *to get dark* anochecer 10
dark-haired moreno,-a
dark-skinned moreno,-a
date la fecha; la cita 4
daughter la hija
day el día; *All Saints' Day* Todos los Santos; *every day* todos los días; *New Year's (Day)* el Año Nuevo; *saint's day* el santo; *the day after tomorrow* pasado mañana; *the day before yesterday* anteayer
dear querido,-a; estimado,-a 17
December diciembre
to decide decidir 10
to decorate adornar
defender el defensor, la defensora 14
degree el grado
delay la demora 6
to delay tardar 6
delicious delicioso,-a, rico, -a 10
to delight encantar 12
delighted encantado,-a
demanding exigente 6
dentist el dentista, la dentista
deodorant el desodorante 3

department el departamento; *department store* el almacén 5

departure la salida 15

to **describe** describir 9

desert el desierto

desire la gana

desk el escritorio, el pupitre; *cashier's desk* la caja; *reception desk* la recepción 16

dessert el postre

destination el destino 15

destiny el destino

to **die** morir(se) *(ue, u) 13; to die laughing* morirse de la risa 13

different diferente 10

difficult difícil

dining room el comedor

dinner la comida 3, la cena 3; *to have dinner* cenar 3

to **direct** dirigir; conducir 6

direction la dirección 6

director el director, la directora

dirty sucio,-a

disaster el desastre

to **discuss** discutir 12

dish el plato

dishwasher el lavaplatos eléctrico

diskette el diskette

to **do** hacer; practicar 17; *to do aerobics* hacer aeróbicos

doctor el médico, la médica; el doctor, la doctora *(abbreviation:* Dr., Dra.*) 4; doctor's office* el consultorio

dog el perro, la perra

dollar el dólar

Dominican dominicano,-a 7; *Dominican Republic* la República Dominicana

donkey el burro 8

door la puerta

dot el punto 1

double doble 16

to **doubt** dudar 12

doubtful dudoso,-a 12

down abajo 11

to **download** *a (software) program* bajar un programa 1

downstairs abajo 11

downtown el centro

to **draw** dibujar

drawing el dibujo

dream el sueño 17

to **dream** soñar 15

dress el vestido

to **dress (someone)** vestir *(i, i) 3*

dresser el tocador 11

dressing el aderezo 10

drink el refresco, la bebida; *soft drink* el refresco

to **drink** tomar

drinkable potable 16

to **drive** conducir 6, manejar 6

driver el chofer, la chofer 17; *taxi driver* el taxista, la taxista 17

drum el tambor

duck el pato 8

due to a causa de

during durante 8

dust el polvo 2

E

each cada

ear *(inner)* el oído 4; *(outer)* la oreja 4

to **earn** ganar 11

early temprano

earring el arete

earth la tierra

east el este 6

Easter la Pascua

easy fácil; *easy chair* el sillón 11

to **eat** comer; *to eat completely* comerse 4; *to eat lunch* almorzar *(ue) 3; to eat up* comerse 4

ecology la ecología 1

economic económico,-a 14

economy la economía 14

Ecuador el Ecuador

Ecuadorian ecuatoriano,-a 7

editorial el editorial 14

egg el huevo

eight ocho; *eight hundred* ochocientos,-as

eighteen dieciocho

eighth octavo,-a

eighty ochenta

either tampoco; *either...or* o...o

El Salvador El Salvador

elbow el codo 4

electric eléctrico,-a

electronic mail el correo electrónico 1

elegant elegante 9

elephant el elefante 7

elevator el ascensor

eleven once

else más

e-mail el e-mail 1

emigration emigración 16

empire el imperio

employee el empleado, la empleada 17

to **enchant** encantar 12

enchilada la enchilada 5

end el fin

to **end** terminar; *to end up* ir a parar 8

engine el motor; *search engine* el motor de búsqueda 1

engineer el ingeniero, la ingeniera 17

England Inglaterra 18

English inglés, inglesa 18

English el inglés *(language)*

to **enjoy** gozar 15

enough bastante

to **erase** borrar

eraser el borrador

escalator la escalera automática

to **escape** escapar(se) 8

Europe Europa 18

European europeo,-a 18

even aun; *even though* sino 6; *not even* ni

event el acontecimiento 13, el suceso 13

every todo,-a, cada; *every day* todos los días

everybody todo el mundo, todos,-as

everyday de todos los días

everyone todo el mundo, todos,-as

everything todo 9

everywhere por todos lados

evident evidente 12

to **exaggerate** exagerar 11

exam el examen

example el ejemplo; *for example* por ejemplo

excellent excelente

excited emocionado,-a 15

exciting emocionante 8

excuse me perdón, con permiso

exercise el ejercicio 4

exhibition la exhibición 6

exit la salida 15

expense el gasto 15

expensive caro,-a

experience la experiencia *17*
expertise la destreza *8*
to expire vencer *15*
to explain explicar, aclarar
explanation la explicación
(exterior) wall el muro *11*
eye el ojo *4*

F

fabric la tela *10*
face la cara *4*
faded desteñido,-a *10*
to fail fracasar *13*
fairly bastante
to fall (down) caer(se) *4; to fall
   asleep* dormirse *(ue, u) 4*
family la familia; *family tree*
   el árbol genealógico
famous conocido,-a;
   famoso,-a *13*
fan el aficionado, la
   aficionada *14;* el
   ventilador *11*
fantastic fantástico,-a;
   maravilloso,-a *7*
far (from) lejos (de)
fare la tarifa *15*
farewell la despedida *18*
farm la finca *8*
farmer el agricultor, la
   agricultora *17*
farther on adelante *5*
to fascinate fascinar *12*
fascinating fascinante *7*
fast rápido,-a
to fasten abrochar(se) *16*
fat gordo,-a; *to get fat*
   engordarse *10; to make
   fat* engordar *10*
fate el destino
father el padre; el papá *11*
faucet el grifo *3*
favorite favorito,-a
fax el fax *1*
fear el miedo
to fear temer *12*
feather la pluma *8*
February febrero
to feed dar de comer
to feel sentir(se) *(ie, i) 4; to feel
   like* tener ganas de; *to feel
   sorry* sentir *(ie, i)*
fence la cerca *11; wrought
   iron fence* la reja *11*
fender el guardabarros *6*
ferocious feroz *(pl.* feroces) *7*
fierce feroz *(pl.* feroces) *7*

fifteen quince
fifth quinto,-a
fifty cincuenta
fillet el filete *9*
film la película
to film filmar *13*
finally por fin *18*
to find encontrar *(ue) 1; to find
   out* enterar(se) de *14*
finger el dedo
to finish terminar, acabar
fire el fuego; el incendio *12;
   fire alarm* la alarma de
   incendios *12; firefighter*
   el bombero,
   la bombera *17*
fireplace la chimenea *11*
fireworks los fuegos
   artificiales *7*
first primero,-a; primero;
   (form of primero *before a
   m., s. noun)* primer; *first
   floor* el primer piso
fish el pescado; *boneless cut of
   fish* el filete *9*
to fish pescar *4*
fishing la pesca *17*
to fit quedarle bien a uno; *to fit
   (into)* caber *9*
fitting room el vestidor *10*
five cinco; *five hundred*
   quinientos,-as
to fix arreglar
flamingo el flamenco *7*
flat roof la azotea *11*
flavor el sabor *10*
flavoring el aderezo *10*
flight el vuelo *15; flight
   attendant* el auxiliar de
   vuelo, la auxiliar de
   vuelo *16*
floor el piso; *first floor* el
   primer piso; *ground floor*
   la planta baja
flower la flor; *flower shop* la
   florería *5*
flu la gripe *4*
flute la flauta
to fly volar *(ue) 8*
to follow seguir *(i, i) 1*
following: the following lo
   siguiente
food la comida; *food server* el
   camarero, la camarera *5,*
   el mesero, la mesera *10;
   little food item* la golosina *7*
foot el pie; *on foot* a pie
football el fútbol americano

for por, para; *for example* por
   ejemplo
foreign extranjero,-a *13*
forest el bosque *8*
to forget olvidar(se) *4*
fork el tenedor
to form formar; *to form an
   opinion* opinar *13*
forty cuarenta
forward el delantero, la
   delantera *14*
to found fundar
four cuatro; *four hundred*
   cuatrocientos,-as
fourteen catorce
fourth cuarto,-a
fowl el ave *9*
France Francia *18*
free libre
French francés, francesa *18*
fresh fresco,-a; puro,-a *11*
Friday viernes; *on Friday* el
   viernes
friend el amigo, la amiga
friendship la amistad *17*
from de, desde; *from a short
   distance* de cerca *6; from
   the* de la/del (de + el); *from
   where?* ¿de dónde?
fruit la fruta; *fruit store* la
   frutería *5*
to fry freír *(i, i) 9*
full lleno,-a *10*
fun divertido,-a; *to have fun*
   divertirse *4*
funny cómico,-a;
   chistoso,-a *7*
furthermore además *10*
future el futuro *17*

G

game el partido, el juego;
   game show el programa
   de concurso; *games won*
   los partidos ganados; *to
   play (a game)* jugar a;
   video game la maquinita
garage el garaje
garbage la basura
garden el jardín *11;
   zoological garden* el jardín
   zoológico *7*
garlic el ajo
garment la prenda *10*
generous generoso,-a
gentleman el caballero *5*
geography la geografía
geometry la geometría

German alemán, alemana *18*
Germany Alemania *18*
to **get** conseguir *(i, i) 1; to always get one's way* siempre salirse con la suya *18; to get along* llevarse *4; to get burned* quemarse *3; to get connected* conectarse *1; to get dark* anochecer *10; to get dressed* vestirse *3; to get fat* engordarse *10; to get in* subir *6; to get together* reunir(se) *4; to get up* levantarse *3; to get used to* acostumbrar(se) *4*
gift el regalo
giraffe la jirafa *7*
girl la chica, la muchacha
girlfriend la novia *2*
to **give** dar; *to give an opinion* opinar *13*
glad contento,-a; *Glad to meet you!* ¡Mucho gusto!; *I would be (very) glad to* con (mucho) gusto; *So glad to meet you.* Tanto gusto.; *to be glad* alegrarse (de) *12*
glass el vaso; *glass showcase* la vitrina *5*
globe el globo *7*
glove el guante
to **go** ir; andar *9; to go away* irse *4; to go away on a trip* irse de viaje *4; to go back* regresar *12*, volver *(ue); to go in* entrar; *to go on* seguir *(i, i) 1; to go out* salir; *to go shopping* ir de compras; *to go to bed* acostarse *(ue) 3; to go up* subir; *to go upstairs* subir
goal el gol *14*
goalie el portero, la portera *14*
goaltender el portero, la portera *14*
gold el oro
good bueno,-a, *(form of bueno before a m., s. noun)* buen; *good afternoon* buenas tardes; *good luck* buena suerte; *good morning* buenos días; *good night* buenas noches
good-bye adiós; *to say good-*

bye despedir(se) *(i, i)*
good-bye la despedida *18*
good-looking guapo,-a, bonito,-a
gorilla el gorila *7*
gossip el chisme *2*
government el gobierno
granddaughter la nieta
grandfather el abuelo
grandmother la abuela
grandson el nieto
grape la uva
grapefruit la toronja *9*
grass el césped *6*
gray gris
great fantástico,-a; gran *8*
great-grandfather el bisabuelo *11*
great-grandmother la bisabuela *11*
greater mayor
greatest mayor
green verde; *green bean* la habichuela
greens la verdura
to **greet** saludar
grocery store el almacén *5*
group el grupo; *musical group* el grupo musical
to **grow** crecer
Guatemala Guatemala
Guatemalan guatemalteco, -a *7*
to **guess** adivinar
guidance la dirección *5*
guide el guía, la guía *7*
guidebook la guía *15*
guitar la guitarra
guy el muchacho
gym el gimnasio

H

hair el pelo *3*
hairstylist el peluquero, la peluquera *17*
half medio,-a; *half past* y media
half el tiempo *14*
hallway el corredor *5*
ham el jamón
hand la mano; *on the other hand* en cambio
to **hand in** entregar *16*
handbag el bolso; el maletín *16*
handkerchief el pañuelo
handsome guapo,-a

to **hang** colgar *(ue)*
to **happen** pasar
happening el acontecimiento *13*, el suceso *13*
happiness la dicha *15*
happy contento,-a, feliz *(pl. felices)*, alegre; *Happy birthday!* ¡Feliz cumpleaños!; *to make happy* alegrar (de) *12*
hard difícil
hat el sombrero; *hat store* la sombrerería *5*
to **have** tomar, tener; *(auxiliary verb)* haber *13; to have a birthday* cumplir años; *to have breakfast* desayunar(se) *3; to have dinner* cenar *3; to have fun* divertirse *4; to have just* acabar de *(+ infinitive); to have lunch* almorzar *(ue) 3; to have supper* cenar *3; to have to* deber, tener que
he él
head la cabeza
headlight el faro *6*
headline el titular *14*
to **hear** oír; escuchar *14*
heart el corazón *4*
heat el calor
hello hola; *(telephone greeting)* aló, diga, oigo; *to say hello* saludar
to **help** ayudar
help la ayuda
hen la gallina *8*
her su, sus; *(d.o.)* la; *(i.o.)* le; *(after a preposition)* ella; suyo,-a *8; (of) hers* suyo,-a *8*
here aquí
heritage la herencia
hey mira, miren, oye, oigan
hi hola
high-heel shoe el zapato de tacón
highway la carretera *5*
hill la colina
him *(d.o.)* lo; *(i.o.)* le; *(after a preposition)* él
hippopotamus el hipopótamo *7*
his su, sus; suyo,-a *8; (of) his* suyo,-a *8*
Hispanic hispano,-a
history la historia

hockey el hockey
home la casa; el hogar *11*; *at home* en casa
homework la tarea
Honduran hondureño,-a *7*
Honduras Honduras
honey miel; *honey (term of endearment)* corazón *4*
hood el capó *6*
hope la aspiración *17*
to **hope** esperar *12*
horn el claxon *6*; el cuerno *8*
horrible horrible
horse el caballo; *on horseback* a caballo
hot caliente; *it is hot* hace calor; *to be hot* tener calor
hotel el hotel *16*
hour la hora
house la casa
how (+ adjective)! ¡qué (+ *adjective*)!
how (+ adjective/adverb) lo (+ *adjective/adverb*) *8*
how? ¿cómo?; *How are you?* ¿Qué tal?; *How are you (formal)?* ¿Cómo está (Ud.)?; *How are you (informal)?* ¿Cómo estás (tú)?; *How are you (pl.)?* ¿Cómo están (Uds.)?; *How do you say...?* ¿Cómo se dice...?; *How do you write (spell)...?* ¿Cómo se escribe...?; *How is the weather?* ¿Qué tiempo hace?; *How long...?* ¿Cuánto (+ *time expression*) hace que (+ *present tense of verb*)...?; *how many?* ¿cuántos,-as?; *how much?* ¿cuánto,-a?; *How old are you?* ¿Cuántos años tienes?
however sin embargo *18*
hug el abrazo
hunger el hambre *(f.)*
hurricane el huracán *13*
hurry la prisa; *in a hurry* apurado,-a; *to be in a hurry* tener prisa
to **hurry up** apurar(se) *10*
to **hurt** doler *(ue) 4*; lastimar(se) *13*
husband el esposo; el marido *11*

I

I yo; *I am sorry* lo siento; *I do not know.* No sé.; *I hope* ojalá *17*
ice el hielo; *ice cream* el helado; *ice cream parlor* la hcladería *5*
to **ice-skate** patinar sobre hielo
idea la idea
ideal ideal
if si; *if only* ojalá *17*
iguana la iguana *7*
to **imagine** imaginar(se) *7*
immediately en seguida *16*
to **imply** implicar
important importante; *to be important* importar
impossible imposible *12*
to **improve** mejorar
in en, por; *in a hurry* apurado,-a; *in cash* en efectivo; *in favor (of)* a favor (de) *14*; *in order that* para que; *in order to* para; *in short* en resumen; *in the afternoon* de la tarde, por la tarde; *in the center of* en medio de *18*; *in the middle of* en medio de *18*; *in the morning* de la mañana, por la mañana
increase el aumento
to **inform** informar *13*
information la información *1*
ingredient el ingrediente
inhabitant el habitante, la habitante
to **injure** lastimar(se) *13*
inn el parador *16*
(inner) ear el oído *4*
inside adentro *11*
to **insist (on)** insistir (en) *11*
to **install** instalar *2*
instruction la dirección *5*
intelligent inteligente
to **intend** pensar *(ie)*
to **interest** interesar *12*
interesting interesante
international internacional *14*
Internet la Internet *1*
interview la entrevista *14*
to **introduce** presentar
invitation la invitación
to **invite** invitar *11*
iron la plancha *12*
to **iron** planchar *12*

ironing board la mesa de planchar *12*
island la isla *18*
it *(d.o.)* la, *(d.o.)* lo; *(neuter form)* ello; *it is better that* más vale que *12*; *it is cloudy* está nublado; *it is cold* hace frío; *it is cool* hace fresco; *it is hot* hace calor; *It is midnight.* Es medianoche.; *It is noon.* Es mediodía; *it is (+ number) o'clock* son las (+ *number*); *it is one o'clock* es la una; *it is sunny* está soleado, hay sol, hace sol; *it is windy* hace viento; *it is written* se escribe; *it means* quiere decir
Italian italiano,-a *18*
Italy Italia *18*
itinerary el itinerario *15*
its su, sus; suyo,-a *8*

J

jacket la chaqueta
January enero
Japan el Japón *18*
Japanese japonés, japonesa *18*
jersey la camiseta *14*
jewel la joya *10*
jewelry store la joyería *10*
job el empleo *17*
joke el chiste *9*, la broma *11*
journalist el periodista, la periodista *13*
juice el jugo *5*
July julio
to **jump** saltar *8*
June junio
jungle la selva *7*
just sólo

K

to **keep** seguir *(i, i) 1*; mantener *18*
Kenya Kenya *18*
Kenyan kenyano,-a *18*
ketchup la salsa de tomate *10*
key la llave *12*
kilo(gram) el kilo(gramo) *9*
kind amable
kind el tipo *10*
king el rey *15*

kiss el beso *11*
kitchen la cocina
knee la rodilla *4*
knife el cuchillo
to **know** saber; conocer *6; I do not know.* No sé.
knowledge la cultura *14*
known conocido,-a

L

lady la señora, Sra., la dama; *young lady* la señorita
lake el lago *4*
lamp la lámpara
land la tierra
to **land** aterrizar *16*
landscape el paisaje
language la lengua, el idioma
last pasado,-a, último,-a *2; last name* el apellido *16; last night* anoche *9*
late tarde *3*
later luego, después; *see you later* hasta luego, hasta la vista
laugh la risa *13*
to **laugh** reír(se) *(i, i) 9*
laundry room el lavadero *11*
lawn el césped *6*
lawyer el abogado, la abogada *17*
lazy perezoso,-a
to **learn** aprender; *to learn about* enterar(se) de *14*
least: the least (+ adjective + noun) el/la/los/las (+ *noun*) menos (+ *adjective*)
leather el cuero
to **leave** dejar; irse *4*
left izquierdo,-a *4*
left la izquierda *5; to the left* a la izquierda *5*
leg la pierna; *to pull someone's leg* tomar el pelo *10*
lemon el limón *9*
to **lend** prestar
less menos; *less (+ noun/ adjective/ adverb) than* menos (+ *noun/adjective/ adverb*) que
to **let** dejar (de) *11; let me introduce you to (formal, s.)* le presento a, *(informal, s.)* te presento a, *(pl.)* les presento a
letter la carta, la letra; *capital letter* la mayúscula;

lowercase letter la minúscula
lettuce la lechuga
let's (+ infinitive)! ¡vamos a (+ *infinitive*)!; *let's go!* ¡vamos!; *let's see* a ver
level el nivel
librarian el bibliotecario, la bibliotecaria *17*
library la biblioteca
license plate la placa *6*
lie la mentira
to **lie** mentir *(ie, i)*
to **lie down** acostarse *3*
life la vida
to **lift** levantar *3*
light la luz *(pl.* luces*); light bulb* la bombilla *11*
to **light** encender *(ie)*
lighthouse el faro
like como *7*
to **like** gustar; querer; *I/you/he/she/it/we/they would like...* me/te/le/nos/os/les gustaría...
lime el limón *9*
line la fila *8*
lion el león *7*
link el vínculo *1*
list la lista
to **listen to** oír; escuchar *14*
little poco,-a; *a little (bit)* un poco; *a very little (bit)* un poquito; *little food item* la golosina *7; little machine* la maquinita
to **live** vivir
live en vivo *14*
living room la sala
lobster la langosta
located ubicado,-a
lock la cerradura *12*
to **lodge** alojar(se) *16*
long largo,-a
to **look (at)** mirar; *to look for* buscar
to **lose** perder *(ie)*
love el amor
to **love** querer
lovely hermoso,-a *17*
lowercase letter la minúscula
low-heel shoe el zapato bajo
luck la suerte *15; good luck* buena suerte
luggage el equipaje *16; carry-on luggage* el equipaje de mano *16*
lunch el almuerzo; *to eat*

lunch almorzar *(ue) 3; to have lunch* almorzar (ue) *3*
luxury el lujo *16*

M

machine la máquina; *little machine* la maquinita
magazine la revista
magnificent magnífico,-a *18*
mail el correo; *electronic mail* correo electrónico *1*
main principal *9*
to **maintain** mantener *18*
majority la mayoría
to **make** hacer; *to make a mistake* equivocar(se) *4; to make fat* engordar *10; to make happy* alegrar (de) *12; to make responsible (for)* encargar (de) *11*
makeup el maquillaje *3; to put makeup on (someone)* maquillar *3; to put on makeup* maquillarse *3*
mall el centro comercial
man el hombre
manager el gerente, la gerente *17*
many mucho,-a; *how many?* ¿cuántos,-as?; *too many* demasiado,-a *9*
map el mapa
March marzo
market el mercado; *meat market* la carnicería *5*
marvellous maravilloso,-a *7*
match el partido
material el material
mathematics las matemáticas
to **matter** importar
maximum máximo,-a *14*
May mayo
maybe a lo mejor *15*, puede ser *15*
mayonnaise la mayonesa *10*
me *(i.o.)* me; *(d.o.)* me; *(after a preposition)* mí; *they call me* me llaman
to **mean** querer decir; *it means* quiere decir; *What is the meaning (of)...?* ¿Qué quiere decir...?
meat la carne; *meat market* la carnicería *5*
mechanic el mecánico, la mecánica *17*

medicine la medicina *4*

to **meet** conocer; *Glad to meet you!* ¡Mucho gusto!

meeting la reunión *13*

melon el melón *9*

member el miembro *11*

men's restroom el baño de los caballeros

menu el menú *9*

Mexican mexicano,-a *5*

Mexico México

microphone el micrófono *14*

microwave oven el horno microondas *12*

middle el medio *18*; *in the middle of* en medio de *18*

midfielder el mediocampista, la mediocampista *14*

midnight la medianoche; *It is midnight.* Es medianoche.

milk la leche; *milk store* la lechería *5*

mine mío,-a; *(of) mine* mío,-a *8*; *the pleasure is mine* el gusto es mío

mineral water el agua mineral *(f.)*

minimum mínimo,-a

minus menos

minute el minuto

mirror el espejo *3*

to **miss** extrañar *17*

Miss la señorita, Srta.

mist la neblina

modern moderno,-a *6*

mom la mamá *11*

Monday lunes; *on Monday* el lunes

money el dinero; la moneda *5*

monkey el mono *7*

month el mes

monument el monumento *5*

moon la luna *8*

more más; *more (+ noun/ adjective/adverb) than* más (+ *noun/adjective/adverb*) que; *more than* más de *7*

morning la mañana; *good morning* buenos días; *in the morning* de la mañana, por la mañana

Moroccan marroquí *18*

Morocco Marruecos *18*

most: *the most (+ adjective + noun)* el/la/los/las (+ *noun*) más (+ *adjective*)

mother la madre; la mamá *11*

motor el motor *6*

motorcycle la moto(cicleta)

mountain la montaña *7*

mouse el ratón *8*

mouth la boca *4*

to **move** mudar(se) *15*

movie la película; *movie theater* el cine

to **mow** cortar *11*

Mr. el señor, Sr.

Mrs. la señora, Sra.

much mucho,-a; mucho; *as much as* tanto como; *as much (+ noun) as (+ person/item)* tanto,-a (+ *noun*) como (+ *person/item*); *how much?* ¿cuánto,-a?; *too (much)* demasiado; *too much* demasiado,-a *9*; *very much* muchísimo

museum el museo

music la música

musical group el grupo musical

must deber

mustard la mostaza *10*

my mi, *(pl.)* mis; mío,-a *8*; *my name is* me llamo

mystery el misterio *13*

N

name el nombre *15*; *last name* el apellido; *my name is* me llamo; *their names are* se llaman; *What is your name?* ¿Cómo te llamas?; *What is (your/his/her) name?* ¿Cómo se llama (Ud./él/ella)?; *(Your [formal]/His/Her) name is....* (Ud./Él/Ella) se llama....; *your name is* te llamas

napkin la servilleta

to **narrate** narrar *14*

narrow estrecho,-a

national nacional *13*

native indígena

near cerca (de)

necessary necesario,-a *9*, preciso,-a *12*; *to be necessary* hacer falta

neck el cuello *4*

necklace el collar

to **need** necesitar

neighbor el vecino, la vecina *4*

neighborhood el barrio *4*

neither tampoco; *neither...nor* ni...ni

nephew el sobrino

nervous nervioso,-a

never nunca

nevertheless sin embargo *18*

new nuevo,-a; *New Year's (Day)* el Año Nuevo

news la noticia

newspaper el periódico

next próximo,-a *5*, que viene; *next to* al lado (de)

Nicaragua Nicaragua

Nicaraguan nicaragüense *7*

nice simpático,-a, amable; agradable *10*; *the weather is nice* hace buen tiempo

nickname el apodo

niece la sobrina

night la noche; *at night* de la noche, por la noche; *good night* buenas noches; *last night* anoche *9*

nine nueve; *nine hundred* novecientos,-as

nineteen diecinueve

ninety noventa

ninth noveno,-a

no no

nobody nadie

noise el ruido *16*

none ninguno,-a, ningún, ninguna

noon el mediodía; *It is noon.* Es mediodía.

normal normal *13*

north el norte *6*; *North America* la América del Norte *7*; *North American* norteamericano,-a *18*

northeast el noreste *6*

northwest el noroeste *6*

nose la nariz *4*

not any ninguno,-a, ningún, ninguna

not even ni

not very poco,-a

notebook el cuaderno

nothing nada

November noviembre

now ahora; ya *14*; *right now* ahora mismo

number el número; *telephone number* el número de teléfono
nurse el enfermero, la enfermera *4*

O

to obtain conseguir *(i, i) 1*
obvious obvio,-a *12*
occasion la ocasión *13*
occupied ocupado,-a
to occur pasar; ocurrir *8*
ocean el océano *18*
o'clock a la(s)...; *it is (+ number) o'clock* son las (+ *number*); *it is one o'clock* es la una
October octubre
octopus el pulpo *9*
of de; *of the* de la/del (de + el); *of course* desde luego *3*; *of course!* ¡claro!, ¡Cómo no!; *(of) hers* suyo,-a *8*; *(of) his* suyo,-a *8*; *(of) mine* mío,-a *8*; *(of) ours* nuestro,-a *8*; *of which* cuyo,-a; *(of) yours* tuyo,-a *8*
to offer ofrecer *6*
office la oficina; *box office* la taquilla *8*; *post office* la oficina de correos *5*; *ticket office* la taquilla *8*; *doctor's office* el consultorio
official oficial
oh! ¡ay!
oil el aceite, el petróleo
okay de acuerdo, regular; *(pause in speech)* bueno
old viejo,-a; antiguo,-a *7*; *How old are you?* ¿Cuántos años tienes? *to be (+ number) years old* tener (+ *number*) años; *to become (+ number) years old* cumplir
older mayor
oldest el/la mayor
omelet *(Spain)* la tortilla *5*; el omelet *15*
on en, sobre; *on credit* a crédito; *on foot* a pie; *on Friday* el viernes; *on horseback* a caballo; *on loan* prestado,-a; *on*

Monday el lunes; *on Saturday* el sábado; *on Sunday* el domingo; *on the other hand* en cambio; *on the telephone* por teléfono; *on Thursday* el jueves; *on time* a tiempo *12*; *on top of* encima de *8*; *on Tuesday* el martes; *on Wednesday* el miércoles
one un, una, uno; *one hundred* cien, (*when followed by another number*) ciento
one-way sencillo,-a *15*
onion la cebolla
only único,-a, sólo, solamente; *if only* ojalá *17*
open abierto,-a
to open abrir; *open (command)* abre *4*
opportunity la oportunidad *14*
or o, (*used before a word that starts with o or ho*) u; *either...or* o...o
orange *(color)* anaranjado,-a
orange la naranja
to order pedir *(i, i)*; mandar *11*, ordenar *5*
organ el órgano
to organize organizar *18*
other otro,-a
ought deber
our nuestro,-a *8*
outdoors al aire libre *11*
(outer) ear la oreja *4*
outside afuera *11*
oven el horno *12*; *microwave oven* el horno microondas *12*
over sobre; encima de *8*; *over there* allá
overnight bag el maletín *16*

P

paella la paella
page la página
pain la pena
to paint pintar *2*
painting el cuadro *11*
pair la pareja
pajamas el pijama
Panama Panamá

Panamanian panameño,-a *7*
panther la pantera *7*
pants el pantalón
pantyhose las pantimedias
papaya la papaya *9*
paper el papel; *sheet of paper* la hoja de papel
parade el desfile *7*
Paraguay el Paraguay
Paraguayan paraguayo,-a *7*
pardon me perdón
parents los padres, los papás
park el parque; *amusement park* el parque de atracciones
part la parte *9*
to participate participar *13*
partner el compañero, la compañera
party la fiesta
to pass pasar; *pass me* pásame
passenger el pasajero *16*
passport el pasaporte *15*
past pasado,-a; *a quarter past* y cuarto; *half past* y media
pastime el pasatiempo
pastry el pastel *12*
path el camino
patio el patio
paw la pata *8*
to pay pagar
pea el guisante
peace la paz *3*
peach el durazno *9*
pear la pera *9*
pearl la perla
pen el bolígrafo, la pluma
penalty la pena máxima *14*
pencil el lápiz (*pl.* lápices); *pencil sharpener* el sacapuntas
people la gente
pepper la pimienta (*seasoning*); *bell pepper* el pimiento; *pepper shaker* el pimentero *10*
perfect perfecto,-a
perfume el perfume
perhaps quizás
period el tiempo *14*
permission el permiso; *to ask for permission (to do something)* pedir permiso (para)
permit el permiso
to permit permitir
person la persona

personal personal
pertaining to air aéreo,-a *15*
pertaining to water
    acuático,-a *17*
Peru el Perú
Peruvian peruano,-a *7*
philosophy la filosofía
photo la foto(grafía)
photographer el fotógrafo, la
    fotógrafa *17*
physics la física
piano el piano
to **pick up** recoger
picnic el picnic *2*
picture el cuadro *11*
piece la pieza *16*; *piece of*
    furniture el mueble *11*
pier el muelle *16*
pig el puerco *8*
pilot el piloto *16*
pineapple la piña *9*
pink rosado,-a
pity la lástima *12*
place el lugar, la posición; la
    parte *9*
to **place** poner; colocar *16*
plaid a cuadros *10*
plan el plan *12*
to **plan** pensar *(ie)*
plant la planta
plastic el plástico *7*
plate el plato; *license plate* la
    placa *6*
play la comedia *13*
to **play** jugar *(ue)*; (*a musical
    instrument*) tocar; (*a
    sport/game*) jugar a
player el jugador, la
    jugadora; *basketball
    player* el basquetbolista,
    la basquetbolista; *record
    player* el tocadiscos; *soccer
    player* el futbolista, la
    futbolista; *tennis player* el
    tenista, la tenista
playing card la carta
plaza la plaza
pleasant simpático,-a
please por favor
to **please** agradar *10,*
    complacer *12*
pleasing agradable *10*; *to be
    pleasing to* gustar
pleasure el gusto; el placer
    16; *the pleasure is mine*
    encantado,-a, el gusto es
    mío
plum la ciruela *9*

plural el plural
point el punto
to **point** apuntar; *to point to
    *(*at, out*) señalar
police (officer) el policía, la
    policía *5*
politically políticamente
poll la encuesta *14*
pollution (environmental)
    la contaminación
    ambiental *1*
polo shirt la camiseta *14*
poor pobre *8*
popular popular
population la población
pork el puerco *8*
port el puerto
Portugal el Portugal *18*
Portuguese portugués,
    portuguesa *18*
position la posición *16*
possible posible *10*; *as
    *(+ *adverb*) *as possible* lo
    más/menos (+ *adverb*)
    posible
post office la oficina de
    correos *5*
pot la olla; *coffee pot* la
    cafetera *12*
potato la papa
pound la libra
practice la práctica
to **practice** practicar *17*
to **prefer** preferir *(ie, i)*
to **prepare** preparar
pretty bonito,-a, lindo,-a
price el precio
prince el príncipe *15*
princess la princesa *15*
principle principal *9*
printed advertisement el
    aviso *14*
prize el premio *13*
probable probable *9*
problem el problema
program el programa *1, to
    download a program* bajar
    un programa *1*
to **promise** prometer
protest la protesta *13*
to **prove** probar(se) *(ue)*
public público,-a; *public
    square* la plaza; *public
    telephone* el teléfono
    público
Puerto Rican
    puertorriqueño,-a *7*
Puerto Rico Puerto Rico

to **pull someone's leg** tomar el
    pelo *10*
punishment la pena
purchase la compra
pure puro,-a *11*
purpose el propósito
purse el bolso
to **pursue** seguir *(i, i) 1*
to **put** poner; colocar *16; to put
    *(*someone*) *in bed* acostar
    (ue) *3; to put in charge
    *(*of*) encargar (de) *11; to
    put makeup on (someone)*
    maquillar *3; to put on*
    poner(se) *3; to put on
    makeup* maquillarse *1*

Q

quality la calidad
quarter el cuarto; *a quarter
    after, a quarter past*
    y cuarto; *a quarter to, a
    quarter before* menos
    cuarto
queen la reina *15*
question la pregunta; *to ask a
    question* hacer una
    pregunta
quickly pronto
to **quit** dejar (de) *4*

R

rabbit el conejo *8*
radio (*apparatus*) el radio;
    (*broadcast*) la radio; *radio
    station* la emisora *14*
rain la lluvia
to **rain** llover *(ue)*
raincoat el impermeable
to **raise** levantar *3*
ranch la finca *8*
rapid rápido
rapidly rápidamente
rather bastante
to **reach** cumplir
to **read** leer
reading la lectura
ready listo,-a; *to be ready*
    estar listo,-a
real real *17*
reality la realidad *18*
really? ¿de veras?
reason la razón *10*
receipt el recibo *10*
to **receive** recibir
reception desk la recepción *16*

receptionist el recepcionista, la recepcionista *16*

recipe la receta

record el disco; *record player* el tocadiscos

to **record** grabar *13*

red rojo,-a

red-haired pelirrojo,-a

to **refer** referir(se) *(ie, i) 11*

referee el árbitro, la árbitro *14*

refreshment el refresco

refrigerator el refrigerador

to **regret** sentir *(ie, i)*

regular regular

relative el pariente, la pariente

to **relax** descansar *4*

to **remain** quedar(se) *3*

to **remember** recordar *(ue);* acordar(se) (de) *(ue) 9*

remote remoto,-a; *remote control* el control remoto

to **rent** alquilar

to **repeat** repetir *(i, i)*

report el informe

reporter el periodista, la periodista; el reportero, la reportera *13*

to **request** pedir *(i,i)*

reservation la reservación *15*

to **resolve** resolver *(ue)*

respectfully atentamente *17*

to **rest** descansar *4*

restaurant el restaurante

to **return** volver *(ue);* regresar *12*

reunion la reunión *13*

to **review** repasar

rib la costilla *9*

rice el arroz

rich rico,-a *10*

ride el paseo; *(amusement) ride* la atracción *7*

to **ride** montar

right correcto,-a; derecho,-a *4*; *right?* ¿verdad?; *right now* ahora mismo; *to be right* tener razón *10*

right la derecha *5*; *to the right* a la derecha *5*

ring el anillo

ripe maduro,-a

river el río *18*

road el camino

roar el rugido *8*

to **roar** rugir *8*

robbery el robo *13*

roller coaster la montaña rusa *7*

roof el techo *11*; *flat roof* la azotea *11*

room el cuarto; la habitación *16*; *chat room* cuarto de charla *1; dining room* el comedor; *laundry room* el lavadero *9; living room* la sala; *room service* servicio al cuarto *16*

rooster el gallo *8*

round-trip de ida y vuelta *15*

row la fila *8*

ruby el rubí *10*

rug la alfombra *11*

rule la regla *12*

ruler la regla

to **run** correr

runner el corredor, la corredora

rush la prisa

Russia Rusia *18*

Russian ruso,-a *18*

S

sad triste

safety la seguridad *6; safety belt* el cinturón de seguridad *6*

saint's day el santo; *All Saints' Day* Todos los Santos

salad la ensalada

sale la oferta; *to be on sale* estar en oferta

salesperson el vendedor, la vendedora *17*

salt la sal; *salt shaker* el salero *10*

Salvadoran salvadoreño,-a *7*

same mismo,-a

sand la arena

sandwich el sandwich *9*

Saturday sábado; *on Saturday* el sábado

saucepan la olla

Saudi saudita *18; Saudi Arabia* Arabia Saudita *18; Saudi Arabian* saudita *18*

sausage (*seasoned with red peppers*) el chorizo; la salchicha *9*

to **save** ahorrar

to **savor** saborear *15*

saxophone el saxofón

to **say** decir; *How do you say...?* ¿Cómo se dice...?; *one says* se dice; *say (command)* di *4; to say good-bye* despedir(se) *(i, i) 4; to say hello* saludar; *to say you are sorry* pedir perdón

scarf la bufanda

scenery el paisaje

schedule el horario

school el colegio, la escuela; (*of a university*) la facultad *18*

science la ciencia

to **scold** regañar

score el marcador *14*

to **score** marcar *14*

scratched rayado,-a *11*

screen la pantalla *15*

scuba diving el buceo *17*

sea el mar *18*

seafood el marisco *9*

search la búsqueda; *search engine* el motor de búsqueda *1*

season la estación

seasoning el aderezo *10*

to **seat (someone)** sentar *(ie) 3*

seat belt el cinturón de seguridad *6*

seat-back el respaldar *16*

second el segundo; segundo,-a

secret el secreto *10*

secretary el secretario, la secretaria *17*

section la sección *14*

to **see** ver; *let's see* a ver; *see you later* hasta luego, hasta la vista; *see you soon* hasta pronto

to **seem** parecer

selection el surtido *10*

selfish egoísta

to **sell** vender

to **send** enviar

sense of hearing el oído

sentence la oración, la frase

September septiembre

serious serio,-a *13*

to **serve** servir *(i, i) 10*

service el servicio *16; room service* servicio al cuarto *16*

to **set** poner; *to set the table* poner la mesa

seven siete; *seven hundred* setecientos,-as
seventeen diecisiete
seventh séptimo,-a
seventy setenta
several varios,-as
sewing la costura
shame la lástima *12*
shampoo el champú *3*
to **share** compartir
to **shave** afeitar(se) *3*
shaving cream la crema de afeitar *3*
she ella
sheep la oveja *8*
sheet la hoja; *sheet of paper* la hoja de papel
ship el barco
shirt la camisa; *polo shirt* la camiseta *14*
shoe el zapato; *high-heel shoe* el zapato de tacón; *low-heel shoe* el zapato bajo; *shoe store* la zapatería *5*
shopping center el centro comercial
shore la orilla *18*
short *(not tall)* bajo,-a, *(not long)* corto,-a; *from a short distance* de cerca *6*; *in short* en resumen
shorts los shorts *2*; *bermuda shorts* las bermudas *2*
shot el tiro *14*
should deber
shoulder el hombro *4*
to **shout** gritar *7*
show el programa; *game show* el programa de concurso
to **show** enseñar; mostrar *(ue) 13*
shower la ducha *3*
to **shower** duchar(se) *3*
shrimp el camarón *9*
sick enfermo,-a
side el lado
sidewalk la acera *6*
sign la señal *6*
to **sign** firmar *16*
silk la seda
silly tonto,-a
silver la plata
silverware los cubiertos
since desde, como
to **sing** cantar
singer el cantante, la cantante *13*
single sencillo,-a *16*

sink el fregadero; *bathroom sink* el lavabo *3*
sir el señor, Sr.
sister la hermana
to **sit down** sentarse *3*; *sit down (command)* siéntate *4*
six seis; *six hundred* seiscientos,-as
sixteen dieciséis
sixth sexto,-a
sixty sesenta
size el tamaño
to **skate** patinar; *to ice-skate* patinar sobre hielo; *to in-line skate* patinar sobre ruedas
skater el patinador, la patinadora
sketch el dibujo
to **sketch** dibujar
to **ski** esquiar
skier el esquiador, la esquiadora
skiing el esquí *17*
skill la destreza *8*
skirt la falda
sky el cielo *8*
skyscraper el rascacielos
sleep el sueño
to **sleep** dormir *(ue, u)*
slipper la pantufla *2*
slippery resbaloso,-a *13*
slow lento,-a
small pequeño,-a; *small suitcase* el maletín *16*
smart listo,-a; *to be smart* ser listo,-a
to **smile** sonreír(se) *(i, i) 12*
to **smoke** fumar *4*
smoke alarm la alarma de incendios *12*
smooth suave *17*
snake la serpiente *7*
snow la nieve
to **snow** nevar *(ie)*
so tal, tan; *So glad to meet you.* Tanto gusto.; *so long* hasta luego; *so that* a fin de que, para que
so-so regular
soap el jabón *3*; *soap opera* la telenovela
soccer el fútbol; *soccer player* el futbolista, la futbolista
sock el calcetín
soft suave *17*; *soft drink* el refresco

to **solve** resolver *(ue)*
some unos, unas; alguno,-a, algún, alguna
somebody alguien
someone alguien; *someone from the United States* estadounidense *7*
something algo; *something from the United States* estadounidense *7*
sometimes a veces
son el hijo
song la canción
soon luego, pronto; *as soon as* en cuanto *12*, luego que *12*; *see you soon* hasta pronto
soup la sopa; *soup bowl* el plato de sopa
south el sur *6*; *South America* la América del Sur *7*; *South American* suramericano,-a *18*
southeast el sureste *6*
southwest el suroeste *6*
Spain España
Spanish el español *(language)*
Spanish español, española *7*
Spanish-speaking de habla hispana
to **speak** hablar
speaking el habla *(f.)*
special especial
spectator el espectador, la espectadora *14*
speech el habla *(f.)*
to **spend (time)** pasar
sport el deporte; *to play (a sport)* jugar a
sporty deportivo,-a *6*
spring la primavera
square el cuadro *10*; *public square* la plaza
squid el pulpo *9*
stable el establo *8*
stadium el estadio
stairway la escalera
to **stand out** destacar(se)
star la estrella *8*
to **start** empezar *(ie)*; comenzar *(ie) 12*
station la estación *5*; *bus station* la estación de autobuses *5*; *radio station* la emisora *14*; *subway station* la estación del metro *5*; *train station* la estación del tren *5*

stationery store la papelería *5*
to **stay** alojarse *14*, quedar(se) *3*
steering wheel el volante *6*
stepbrother
    el hermanastro *11*
stepfather el padrastro *11*
stepmother la madrastra *11*
stepsister la hermanastra *11*
stick out *(command)* saca *4*
still todavía
stomach el estómago *4*
stop el alto *6*
to **stop** dejar (de) *4*; parar *5*
stopover la escala *16*
store la tienda; *candy store* la dulcería *5*; *dairy (store)* la lechería *5*; *department store* el almacén *5*; *fruit store* la frutería *5*; *hat store* la sombrerería *5*; *jewelry store* la joyería *5*; *milk store* la lechería *5*; *shoe store* la zapatería *5*; *stationery store* la papelería *5*; *store window* la vitrina *5*
stove la estufa
straight ahead derecho *5*
to **straighten** arreglar
strawberry la fresa
street la calle
stripe la raya *10*
striped a rayas *10*, rayado,-a *11*
strong fuerte *17*
student el estudiante, la estudiante
study el estudio
to **study** estudiar
subject la asignatura *1*
subway el metro; *subway station* la estación del metro *5*
success el éxito *13*; *to be a success* tener éxito *13*
such tal; *such as* como *7*
sufficient bastante
sufficiently bastante
sugar el azúcar; *sugar bowl* la azucarera *10*
to **suggest** aconsejar *10*
suit el traje
suitcase la maleta *15*; *small suitcase* el maletín *16*
summer el verano
sun el sol
Sunday domingo; *on Sunday* el domingo

sunglasses las gafas de sol *2*
sunny soleado,-a; *it is sunny* está soleado, hay sol, hace sol
supermarket el supermercado
supper la cena *3*; *to have supper* cenar *3*
supply el surtido *10*
sure seguro,-a *12*
to **surf** navegar, surfear *1*
surname el apellido *16*
surprise la sorpresa
survey la encuesta *14*
sweater el suéter
to **sweep** barrer
sweet dulce, golosina *7*
to **swim** nadar
swimming pool la piscina
swimsuit el traje de baño
synthetic sintético,-a

T

table la mesa; *to clear the table* recoger la mesa; *to set the table* poner la mesa; *tray table* la mesita *16*
tablecloth el mantel
tablespoon la cuchara
taco el taco *5*
tail el rabo *8*
to **take** tomar, llevar; *to take a long time* tardar en (+ *infinitive*) *6*; *to take a walk* dar un paseo; *to take away* llevarse *4*; *to take care of* cuidar(se) *4*; *to take charge (of)* encargarse (de) *11*; *to take off* despegar *14*, quitar(se) *3*; *to take out* sacar; *to take up* subir
tall alto,-a
to **tan** broncear(se) *4*
tape recorder la grabadora
to **taste** saborear *15*
taxi driver el taxista, la taxista *17*
tea el té *9*
to **teach** enseñar
teacher el profesor, la profesora
team el equipo
to **tear** romper *13*
teaspoon la cucharita

technology la tecnología *1*
teddy bear el oso de peluche *8*
telephone el teléfono; *by telephone* por teléfono; *on the telephone* por teléfono; *public telephone* el teléfono público; *telephone number* el número de teléfono
to **telephone** llamar
television la televisión; *television set* el televisor; *to watch television* ver (la) televisión
to **tell** decir; *(a story)* contar (ue); *tell (command)* di *4*; *tell me (Ud. command)* dígame
temperature la temperatura; *What is the temperature?* ¿Qué temperatura hace?
ten diez
tennis el tenis; *tennis player* el tenista, la tenista
tenth décimo,-a
to **terminate** acabar
test el examen
to **test** probar(se) *(ue)*
thank you very much muchas gracias
thanks gracias
that que, ese, esa, *(far away)* aquel, aquella; aquello *3*; *(neuter form)* eso, ello *3*; *that (one)* aquél, aquélla *3*, ése, ésa *3*; *that way* así *3*; *that which* lo que
the *(m., s.)* el, *(f., s.)* la, *(f., pl.)* las, *(m., pl.)* los; *to the* al
theater el teatro; *movie theater* el cine
their su, sus; suyo,-a *8*; *(of) theirs* suyo,-a *8*
them *(i.o.)* les; *(d.o.)* los/las; *(after a preposition)* ellos,-as
theme el tema, el tópico
then luego, después, entonces; *(pause in speech)* pues
there allí; *over there* allá; *there is* hay; *there are* hay; *there was* había *7*, hubo *9*; *there were* había *7*, hubo *9*
these estos, estas; *these (ones)* éstos, éstas *3*

they ellos,-as; *they are* son; *they were* fueron

thin delgado,-a

thing la cosa

to **think** pensar *(ie); to think about (i.e., to have an opinion)* pensar de; *to think about (i.e., to focus one's thoughts)* pensar en; *to think about (doing something)* pensar en (+ *infinitive*)

third tercero,-a; *(form of tercero before a m., s. noun)* tercer

thirst la sed

thirteen trece

thirty treinta

thirty-one treinta y uno

this *(m., s.)* este, *(f., s.)* esta; esto *3; this (one)* éste, ésta *3*

those esos, esas, *(far away)* aquellos, aquellas; *those (ones)* aquéllos, aquéllas, ésos, ésas *3*

thousand mil

three tres; *three hundred* trescientos,-as

throat la garganta *4*

through por

to **throw away** tirar *6*

t-shirt la camiseta *2*

Thursday jueves; *on Thursday* el jueves

thus pues; así *3*

ticket el boleto *8*; el pasaje *15*; *ticket office* la taquilla *8*

tidbit la golosina *7*

tie la corbata

to **tie (the score of a game)** empatar *14*

tiger el tigre *7*

time el tiempo, la vez *(pl. veces); another time* otra vez; *at times* a veces; *at what time?* ¿a qué hora?; *(number +) time(s) per (+ time expression) (number +)* vez/veces al/a la (+ *time expression*); *on time* a tiempo *12; to spend (time)* pasar; *to take a long time* tardar en (+ *infinitive*) *6; What time is it?* ¿Qué hora es?

tip la propina *10*

tire la llanta *6*

tired cansado,-a

to **a**; *to the left* a la izquierda *5; to the right* a la derecha *5*

today hoy

toe el dedo

together junto,-a; *to get together* reunir(se) *4*

toilet el excusado *3*

tomato el tomate

tomorrow mañana; *see you tomorrow* hasta mañana; *the day after tomorrow* pasado mañana

tongue la lengua *4*

tonight esta noche

too también; *Too bad!* ¡Qué lástima!; *too many* demasiado,-a *9; too (much)* demasiado; *too much* demasiado,-a *9*

tooth el diente *4*

to **touch** tocar; *touch (command)* toca *4*

tourism el turismo

tourist turístico,-a *15*

toward hacia *6*

towel la toalla *3*

tower la torre *5*

traffic el tráfico *6*

train el tren; *train station* la estación del tren *5*

to **translate** traducir *6*

transmission la transmisión *14*

transportation el transporte

to **travel** viajar

travel agency la agencia de viajes *15*

tray table la mesita *16*

tree el árbol *8; family tree* el árbol genealógico

tremor el temblor *13*

trip el paseo, el viaje; *to go away on a trip* irse de viaje *4*

trombone el trombón

trouble la pena

truck el camión *9*

trumpet la trompeta

trunk el baúl *6*

truth la verdad

to **try (on)** probar(se) *(ue) 10; to try (to do something)* tratar (de)

Tuesday martes; *on Tuesday* el martes

turkey el pavo *8*

to **turn (a corner)** doblar *6; to turn off* apagar; *to turn on* encender *(ie); to turn on (an appliance)* poner; *to turn to dusk* anochecer *10*

turtle la tortuga *7*

twelve doce

twenty veinte

twenty-eight veintiocho

twenty-five veinticinco

twenty-four veinticuatro

twenty-nine veintinueve

twenty-one veintiuno

twenty-seven veintisiete

twenty-six veintiséis

twenty-three veintitrés

twenty-two veintidós

two dos; *two hundred* doscientos,-as

type el tipo *10*

U

ugly feo,-a

umbrella el paraguas

umpire el árbitro, la árbitro *14*

uncle el tío

under bajo

undershirt la camiseta *14*

to **understand** comprender

underwear la ropa interior

to **undress** desvestir(se)

unique único,-a

united unido,-a *17; someone or something from the United States* estadounidense *7; United States of America* los Estados Unidos

university la universidad *17; school (of a university)* la facultad *18*

until hasta, *(to express time)* menos

up arriba *11*

upcoming que viene

upstairs arriba *11; to go upstairs* subir

urgent urgente *12*

Uruguay el Uruguay

Uruguayan uruguayo,-a *7*

us *(i.o.)* nos; *(d.o.)* nos; *(after a preposition)* nosotros

to **use** usar

V

vacation las vacaciones
vacuum la aspiradora
to vacuum pasar la aspiradora
vanilla la vainilla 9
variety la variedad 10
veal la ternera 9
vegetable la verdura
Venezuela Venezuela
Venezuelan venezolano,-a 7
verb el verbo
vertical vertical 16
very muy, mucho,-a; *not very*
poco,-a; *very much*
muchísimo
veterinarian el veterinario, la
veterinaria 17
video game la maquinita
vinegar el vinagre
visa la visa 15
visit la visita 7
to visit visitar 4
voice la voz (*pl.* voces)
volleyball el volibol

W

to wait (for) esperar 3
to wake up despertar(se) *(ie)* 3
walk el paseo
to walk caminar; andar 9; *to
take a walk* dar un paseo
wall la pared, la muralla;
(exterior) wall el muro 11
wallet la billetera
to want querer
wardrobe el armario 11
warehouse el almacén
to wash lavar(se) 3
wastebasket el cesto de
papeles
wastepaper basket el cesto de
papeles
watch el reloj
to watch ver; *to watch television*
ver (la) televisión
water el agua (*f.*); *mineral
water* el agua mineral (*f.*);
pertaining to water
acuático,-a 17
waterfall la catarata
way la manera; *to always get
one's way* siempre salirse
con la suya 18; *by the
way* a propósito 18
we nosotros
to wear llevar

weather el tiempo; *How is
the weather?* ¿Qué tiempo
hace?; *the weather is nice
(bad)* hace buen (mal)
tiempo
Web la Web 1
Wednesday miércoles; *on
Wednesday* el miércoles
week la semana
weekend el fin de semana
welcome bienvenido,-a 7;
you are welcome de nada
welcome la bienvenida 16
well bien; *(pause in speech)*
bueno, este, pues
well-read culto,-a 14
west el oeste 6
what? ¿qué?, ¿cuál?; *at what
time?* ¿a qué hora?; *What
do/does you/he/she/they
think?* ¿Qué (te/le/les)
parece? 10; *What is the
meaning (of)...?* ¿Qué
quiere decir...?; *What is
the temperature?* ¿Qué
temperatura hace?; *What
is wrong with (someone)?*
¿Qué (+ tener)?; *What is
wrong with you?* ¿Qué te
pasa?; *What is your name?*
¿Cómo te llamas?; *What
is (your/his/her) name?*
¿Cómo se llama
(Ud./él/ella)?; *What time
is it?* ¿Qué hora es?
what! ¡qué!; *What (a)
(+ adjective) (+ noun)!*
¡Qué (+ noun) tan
(+ adjective)! 6; *what a
(+ noun)!* ¡qué (+ noun)!;
What a shame! ¡Qué
lástima!
wheel la rueda 6; *steering
wheel* el volante 6
when cuando
when? ¿cuándo?
where donde; adonde 15
where? ¿dónde?; *from where?*
¿de dónde?; *(to) where?*
¿adónde?; *Where are you
from?* ¿De dónde eres?;
*Where are you (formal)
from?, Where is (he/she/it)
from?* ¿De dónde es
(Ud./él/ella)?
wherever dondequiera 17
which que; *of which* cuyo,-a;

that which lo que
which? ¿cuál?; *which one?*
¿cuál?; *which ones?*
¿cuáles?
while mientras (que) 6
white blanco,-a
white-haired canoso,-a
who quien 13
who? ¿quién?, *(pl.)* ¿quiénes?
whoever quienquiera 17
whom quien 13
whose cuyo,-a
why? ¿por qué?
wife la esposa; la mujer 11
wild salvaje 7
to win ganar 11; *games won* los
partidos ganados
wind el viento; *it is windy*
hace viento
window la ventana; *store
window* la vitrina 5
windshield el parabrisas 6
windshield wiper el
limpiaparabrisas 6
winter el invierno
to wish desear
with con; *with me* conmigo;
with you (tú) contigo
without sin
woman la mujer; *young
woman* la muchacha
women's restroom el baño de
las damas
to wonder preguntarse 4
wonderful estupendo,-a
wood la madera 11
wool la lana
word la palabra
work el trabajo, la obra
to work trabajar
worker el obrero,
la obrera 17
world el mundo 1; *World
Wide Web* la Red
Mundial de
Información 1
to worry preocupar(se) 3
worse peor
worst: the worst (+ noun)
el/la/los/las peor/peores
would like quisiera 2
would that ojalá 17
wow! ¡caramba!
to write escribir; *How do you
write...?* ¿Cómo se
escribe...?; *it is written* se
escribe

writer el escritor, la escritora *17*
wrought iron fence la reja *11*
wrought iron window grill la reja *11*

Y

yard el patio
to **yawn** bostezar *13*
year el año; *New Year's (Day)* el Año Nuevo; *to be (+ number) years old* tener (+ *number*) años
yellow amarillo,-a
yes sí
yesterday ayer; *the day before yesterday* anteayer
yet todavía
you *(informal)* tú; *(formal, s.)* usted (Ud.); *(pl.)*, ustedes (Uds.); *(Spain, informal, pl.)* vosotros,-as; *(after a preposition)* ti, usted (Ud.), ustedes (Uds.), vosotros,-as; *(d.o.)* la, lo, las, los, te; *(Spain, informal, pl., d.o.)* os; *(formal, i.o.)* le; *(pl., i.o.)* les; *(Spain, informal, pl., i.o.)* os; *(i.o.)* te; *Are you from...?* ¿Eres (tú) de...?; *you are* eres; *you (formal) are* es; *you don't say!* ¡no me digas! *18*; *you (pl.) were* fueron
young joven; *young lady* la señorita; *young woman* la muchacha
younger menor
youngest el/la menor
your *(informal)* tu; *(informal, pl.)* tus; su, sus (Ud./Uds.), *(Spain, informal, pl.)* vuestro,-a, -os,-as; suyo,-a *8*; tuyo,-a *8*; *(of) yours* suyo,-a *8*
yours truly atentamente *17*

Z

zebra la cebra *7*
zero cero
zoo el jardín zoológico *7*; el zoológico *7*
zoological garden el jardín zoológico *7*

Index

Credits

Acknowledgments

The authors wish to thank the many people of the Caribbean Islands, Central America, South America, Spain and the United States who assisted in the photography used in the textbook and videos. Also helpful in providing photos and materials were the Argentina Government Tourist Office, *Servicio Nacional de Turismo-Chile (SERNATUR),* Consulate General of Costa Rica, *Corporación Nacional de Turismo-Colombia, Corporación Ecuatoriana de Turismo (CETUR),* Guatemala Tourist Office, Consulate General of the Dominican Republic, Dominican Republic Tourist Office, Mexican Government Tourism Offices, *Ministerio de Turismo de Nicaragua, Ministerio de Turismo del Uruguay,* Peruvian Tourist Board (FOPTUR), Puerto Rico Tourism Company, the Tourist Office of Spain and the Consulate General of Venezuela.

The authors also express their gratitude to Michael C. Kustermann for assistance with obtaining pictures of license plates that appear in the textbook.

Photo Credits

AP/Wide World Photos: xii, 34, 78, 79, 171 (b), 174 (t), 177 (bl), 278 (tr), 294, 303 (l, r), 309, 310 (t), 313, 315 (t, b), 317, 318, 332 (t, b), 377 (bl), 381 (c, b), 420 (tl), 428 (b), 429 (t), 430 (t), 440 (b)
Balthis, Frank: viii (b), 33 (b), 143 (br)
Black, Sally/Blacklight Photography: 219
Bourgeois, Steve: 50, 75, 99 (b), 103 (b), 156, 213 (t), 235 (b), 242 (t, b), 253 (bl), 260, 261 (l), 288 (t), 406 (b), 441 (#6)
Brodersen, Michael: 404 (b)
Bryant, D. Donne/DDB Stock Photo: 105 (t), 107 (b), 125 (br), 209 (t), 256 (l), 281 (t), 441 (#3)
Bryant, Doug/DDB Stock Photo: 395
Chatterton, Carolyn: 146 (r)
Cohen, Stuart: xxii (tl), 41 (t), 72 (bl), 89 (t), 97 (t), 132 (tl), 170 (l), 249 (b), 252 (l), 291, 308 (t), 327, 335 (t), 343 (t), 347 (tr, br), 361 (tl, bl), 370 (l, r), 390, 431 (#3), 439 (b)
Comstock, Inc.: 30 (t), 133 (tr), 154 (c, r), 389 (b), 393
D'Antonio, Nancy: 82 (tl), 122, 433 (b)
Daemmrich, Robert: iv (t), 2 (c), 3 (tl, b), 15 (b), 27, 422, 432 (tr), 441 (#1)
Dekovic, Gene: 400, 405
FPG International:
100% Rag Productions: 231 (c); *Aiuppy, Laurance B.:* 7 (t); *Anderson, Tony:* 271 (r); *Bibikow, Walter:* 147 (b); *Buss, Gary:* 424 (t); *Caldwell, Jim:* 378 (t); *Cezus, Frank A.:* 293; *Chapple, Ron:* 1 (t); *Cummins, Jim:* 295; *Franklin, Charly:* 447; *Grant, Larry:* xiv (l), 372 (tr); *Hill, Willie:* 284 (t); *Jones, Steven W.:* 61 (tr); *Kuhn, C. Lee:* 167, 178 (b); *Losh, Bill:* 38, 335 (b); *Mejuto, Jim:* 424 (c); *Nagelmann, Antony:* 267 (r); *Navaswan, C.:* 184 (tl); *Peterson, Bob:* 299 (t); *Price, Richard:* 185 (b); *Reid, Ken:* 419; *Shearn, Benjamin:* iv (b), 1 (c), 3 (tr), 36 (r); *Simons, Chip:* 258; *Siracusa, Dean:* 420 (tr); *Telegraph Colour Library:* xv (l), xxii (tr), 35 (tl), 39, 60, 83 (tr), 184 (b), 299 (b), 336, 386 (b), 420 (b); *Tilley, Arthur:* 388, 392; *VCG:* 76, 284 (b), 380 (l)
Franke, Florian/Superstock: 424 (b)

Fried, Robert: v (t), xv (r), 1 (b), 5, 16, 17 (cl), 24, 26, 35 (tr, b), 36 (l), 40 (b), 45, 46 (b), 54 (t), 56, 61 (bl), 87, 89 (b), 92 (b), 93, 94 (bl), 96 (r), 97 (b), 98, 103 (t), 104, 110 (l), 111, 112 (t, br), 114 (r), 116 (l), 121 (t), 123 (b), 124 (br), 150, 152 (tr), 163, 173, 177 (tr), 187 (t), 200 (t, b), 203, 207 (tl, b), 217, 224, 225 (t), 229, 230 (tr), 253 (rt, rb), 272, 273 (t), 274 (t), 277 (t), 285 (b), 297 (tl), 321, 322 (b), 329, 334 (b), 339 (b), 343 (b), 345 (t), 346 (b), 350, 358 (tl), 363 (t, c, b), 375, 377 (cr), 381 (t), 382, 384, 399 (t), 401 (c), 421 (c, bl), 425 (t, bl), 433 (t), 434 (t), 436, 439 (tr, tl, c), 441 (#2), 443
Funston, James: 205
Garg, Arvind: 96 (l), 160 (tr), 162 (t), 164, 170 (r), 183 (t), 281 (l), 297 (b), 431 (#4, #5)
Goldberg, Beryl: 61 (br), 81, 85 (r), 95 (t), 105 (b), 131 (t), 145, 152 (b), 196 (b), 197, 221, 234 (tr), 275, 277 (b), 322 (tl), 337
Goldin, Carlos/DDB Stock Photo: 77 (r)
Heinzen, Richard/Superstock: 117, 142
Hersch, H. Huntly/DDB Stock Photo: 235 (t)
Hersch, H. Huntly: 59 (t), 77 (l), 85 (l), 101, 108 (c), 110 (r), 124 (t), 125 (l), 127 (b), 136 (b), 138, 141 (t, b), 157 (b), 172, 193, 310 (b), 426
Holmes, Robert/Robert Holmes Photography: 41 (c), 63 (t), 99 (t), 109, 113 (b), 119
Hruska, John: 66 (t), 67 (t), 73, 153 (bl)
International Stock:
Allen, Terry: 19 (t); *Barrow, Scott:* 51, 243 (b); *Bayer, Laurie:* 102 (t), 428 (t); *Bolster, Mark:* 17 (cr), 297 (tr); *Davis, James:* 9 (b); *Jacobson, Bob:* xxii (b); *Kern, Hal:* 292; *Lunardi, Giovanni:* x (l), 233 (r); *Mason, Chuck:* v (b), 40 (tr); *Michael, John:* 162 (b); *Paras, Michael:* 15 (t), 33 (t), 432 (tl); *Picardi, Phyllis:* 40 (tl); *Ramos, Victor:* 423; *Ramsey, Patrick:* 2 (b), 12 (t), 19 (b); *Romero, Don:* 432 (br); *Thomas, Jay:* xiv (r), 372 (tl); *Tucker, Bill:* 22 (t)
Kellington, Alyx/DDB Stock Photo: 376 (b)
Klein, Don: 14, 114 (l), 132 (b), 135, 346 (t)

X 9769